Ingeborg Milz

**Rechenschwächen
erkennen und behandeln**

**Teilleistungsstörungen im
mathematischen Denken
neuropädagogisch betrachtet**

Ingeborg Milz

Rechenschwächen erkennen und behandeln

Teilleistungsstörungen im mathematischen Denken neuropädagogisch betrachtet

mit Beiträgen von
Susanne Amft, Hildegard Felser-Hoos,
Mario Musumecí, Martin Schieder, Ingrid Zoller

borgmann

© 1993 verlag modernes lernen, Borgmann KG, D - 44139 Dortmund
Edition: borgmann publishing

6., völlig neu bearb. Aufl. 2004
Gesamtherstellung: Löer Druck GmbH, Dortmund

Titelfoto: Zefa (G. Boden)

Bestell-Nr. 8005   ISBN 3-86145-272-3

Urheberrecht beachten!
Alle Rechte der Wiedergabe dieses Fachbuches zur beruflichen Weiterbildung, auch auszugsweise und in jeder Form, liegen beim Verlag. Mit der Zahlung des Kaufpreises verpflichtet sich der Eigentümer des Werkes, unter Ausschluss der § 52a und § 53 UrhG., keine Vervielfältigungen, Fotokopien, Übersetzungen, Mikroverfilmungen und keine elektronische, optische Speicherung und Verarbeitung (z.B. Intranet), auch für den privaten Gebrauch oder Zwecke der Unterrichtsgestaltung, ohne schriftliche Genehmigung durch den Verlag anzufertigen. Er hat auch dafür Sorge zu tragen, dass dies nicht durch Dritte geschieht.

Zuwiderhandlungen werden strafrechtlich verfolgt und berechtigen den Verlag zu Schadenersatzforderungen.

Inhalt

Vorwort zur 6. Auflage		11
„Kehrwert! Malnehmen!"		13

Teil I Zur Theorie
Rechenschwächen erkennen 19

I.	Neuropsychologische Voraussetzungen für mathematisches Denken	21
1.	Zur neurologischen Organisation und zum Aufbau funktioneller Systeme	23
2.	Die Bedeutung der visuellen Wahrnehmung	31
2.1	Zum FEW	31
2.1.1	Visuomotorische Koordination	31
	Die Bedeutung der Auge-Hand-Koordination für die Entwicklung des mathematischen Denkens	32
	Wenn das Zusammenspiel von Auge und Hand gestört ist	33
2.1.2	Figur-Grund-Unterscheidung, (Figur-Grund-Differenzierung)	34
	Die Bedeutung der Figur-Grund-Unterscheidung für die Entwicklung des mathematischen Denkens	37
2.1.3	Formkonstanzbeachtung	38
	Die Bedeutung der Formkonstanzbeachtung für die Entwicklung des mathematischen Denkens	40
	Der Fall Peter	41
2.1.4	Erkennen der Lage im Raum	44
	Die Bedeutung der Raum-Lage-Wahrnehmung für die Entwicklung des mathematischen Denkens	45
2.1.5	Erfassen räumlicher Beziehungen	46
	Die Bedeutung der Wahrnehmung von Beziehungen im Raum für die Entwicklung des mathematischen Denkens	47
2.2	Zum DTVP-2	48
2.3	Zusammenfassung	53
2.4	Der Fall Timo	54
3.	Die Bedeutung der Zeitwahrnehmung	60
4.	Die Bedeutung der Sprache	67

5.	**Modellvorstellungen der Neuropsychologie zum Verständnis des Lernens**	**70**
5.1	Die Bedeutung der Lateralisation	70
5.2	Rechenstörungen / Dyskalkulie (nach Heukenbrock u. Petermann 2000)	72
5.3	Theoretische Grundlagen (v. Aster 2001)	74
5.4	Ein Modell zur Veranschaulichung von neuropsychologischen Beeinträchtigungen	81
5.5	Zusammenfassung	85
II.	**Teilleistungsschwächen im Bereich des mathematischen Denkens**	**87**
1.	**Stufen im Aufbau und im Verinnerlichen mathematischer Operationen und ihre Beeinträchtigungen**	**87**
1.1	Vorschulische Voraussetzungen	87
1.2	Entwicklungsstufen des Lernens	88
1.3	Welche Bedeutung haben diese Überlegungen für den Rechenunterricht?	90
1.4	Wie geht man in der Schule vor, um das Verständnis für mathematische Operationen zu entwickeln?	93
2.	**Wenn der Aufbau beeinträchtigt ist**	**95**
2.1	Stufe I	95
2.1.1	Vom Zählen und der Zählschwäche	96
2.1.2	Vom Zahlbegriff und der Zahlbegiffsschwäche	100
2.2	Stufe II	105
2.3	Stufe III	106
2.4	Stufe IV	107
3.	**Analyse von Rechenfehlern**	**110**
4.	**Die Bedeutung der Fehleranalyse**	**120**
5.	**Zusammenfassung**	**121**
6.	**Der Fall Veronika**	**124**
III.	**Möglichkeiten zum differenzierten Erfassen von Teilleistungsschwächen/-störungen im Bereich des mathematischen Denkens**	**133**
1.	**Tabelle zur Verlaufsdiagnose**	**135**
2.	**Interpretation der Tabelle und diagnostische Möglichkeiten (I. Zoller)**	**136**
3.	**Außerschulische Beratungsmöglichkeiten (I. Zoller)**	**156**

IV.	Testverfahren zur Überprüfung von Kindern mit Rechenschwächen/Rechenstörungen	159
1.	Osnabrücker Test zur Zahlbegriffsentwicklung (OTZ) (von J.E.H. van Luit, B.A.M. van de Rijt und K. Hasemann) H. Felser-Hoos	161
1.1	Zur Lernausgangslage der Schulanfänger	161
1.2	Beschreibung: „Osnabrücker Test zur Zahlbegriffsentwicklung"	161
1.2.1	Die Subtests des OTZ	162
1.2.2	Durchführung und Auswertung	163
1.2.3	Gesamtbeurteilung des Tests	164
1.3	Befundbeispiel	164
2.	DEMAT 1+ Deutscher Mathematiktest für erste Klassen (von K. Krajewski, P. Küspert und W. Schneider unter Mitarbeit von M. Visé) H. Felser-Hoos	169
2.1	Zum Bedarf an Rechentests	169
2.2	Beschreibung des DEMAT 1+	169
2.2.1	Die Subtests des DEMAT 1+	170
2.2.2	Durchführung und Auswertung	171
2.2.3	Gesamtbeurteilung des Tests	172
2.3	Befundbeispiel	173
3.	Zareki Testverfahren zur Dyskalkulie (von M. von Aster, M. Weinhold) M. Musumecí	177
3.1	Beschreibung des „Zareki"	177
3.2	Die Subtests des Zareki	177
3.3	Auswertung und Interpretation	180
3.4	Befundbeispiel (Milz)	180
V.	Rückblick auf Teil I mit Ausblick auf eine differenzierende Definition von Beeinträchtigungen im Erlernen des Rechnens	185

Teil II Zur Praxis
Prävention und Förderung 189

I.	Grundlagen neuropädagogischen Handelns	190
1.	Zuwendung zum Kind	192
2.	Neuropsychologisches Verständnis	194
2.1	Zur Abhängigkeit von der Komplexität einer Situation	194

2.1.1	Der Raum	194
2.1.2	Das Material	195
2.1.3	Die Zeit	196
2.2	Zur Abhängigkeit von der eigenen Leistungsgrenze	196
2.3	Die Schwierigkeit bei der Aufnahme sukzessiver Tätigkeitsfolgen	197
2.4	Zum Umgang mit Widerstand	198
2.4.1	Widerstand aus Frustration	198
2.4.2	Widerstand aus Rigidität	199
3.	**Methodik und Didaktik**	**201**
II.	**Körperarbeit zur Förderung rechenschwacher Kinder (S. Amft)**	**204**
1.	**Der egozentrische Raum; die Lateralität und die Dominanz**	**205**
2.	**Der Außenraum**	**214**
3.	**Zum taktil-kinästhetischen Bereich**	**217**
4.	**Zur Okulomotorik**	**222**
5.	**Zur visuellen Wahrnehmung**	**225**
6.	**Beziehung zum eigenen Körper**	**231**
III.	**Arbeit mit dem Montessori-Material**	**237**
1.	**Das Sinnesmaterial**	**237**
2.	**Das Mathematik-Material**	**253**
IV.	**Mit den Kühnel'schen Zahlenbildern Rechnen lernen – Eine alte Methode neu entdeckt – (H. Felser-Hoos)**	**275**
1.	**Einführung**	**275**
2.	**Problemlage**	**276**
3.	**Zahlenbilder**	**277**
3.1	Was sind Zahlenbilder?	277
3.2	Förderkonzepte mit Zahlenbildern	278
4.	**Die Kühnel'schen Zahlenbilder**	**279**
5.	**Entscheidungskriterien für die Kühnel'schen Zahlenbilder**	**280**

5.1	Systematischer Aufbau	280
5.2	Konstante Form	280
5.3	Klare Struktur	281
6.	**Leitgedanken meiner Förderarbeit**	**282**
6.1	Handelndes Lernen	282
6.2	Entdeckendes Lernen	282
6.3	Mehrkanaliges Lernen	282
6.4	Spielerisches Lernen	283
7.	**Beschreibung meiner Förderarbeit**	**284**
7.1	Mengenvorstellungen zu Zahlen und Zahlwörtern bis 10	284
7.2	Mengen- und Zahlbeziehungen	285
7.3	Rechnen im Zahlenraum bis 10	286
7.4	Der Zahlenraum bis 20	288
7.5	Der Zahlenraum bis 100	290
8.	**Beispiele aus der Förderarbeit**	**292**
8.1	Einführung der Zahlenbilder, Zahlen und Zahlwörter	292
	Die Zahlenbilder als Ganzheit	292
	Die Zahlenbilder aus Einzelelementen	294
	Die Zahlenbilder in Umweltsituationen	295
	Verknüpfung von Bild – Zahl – Wort	296
	Fühlzahlen	298
8.2	Mengen- und Längenbeziehungen	299
	Kleine Mengen in größeren entdecken	299
	Viele Mengen verstecken sich in der „10"	300
	Zahlen im Zahlenraum – Vertikaler Zahlenstrahl	301
	Zahlenbilder und Zahlen zerlegen	302
	Angelspiel	302
	Zerlegungsreihe mit konstanter Gesamtmenge	303
	Zerlegungsreihe mit konstanter erster Teilmenge	304
8.3	Die Zahlenbilder als Rechenraster	305
	Tauschaufgaben	305
	Umkehraufgaben	306
	Platzhalteraufgaben	307
	Rechnen auf dem Rechenbrett	308
8.4	Beziehungen zwischen Additionsaufgaben	309
8.5	Aufgaben des Zwanzigerraums	310
	Analogieaufgaben im ersten und zweiten Zehner	310
	Zehnerüberschreitung	311
8.6	Aufgaben des Hunderterraums	312
	Zerlegung von Elner- und Zehnermengen	312
	Analogieaufgaben im Hunderterraum	313

8.7	Spielerisches Üben	314
9.	Schlussgedanken	315

V.	**Konsequenzen für den Anfangsunterricht in der Grundschule (I. Zoller)**	**317**
1.	**Lernen in der Schule**	**317**
1.1	Die Heterogenität der Lerngruppe	317
1.2	Konsequenzen für den Unterricht	319
2.	**Anfangsunterricht Mathematik**	**324**
2.1	Verschiedene Aspekte des Zahlbegriffs	324
2.2	Vorerfahrungen der Kinder	325
2.3	Vom Handeln zur Abstraktion	328
3.	**Praktische Umsetzung**	**330**
3.1	Kriterien zur Materialauswahl	330
3.2	Einführung und Übung	332
3.3	Organisationsformen des Unterrichts	335
3.4	Vorstellung verschiedener Materialien und deren Verwendungsmöglichkeiten zur Förderung der Zahlbegriffsentwicklung	339
4.	**Grenzen**	**354**

VI.	**Erkennen und Behandeln mathematischer Beeinträchtigungen unter neuropädagogischer Sichtweise**	
	Eine Synopse (I. Milz, I. Zoller)	**357**

Nachwort – Noch einmal	**369**
Literatur	**375**
Tests	**380**
Bildnachweis	**381**
Index	**382**
Über die Ko-Autoren	**388**

Vorwort zur 6. Auflage

Seit der Erstauflage dieses Buches sind 10 Jahre vergangen. Es ist jetzt an der Zeit, die weitere Entwicklung im Bereich des Problems Rechenschwäche zu berücksichtigen. Offensichtlich nimmt diese Form von Lernstörungen zu und die Hilflosigkeit, ihr zu begegnen, ebenfalls. Unter neuropädagogischem Verständnis geht es nun darum, die Lernprobleme des Kindes (hier im Zusammenhang mit dem Rechenunterricht) von verschiedenen Seiten her einzuschätzen und „anzugehen". Im Rahmen einer Neuauflage ist das allerdings nur begrenzt möglich.

Bei der nun nochmaligen Auseinandersetzung mit dem Thema ist mir mehr und mehr deutlich geworden, wie undifferenziert im allgemeinen bei einer „Behandlung" von Rechenproblemen vorgegangen wird. Es fehlt an einem Verständnis für den Aufbau mathematischen Denkens und es wird geglaubt, mit dem Einüben von Fertigkeiten, die an der sichtbaren Oberfläche des Problems liegen, eine wirkliche Hilfe zu geben.

Undifferenziert wird auch mit der Bezeichnung Dyskalkulie umgegangen. Landläufig steht sie heute für jegliche Beeinträchtigung im Erlernen des Rechnens. Vielleicht kann die Auseinandersetzung mit der Problematik, wie sie hier versucht wird, zu einer Begriffsklärung und Begriffsdefinition verhelfen.

Ich danke Susanne Amft und Ingrid Zoller, für ihre Mitarbeit bei der ersten Auflage, und ich danke Hildegard Felser-Hoos für ihren Beitrag über die Kühnel'schen Zahlenbilder, die sie in der Einzelförderung erfolgreich einsetzt. Mit dieser „Methode" wurde 1949 der Rechenunterricht an einigen Grundschulen in Berlin begleitet! Da war die Methode zwar schon alt, aber ein ebenfalls alter Mathematik-Seminarleiter war von ihr überzeugt. So führte er sie „neu" ein. Wir benötigten lediglich Blätter in verschiedenen Größen, auf denen die Zahlenmengen für den jeweiligen Zahlenraum aufgedruckt waren, und Deckblätter. Ich kann mich (bei 60 Kindern in der Klasse und selbst noch keine ausgebildete Lehrerin!) nicht an gravierende Rechenstörungen erinnern. Wohl aber an Probleme mit der Rechtschreibung.

Ich danke meinem ständigen geistigen Begleiter und Kritiker, Martin Schieder, der ganz wesentlich an meiner Motivation beteiligt ist, immer noch in dem philosophisch-psychologisch-pädagogischen Umfeld neugierig auf Entdeckungen zu gehen.

Vielen Dank auch Brigitte Balke-Schmidt, die mich als Lektorin einschließlich dieser Überarbeitungen bei nun insgesamt 5 Büchern betreut hat!

Vielleicht kann dieses Buch ein Handbuch für Pädagogen und Pädagoginnen* werden. Montessori spricht vom mathematischen Geist, der schon im Kindergartenalter zu entwickeln sei. Wenn es dafür die „Vorbereitete Umgebung" gibt und die Haltung des Erwachsenen „Hilf mir, es **selbst** zu **tun**" und wenn dann noch der Erwachsene weiß, *was* zu tun ist, kann es für die „Entwicklung des mathematischen Geistes" nie zu früh sein.

Ingeborg Milz

---

* Für die bessere Lesbarkeit wird im Allgemeinen in diesem Buch die männliche Form von Berufsbezeichnungen benutzt.

Sehr geehrte Frau Milz!

Als Lehrer von Kindern, die immer erst nach einer ganzen Reihe schlimmer schulischer Erfahrungen zu mir kommen, stehe ich fast täglich vor der Frage, warum Kinder im Mathematikunterricht nicht selten schon bei den einfachsten Rechenaufgaben scheitern.

Was lernen Kinder, wenn Lehrer lehren? Um dieser Frage näherzukommen, habe ich einmal aufgeschrieben, was ich bei meinen vielen Besuchen in Kindergärten und Schulen beobachten konnte. Als ich die Berichte in die endgültige Fassung brachte, kam mir die Idee, dass man meine Frage auch umkehren könnte. Sie würde dann lauten: Was lehren Lehrer, wenn Kinder lernen?

Wie dem auch sei. Ich weiß, es geht Ihnen in besonderer Weise um die Frage der sinnvollen Gestaltung der Zusammenhänge zwischen dem Lehren der Lehrer und dem Lernen der Kinder. Und so hoffe ich, dass Ihre Leserinnen und Leser mit den kleinen Geschichten zum Bruchrechnen etwas anfangen können. Vielleicht haben Ihre Leserinnen und Leser ja sogar Lust, die Episoden zum Thema „Kehrwert! Malnehmen!" mit ihren eigenen Kommentaren zu versehen?

Mit den besten Wünschen!

Martin Schieder

„Kehrwert! Malnehmen!"

Was lernen Kinder, wenn sie lernen?

1. Im Unterricht einer fünften Klasse

Die Schülerinnen und Schüler wurden gefragt: „Was ist ein Halbes geteilt durch ein Drittel?"
Erwartet wurde die *richtige* Antwort, besser gesagt das *richtige* Ergebnis und zwar so schnell wie möglich! Nach wenigen Augenblicken flogen die Arme der Kinder in die Luft.

Hier ist der Platz für Ihre Notizen!

Ein Schüler wurde aufgerufen. Er antwortete: „drei Halbe!" Die Lehrerin nickte und gab den Kindern die nächste Aufgabe. Ich beobachtete Kinder, die mit Aufmerksamkeit und Freude bei der Sache waren, aber durchaus auch andere, die sich kein einziges Mal zu Wort meldeten.

Einige dieser Kinder erzählten mir beim Hinausgehen, dass sie in Mathe schon lange nichts mehr verstanden hätten ...

2. Erklären und verstehen

In der Pause fragte ich diese Kinder dann: „Wie wurden euch die Aufgaben erklärt?"

„Wir sollten den Kehrwert malnehmen, dann sei die Division der Brüche genau so einfach wie die Multiplikation!"

„Siehste! Du konntest es doch!", mischte sich ein anderer ein.

Prompt kam die Antwort: „Du hattest es gleich kapiert, weil du sowieso alles ganz schnell kapierst, aber ich wusste doch gar nicht, was ich machen sollte, wenn solche Aufgaben kommen!"

3. Im Förderunterricht

In einer dritten Klasse fragte die Lehrerin:

„Was ist fünfzehn geteilt durch drei?"

„Das weiß ich wirklich nicht!"

„Hast du gar keine Idee, wie du die Aufgabe lösen könntest?"

„Doch, jetzt fällt es mir wieder ein! Ich kann ja fragen, wie oft die Drei in die Fünfzehn reingeht!"

4. Mathematik im Kindergarten

„Thomas, deck bitte den Tisch!"

„Wie viele Kinder sind wir heute?"

„Zwölf!"

„Jeder braucht einen Löffel und eine Gabel, einen Teller und eine Serviette!"

5. Mathematik in der Vorschulgruppe

Dominik hatte Geburtstag.

Seine Mutter gab ihm zwanzig leckere Sahnebonbons mit. In seiner Gruppe waren acht Kinder.

Nach und nach verteilte Dominik die Süßigkeiten. Jedes Kind hatte nach einiger Zeit zwei Sahnestückchen bekommen. Das Geburtstagskind hatte dann noch vier Bonbons in seinen Händen und überlegte nun, was es mit diesen machen sollte:

„Darf ich die Bonbons selber essen oder heben wir sie auf in unserer Schatzkiste?"

6. Im Hort

Drei Kinder hatten beim Mau-Mau-Spielen zwanzig Cent-Stücke gewonnen. Patrick wollte den Gewinn verteilen.

„Steven kriegt sieben, ich bekomme sieben und Friederike sechs!"

Darauf Friederike: „Damit bin ich aber überhaupt nicht einverstanden!"

„Wieso nicht? Hätten wir einundzwanzig Cent gewonnen, hättest du auch sieben gekriegt! Pech!"

„Das ist aber ungerecht! Ich habe genau so viel gewonnen wie ihr!"

„Na gut, dann verzichte ich auf den einen Cent! Aber nur, wenn Patrick auch verzichtet!"

Und was machen wir mit dem Rest?"

7. In der Freiarbeit (2. Klasse)

Zwei achtjährige Kinder holen sich den Aufgabenkasten mit den Bruchrechenaufgaben.

„Heute will ich ganz schwierige Aufgaben rechnen", sagt Sarah zu ihrer Freundin Kristine.

„Wenn du meinst, ich mache mit!"

„Oh, da steht ein Halb geteilt durch zwei!"

„Das ist doch einfach: wir nehmen zwei Leute (kleine Holzfiguren) und einen halben Kreis!"

„Und dann?"

„Wir müssen jedem genau gleich viel geben. Dann tauschen wir den halben Kreis in zwei gleiche Teile! Siehste! Schon sind wir fertig! Jeder von den beiden bekommt ein Viertel!"

„O.k.! O.k.! Aber auf der nächsten Karte steht ein halb geteilt durch ein halb?"

„Da fragen wir mal lieber unsere Lehrerin!"

Die Lehrerin ließ sich zeigen, was die Kinder vorher gerechnet hatten, stellte dabei fest, dass die beiden das Prinzip der Division verstanden hatten.

„Holt doch bitte die braunen Holzfiguren von dem Tablett mit dem Material zum Bruchrechnen!

Hier habt ihr eine durchgesägte Figur, die ihr in zwei Teile teilen könnt. Ihr bekommt auf diese Weise eine halbe Figur! Probiert mal, ob ihr klar kommt! Wenn ihr Hilfe braucht, ruft mich bitte!"

„Wie war noch mal die Aufgabe?"

„Ein halb geteilt durch ein halb!"

„Gut! Ich nehme den halben Kreis und gebe diesen Halbkreis dem halbe Figürchen! Das müsste doch jetzt so richtig sein!?"

Die Freundin drehte die Aufgabenkarte um: „Oh, da steht als Ergebnis aber eine Eins!?"

„Ich glaube, wir fragen doch lieber mal nach!"

Die Lehrerin: „Erinnert ihr euch noch an das Verteilen der Perlen auf dem Rechenbrett? Da hattet ihr doch immer gefragt: Und was bekommt *ein* Kind!? Und bei diesen Aufgaben geht es genau so!"

„Wir haben aber doch nur ein halbes Figürchen und dem haben wir den halben Kreis doch schon gegeben!"

„Die Frage war aber doch: Was bekommt ein *Einer*?"

Die Lehrerin: „Richtig! Ihr habt aber keinen Einer! Nun fügt ihr das andere halbe Figürchen dazu und gebt diesem ebenfalls einen halben Kreis!"

„Das dürfen wir aber nicht! Wir hatten doch nur einen einzigen Halbkreis und nicht zwei!"

Die Lehrerin: „Das stimmt! Beim Rechnen mit Brüchen taucht plötzlich das Problem auf, dass wir klären müssen, was ein Figürchen bekommen müsste, denn es geht ja immer um die Frage: Was bekommt ein Einer!"

„Aha! Ein Einer *hätte* also einen ganzen Kreis bekommen!? Und das soll dann tatsächlich das Ergebnis unserer Aufgabe sein???"

Die Lehrerin: „Wenn ihr wollt, nehmt euch einen Stapel Aufgaben und probiert, ob diese Art zu rechnen für euch brauchbar ist!"

Teil I
Zur Theorie
Rechenschwächen erkennen

Das Begreifen ist ein Greifen.
alles Lernen ist ein Sich-Erinnern.
PLATO

I. Neuropsychologische Voraussetzungen für mathematisches Denken

Rechenstörungen kommen häufiger vor, als gemeinhin vermutet wird. 6 % der Grundschüler sollen (nach LORENZ 1991) davon betroffen sein. Heute sind es möglicherweise mehr. Wir werden allmählich sensibler für diese Form von Teilleistungsstörung. Im Gegensatz zu LRS-Problemen werden Rechensstörungen im Allgemeinen aber eher immer noch vernachlässigt. Kinder, die bei ansonsten durchschnittlicher Intelligenz nicht rechnen können, sind eben in diesem Fach schwach begabt.

Erst in letzter Zeit wird häufiger von Dyskalkulie gesprochen. Ein wissenschaftlicher Name, aber für was? Was macht es denn den betroffenen Kindern so schwer, Mengenbegriffe und Zahlvorstellungen zu entwickeln? Zwei Ansätze können als Denkmodelle hilfreich sein. Der eine ist ein tiefenpsychologischer und betrifft die „neurotischen Rechenstörungen". Der andere ist ein neuropsychologischer. Er betrifft Beeinträchtigungen des mathematischen Denkens als Auswirkung neurologischer Störungen oder Entwicklungsverzögerungen. (Bekannt ist der Extremfall, das Gerstmann-Syndrom, aus der Medizin.) Wir werden im weiteren sehen, ob es auch Wechselwirkungen zwischen beiden Ansätzen gibt. Zunächst aber soll der neuropsychologische Ansatz im Mittelpunkt stehen.

Um zu zeigen, wie interdisziplinär dieser Wissenschaftsbereich ist, folgt auf S. 22 ein Diagramm, das verdeutlichen kann, dass es sich hier um einen Grenzbereich handelt, in dem Medizin, Psychologie und Pädagogik sich überschneiden. Kenntnisse aus den Bereichen der Neuropsychologie und der Neuropädagogik werden für das schulische Lernen immer wichtiger, weil sie eine differenzierte Sichtweise in Bezug auf die Lernprobleme eines Kindes ermöglichen und damit unter Berücksichtigung dieser Kenntnisse ein individuelles pädagogisches Vorgehen im Unterricht.

Im Folgenden werden nach dem Maß der gegenwärtigen Erkenntnisse die neuropsychologischen Voraussetzungen im Hinblick auf die kognitive Entwicklung, die Bedeutung der visuellen Wahrnehmungsverarbeitung, der Zeitwahrnehmung und der Sprachverarbeitung sowie Modellvorstellungen zum Verständnis des Lernens dargestellt. In diesen theoretischen Hinter-

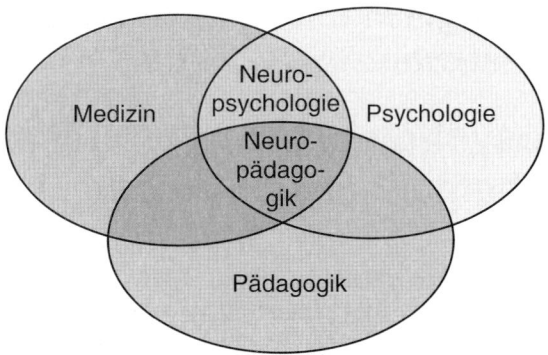

Abb. 1

grund ist aber immer auch der Bezug zur schulischen Praxis eingebettet, damit eine Übertragung auf die schulpädagogische Realität möglich und die Theorie anwendbar wird.

1. Zur neurologischen Organisation und zum Aufbau funktioneller Systeme

Das, was wir im Rahmen der Schule als rechnerische Leistung definieren, vom höheren mathematischen Denken einmal ganz abgesehen, erfordert beim Kind sehr komplexe Denkvorgänge und damit unterschiedliche neuropsychologische Funktionen. Wenn wir der kindlichen Entwicklung von der Geburt bis zum Eintritt in die Schule nachgehen, kann das modifizierte Modell von AFFOLTER (AFFOLTER, F. 1975) hilfreich sein, um zu verstehen, dass mathematisches Denken, bildlich gesprochen, am Ende von vielfältigen Reifungsprozessen steht. Sind sie geglückt, und hat es zwischendurch keine Beeinträchtigungen gegeben, ist die Grundlage gelegt, das Rechnen zu erlernen. Gibt es aber dabei Probleme, müssen wir die Entwicklung zurückverfolgen und versuchen herauszufinden, wo es bei diesen komplexen Vorgängen zu Ausfällen oder Beeinträchtigungen gekommen sein kann.

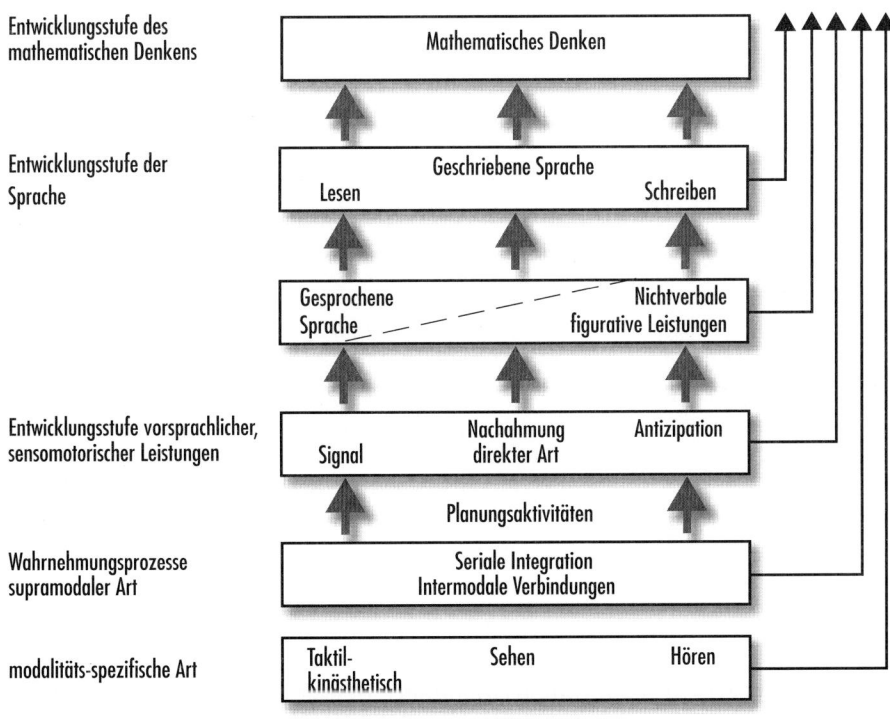

Abb. 2

In besonderem Maße setzt das mathematische Denken räumliches Vorstellen voraus. Von der Geometrie, der Lehre vom Raum, ist uns das ohnehin bekannt. Aber auch die Grundrechenarten beanspruchen räumliches Vorstellen und Denken. So sprechen wir von einem Zahlenraum, z. B. dem Zahlenraum des ersten Zehners. Und wir erweitern und überschreiten ihn. Was wir aber erweitern und überschreiten sind immer Räume. Wir zerlegen Zahlen oder Mengen und wir messen Strecken und Zeiten. Wir gruppieren Objekte und beschäftigen uns mit den Eigenschaften von Gruppen und der Anordnung ihrer Elemente, den Gruppierungsphänomenen.

> Hat aber ein Kind keine adäquate räumliche Welt entwickelt, so wird es Schwierigkeiten haben, mit Gruppierungsphänomenen umzugehen, da Gruppen nur im Raum existieren können. Es überrascht daher nicht, dass es so viele Kinder gibt, die adäquate Schulleistungen nur bis zu dem Zeitpunkt aufweisen, wo sie mit Zahlenproblemen konfrontiert werden. Hier scheitern sie kläglich. Die Stabilisierung der räumlichen Welt ist die schwierigste unserer Fertigkeiten, und sie entwickelt sich in der Reihe dieser Fertigkeiten zuletzt. Wir erwarten daher, dass es viele Kinder gibt, die sich so lange adäquat entwickeln, bis sie dieses letzte Stadium erreichen, und dann aus irgendeinem Grund diese am weitesten entwickelte Fähigkeit nicht mehr ausbilden können. Es scheint wahrscheinlich, dass aus dieser Gruppe viele Kinder mit spezifischen Rechenschwächen kommen, die wir in unseren Schulen finden (KEPHART 1977, S. 126).

So betrachtet, ist das mathematische Denken ein Endprodukt vielfältiger neuropsychologischer Reifungsvorgänge. Lesen, Schreiben und Rechnen, die Kulturtechniken benötigen zwar, wie das Modell zeigt, gleiche Voraussetzungen zu ihrer Entwicklung und dennoch werden jeweils auch wieder unterschiedliche neuropsychologische Funktionen beansprucht. Freilich kann ein solches Modell immer nur einen Aspekt verdeutlichen. Wie wäre es sonst zu verstehen, dass es die verschiedensten Störbilder gibt: Wir erleben Kinder, die nur an Lese- und Rechtschreibproblemen „leiden", aber gut in Mathematik sind, andere, die „nur" Rechenprobleme haben und keine im Lesen und Schreiben und schließlich Kinder, die bei durchschnittlicher Begabung im Lesen, Schreiben und Rechnen beeinträchtigt sind, von den vielfältigen weiteren Mischformen ganz abgesehen. Zu diesem Problemkreis haben die Forschungen der letzten Jahre zu neuen Erkenntnissen geführt (VON ASTER, HEUBROCK/PETERMANN, NEUMÄRKER, ROURKE u. a.), auf die in Teil I, Kapitel I,5 näher eingegangen wird.

In jedem Fall müssen wir davon ausgehen, dass mathematisches Denken in einzelnen Bereichen andere Fähigkeiten voraussetzt, als sie zum Erlernen des Lesens und Schreibens notwendig sind. Was aber alle intellektuellen, alle geistigen Prozesse gemeinsam haben, ist das Aufnehmen, das Verarbeiten, das Speichern und das Wiederausdrücken von Information. Man spricht in diesem Zusammenhang auch von Input und Output, und die Integration einzelner Sinnesmodalitäten zu funktionellen Systemen, das Zusammenspiel vielfältiger und vielschichtiger Wahrnehmungsvorgänge ist die Grundlage dafür.

Zu Beginn des Lebens sind die Voraussetzungen dafür noch sehr unzureichend. Zwar sind sie genetisch angelegt, Lernen und Reifen aber sind notwendig, damit neuropsychologische Prozesse in Gang kommen. Sie müssen sich im Laufe der Entwicklung immer mehr ausdifferenzieren, um komplexe Leistungen der Sensorik, der Motorik, der Sprache und des Verhaltens und schließlich auch der höheren psychischen Funktionen zu ermöglichen. Diese neurologische Organisation des ZNS geschieht in Wechselwirkung von genetischer Anlage, Konstitution des Gehirns, biologischem Potential (Reifung) und Lernen, also auch von Möglichkeiten, die die Umwelt dem Kind bieten muss. Daraus wird ersichtlich, wie schwierig es u.U. sein kann festzustellen, in welchem Bereich die Ursachen der Störungen zu suchen sind. Es wird aber auch ersichtlich, dass hier viele Einflüsse zusammenspielen. Z.B. kann eine frühe seelische Belastung sich ebenso störend auf die Entwicklung neuropsychologischer Funktionen auswirken, die dann als Wahrnehmungsstörung erscheint, wie eine Beeinträchtigung der neurologischen Organisation. Und ein Kind, das wenig Anregung von Seiten seiner Umgebung angeboten bekommt, und auch wenig Gelegenheit hat, sich diese Anregungen selber zu verschaffen, wird u.U. ebenfalls eine eingeschränkte neuropsychologische Entwicklung erfahren. Es ist aber ganz wichtig, alle diese Möglichkeiten als „unter Umständen" in die Betrachtung einzubeziehen, denn es kommt oft zu erstaunlichen Kompensationen, eben weil hier Wechselwirkungen des Lebendigen im Spiel sind. (Welche Forderungen sich daraus ergeben, wird unter dem Abschnitt „Hilfe zur Behandlung von Rechenstörungen" zu zeigen sein). Aus diesem Grund ist es im Allgemeinen nicht möglich, von den Erscheinungsformen der Lern- und Verhaltensstörungen auf deren Verursachung zu schließen. Und es ist auch problematisch Erscheinungsformen, Symptome zu Syndromen zusammenzufassen, möglichst noch unter Begriffen, die Einheitlichkeit vortäuschen, wie dem der Legasthenie, der Dyslexie, der Dysgraphie. Hilfreicher sind da Bezeichnungen wie Teilleistungsschwächen/Teilleistungsstörungen oder umschriebene oder neuropsychologische Lernstörungen. Deshalb soll auch in dieser Arbeit der Akzent auf einer neuropsychologischen Betrachtung des mathematischen Denkens und dessen Beeinträchtigungen liegen.

Wenn die Vorstellung des Raumes eine so wesentliche Vorbedingung für das mathematische Denken bedeutet, stellt sich für uns die Frage: Wie entwickelt sich diese Fähigkeit, wie kommt das Kind zum Aufbau einer räumlichen Welt und wie lernt es, sich eine Vorstellung davon zu machen?

Diese Frage ist so umfassend, dass es einerseits schwierig ist, das Wesentliche davon zum Verständnis der Entwicklung des mathematischen Denkens auszugliedern. Andererseits ist es für das praktische Vorgehen in der Behandlung von Kindern mit Rechenstörungen wichtig zu wissen, welche elementaren Fähigkeiten vorhanden sein müssen und zum Aufbau einer räumlichen Welt unverzichtbar sind. Letzteres soll die Leitlinie des weiteren Vorgehens sein.

Raumvorstellung als notwendige Voraussetzung des mathematischen Denkens ist, wie bereits erwähnt, eine komplexe neuropsychologische Leistung. PIAGET hat in seinen Untersuchungen an Kindern im Alter von ca. drei bis sieben Jahren sehr genau beobachtet und analysiert, wie sich aus der „reinen" Wahrnehmung über die Wahrnehmungsaktivität die Wahrnehmung mehr und mehr differenziert, wie sich über das Tun erste Vorstellungen bilden, wie diese allmählich genauer und vergleichbar werden und wie sich im Zusammenhang mit der Reifung des räumlichen Denkens auch der Zahlbegriff entwickelt[1]. Er hatte aber gesunde Kinder vor sich und setzte bei seinen Untersuchungen in einem Lebensalter an, in dem die neurologische Organisation des Zentralnervensystems bereits einen bestimmten Entwicklungsgrad erreicht hat. Die jüngsten Kinder seiner Beobachtungen sind etwa drei Jahre alt. Bis zu diesem Zeitpunkt aber haben sich im Gehirn schon ganz entscheidende Reifungsprozesse vollzogen, die überhaupt erst Voraussetzung sind für die Fähigkeiten, die PIAGET untersucht. Bei Kindern mit Teilleistungsschwächen können hier bereits Beeinträchtigungen der Entwicklung, Verzögerungen oder Störungen vorliegen.

Zunächst entwickelt sich Raumerfahrung aus Erfahrung mit „Umgebensein". Und Erfahrung mit Umgebensein ist auch Erfahrung mit Begrenzung. Grenze wird überall da erlebt, wo einerseits Kontakt besteht und andererseits Widerstand empfunden wird. Das geschieht mit Hilfe taktiler und propriozeptiver Reize, z.B. im Gehaltenwerden in den Armen der Mutter oder im Spüren der Unterlage, des Grundes, der das Kind trägt, dem Bett. Widerstand wird gesucht, um im Kontakt mit ihm, sich selbst zu spüren. Das Kind rutscht gegen das Ober- oder Seitenteil des Bettes. Wie oft man es auch zurechtlegt, es sucht sich immer wieder die Begrenzung.

---

[1] PIAGET Bd. 3 und 6; die untersuchten Kinder sind ca. 3 bis 6 bzw. 3 bis 11 Jahre alt.

Aus diesen ersten sensomotorischen Empfindungen kommt es zu Wahrnehmungen, die in Verbindung mit den Vestibularorganen, (Gleichgewichtsorgan der Innenohren und Nervenkernen im Kleinhirn) die Voraussetzung für ein „grundlegendes Orientierungssystem" (GIBSON 1982) bilden. Mit dem Aufrichten gegen die Schwerkraft, der Entwicklung von Haltung und Balance im Zusammenspiel mit den Augenmuskeln, welche die willkürlichen Augenbewegungen ermöglichen und dem Muskeltonus differenziert sich dieses Wahrnehmungssystem weiter aus. Es arbeitet schließlich mit allen anderen Systemen, auch dem visuellen und dem Gehörsystem wirksam zusammen, so dass es als gemeinsames Bezugssystem angesehen werden kann.

Aus den Lernerfahrungen mit Gleichgewicht, Haltung, der Kinästhesie und damit dem Körperschema leiten sich dann die Dimensionen des euklidischen Raumes ab:

– die vertikale Dimension von der Richtung der Schwerkraft;

– die horizontale aus dem Konzept der Lateralität (Seitigkeit);

– die Vorne-Hinten-Dimension durch Hinweise für die Tiefe.

Sie müssen zu einem System verschmolzen werden, um eine dreidimensionale Lokalisierung und damit eine Stabilität der Objekte im Raum zu erreichen. Die Dreidimensionalität ist die Grundlage der Beziehungen zwischen Objekten im Raum und diese wiederum die Voraussetzung für Gruppierungen.

> Die meisten Tätigkeiten im Unterricht beziehen sich auf die Manipulation der Beziehungen zwischen Objekten im Raume. Die „Dreiheit" liegt nicht in den Objekten selbst, sie beruht auf der Beziehung der Objekte zueinander. Dreiheit bedeutet eine räumliche Gruppierung, die von jedem sonstigen Aspekt der Objekte unabhängig ist. Eine Gruppe von Menschen wird zu „Drei" vermöge der Tatsache, dass sie auf irgendeine entsprechende Weise im Raume gruppiert werden. Alle anderen Variablen, Alter, Geschlecht, Größe, Gewicht, Farbe usw. sind für dieses mathematische Konzept irrelevant. Es ist eben dieses Gruppierungsprinzip, das die Arithmetik für ein Kind verstehbar macht. Fehlt es, so wird die Arithmetik zu einer Sammlung mechanisch gelernter Fakten. Der Schritt von der Fähigkeit des mathematischen Rechnens zum mathematischen Verständnis ist häufig davon abhängig, wie weit das Kind die Prinzipien der räumlichen Gruppierung verstehen kann. Ohne ein stabiles räumliches System sind solche Gruppierungen schwierig aufzubauen oder aufrecht zu erhalten (KEPHART 1977).

Das Schema zur Entwicklung integrativer Prozesse (modifiziert nach Ayres, Abb. 3) kann eine Hilfe zur modellhaften Vorstellung der Entwicklungsprozesse mit den daraus resultierenden Fähigkeiten und Leistungen geben.

Wenn wir uns in diesem Schema unter Spalte 4 ansehen, welche Fähigkeiten von einem Kind erwartet werden, wenn es in die Schule kommt, dann interessieren uns neben den Fähigkeiten im Persönlichkeitsbereich vor allem die Voraussetzungen zum Erlernen der Kulturtechniken. Ein Kind ist schulreif, wenn es in der Lage ist, die Kulturtechniken zu erlernen. Wenn wir uns dazu weiter betrachten, welches die Voraussetzungen dafür sind, dann finden wir unter Spalte 3 neben der Sprachbenutzung, der motorischen Geschicklichkeit, dem Gedächtnis, der zweckvollen Aktivität, der Raumwahrnehmung auch die Bereiche der visuellen Wahrnehmung, die Marianne Frostig in vielfältiger Weise beschrieben hat. Sie sind von entscheidender Bedeutung für das Erlernen von Lesen und Schreiben. Sie spielen aber gleichermaßen eine Rolle für das mathematische Denken. Hinzu kommen freilich weitere Fähigkeiten, wie die visuelle Vorstellung, (die wir natürlich auch beim Schreiben benötigen), das Gedächtnis, die Fähigkeit zur Hintereinanderausführung von Denkvorgängen, das vorausschauende Planen, also die Antizipation, die Fähigkeit zur Umstellung auf neue Aufgabenformen, die Anwendung von bestimmten Prinzipien auf wechselnde Situationen, vor allem aber auch die Sprache. Neuropsychologische Prozesse sind die Voraussetzung für alle diese Fähigkeiten. Und unter diesen Fähigkeiten ist es in besonderer Weise die Wahrnehmung und Vorstellung des Raumes und allem, was damit zusammenhängt.

Verfolgen wir die Entwicklung weiter zurück – in dem Modell auf Stufe 2 – gibt es auch für diese Fähigkeiten Vorstufen: das Sprachverständnis, die Körperwahrnehmung, die Koordination beider Körperseiten, die Bewegungsplanung, einen bestimmten Grad der Aktivität und der Aufmerksamkeitsdauer. Und wenn wir noch weiter zurückgehen, kommen wir zu den „grundlegenden" Funktionen, welche auf elementare „Bausteine der kindlichen Entwicklung" (Ayres 1984) aufbauen. Sie müssen funktionsfähig sein, wenn sich auf höheren Stufen komplexe Leistungen entwickeln sollen. Das bedeutet allerdings nicht, dass alle sensorischen und motorischen Bereiche bei der Geburt schon ausgereift wären. Zwar ist in gewissem Sinne schon Empfindung möglich aber zunächst noch in sehr eingeschränktem Maße. Die Verbindungen von Nervenzelle zu Nervenzelle sind zunächst nur begrenzt ausgereift und die einzelnen sensorischen und motorischen Zentren im Zentralnervensystem haben nur unzureichende Verbindungen untereinander. Jede Sinnesmodalität verarbeitet die eingehen-

Die Entwicklung integrativer Prozesse als Voraussetzung höherer psychischer Funktionen

Wahrnehmungsbereiche	1. Ebene Leistungen	2. Ebene Leistungen	3. Ebene Leistungen	4. Ebene Leistungen
Auditive Wahrnehmung	– – – – – – – – –	– – Sprachverständnis – –	– – Sprachbenutzung – –>	Fähigkeit zur Konzentration, Organisation, zum abstrakten Denken und Verstehen,
Vestibuläre Wahrnehmung (Gleichgewicht u. Bewegung)	Augenbewegungen Haltung Balance Muskeltonus	Kinästhesie Bewegungsplanung Aktivitätsgrad Aufmerksamkeitsdauer	Körperschema motorische Geschicklichkeit Gedächtnis Raumwahrnehmung ↑	zum Erlernen der Kulturtechniken;
Propriozeptive Wahrnehmung (Muskeln u. Gelenke)	Sicherheit in Beziehung zur Schwerkraft	Aktivierungsreaktion Körperwahrnehmung	Visuelle Wahrnehmung im Sinne von z.B. ↑ Auge-Handkoordination	Spezialisierung einer Hirnhälfte u. einer Körperseite
Taktile Wahrnehmung	saugen, essen taktiles Wohlbefinden Mutter-Kindbeziehung	Koordination beider Körperseiten	Figur-Grunddifferenzierung ↑ Formkonstanz Raumlage Raumbeziehung	Selbstbewußtsein, Selbstkontrolle, Selbstvertrauen,
Visuelle Wahrnehmung	– – – – – – –	– – emotionle Stabilität – –	– – zweckvolle Aktivität –>	Fähigkeit, Beziehungen aufzunehmen.
Therapiemöglichkeiten	Krankengymnastik Beschäftigungstherapie, Psychotherapie	Psychomotorik	Bewegungs- und Wahrnehmungsförderung (Frostig, Kephart Kiphard)	Schulische Stütz- und Förderkurse Montessori-Pädagogik Psychotherapie

Abb. 3: Milz, modifiziert nach Ayres

den Daten noch isoliert für sich, *intramodal*. Nur die vestibulären und die propriozeptiven Systeme sind miteinander integriert und ermöglichen Perzeption. Die Entwicklung geht aber sehr rasant vor sich. Es kommt neben der *intramodalen* Verarbeitung zu weiteren Verknüpfungen sensorischer Bereiche untereinander und mit der Motorik, und wir sprechen dann von *intermodaler* Verarbeitung. Das alles geschieht innerhalb der ersten beiden Lebensjahre. Schließlich wird das Kind fähig, eine Reihenfolge von Informationen aufzunehmen und zu verarbeiten und damit auch zur Vorausschau, zur Antizipation, zur Planung, zunächst zur Planung im motorischen und schließlich auch im kognitiven Bereich.

Im Allgemeinen ist mit dem Eintritt in die Schule der Entwicklungsabschnitt der frühen Kindheit abgeschlossen. Wir sagen: das Kind ist nun schulreif. Und wir meinen damit, es hat die Voraussetzungen zum Lernen und Verhalten in einer Gruppe. (Spalte 4) Damit ist hier gemeint: Die Fähigkeit zur Konzentration, zur Organisation und in gewissem Grade zur Abstraktion, zum Erlernen von Lesen, Schreiben und Rechnen. Unter Verhalten in einer Gruppe ist gemeint: Selbstbewusstsein, Selbstvertrauen, Selbstkontrolle und die Fähigkeit, Kontakt aufzunehmen, Frustration zu ertragen usw. Gleichermaßen gehört dazu auch ein gewisser Grad an neurologischer Reife, wie er sich z.B. in der grob- und feinmotorischen Geschicklichkeit darstellt und in der Ausbildung der Seitigkeit bzw. der Dominanz einer Hirnhälfte. Auf diesen „Endprodukten" der frühkindlichen Entwicklung im Bereich der neurologischen Organisation, der Kognition, der Persönlichkeit kann nun schulisches Lernen aufbauen.

Wenn ich am Anfang von Wechselwirkungen der verschiedenen möglichen Beeinflussungen auf die kindliche Entwicklung sprach, dann lässt sich an diesem einfachen Modell auch zeigen, welche Bedeutung der Mutter-Kindbeziehung dabei zukommt. Von WINNICOTT wird die erste Beziehung zu einer „gut genugen" Mutter als Voraussetzung für das Gelingen aller späteren Beziehungen angesehen. Danach wäre vorstellbar, dass Beziehungsstörungen auch auf die Verarbeitung von Reizen und damit auf die Entwicklung der Wahrnehmung Einfluss nehmen könnten. Außerdem, und darauf wird unter dem Gesichtspunkt der Behandlung von Rechenstörungen noch hinzuweisen sein, ist die Aufnahme und Verarbeitung von Reizen, wenn sie unter positiver Gestimmtheit geschieht, besser als bei negativer Gestimmtheit. Ein Kind, das hungrig, traurig, kränklich oder ängstlich ist, wird schlechter lernen als ein gesundes, fröhliches, angstfreies. Damit wird deutlich, dass auch der Aspekt der emotionalen Befindlichkeit eine Rolle für Lernen und Verhalten spielt.

2. Die Bedeutung der visuellen Wahrnehmung

Wir hatten gesagt: Mathematisches Denken ist Denken in Räumen. Und wir hatten angedeutet, welche Entwicklungsstufen als Voraussetzung für die Fähigkeit zu diesem Denken angesehen werden. (Genaueres darüber z.B. bei AYRES, AFFOLTER, KEPHART, PIAGET) Im Folgenden sollen beispielhaft an Hand des FEW (FROSTIGS Entwicklungstest der visuellen Wahrnehmung) und der Weiterführung dieses Tests, des DTVP-2 (Developmental Test of Visual Perception), Elemente der visuellen Wahrnehmung in ihrer Bedeutung für Lernen und Verhalten und damit auch für das mathematische Denken dargestellt werden. Und es soll gezeigt werden, in welcher Weise Beeinträchtigungen in der Verarbeitung visueller Reize zu Lernstörungen führen können.[2]

2.1 Zum FEW[2]

Der Frostigtest enthält 5 Untertests. Sie entsprechen in ihrer Zusammenstellung ungefähr der neuropsychologischen Entwicklung, d.h. der Test beginnt mit einfachen Untertests, entsprechend den frühen Entwicklungsstufen des Kindes, und führt dann zu Aufgaben, die immer komplexere Leistungen erfordern:

– Visuomotorische Koordination
– Figur-Grund-Unterscheidung
– Formkonstanzbeachtung
– Erkennen der Lage im Raum
– Erfassen räumlicher Beziehungen

2.1.1 Visuomotorische Koordination

Hierbei handelt es sich um das kontinuierliche Zusammenspiel der Augen und der Hände, bzw. von Auge und Hand. Dieses Zusammenspiel ist bereits ein Entwicklungsprozess. Auf der frühen Entwicklungsstufe ist es vornehmlich die Hand, die Informationen aus der Umgebung einholt – passiv und aktiv. Beim Stillen z.B. greift das Kind nach der Brust der Mutter oder nach der Flasche, zunächst zufällig, und die Augen richten sich auf das, was die Hand spürt. Wenn das Kind ein Spielzeug berührt, das vor ihm aufgehängt ist, sind es wiederum die Hände, die es ertasten, ergreifen und umgreifen, und es ist der Mund. Auch der ertastet und ergreift und vor allem umschließt er. Die taktile Wahrnehmung ist am frühesten funktions-

---

[2] Wenngleich die einzelnen Items des FEW in unterschiedlicher Weise aussagekräftig sind, so ergibt der Test insgesamt in Verbindung mit gezielten Beobachtungen Hinweise auf Beeinträchtigungen der visuellen Verarbeitung. Er ist genormt für Kinder von 4.0 bis 8.11 Jahren. Ergänzend empfiehlt sich der Göttinger Formreproduktionstest, GFT.

fähig. Saugreflex und Greifreflex werden durch taktile Reize ausgelöst und ermöglichen erste und lebensnotwendige Leistungen wie das Saugen und das Anklammern. Erst später kommt das Sehen hinzu, zunächst zufällig, dann gezielt. Das Kind lernt zu sehen, was seine Hände spüren. Im Laufe der weiteren neurologischen Reifung übernimmt schließlich das Auge die Führung und die Hände folgen ihm. Damit kommt es zur Koordination von Auge und Hand. Aber immer, wenn es schwierig damit wird, gehen wir wieder zurück auf die Vorstufe dieser Fähigkeit, der Hand-Auge-Koordination. Wir zeigen oder führen dann mit dem Finger und folgen ihm mit den Augen.

Der Subtest „Visuomotorische Koordination" prüft diese Fähigkeit in verschiedenen Aufgaben mit unterschiedlichen Schwierigkeitsgraden.

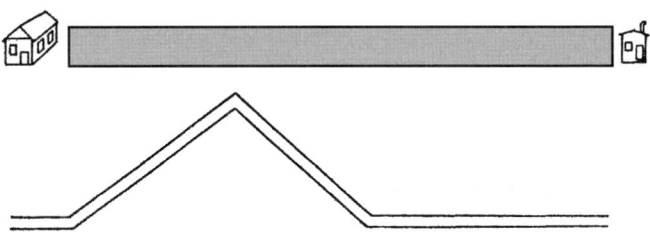

Abb. 4: Zwei Aufgaben aus Subtest I des FEW

Hier soll innerhalb verschieden gestalteter Begrenzungen mit einem Stift von links nach rechts ohne an den Rand zu stoßen entlanggefahren werden.

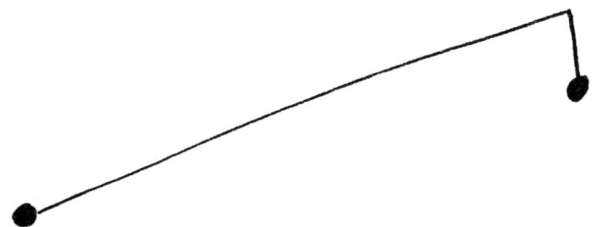

Abb. 5: Gestörte Koordination

Die Bedeutung der Auge-Hand-Koordination für die Entwicklung des mathematischen Denkens

Welche Bedeutung hat nun diese Fähigkeit zur Koordination von Auge und Hand für die Entwicklung des mathematischen Denkens?

Die Koordination von Auge und Hand bildet eigentlich die Grundlage für alle visuelle Wahrnehmung und damit auch die Grundlage zum Erfassen und Begreifen mathematischer Prozesse. Wenn das Kind eine Menge erfassen soll, muss es zuvor Gegenstände angefasst und manipuliert haben. Zum Handhaben aber gehört das In-der-Hand-haben und das Sehen. Wenn das Kind dann dieses Tun mit seiner Sprache begleitet und eins und noch eins und noch eins sagt, übt es sich bereits ein auf das spätere Zählen. Es handelt in Koordination von Auge und Hand und erwirbt sich über dieses Handeln allmählich eine Vorstellung von dem, was es tut, ein geistiges Bild. Nur über ein Vorstellungsbild, später eine exakte Vorstellung, kann es schließlich auch im Geist manipulieren, wie es für das Rechnen im Kopf erforderlich ist, z.B. beim Hinzutun oder Wegnehmen.

Bei allem, was wir tun, geht es eigentlich um Auge-Hand-Koordination, auch bei den Vorstufen für mathematisches Tun, wie z.B. beim Ordnen, beim Zuordnen, beim Zählen. Formen werden ERFAHREN mit den Augen und mit den Händen. Die Merkmale der Formen werden dadurch erlernt, erfasst, begriffen. Immer sind die Hände dabei mit im Spiel. Länger, kürzer, weniger, mehr, größer und kleiner, höher und tiefer, der Raum wird erfahren unter Zuhilfenahme von Auge und Hand.

Je mehr wir nach weiteren Beziehungen von Auge-Hand-Koordination zum mathematischen Denken suchen, je mehr wird deutlich, wie wichtig dieser Wahrnehmungsbereich überhaupt für unsere Erfahrung ist. Er erschließt uns die Umwelt. Das ist auch ein Grund dafür, warum in der Montessori-Pädagogik die Sinneswahrnehmung eine so große Rolle spielt. Bei den Materialien zur „Schulung der Sinne" wird in besonderer Weise die Koordination von Auge und Hand beansprucht, insbesondere natürlich bei dem Material für Mathematik. Es wird aber auch deutlich, wie es zu ständigen Überschneidungen mit anderen Bereichen der visuellen Wahrnehmung kommt. Nur theoretisch lässt sich trennen, was in der Realität eine Ganzheit darstellt.

Wenn das Zusammenspiel von Auge und Hand gestört ist

Nicht immer geht die Entwicklung von der Hand-Auge-Koordination zur Auge-Hand-Koordination ohne Beeinträchtigungen vor sich. Nur sind diese Beeinträchtigungen manchmal so diskret, dass sie nicht bemerkt werden. Bemerkbar machen sie sich meist erst, wenn es zu Lernproblemen kommt. Ob man sie aber dann auch erkennt, ist eine andere Sache. Manchmal ist bereits die Hand-Auge-Koordination, also die unterste Ebene der Entwicklung betroffen. Dann hat die Hand vielleicht schon Schwierigkeiten, eine geschmeidige Bewegung auszuführen, und das Auge kann der Hand nicht kontinuierlich folgen. Es tut das mehr oder weniger grobschlägig und verliert zeitweise den Kontakt zur Hand. Motorik und Perzeption können dann keine rechte Verbindung eingehen. Eine motorisch – sensorische Integration kommt nur unzureichend zustande. Damit ist aber u.U. auch die nächste Entwicklungsstufe, die Auge-Hand-Koordination, betroffen, die Führung des Auges und das Folgen der Hand, die Integration von Sensorik und Motorik. Dabei kann es zu ganz unterschiedlichen Erscheinungsformen kommen, z.B. die Hand greift minimal neben das Ziel und muss kurz davor eine kleine Richtungskorrektur anbringen. Im FEW sieht das dann vielleicht im Untertest 1 Punkteverbinden aus wie in Abb. 5 (S. 32).

Da aber im Laufe der kindlichen Entwicklung alles erst ergriffen werden muss, bevor es begriffen werden kann, folgt u.U. auf ungenaues Greifen auch ungenaues Begreifen. Oder es kommt aus Gründen der sensorisch – integrativen Dysfunktionen zu einer partiell getrennten Entwicklung von visueller Perzeption und Handmotorik. Bei Rita z.B.: Sie verlässt sich ganz auf ihre visuelle Wahrnehmung. Augenschließen in Verbindung mit einer Übung ist für sie eine Belastung, wenn nicht sogar unmöglich, und bringt sie in Panik. Sie beginnt am ganzen Körper zu zittern und sich hysterisch aufzuführen, so scheint es, so lange man nicht weiß, warum sie so reagiert. Verlässlich aber ist für Rita in der Hauptsache ihre Sehwelt. Mit der Motorik, hier der Feinmotorik, wurde keine Sicherheit gebende Integration eingegangen. Wenn Rita abzählt, kann sie das nur mit den Augen. In dem Augenblick, in dem sich die Finger daran beteiligen, zählt Rita falsch, die Auge-Hand-Koordination stimmt nicht. Mit den Augen alleine aus einer Gruppierung Elemente auszusondern geht aber im Allgemeinen nur bis zu einer begrenzten Anzahl (etwa 5 bis 7). Deshalb kann Rita nicht weiter als bis 5 oder 7 zählen, weil Auge und Hand nicht in Übereinstimmung miteinander und nicht im Rhythmus zueinander einen Gegenstand erfassen. Auch beim Malen zeigt sich die Beeinträchtigung. So geht freies Malen besser als Ausmalen, es brauchen dabei keine vorgegebenen Grenzen berücksichtigt werden. Kleine Formen werden vor großen bevorzugt. Die Hand braucht dann dem Auge nur über kleine Distanzen zu folgen.

Das Problem bei diesen und ähnlichen Teilleistungsstörungen ist, dass wir sie selten erkennen. Das Kind zeigt nur seine Vermeidungsstrategien und Verhaltensauffälligkeiten, und die führen auf falsche Fährten. Kostbare Zeit wird vertan mit „erzieherischen" Maßnahmen, wobei die Situation sich für das Kind nur verschlimmert.

2.1.2 Figur-Grund-Unterscheidung (Figur-Grund-Differenzierung)

Bei der Figur-Grund-Unterscheidung geht es um das Herausheben einer Gestalt von ihrer Umgebung, um das Erkennen einer Figur vor ihrem Hintergrund. Dieses Hervorhebenkönnen von Objekten gegenüber einem Hintergrund setzt eine charakteristische Struktur der umgebenden Lichtsituation voraus (Gibson 1982). Es wird erleichtert, sofern das Objekt sich bewegt oder bewegt wird. In Fällen, wo das visuelle Feld nicht in dieser Weise charakterisiert ist, kann es schwierig werden, Figur und Grund zu differenzieren. Wir kennen alle aus den Kinderzeitschriften die Vexier- oder Suchbilder. Meist sind sie einfarbig, und innerhalb der dargestellten Situation ist eine Figur versteckt, die gesucht werden soll. Eine andere Form der Unsicherheit, Figur und Grund zu unterscheiden entsteht bei den Kippbildern oder Umkehrfiguren. Ihre Doppeldeutigkeit ermöglicht, Figur und Grund auszutauschen.

Abb. 6: Suchbild

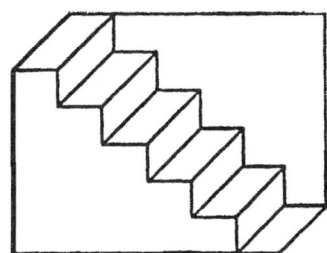

Abb. 7: Kippbild

Beide Formen von Figur-Grund-Differenzierung unterscheiden sich insofern, als bei den Umkehrfiguren es dem Betrachter überlassen bleibt, wie er deutet. Bei den Vexier- oder Suchbildern dagegen ist das zu suchende Objekt sprachlich benannt. Damit kommt zu der „reinen Wahrnehmung" (GIBSON S. 293) eine sprachliche Komponente hinzu, ein Auftrag, der gleichsam hilft, das Feld zu strukturieren. Ganz wichtig ist aber vor allem bei solchen Formen, die nicht der Erfahrung des täglichen Lebens entstammen, dass ihre Gestalt überhaupt differenziert wahrgenommen werden kann. Auf dieses Problem wird unter dem Abschnitt Formkonstanz näher eingegangen.

Im Untertest Figur-Grund-Unterscheidung geht es um eingebettete oder sich überschneidende Figuren, wobei dem Kind die Figur, die nachgefahren werden soll, auf einer Vorlage gezeigt wird. Es soll sie nach seiner Vorstellung aus einem mehr oder weniger komplexen Grundgesamt von Figuren heraus wiedererkennen.

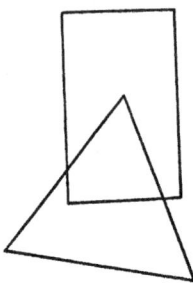 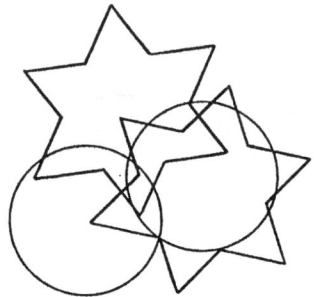

Abb. 8: Zwei Aufgaben aus Subtest II des FEW

Ansehen, Vorstellen und Wiedererkennen setzen aber voraus, was unter dem Abschnitt zur Auge-Hand-Koordination bereits gesagt wurde: Das Kind muss in seiner Entwicklung zuvor Gegenstände taktil erfasst haben, um sie mit den Augen abtasten und wiedererkennen zu können. Dabei ist die Auge-Hand-Koordination als ein Element an der Entwicklung der Figur-Grund-Differenzierung beteiligt, die Form- bzw. Gestaltwahrnehmung als ein anderes (siehe Abschnitt Formkonstanz).

Eine weitere Voraussetzung sieht KEPHART in der Ausdifferenzierung von Bewegungsmustern am eigenen Körper. Kephart vermutete, dass es die kinästhetische Figur-Grund-Beziehung ist, welche die Grundlage für die späteren Figur-Grund-Beziehungen im visuellen und akustischen Bereich darstellt.

Die Entwicklung der Figur-Grund-Beziehung beginnt vermutlich während der motorischen Differenzierung. Wenn die Bewegung eines bestimmten Körperteils aus der Masse ausdifferenziert wird und wenn diese nun absichtsvoll ausgeführt wird, ist die Muskelanstrengung, die für diesen Körperteil aufgewendet wird, größer als für die übrige Muskulatur. Der erhöhte Tonus, der an der ausdifferenzierten Bewegung beteiligten Muskeln, erzeugt eine mit diesem Akt verbundene, im Vergleich zur übrigen Aktivität des Körpers erhöhte kinästhetische Information. Es entsteht dadurch ein Kontrast zwischen der kinästhetischen Stimulation, die von der absichtsvollen Bewegung herrührt und der aller anderen Bewegungen, die somit in den Grund zurücktreten. Die absichtsvolle Bewegung wird zur Figur vor einem Grund (KEPHART 1977).

Wie sich eine Beeinträchtigung der Figur-Grund-Differenzierung auch auf das Verhalten im Sinne von Hyper- und Hypokinese auswirken kann, wird am Beispiel „Der Fall Timo" (Teil I, Kap. I, 2.4) näher ausgeführt.

Die Bedeutung der Figur-Grund-Unterscheidung für die Entwicklung des mathematischen Denkens

Generell ist es die Figur-Grund-Unterscheidung, die ganz wesentlich an der Fähigkeit zur selektiven Aufmerksamkeit beteiligt ist. Das betrifft alles Lernen und Verhalten und ist nicht nur auf mathematisches Denken beschränkt. Ein Objekt kann nur dann „Reiz voll" sein und Aufmerksamkeit erregen, wenn es sich von seiner Umgebung abhebt. RUBIN glaubte, auf den Begriff Aufmerksamkeit verzichten zu können, da der Effekt der Aufmerksamkeit genuin durch die Figur-Grund-Differenzierung gegeben sei (DORSCH 1976, S. 195).

Wie unrecht wird wohl so manchem Kind getan, das dauernd ermahnt wird, doch besser aufzupassen, wenn es sich bei ihm vielleicht um Teilleistungsschwächen im Bereich der Figur-Grund-Differenzierung handelt. Dieses Kind muss viel mehr Kraft für Differenzierungsleistungen aufwenden als andere Kinder. Es ermüdet deshalb schneller und erscheint dann unaufmerksam.

Die Figur-Grund-Differenzierung ist die elementare Voraussetzung aller Wahrnehmung. War als Vorstufe des Zählens beim Ordnen und Zuordnen die Auge-Hand-Koordination hervorgehoben worden, so versteht sich von selbst, dass Auge und Hand nur ergreifen und erfassen können, was sich von der Umgebung abhebt. Wer einmal beim Skifahren an einem trüben Tag oder einem Tag mit besonderen Lichtverhältnissen erlebt hat, wie egal eine Landschaft wirkt, wie nur unter ziemlicher Anstrengung sich Figuren bzw. Objekte herauslösen ließen und nah und fern abzuschätzen war, der kann sich auch vorstellen, wie es einem Kind geht, das in diesem Bereich der Wahrnehmung seine Probleme hat.

Die Figur-Grund-Differenzierung wird beansprucht z.B.
– beim Erkennen von Ziffern in der Anordnung mehrstelliger Zahlen,
– beim Stellenwert,
– bei Reihenfolgen,
– bei räumlichen Begriffen wie dem Begriff „zwischen" als einer Sonderform des Umschlossenseins,
– beim Sichzurechtfinden auf einer Buchseite.

Schließlich, und das betrifft wieder schulisches Lernen allgemein, der Blick zur Tafel muss die geforderten Objekte (Wörter, Aufgaben) aus dem Tafelanschrieb herausdifferenzieren können und sich beim Umstellen auf das Heft oder die Buchseite auch da zurechtfinden. Gelingt es nicht, eine Figur schnell und genau vom Hintergrund abzuheben, entsteht Verunsicherung. Das Kind kommt nicht mit, es weiß nicht mehr, wo es sein soll, und vor allem, alles geht zu langsam. Hierbei kann es sich allerdings auch um eine

Beeinträchtigung des Sehens handeln, nämlich der Akkommodation der Linse von entfernten Objekten, z.B. der Tafel, auf ein nahes Objekt, das Heft. Bei derartigem Verdacht muss der Augenarzt um eine Untersuchung der Akkommodationsfähigkeit gebeten werden.

Wenn die Figur-Grund-Differenzierung beeinträchtigt ist, sind es die Leistungen des Kindes auch, und das in vielfältiger Weise und auf verschiedenen Ebenen des mathematischen Denkens. Wenn z.B. die Gruppierungen von Elementen wegen einer Beeinträchtigung der Figur-Grund-Differenzierung nicht deutlich genug wahrgenommen werden, kann die Speicherung und Vorstellung dadurch mitbetroffen sein. Damit aber wird das Strukturieren von und Umgehen mit Mengen erschwert, und das bereits im vornumerischen Bereich und folglich auch im Umgang mit Mengen und Zahlen innerhalb des ersten Zehners.

2.1.3 Formkonstanzbeachtung[3]

Formen als konstant zu erkennen, auch, wenn sie unterschiedliche Positionen einnehmen, setzt die bereits besprochenen elementaren Fähigkeiten der visuellen Wahrnehmung: Auge-Hand-Koordination und Figur- Grund-Differenzierung voraus. Außerdem ist es wichtig, dass Formen überhaupt in ihrer „Eigenheit" erkannt werden. Wenn wir einen Gegenstand, z.B. eine kreisrunde Scheibe, aus verschiedenen Blickwinkeln betrachten, wird die Abbildung auf der Netzhaut je nach Winkel unterschiedlich ausfallen: als Oval bei geringer Drehung, als Strich bei einer Drehung von 90 Grad. Nur bei direkter Draufsicht erscheint uns das Objekt als Kreisscheibe. Erkennen als solche werden wir sie aber auch trotz veränderten Blickwinkels. Warum? Weil es ursprünglich die Hände waren, welche die Information „rund" erfahren hatten, dann erst kam die Erfahrung durch die Augen hinzu. Beides wurde miteinander integriert und das Merkmal „rund" ist nun gespeichert. Diese Entwicklung ist natürlich in Wirklichkeit viel komplizierter, als es hier beschrieben werden kann. Als Denkmodell ist diese Vorstellung aber hilfreich, besonders, wenn es darum geht, Störungen in diesem Wahrnehmungsbereich zu erkennen und Beeinträchtigungen zu behandeln.

Das Baby, so nimmt man an, sieht zunächst nur schlecht abgegrenzte Klumpen, deren Haupteigenschaft ihr Zusammenhalt ist. Diese Klumpen sind im wesentlichen undifferenziert und amorph. Das perzeptive Lernen beginnt aber sehr früh, vermutlich schon in den ersten Lebenstagen. Allmählich werden aus diesen Klumpen einzelne Elemente ausgegliedert und bekommen Signaleigenschaft. Diese Differenzierung geschieht allerdings nicht plötzlich. Sie wird vielmehr schrittweise erworben und setzt sich

---

[3] Die Beispiele: Kreis und Quadrat sind entnommen aus KEPHART.

durchaus noch im Erwachsenenalter fort. Auch Erwachsene lernen, immer noch differenzierter und genauer Gestalten zu erkennen und zu unterscheiden, und nicht nur Formen und Gestalten. Das differenzierte Wahrnehmen bezieht sich auch auf andere Bereiche wie Hören und Fühlen. Daraus ergibt sich, dass bis zu einem gewissen Grade immer noch eine Förderung möglich ist, unabhängig vom Alter.

Sehen wir uns weiter an, wie diese Differenzierung vor sich geht. Zunächst sind es einzelne Merkmale, die sich ausgliedern lassen, sie sind aber noch nicht miteinander zu einem Ganzen integriert. Sie bestehen vielmehr nebeneinander und geben der Gestalt noch keine charakterisierende Eigenschaft. Bei einem Quadrat z.B. werden zunächst die Merkmale: Länge der Seiten und Verhältnis der Seiten zueinander isoliert wahrgenommen. Erst allmählich entwickelt sich daraus die Eigenschaft „quadratisch". Wie schwierig offensichtlich dieser Lernprozess ist, wird immer wieder daran klar, dass auch ältere Schüler Probleme haben, ein Quadrat als Quadrat zu benennen. Meist sagen sie nur Viereck, womit sie ja auch nicht Unrecht haben. Das heißt, wenn wir die Entwicklung zur Formkonstanz als Erklärung benutzen: Diese Kinder erkennen ein Merkmal der Form, nämlich die vier Ecken, nicht aber die anderen Merkmale, die integriert miteinander erst die Eigenschaft „quadratisch" ausmachen. Wenn wir den Mechanismus der Entwicklung der Formerkennung verstanden haben, dann werden wir immer wieder darauf aufmerksam werden, wie viele Kinder im Unterricht nur scheinbare Formwahrnehmung zeigen, während sie tatsächlich nur Einzelelemente oder kleine Elementgruppen verarbeiten. Aus diesem Grund ist nach PIAGET die Wiedergabe von Formen ein besserer Anhaltspunkt für Formwahrnehmung als die bloße Formerkennung. Bei der Formwahrnehmung müssen alle Elemente der Form in geordneter Weise behandelt werden. Bei der Formerkennung erlaubt bereits der Vergleich weniger Elemente eine Benennung. Nach KEPHART unterscheiden wir weiter eine globale und eine konstruktive Formwahrnehmung. Bei letzterer handelt es sich um einen komplexen Prozess, der ausgedehntes und intensives Lernen erfordert. Hierfür können die MONTESSORI-Materialien vielfältige Anregungen geben (Teil II, Kap. III).

Abb. 9: Zwei Aufgaben aus Subtest III des FEW

In dem Subtest „Formkonstanzbeachtung" sollen Kreise und Quadrate in verschiedenen Lagen und „Einbettungen" und aus einer Anzahl ähnlicher Formen wie Ovalen, länglichen Rechtecken und Rhomben herausgefunden werden. Dass Formkonstanz eigentlich mehr beinhaltet, wurde bereits ausgeführt. (Beim Betrachten der Testseiten fällt allerdings auf, wie stark hierbei auch die Figur-Grund-Differenzierung mit beansprucht wird.)

Die Tatsache, dass Inhalte der Wahrnehmung trotz wechselnder äußerer Bedingungen unverändert und damit konstant erlebt werden können, bezieht sich auch auf andere Wahrnehmungsbereiche wie Helligkeit und Farbe, Größe, Raum, Zeit und Substanz und nicht zuletzt auf die Erhaltung der Zahl.

Die Bedeutung der Formkonstanzbeachtung für die Entwicklung des mathematischen Denkens

Störungen in der Formkonstanzbeachtung können sich allgemein auf Lernen und Verhalten auswirken. Ein Kind, das noch keine integrierte Form aufbauen kann, reagiert in seinem Verhalten mehr auf einzelne Elemente als auf das Insgesamt einer Situation. Wir neigen dann dazu, das Kind impulsiv zu nennen. Dabei dürfen wir aber nicht übersehen, dass für das Kind nicht dasselbe Datengefüge besteht wie für uns. Für das Kind existiert nur eine bestimmte Einzelheit, und auf die reagiert es. Für die Problemlösung in einer bestimmten Situation mag aber die Beachtung vieler Einzelheiten notwendig sein. Die Folge ist, das Kind wird eine falsche oder ungenaue Lösung des Problems bringen. Wir beschreiben es dann vielleicht als ablenkbar, impulsiv oder disziplinlos. Aber sein ganzes Verhalten kann durchaus die Folge seiner Unfähigkeit sein, eine adäquate Form auszubilden.

Für PIAGET ist das Phänomen der Konstanz oder der Invarianz, wie er es nennt, von besonderer Bedeutung für die Entwicklung des mathematischen Denkens.

> Eine Menge oder eine Gruppe von Gegenständen ist nur vorstellbar, wenn ihr Gesamtwert unverändert bleibt, gleich welche Veränderungen in den Verhältnissen der Elemente eintreten mögen. Eine Zahl ist nur in dem Maße verständlich, wie sie mit sich selber gleich bleibt, unabhängig von der Disposition der Einheiten, aus denen sie zusammengesetzt ist. Überall und immer setzt der Geist die Erhaltung von irgendetwas als notwendige Bedingung für jedes mathematische Verständnis voraus (PIAGET 1975, Bd. 3).

Ein Beispiel für die Auswirkungen von Teilleistungsstörungen im Bereich der Konstanzwahrnehmung sind die Erfahrungen mit einem 21-jährigen jungen Mann.

Der Fall Peter

Peter ist ein junger Mann Anfang 20. Er gilt als leicht geistig behindert. Er arbeitet in einer Beschützenden Werkstatt. Dort gab es mit ihm ständig Probleme, weil er nicht so arbeitete, wie es von ihm, dem man seine Behinderung nicht ansieht, erwartet wurde und weil es bei ihm des öfteren zu aggressiven Ausbrüchen kam, bei denen sich die Betreuer in Gefahr fühlten. Diese aggressiven Ausbrüche waren es auch gewesen, die seine Schullaufbahn zum Teil mitbestimmt hatten. Von der Grundschule auf die Sonderschule für Lernbehinderte überwiesen, konnte er auch dort wegen seines Verhaltens nicht bleiben. Er kam auf die Schule für Praktischbildbare, und, als es dort auch nicht ging, in ein Heim mit einer entsprechenden Sonderschule, danach in die Beschützende Werkstatt. Wie in all diesen Fällen gehören noch viele Einzelheiten dazu, um das Bild zu vervollständigen. Hier soll aber nur das herausgegriffen werden, was mit dem mathematischen Denken, dem Erfassen des Raumes zusammenhängt, um daran zu zeigen, was für Störungen möglich sind, welche Bedeutung sie für die kognitive und emotionale Entwicklung haben und wie leicht sie übersehen oder falsch gedeutet werden können.

Peter machte den Eindruck eines ganz normalen Jugendlichen, vielleicht etwas entwicklungsverzögert, von den Eltern und Lehrern nicht verstanden, ein Grenzfall zur geistigen Behinderung, wahrscheinlich aber eher „nur" lernbehindert. Durch Zufall ergab es sich, dass wir kochen wollten. Peter hatte sich für Tomatensuppe entschieden, und hinterher sollte es Pudding geben. Er kaufte auch selber dafür ein und das sogar ganz richtig. Selbst das mit dem Geld stimmte, und einen Kassenzettel brachte er auch mit. Als ich ihn fragte, was denn die Milch gekostet habe, meinte er: „37 Cent". Zwar stutzte ich da etwas. Da ich aber die Preise selbst nicht immer weiß, ließ ich es dabei bewenden. Dann fingen wir an zu kochen. Er füllte Wasser in ein kleines Töpfchen, hat das Wasser auch abgemessen, schüttete das Tomatenpulver ein und begann, in dem Töpfchen herumzurühren. Dabei kamen ihm allerdings Bedenken. Er hatte Angst, er würde etwas verplempern. Folgerichtig überlegte er sich, einen größeren Topf zu nehmen, schüttete das Ganze um und war zufrieden. Schließlich war die Suppe fertig, der kalt anzurührende Pudding auch, und wir setzten uns, um alles aufzuessen. Als Peter die Suppe ausfüllte und dabei in den Topf sah, meinte er nachdenklich: „Wie gut, dass wir den größeren Topf genommen haben. Das in dem kleineren hätten wir nie aufbekommen."

Ich war einigermaßen überrascht und auch bestürzt darüber, dass bei dem jungen Mann so elementare Funktionen wie die Erhaltung der Menge, die Mengenkonstanz, nicht entwickelt sein sollten, wo er doch zusammenzählen konnte und auch das 1 x 1. Um ganz sicher zu gehen, habe ich das dann in der folgenden Stunde noch einmal ausprobiert. Ich habe mit jeder Hand eine Anzahl Stecker ergriffen und vor ihn auf den Tisch gelegt. Dann habe ich ihn aufgefordert zu sagen, ob die beiden Haufen (gelbe Stecker und grüne Stecker) gleich viele Stecker enthalten oder ob in dem einen mehr sind. Peter hat sich zunächst daran gemacht und die Stecker eins zu eins zugeordnet. Das klappte. Zufällig waren es gleich viele gelbe und grüne. Er hatte sie in zwei Reihen angeordnet. Dann habe ich die eine Reihe ein wenig auseinandergezogen, so dass sie jetzt länger war. Und als ich nun fragte: „Wo ist mehr?" War die Antwort: „Hier." (Die längere Reihe. Das war ganz selbstverständlich). Darauf sollte er die Stecker zählen und wieder zuordnen. Als er nun feststellte, dass sie wieder alle untereinander passten (eins zu eins), war er verwundert. Aber als ich danach die untere Reihe auseinanderzog und fragte, wo nun mehr sei, wurde der junge Mann regelrecht verwirrt.

Dass die Mengen als Ganzes gleich bleiben, auch, wenn ich die Abstände zwischen den einzelnen Elementen verändere, das brachte ihn völlig durcheinander. Ähnlich ist es mit den Flüssigkeitsmengen. Auch hierbei kann Peter, wie die Erfahrung mit der Tomatensuppe gezeigt hat, die Ganzheit und Unveränderlichkeit der Menge, einer Flüssigkeitsmenge, nicht wahrnehmen. Diese, meine Erfahrung mit dem jungen Mann und der Art, wie er Informationen verarbeitet, war mir schließlich ein Schlüssel auch für gewisse Auffälligkeiten in seinem Verhalten. So klagte die Mutter darüber, dass er nie mit seinem Geld auskommt. Ob es 10 Euro oder 10 Cent sind, wenn er Geld hat, dann ist es weg. Und mit der Zeit ist es ähnlich (Teil I, Kap. I, 3). Auch hiermit gibt es viele Konflikte, einfach aus der Tatsache heraus, dass Zeit und Dauer für diesen jungen Mann keine Bedeutung haben.

Ein anderes Beispiel. Es wird darüber geklagt, dass er eigentlich zu nichts richtig zu gebrauchen ist. Da hatte man einmal versucht, ihn für etwas leichtere Arbeiten einzusetzen. Er sollte beim Auf- und Abladen von Material auf einen LKW helfen. Wenn nun Peter einen Laster kommen sah, dann lief er ihm entgegen, ohne zu realisieren, dass das Fahrzeug sich näherte. Er lief in den LKW hinein und brachte sich dadurch erheblich in Gefahr. Er konnte das visuelle Bild, das ja auf der Netzhaut mit der Entfernung kleiner erscheint, nicht mit der Wirklichkeit in Übereinstimmung bringen.

Alle diese Vorkommnisse ließen es sehr schwierig erscheinen, Peter in der Beschützenden Werkstatt zu behalten. Wo aber sollte der junge Mann hin?

Und niemand sieht ihm diese spezielle Behinderung an. Deshalb wird alles auf sein „unmögliches" Verhalten geschoben. Warum aber verhält er sich so?

Peter hat zwar eine gewisse mechanische Fähigkeit zu rechnen und die Zeit an einer Uhr abzulesen, und er kennt auch die Geldmünzen und die Scheine. Das aber wirklich nur ganz an der Oberfläche. Es sind antrainierte Splitterfertigkeiten, hinter denen keine Vorstellung von Menge und Zeit steht. Er hat eine Uhr vor sich und soll 50 Minuten weiterzählen und macht die Abschnitte für 10 Minuten genauso groß wie die für 5 Minuten. Es sind bei ihm gewisse Rechenfertigkeiten eingeschliffen und mechanisiert worden, aber die Voraussetzungen für den Zahlaufbau fehlen völlig. Es fehlt die Erfahrung und damit der Begriff von der Konstanz von Mengen und Größen. Als Beispiel für die Konstanz von Mengen das Erlebnis mit der Suppe und den Steckern; als Beispiel für die Konstanz von Größen das Erlebnis mit dem Hineinrennen in den Laster.

In der Auseinandersetzung mit diesem Thema und mit zunehmender Sensibilität für Auffälligkeiten im Bereich „konstruktiver Wahrnehmung" wurde mir bei diesem jungen Mann deutlich, wie sich Teilleistungsstörungen auch in das Verhalten hinein auswirken können. Peter reagierte einmal nahezu schockiert, als eine seiner Therapeutinnen sich die Haare hatte abschneiden lassen. Frau G. war für ihn nicht mehr die gleiche Person wie zuvor. Wir haben das zunächst nicht ernst genommen. Erst später ist mir klar geworden, dass seine Verunsicherung echt war und dass hier die Wahrnehmungsstörung der Grund für die totale Verunsicherung war.

Das gleiche Phänomen konnten wir noch einmal an ihm selbst beobachten. Er hatte eine Brille bekommen und war sehr neugierig, ob wir ihn nun noch erkennen würden. Auch dieses Mal habe ich ihn in seiner Fragestellung nicht ernst genug genommen. Er fragte nämlich immer wieder: „Ob Frau G. mich auch erkennt?" Anstatt mit ihm bei dieser Gelegenheit zusammenzutragen, an welchen Merkmalen wir einen Menschen erkennen, und diese Merkmale zu einem Ganzen zusammenzufügen, habe ich die ganze Angelegenheit mehr spaßig empfunden und ihm damit natürlich Unrecht getan. In jedem Falle habe ich die Ernsthaftigkeit seines Problems einfach nicht erkannt.

Offensichtlich hängen Konstanzphänomene – Mengenkonstanz – Formkonstanz – Zeitkonstanz – Größenkonstanz – so eng zusammen, dass, wenn die Differenzierung und Integration von Einzelelementen in einem Bereich beeinträchtigt ist, auch andere Bereiche mitbetroffen sein können. Es ist sehr schwer, sich die Welt, in der ein solches Kind oder in diesem

Falle ein solcher Erwachsener lebt, vorzustellen. Vor allem aber: Wie muss sich ein so Betroffener vorkommen, wenn er immer wieder merkt, dass er nicht richtig verstanden und ernst genommen wird?

2.1.4 Erkennen der Lage im Raum[4]

Die konstruktive Form beruht auf der Beziehung der Formelemente zueinander und ihrer Integration zu einer Synthese. Diese Beziehungen sind räumliche Beziehungen, und räumliche Beziehungen machen ein Koordinatensystem erforderlich. Die Koordinaten des Raumes und damit die Koordinaten, auf die sich die Beziehungen einer Form aufbauen, müssen erlernt werden. Dieses Lernen beginnt mit der Lateralität, der Seitigkeit. Wie entwickelt sie sich, und wie ist sie an der Wahrnehmung von Form und Raum beteiligt?

Das Bezugssystem für alle Richtungen und Orientierungen im Raum wird bestimmt durch die Richtung der Schwerkraft. Wenn wir zu dieser Richtung keine konstante Beziehung aufrechterhalten können, so können wir uns auch nicht in unserer Umwelt orientieren. Ganz mühsam müssen wir lernen, gegen die Schwerkraft mit dieser umzugehen. Mit zunehmender Reifung gibt uns dann unser Haltungsmechanismus die Sicherheit, unsere Beziehungen zum Zentrum der Schwerkraft bzw. zur Oberfläche der Erde aufrecht zu erhalten. Damit wird unsere aufrechte Haltung zu einem Bezugssystem für unsere Bewegungen. Wenn ein kleines Kind beginnt, sich aufzurichten und laufen zu lernen, ist es zunächst noch unsicher in seiner Haltung. Es hat noch Probleme mit seinem Gleichgewicht, deshalb muss es mit den Ärmchen rudern. Es muss erst noch lernen, das Gleichgewicht zu halten. Es muss herausfinden, welcher Arm – welche Körperseite – auf welche Weise zu bewegen ist, damit die richtigen Ausgleichsbewegungen stattfinden können. Allmählich entwickelt sich daraus das innere Bewusstsein von zwei Körperhälften und ihren Unterschieden, und schließlich führt mit zunehmender neurologischer Reife dieser Lernprozess zur Entwicklung der Seitigkeit und damit auch zur Bevorzugung einer Hand. Wichtig ist allerdings, dass wir Lateralität bzw. Seitigkeit und die Dominanz einer Hand von der Fähigkeit der Benennung von rechts und links unterscheiden. Lateralität ist das innere Bewusstsein von zwei Körperhälften und ihrer Unterschiede. Wahrscheinlich muss das Kind, nachdem es die beiden Seiten zu empfinden gelernt hat, noch das Problem ihrer Beziehung zueinander lösen. Vielleicht lernt es das, indem es eine Seite zur führenden entwickelt: die rechte oder die linke. Hat es die Bezugsrichtung zur Schwerkraft, die Vertikale, vermittels seines Gleichgewichtsmechanismus erworben, mit Hilfe der Seitigkeit die Rechts-Links-Achse, die Hori-

---

[4] Nach KEPHART

zontale, und durch Hinweisreize für Tiefe die Vorne-Hinten-Dimension, besitzt es ein Bezugssystem für alle räumlichen Relationen und für alle seine Entdeckungen im Raum. Die Körperlängsachse und die Querachse sind die Koordinaten dafür. Die innere kinästhetische Richtung, die wir bei unseren Handlungen wahrnehmen, wird schließlich nach außen projiziert. Streckt das Kind seinen Arm aus, um einen Gegenstand zu ergreifen, lernt es allmählich, dass dieser Gegenstand in der Richtung zu ihm liegt, in der es seine Hand ausstreckt und in die es seine Augen richtet (nach KEPHART).

Auch um Formen wahrzunehmen, um die einzelnen Merkmale zu einem Ganzen zu integrieren, bedarf es des Richtungssinnes, und der wird durch die taktil-kinästhetische Wahrnehmung der Hand in Zusammenarbeit mit den Augen erlernt.

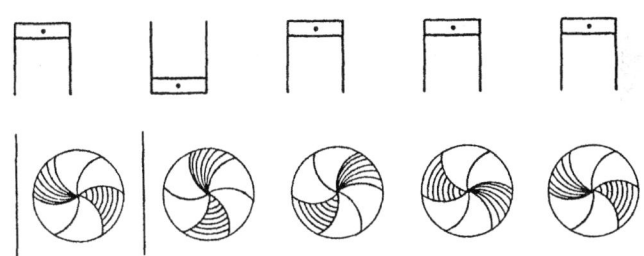

Abb. 10: Zwei Aufgaben aus dem Subtest IV des FEW

Im Subtest „Erkennen der Lage im Raum" soll herausgefunden werden, welche Objekte die gleiche oder eine von den Musterobjekten sich unterscheidende Lage haben.

Die Bedeutung der Raum-Lage-Wahrnehmung für die Entwicklung des mathematischen Denkens

Hat das Kind durch Bewegung und Wahrnehmung die Richtungen oben – unten, rechts – links, vorne und hinten erlernt, dann hat es feste Bezugsgrößen für die Lage von dreidimensionalen Objekten im Raum. Für schulisches Lernen muss es diese Daten transformieren, einmal auf den zweidimensionalen Raum der Tafel vertikal, und zum anderen auf den zweidimensionalen Raum im Heft horizontal. Alleine derartige Umstellungen können bei Kindern mit Teilleistungsschwächen große Schwierigkeiten bereiten. Ein dreißigjähriger junger Mann sollte einmal einen Stab senkrecht vor sich hinhalten. Er tat es, indem er ihn waagerecht hielt, mit dem einen Ende auf seine Körpermitte gerichtet. Er hatte in seiner Schulzeit diese Richtung als senkrecht – aber auf einem Blatt Papier – erlernt und damit als Splitterfertigkeit und nicht als sensomotorische Erfahrung. Er konnte sich unter senkrecht erst dann etwas vorstellen, als er an ein Senkblei erinnert wurde. Und da er manchmal auf dem Bau geholfen hatte, war ihm das dann ein Begriff. Nun konnte er auch den Stab entsprechend ausrichten. Das Wort „senkrecht" bekam für ihn erst über die bildhafte Vorstellung und Erinnerung an eigene Erfahrungen Bedeutung.

Die Lage im Raum betrifft auch die Richtung der Zahlen und Zeichenformen wie z.B. bei 6 und 9 ; 3 und E ; > und < ; 7 und F ; 1 und I ; + und x. Ein Kind verwechselte die Zahlen 7 und 4, was Verdrehen und Kippen voraussetzt.

2.1.5 Erfassen räumlicher Beziehungen

Die Wahrnehmung des Raumes beinhaltet mehr als nur das Orten von Objekten innerhalb eines Koordinatensystems. Nach KEPHART ist der Raumbegriff stets sekundäres sensorisches Datum und ein Konzept, das im Gehirn entwickelt wird.

> Die direkteste Information stammt aus dem kinästhetischen Bereich, d.h. von dem Sinn, der uns den Spannungszustand der Muskeln anzeigt. Durch die kinästhetische Wahrnehmung können wir das Ausmaß einer Muskelbewegung und damit den Abstand zu einem Objekt abschätzen. Durch Translationsbewegungen im Raum (Verschiebungen, Drehungen, Wendungen)[5] erhalten wir Kenntnis über den Abstand zu einem Objekt. Das Gleiche gilt für alle anderen Raumbegriffe. Wir übersetzen das Wissen aus anderen Bereichen in Wissen über den Raum. Wir eichen Veränderungen in anderen sensorischen Bereichen zu Maßstäben, mit denen wir den Abstand zu einem Objekt oder den Abstand zwischen zwei Objekten messen. Obwohl wir uns so verhalten, als hätten wir direkte Informationen darüber, mussten wir diese Welt tatsächlich erst aus der Interpretation der Vielzahl sensorischer Daten aufbauen, deren keine mit dem Raum selbst direkt verknüpft war (KEPHART 1977).

Damit kommt den sensorischen Daten besondere Bedeutung auch für das mathematische Denken zu, und das vor allem auf der Stufe des „In-Beziehung-Setzens". Das Kind erfährt den Raum zunächst im Hinblick auf seine eigene Person als egozentrischen Raum. Erst später kommt es zu Beziehungen von Objekten untereinander. Nur, wenn das Kind über eine stabile Raumerfahrung verfügt, können auch Objekte im dreidimensionalen Raum stabilisiert wahrgenommen und in Beziehung zueinander gesetzt werden.

---

[5] Eigene Anmerkung

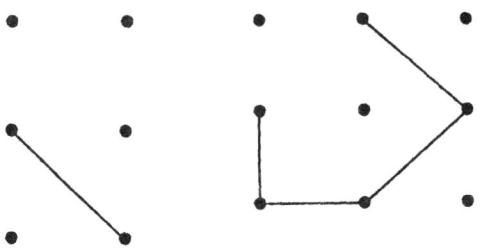

Abb. 11: Zwei Aufgaben aus Subtest V des FEW

Der Subtest „Beziehungen im Raum" prüft die Fähigkeit, Beziehungen zwischen verschiedenen Punkten in einem Punktgitter zu erkennen und in ein anderes zu übertragen. Punkte sollen nach Vorlage verbunden und damit in Beziehung zueinander gebracht werden.

Die Bedeutung der Wahrnehmung von Beziehungen im Raum für die Entwicklung des mathematischen Denkens

Beziehungen werden in der Sprache der Mathematik Relationen genannt. Sie bestimmen das Verhältnis von Objekten oder Mengen zueinander: länger oder kürzer, mehr oder weniger; größer oder kleiner; gleich oder ungleich. Eine wesentliche räumliche Beziehung ist die der Reihenfolge oder räumlichen Aufeinanderfolge, deren Elemente dann ihrerseits die Relationen der Symmetrie bilden können.

Ein Kind muss lernen, dass es Zeichen nicht in beliebiger Anordnung schreiben kann, sondern, dass sie eine spezifische Reihenfolge einhalten müssen, um sinnvoll zu sein. In der Mathematik sind die Möglichkeiten des Zahlenaufbaus komplex, weil nicht nur rechts und links, sondern auch oben und unten als Positionen wichtig sind. Wenn ein Kind Zahlen nach Diktat schreibt, dann arbeitet es von links nach rechts. Soll es die Aufgabe 4 + 5 schreiben, kann es die Ziffern von links nach rechts anordnen oder sie untereinanderschreiben (JOHNSON u. MYKLEBUST 1980).

Noch komplizierter wird es beim schriftlichen Malnehmen und Teilen und beim Untereinanderschreiben mehrstelliger Zahlen. Wenngleich es sich hierbei um formale Gesichtspunkte des mathematischen Denkens handelt, haben die Zeichen und Symbole und die Arbeitsrichtung doch ihre Bedeutung. Ist hier das Verständnis unsicher, dann fehlt die strukturelle Basis für schriftliche mathematische Operationen. Es ist auch weiter leicht vorstellbar, wie Richtungsunsicherheiten das Verständnis für Veranschaulichungen mathematischer Vorgänge beeinträchtigen können, z.B. bei der Arbeit am waagerechten Zahlenstrahl, wo bei der Addition nach rechts und bei der Subtraktion nach links gearbeitet wird: Hinzu kommt noch die Sprechweise von zweistelligen Zahlen in der deutschen Sprache, bei der die zeitliche Reihenfolge eine andere ist als beim Schreiben. Linkshändige oder beidhändige Kinder mit Teilleistungsschwächen im mathematischen Denken haben hiermit auffällig häufig Schwierigkeiten. Sie arbeiten unbewusst eher von rechts nach links und geraten dadurch leicht in Verwirrung. Manchmal kommt es zu „Fehlern", die rein vom Rechnen her gar keine sind, z.B. wurden nur die Einer und die Zehner vertauscht.

Wenn das Erfassen räumlicher Beziehungen beeinträchtigt ist, ist auch das Umgehen mit Objekten oder Mengen im mathematischen Sinn mitbetroffen. Allerdings muss sich die Teilleistungsschwäche nicht notwendigerweise in diesem Untertest zeigen. Manche Kinder entwickeln Strategien, diese Aufgaben, außer der letzten im Untertest RB, aber die schafft kaum ein Kind, durchaus erfolgreich auszuführen und versagen doch bei mathematischen Operationen, die das Erfassen räumlicher Beziehungen voraussetzen.

2.2 Zum DTVP-2 *Developmental Test of visual perception II*

In Tests, die zur Überprüfung der visuellen Verarbeitung konstruiert wurden, stellt sich der Wissenschaft immer die Frage: Was misst der Test wirklich? Hier sind die Meinungen insbesondere hinsichtlich des Einflusses der Motorik auf das Ergebnis visueller Verarbeitung unterschiedlich. Insbesondere ist der Untertest Visuomotorische Koordination davon betroffen. Die Überprüfung der visuellen Verarbeitung eines Kindes sollte Aufgaben einschließen, die bevorzugt wenig oder gar keine motorischen Fähigkeiten beanspruchen, sowie solche, die die visuell-motorische Integration oder visuell begleitetes motorisches Verhalten einbeziehen.

In dem DTVP-2, der eine Aktualisierung des DTVP (in deutscher Ausgabe FEW) ist, wird der Einfluss der Motorik bewusst eingegrenzt. Er besteht aus 8 Untertests:

Subtest 1. *Auge-Hand-Koordination*
Es soll eine Linie gezogene werden innerhalb eines geraden breiten Bandes. Die folgenden Bänder werden zunehmend enger und weisen Winkel und Kurven auf.

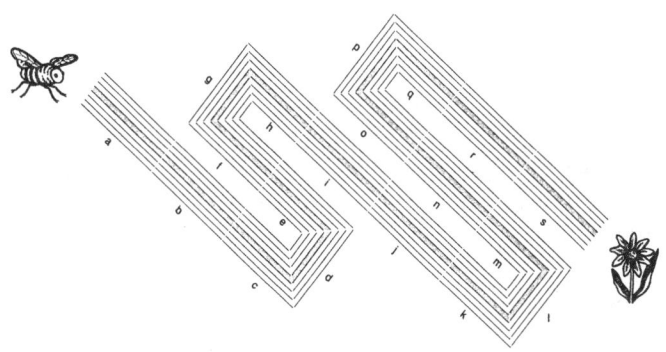

Subtest 2. *Lage im Raum*
Es wird eine Stimulus-Figur gezeigt. Exakt die gleiche Figur soll aus einer Reihe von ähnlichen, in der räumlichen Anordnung ihrer Elemente aber unterschiedlichen Figuren herausgefunden werden. (Diese Aufgabe wird als reine Zuordnungsaufgabe betrachtet.)

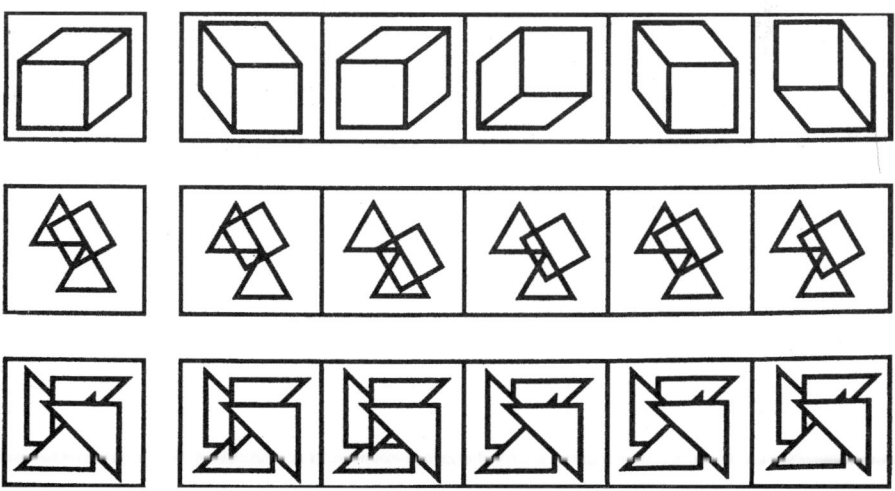

Subtest 3. Nachzeichnen

Eine einfache Figur, die als Modell dient, soll auf Papier nachgezeichnet werden. Die nachfolgenden Figuren werden immer komplexer.

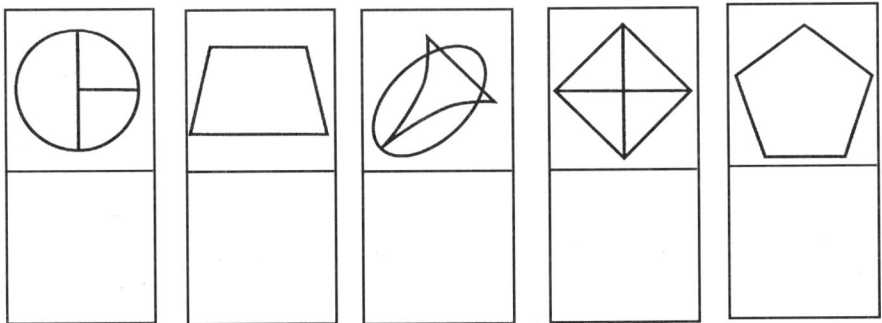

Subtest 4. Figur-Grund

Stimulus-Figuren sollen aus einer Anzahl sich überschneidender Figuren herausgefunden werden.

Subtest 5. Räumliche Relationen

In einem Punktgitter sind Muster von Punkt zu Punkt eingezeichnet. In ein leeres Gitter mit der gleichen Anzahl von Punkten soll das jeweilige Muster nachgezeichnet werden.

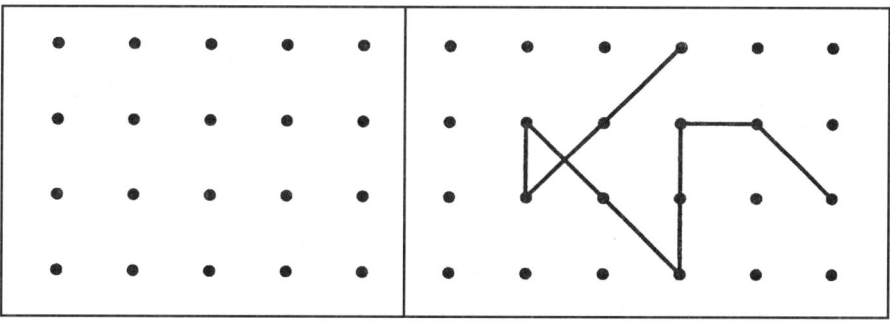

Subtest 6. Visuelles Gestaltschließen

Es wird eine Stimulus-Figur gezeigt, die das Kind unter einer Anzahl unvollständig gezeichneter Figuren wiedererkennen soll. Zum Vergleich muss es in seiner Vorstellung die fehlenden Teile der Figuren ersetzen.

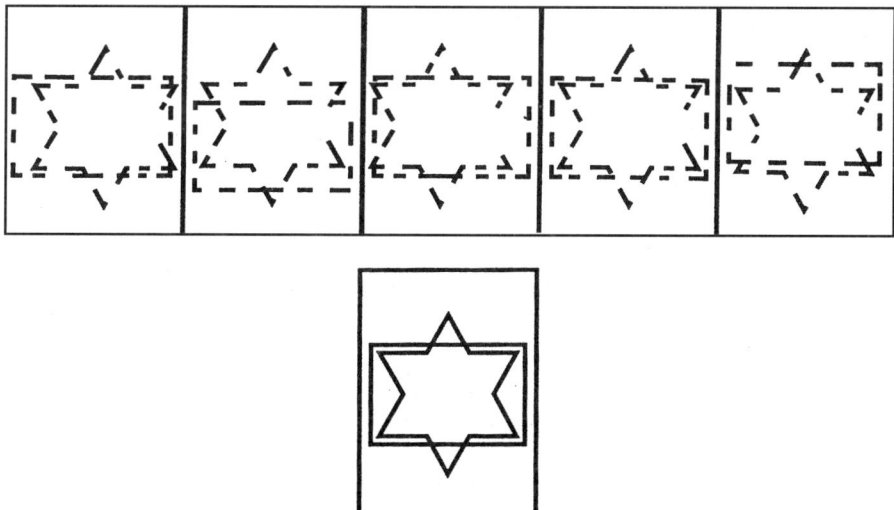

Subtest 7. *Visuomotorische Geschwindigkeit*
Dem Kind werden a) vier verschiedene geometrische Figuren gezeigt von denen zwei mit besonderen Zeichen versehen sind und b) eine Seite, die vollständig mit den vier geometrischen Figuren ausgefüllt ist, von denen aber keine ein besonderes Zeichen enthält. Die Aufgabe besteht darin, in einer bestimmten Zeit so viele Zeichen in die entsprechenden geometrischen Figuren zu setzen wie möglich.

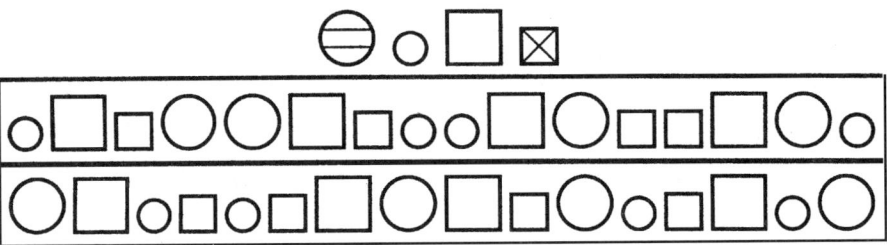

Subtest 8. *Form-Konstanz*
Es wird eine Stimulus-Figur gezeigt, die in einer Serie von Figuren wiedergefunden werden soll. Die Zielfigur kann unterschiedlich groß sein, verschiedene Positionen einnehmen, in einen ablenkenden Hintergrund eingebettet oder schattiert sein.

Die folgende Tabelle aus dem Manual gibt einen Überblick über die Art der visuellen Verarbeitung innerhalb der einzelnen Untertests und den Anteil der Motorik dabei. Er ist entweder vermindert (reduced) oder erhöht (enhanced).

DTVP-2 Subtests	Types of Visual Perception Measured	Motor Involvement in Subtests	
		Motor-Reduced	Motor-Enhanced
Eye-Hand Coordination	Spatial Relations		Yes
Position in Space	Position in Space	Yes	
Copying	Form Constancy		Yes
Figure-Ground	Figure-Ground	Yes	
Spatial Relations	Spatial Relations		Yes
Visual Closure	Form Constancy	Yes	
Visual-Motor Speed	Form Constancy		Yes
Form Constancy	Form Constancy	Yes	

Abb. 12: Tabelle aus Manual DTVP-2, S. 6

2.3 Zusammenfassung

Es wurde versucht, die Bedeutung einiger Elemente der visuellen Wahrnehmung für das Erlernen des Rechnens darzustellen und mit Erfahrungen aus der Arbeit mit teilleistungsgestörten Kindern zu ergänzen. Natürlich ist das Problem der Rechenstörungen umfassender und beschränkt sich nicht nur auf diesen Bereich der Wahrnehmungsverarbeitung. Es sollte aber auf mögliche „Störbereiche" im Aufbau des mathematischen Denkens hingewiesen werden, damit sie berücksichtigt werden können.

WIRTH weist ausdrücklich darauf hin, dass Teilleistungsstörungen im visuellen Bereich sich bei durchschnittlich intelligenten sowie bei über- und unterdurchschnittlich intelligenten Kindern zeigen, und dass gerade bei überdurchschnittlich intelligenten Kindern in Zusammenhang mit den häufig isoliert auftretenden Perzeptionsstörungen in einem oder mehreren der fünf Wahrnehmungsbereiche auffallend unausgeglichene Intelligenzprofile vorkommen. Nichtverbale Untersuchungstests bereiten besondere Schwierigkeiten, da zu deren Lösung meist visuell-perzeptive Fähigkeiten vorausgesetzt werden. Bei visuell-perzeptiv gestörten Kindern finden sich häufig auch Rechts-Links-Diskriminierungsstörungen. Die zusätzliche Untersuchung der Handdominanz ist daher erforderlich. Häufig bestehen gleichzeitig Störungen der sensomotorischen Funktionen, der Fein- und Grobmotorik. Der Entwicklungszustand der Psychomotorik muss daher ebenfalls genau ermittelt werden (nach WIRTH 2000, S. 194).

Wenn mit der Darstellung des FEW[6] auf die Bedeutung von Bewegung und Wahrnehmung, hier der visuellen und taktil-kinästhetischen, hingewiesen wurde, dann ging es dabei nicht um die Vorstellung eines Testes. Es

---

[6] Es ist darauf hinzuweisen, dass mit diesem Test nur ein Teilbereich der visuellen Wahrnehmungsverarbeitung angesprochen wird.

war vielmehr das Ziel, anhand der Beschreibung der einzelnen visuellen Bereiche und ihrer Beziehungen zum mathematischen Denken sowie zur Ausführung mathematischer Operationen das Verständnis für Kinder mit Teilleistungsschwächen in diesem Bereich zu verbessern.

Es sollte aber auch gezeigt werden, wie alle Teilelemente der visuellen Wahrnehmung, soweit sie in dem Test angesprochen werden, in wechselseitiger Beziehung zueinander stehen, und dass sie sich nur zum Zweck der Abgrenzungen und zum besseren Verständnis von Teilleistungsschwächen theoretisch so trennen lassen. Da der FEW auch als Gruppentest eingesetzt werden kann (Alter 4.0 – 8.11), eignet er sich für den Kindergarten und den Vor- und Grundschulbereich, um präventiv die visuelle Verarbeitung zu überprüfen. Sollten sich dabei Hinweise auf eine Beeinträchtigung ergeben, ist dann der DTVP-2 als Einzeltest (Alter 4.0 bis 10.11) zur differenzierten Überprüfung zu empfehlen. Dem erweiterten Altersbereich entsprechend sind hier in einigen Untertests die Anforderungen an die visuelle Verarbeitung erheblich gesteigert und weisen bereits in die Richtung kognitiver Verarbeitung.

2.4 Der Fall Timo

Timo ist neun Jahre alt und besucht die 2. Klasse. Es ist kurz vor den Sommerferien, Timo soll nicht versetzt werden. Es „droht" die Überprüfung für die Sonderschule für Lernbehinderte, da Timo bereits die 1. Klasse wiederholt und schon die Vorklasse besucht hat. Die Eltern sind in heller Aufregung, der Junge verschüchtert und ängstlich. Was ist das Problem? Timo war den Lehrern bereits in der Vorklasse aufgefallen. Zart, klein, langsam ließ er sich ständig von seinem ein Jahr jüngeren Bruder helfen, wusste nie, was er aufhatte, schaffte es nie, die Aufgaben von der Tafel abzuschreiben, versagte im Rechnen, fand keinen Kontakt zu anderen Kindern, war zwar lieb, das war aber auch alles. Am Ende des ersten Schuljahres, als sich das Lernversagen deutlich zeigte, hatte der Kinderarzt die Eltern zur medizinischen und psychologischen Untersuchung in die Uniklinik geschickt. Dort war ein Entwicklungsrückstand von zwei Jahren festgestellt worden, und außerdem hatte man empfohlen, die erste Klasse wiederholen zu lassen und dem Kind eine heilpädagogische Hausaufgabenhilfe zu besorgen. In der Erziehungsberatungsstelle, die die Eltern auch noch aufsuchten, bekamen sie den Rat, das Kind nicht so überzubehüten. Schließlich wurde noch der Schulpsychologische Dienst eingeschaltet. Wirkliche Hilfe aber haben weder Kind noch Eltern noch Lehrer erhalten. So wiederholte Timo die erste Klasse mit dem Erfolg, dass am Ende der zweiten Klasse wieder das große Versagen stand.

Was wäre aber auch zu tun gewesen? Was war der Grund dafür, dass Timo mit seinen nunmehr 9 Jahren immer noch in der zweiten Klasse saß? Neben der allgemeinen Entwicklungsverzögerung, welche den Lehrern schon früh aufgefallen war, und die sich in Unselbständigkeit, motorischer Ungeschicklichkeit, Langsamkeit und Verspieltheit ausdrückte, ging es vor allem um das Rechnen. Hier zeigten sich die Lernschwächen am deutlichsten. Alles, was mit räumlichem Erfassen und mit zeitlichen Abläufen zu tun hatte, war besonders beeinträchtigt, und, was gerade erlernt worden war, blieb nicht in seinem Kopf. Konnte Timo zu Hause noch das 1x1, dann war in der Schule alles vergessen. Die Lehrerin, die den Jungen in Deutsch und Sachkunde unterrichtete, betrachtete ihn zwar als einen sehr schwachen Schüler, nicht aber für sonderschulbedürftig. Wohingegen die Rechenlehrerin nahezu verzweifelt war und eine Überweisung in die Sonderschule für Lernbehinderte für unvermeidlich hielt.

Eine genaue Beobachtung des Jungen in Lern- und Verhaltenssituationen ergab eine Reihe von Auffälligkeiten, die Hinweise sein konnten für eine Erklärung seiner besonderen Probleme. Da war einmal die Feinmotorik, die, wenn man genau beobachtete, leichte Störungen zeigte und die Auge-Hand-Koordination erheblich beeinträchtigte. Wenn Timo seine Finger auf ein Ziel hin bewegte, wichen sie kurz davor leicht ab, um es erst nach einigem zarten Hin und Her zu erreichen. Wenngleich dieses Hin und Her nur kurzfristig und eigentlich minimal war, eine leichte Dysmetrie, wurde das Manipulieren dadurch doch insofern beeinflusst, als die gesamte Bewegung nicht exakt genug ablief. So eine ungenaue Bewegung gibt ungenaue Information an das Gehirn weiter, und die wird ebenfalls ungenau verarbeitet und gespeichert und folglich auch erinnert. Mit den Augen ist es bei ihm ähnlich. Auch sie machen diese kleinen Sprünge, sie folgen einem bewegten Gegenstand, z.B. der Hand oder dem Finger, nicht geschmeidig, was möglicher Weise dazu beiträgt, dass Informationen nur ungenau verarbeitet werden konnten. Diese Beeinträchtigungen sind zwar vom Medizinischen her geringfügig, so geringfügig, dass sie im Allgemeinen nicht von einem Arzt, der das Kind nur eine kurze Zeit sieht, bemerkt werden. Aber das <u>Erfassen</u>, <u>Begreifen</u> und <u>Behalten</u>, alles Ausdrücke, die etwas mit der Hand zu tun haben, ist dadurch erschwert und verlangsamt. Das betrifft das Abzählen, das Hinzufügen, das Wegnehmen und in besonderer Weise das Absehen von der Tafel und das Übertragen auf das Heft, das Schreiben selbst natürlich auch und das Abschreiben aus einem Buch. Der Junge fand in einem Rechenpäckchen nie schnell genug seine Zeile. Zu allem musste er sich mehr konzentrieren und anstrengen als seine Mitschüler. Ist es da ein Wunder, wenn solche Kinder nach kurzer Zeit anfangen zu gähnen und blass zu werden? Auch bei Timo war das so.

Natürlich ist mit der Beeinträchtigung der Auge-Hand-Koordination noch lange nicht das Gesamtproblem erklärt. Die Beobachtungen führen in weitere Bereiche der visuellen Wahrnehmungsverarbeitung und in ihre Auswirkungen auf die Entwicklung des rechnerischen Denkens bei diesem Jungen.

Die Entwicklungsphase, in der Raumerfahrung und Raumvorstellung erworben werden, ist in besonderer Weise die Zeit, in der das Kind zu krabbeln beginnt. Da erobert es sich den Raum mit den Händen, Augen und Beinen ganzkörperlich, taktil-kinästhetisch. Kinder mit Lernschwächen im Rechnen sind in vielen Fällen wenig oder gar nicht gekrabbelt. Die Zeit des Krabbelns ist aber entwicklungsmäßig die Zeit, in der vielfältige sensorische und motorische Integration stattfindet. Wird diese Phase übersprungen oder reift sie unzureichend, sind u.U. auch die Funktionen, die darauf aufbauen, mit beeinträchtigt. Timo war nicht gekrabbelt.

In diese Entwicklungsphase hinein gehört auch die Entwicklung der selektiven Aufmerksamkeit. Das heißt, aus der Vielzahl von Eindrücken müssen einzelne herausgehoben und ausgesondert werden. Die Aufmerksamkeit muss solange beibehalten werden, bis die Aktivität beendet ist. Nur so können die jeweils wesentlichen Aspekte der Umwelt eine Figur werden, während die übrigen in den Hintergrund treten. Wir haben es hierbei mit der Figur-Grund-Wahrnehmung zu tun, der visuellen wie der auditiven Figur-Grund-Wahrnehmung.

KEPHART vermutet, dass die Entwicklung dieser Fähigkeit im Körperbereich beginnt, und zwar während der Ausdifferenzierung von Bewegungsmustern, wenn das Kind sich darin übt, aus den noch reflexhaften Massenbewegungen heraus einen Gegenstand zu ergreifen und zu halten. Werden diese Bewegungen zielgerichtet und absichtsvoll ausgeführt, gerät die Muskulatur, die daran beteiligt ist, unter eine gewisse Spannung. Der Tonus verändert sich. Er verstärkt sich und hebt sich somit vom Grundtonus des übrigen Körpers ab. Die willkürliche Bewegung kann nun als Figur vor einem Hintergrund empfunden werden. Und diese Figur hebt sich umso deutlicher vom Grund ab, je besser sie ausgestattet ist, je differenzierter die Bewegung abläuft. Ist die motorische Differenzierung aber ungenügend, dann sind die Bewegungsmuster grob und diffus. Sie können keine exakte Aufmerksamkeit erregen. Die bleibt vielmehr schwankend und verschwommen, und die Folge davon ist, dass auch die Erinnerung daran nur ungenau gespeichert und eine Vorstellung von Bewegungsmustern schlecht entwickelt werden kann.

Es ist wichtig, dieses Element der Raumerfassung zu berücksichtigen, weil es Kinder gibt, die hier ihre Grundbeeinträchtigung haben. Auch bei Timo lässt sich das in dieser Weise vermuten. Die Figur-Grund-Wahrnehmung hat nämlich nicht nur Bedeutung für die Fähigkeit zur Aufmerksamkeit, zur visuellen Differenzierung und zur Raumerfassung, sie ist auch wichtig zum Verständnis von solchen Kindern, die ihre Lernprobleme darum haben, weil sie hyperkinetisch, also Zappelphilipps sind oder für andere, die „lahmen Enten", die bewegungsunlustig als lahm und schlaff auffallen. Jedem, der berufsmäßig mit Kindern zu tun hat, sind diese beiden Typen bekannt. Was aber hat das mit dem Rechnen zu tun? Dazu müssen wir noch einmal die motorische Entwicklung betrachten. Manche Kinder erlernen zwar, aus den ursprünglich reflexhaften Bewegungen willkürliche Bewegungsmuster herauszudifferenzieren, um aber eine absichtliche Handlung zu vollziehen, erhöht sich bei ihnen nicht alleine die Spannung einzelner Muskeln sondern die Spannung im ganzen Körper oder in größeren Körperpartien. Wenn man solche Kinder berührt, kann man das schon an ihren Armen und Schultern spüren. Sie fühlen sich richtig hart an. Der gesamte Muskeltonus ist so erhöht, dass die Spannung, die zur Bewegung eines bestimmten Körperteiles notwendig ist, sich nicht wesentlich, nicht deutlich genug gegenüber dem Grundtonus des Körpers abhebt. Es kommt zu keiner guten Figur-Grund-Unterscheidung innerhalb der Körperwahrnehmung, weil die Gesamtstimulation zu hoch ist.

Bei den „lahmen Enten", den hypokinetischen Kindern, ist es umgekehrt. Sie besitzen einen zu niedrigen Grundtonus. Sie fühlen sich beim Berühren weich und schlaff, manchmal auch schwammig an. Bei ihnen geschieht jede Bewegung mit geringstem Aufwand. Das heißt, die Spannung, die für ein bestimmtes Bewegungsmuster erforderlich ist, hebt sich nur unwesentlich vom ohnehin niedrigen Grundtonus ab. Eine kinästhetische Figur-Grund-Beziehung des Muskelsinnes wird dadurch ebenfalls nur unzureichend entwickelt. Alles geht langsam. Das Kind braucht mehr Zeit um wahrzunehmen. Bis aber eine Empfindung wahrgenommen wird, ist u.U. der Reiz schon vorbei.

So ist das auch bei Timo. Schon bei Geburt war er als hypoton diagnostiziert, und eine „lahme Ente" ist er heute noch. Aber es kommt noch etwas anderes hinzu. Bei ihm konnte sich aufgrund des schwachen Muskeltonus auch die Haltung nicht „Halt gebend" entwickeln. Sie aber ist die Voraussetzung, welche die Grundlage aller weiteren motorischen Entwicklung und Körperwahrnehmung darstellt. Gemeint ist damit die Fähigkeit des Körpers, bestimmte Positionen bezüglich des Körperschwerpunktes beizubehalten. Der neuronale Mechanismus, der zur Bewahrung der Lage, der Haltung, notwendig ist, gehört zu den grundlegenden Reaktionen des Organismus. So entwickelt sich aus dem Kopfheben, dem Sitzen, dem Krabbeln das Stehen, aus dem Stehen das Gehen. Immer handelt es sich dabei um Gleichgewichtsreaktionen. Immer ist das Bezugssystem dafür die Richtung der Schwerkraft. Ohne eine sichere und dauerhafte Beziehung zur Schwerkraft können wir uns nicht in unserer Umwelt orientieren. Das bedeutet ins Körperliche übersetzt: Der Gleichgewichtsmechanismus ist die Grundlage aller Bewegungsmuster und letztendlich auch allen Verhaltens.[7] Wir können das beobachten am Prozess des Laufenlernens. Zuerst fällt es dem kleinen Kind schwer, die Balance zu halten, aber es probiert und probiert. Dann gelingt es schließlich immer besser. Was das Kind aber bei diesem Üben mit seinem Gleichgewicht lernt, ist das Empfinden von rechts und links. Es muss nämlich herausfinden, welche Seite seines Körpers auf welche Weise bewegt werden soll. Ist ihm das schließlich gelungen, hat sich eine Empfindung für rechts und links oder besser für die eine und die andere Seite entwickelt, entwickelt sich auch ein Empfinden für die Richtungen außerhalb des eigenen Körpers. Und das ist wieder ein grundlegendes Element der Wahrnehmung des Raumes. Auch damit hatte Timo seine Schwierigkeiten. Zwar konnte er wohl sagen, wo rechts und links ist, auch konnte er die rechte und die linke Hand zeigen, aber diese Fähigkeit war angelernt und nicht ein*verleibt*. Er verdrehte Zahlen, verwechselte die Positionen von Einern und Zehnern, die Zeichen für „größer" und „kleiner" und alles, was mit Richtungen zu tun hatte. Allerdings war es nicht so, dass der Junge nun zu überhaupt keiner Leistung, die man von einem Grundschüler erwartet, in der Lage gewesen wäre. Zwar entsprach das, was er konnte, keineswegs seinem Alter. Aber, wenn man den Entwicklungsrückstand, der ärztlicherseits nachgewiesen worden war, ein Rückstand von zwei Jahren, berücksichtigt, dann passte Timo durchaus in eine 2. Klasse. In jedem Fall war es kein Schüler für eine Sonderschule für Lernbehinderte, obgleich freilich eine partielle Lernbehinderung vorlag.

Im Allgemeinen wird eine so spezielle Teilleistungsstörung in einer Sonderschule für Lernbehinderte nicht spezifisch genug angegangen. Die Ausfälle in der Wahrnehmung, hier in der Wahrnehmung des Raumes, sowie in der Wahrnehmung räumlicher Beziehungen, haben so unterschiedliche Erscheinungsformen und Auswirkungen auf das Erlernen der Kulturtechniken, dass es keineswegs leicht herauszufinden ist, welche Basisfunktionen beeinträchtigt sind und nachentwickelt oder gefördert werden müssen. Timo wurde in eine Sonderschule für Körperbehinderte umgeschult, in der gezielt auf seine partiellen Lernstörungen eingegangen werden konnte.

---

[7] Im Rahmen dieser Ausführungen müsste nun auch das Gleichgewichtssystem, seine Bedeutung für Lernen und Verhalten Erwähnung finden. Das würde aber den Rahmen dieser Fallschilderung überfordern.

Außerdem erhielt er außerschulische heilpädagogische Entwicklungsförderung in den Bereichen der Motorik und Sensorik. Die Entlastung von den Anforderungen der Grundschule und die außerschulischen therapeutischen Maßnahmen, vor allem aber die veränderte Haltung der Eltern ihrem Kind gegenüber, konnten ihn mittlerweile ein gutes Stück voranbringen.

3. Die Bedeutung der Zeitwahrnehmung[8]

Zum Bezugssystem des mathematischen Denkens gehört der Raum mit seinen drei Dimensionen und mit dem Raum auch die Zeit als vierte Dimension.

Die beiden großen Realitäten Raum und Zeit sind in der Umwelt des Kindes eng miteinander verflochten. Einige Ereignisse zeigen sich hauptsächlich in der einen, andere hauptsächlich in der anderen Dimension. Selten jedoch ist ein Ereignis auf eine Dimension beschränkt. Im Gegenteil, bei jeder Verarbeitung eines Ereignisses kommen notwendigerweise gleichzeitig beide Dimensionen ins Spiel. Ist die Zeit eine echte Dimension des Raumes, kann das Kind mit Leichtigkeit vom Raum in die Zeit und umgekehrt übersetzen, weil beide Dimensionen in allen seinen kognitiven Prozessen integriert sind (KEPHART 1977).

Wie kommt nun das Kind zu dieser Fähigkeit? Wie entwickelt sie sich? Welche Bedeutung hat sie als Voraussetzung für mathematisches Denken? Wie zeigen sich Beeinträchtigungen? Diese Fragen sind leichter gestellt als beantwortet. Zwar sind wir gewöhnt, alle Wahrnehmungsbereiche auf ihre Funktionsfähigkeit hin zu testen: Wir testen z.B. die visuelle Wahrnehmung, wie bereits beschrieben, und können dadurch bis zu einem gewissen Grade erfahren, in welchem Maße sie dem Kind den Raum „aufschließt". Aber welcher Wahrnehmungsbereich erfüllt diese Funktion für die Zeit?

Wenn wir die einzelnen Bereiche der visuellen Wahrnehmung, die hier in ihrer Bedeutung für mathematisches Denken vorgestellt wurden, noch einmal überblicken, erkennen wir unschwer die enge Verknüpfung von Bewegung und Wahrnehmung. Immer ist Bewegung beteiligt, und damit wird die Wahrnehmung ein Vorgang in der Zeit. Mit Zeitwahrnehmung ist aber mehr gemeint als das. In ihrer Bedeutung für mathematisches Denken sowie Lernen und Verhalten generell, beinhaltet sie Gleichzeitigkeit, Rhythmus, Tempo, Reihenfolge, Dauer und schließlich Integration von räumlicher und zeitlicher Wahrnehmung, die räumlich-zeitliche Übersetzung.

Zeit wahrzunehmen, zu erkennen, ist wohl eine dem Menschen eigene Fähigkeit. Sie entwickelt sich im Vergleich zu anderen Wahrnehmungsfähigkeiten spät, denn sie ist abhängig von bewusstem Erleben. Ein kleines Kind empfindet Zeit zunächst als Verhältnis vom Auftreten eines Bedürfnisses bis zur Befriedigung desselben. Es lebt im Augen-Blick, und die Au-

---

[8] Die Ausführungen erfolgen in Anlehnung an KEPHART 1977.

genblicke sind sprunghaft. Erst im Laufe der Entwicklung erweitern sich Augenblicke zu einem Zeitraum, zu einem Kontinuum, wie auf einer Skala mit Vergangenheit und Zukunft, wobei Gegenwart der Abschnitt ist, der zwischen diesen beiden Bereichen liegt. Im Erleben ist er mehr oder weniger ausgedehnt, von der Struktur her aber ein Punkt, der Zeitpunkt, in dem Vergangenes und Zukünftiges sich berühren. Wie beim Koordinatensystem können wir auch hier von einem Nullpunkt sprechen.

Der Nullpunkt der Zeitdimension ist die Gleichzeitigkeit. Wir können eine Zeitspanne nicht wahrnehmen, wenn wir nicht Gleichzeitigkeit wahrnehmen können, das heißt, Ereignisse zwischen denen das Zeitintervall Null besteht. Deshalb ist der Nullpunkt der Zeitdimension der Punkt der Gleichzeitigkeit, so wie der Nullpunkt des räumlichen Bezugssystems der Schwerpunkt ist (KEPHART 1977).

Gleichzeitigkeit

Es zeigt sich hierbei wieder, dass es keine Wahrnehmung ohne Bewegung gibt, denn Gleichzeitigkeit wird zunächst motorisch erfahren: In die Hände klatschen gleichzeitig mit beiden Handflächen; vom Boden abspringen mit beiden Füßen gleichzeitig und auch mit beiden Füßen gleichzeitig wieder ankommen; Hampelmannspringen im gleichzeitigen und gleichsinnigen Bewegen von Armen und Beinen; im beidhändigen Ballfangen usw. Gleichzeitigkeit betrifft auch wechselseitige Bewegungen an ihrem Umschaltpunkt: Gehen und Laufen im synchronen Zusammenspiel der Gliedmaßen, in der koordinierten Aufeinanderfolge einzelner Bewegungsmuster. Erst der Gegensatz zwischen beiden motorischen Möglichkeiten lässt Gleichzeitigkeit punktuell spürbar werden.

Auch hier haben wir es wieder, wie bei der visuellen Wahrnehmung mit Differenzierung zu tun. Unterschiede wahrnehmen, einen Gegensatz spüren erfordert integrative Prozesse von Sensorik und Motorik, die erst im Laufe der kindlichen Entwicklung heranreifen und störanfällig sind.

Rhythmus

Um eine andere Form von Zeitwahrnehmung handelt es sich beim Rhythmus. Dabei geht es um zeitlich sich gleichbleibende Intervalle bei sich wiederholenden Bewegungsabläufen.

Motorischer Rhythmus ist die Fähigkeit, eine Bewegung oder eine Abfolge von Bewegungen mit einem konsistenten Zeitintervall auszuführen. Er umfasst neben der rhythmischen Bewegung eines Körperteiles auch die rhythmische Koordination mehrerer Gliedmaßen.

Akustischer Rhythmus bedeutet das Erkennen von gleichen Zeitintervallen bei akustischen Stimuli. Das Gehör ist dabei der Abstandsrezeptor der Zeitwahrnehmung, wie z.B. das Gehen der Abstandsrezeptor der räumlichen Wahrnehmung ist. Überall, wo zeitliche Beziehungen von vorrangiger Bedeutung sind, ist das Gehör die Hauptinformationsquelle.

Der visuelle Rhythmus beinhaltet die systematische Exploration einer visuellen Umgebung, die zu ausgedehnt ist, als dass sie durch das visuelle Feld in einer einzigen Fixierung erfasst werden könnte. Durch den visuellen Rhythmus werden die verschiedenen, für eine solche Exploration notwendigen Fixationen organisiert, so dass sie zu einem einzigen visuellen Eindruck integriert werden können (nach KEPHART 1977, auszugsweise Zitat).

Diese drei Typen müssen jeweils in sich konsistent sein. Bei dysrhythmischem visuellen Erfassen können z.B. Probleme entstehen im Lesen, im Aufnehmen und Speichern eines Wortbildes sowie auch beim Erfassen von Mengen. Außerdem müssen diese drei rhythmischen Ausdrucksweisen auch untereinander konsistent sein, denn im Erleben kommt es zu einem ständigen Austausch und zu wechselseitigen Beziehungen zwischen ihnen. Es gibt zeitliche Verwirrung, wenn hier Beeinträchtigungen vorliegen.

Rhythmus so wahrzunehmen und zu reproduzieren, ist eine komplexe neuropsychologische Leistung, die sich erst spät entwickelt. Wir sind zwar von Rhythmus umgeben von Mutterleibe an, haben den Rhythmus in uns mit Atmung und Herzschlag, erleben Tag und Nacht, den Wechsel der Jahreszeiten u.a.m. Das heißt aber noch nicht, Rhythmus auch wahrzunehmen. Das tun wir natürlicherweise erst, wenn er gestört ist. Lässt man Kinder einen akustischen Rhythmus nachklatschen, kann man leicht feststellen, ob und wie sie dazu in der Lage sind. Wird das rhythmische Muster korrekt erfasst? Wird es beibehalten oder zerfällt es? Kann es vom Hören in Bewegung (Klatschen oder Gehen) umgesetzt werden?

Tempo

Bei gleichbleibenden rhythmischen Mustern können zeitliche Einheiten unterschiedlich lang sein. So wie es für räumliche Verhältnisse kurze und lange Einheiten gibt, z.B. Zentimeter und Kilometer, gibt es auch für zeitliche Verhältnisse lange und kurze Intervalle. Wir sprechen dann von Tempo. Kindern fällt es häufig schwer, ein bestimmtes Tempo einzuhalten. Sie werden allmählich immer schneller. Andere können ihr Tempo nicht variieren. Nicht umsonst brauchen Musiker in einem Orchester einen Dirigenten. Und der gibt nicht nur die Einsätze an und bestimmt, wie laut oder leise gespielt werden soll, er bestimmt auch die Tempi.

Vielleicht existiert innerhalb des komplexen Bereiches der Zeitwahrnehmung auch so etwas wie Figur-Grund-Differenzierung im körperlichen Bereich, dass es neben einer individuellen Grundspannung, einem Grundtempo, eine vorübergehende Veränderung, ein Arbeitstempo gibt, dass sich dieses Arbeitstempo im Empfinden abhebt und wahrnehmbar und damit bewusst wird. Ist das Grundtempo langsam, wird das Arbeitstempo auch langsam sein und sich nicht deutlich genug als Figur von einem Hintergrund abheben. Für das Kind wird dann eine Veränderung nur undeutlich spürbar. Ist das Grundtempo schnell, ist auch das Arbeitstempo nur wenig höher und eine deutlich wahrnehmbare Differenz wird nicht empfunden. Die ungenaue Wahrnehmung von Zeitunterschieden im Sinne von Figur- Grund-Differenzierung wäre in beiden Fällen betroffen bei den „lahmen Enten" wie bei den „Hektikern".

Wenn Wahrnehmung und Bewegung voneinander abhängig sind, wenn angenommen wird, dass Figur-Grund-Differenzierung sich aus dem Körperempfinden heraus entwickelt, ist es naheliegend, das auch für die Zeitwahrnehmung zu vermuten. Möglicherweise sind es die Propriozeptoren an den Muskeln und Gelenken, welche dem Körper durch die Bewegung Information nicht nur über den Raum sondern auch über zeitliche Abläufe geben und damit eine wichtige Rolle bei der Entwicklung „höherer psychischer Funktionen"[9] spielen. Für die Behandlung von Rechenstörungen bekommt dieser Gesichtspunkt eine besondere Bedeutung.

Reihenfolge

Zeit lässt sich nur im Ablauf von Ereignissen erleben: zuerst – dann – zuletzt. So bringen wir sie in eine Reihenfolge. Menschen, die ihre Handlungen nicht „in die Reihe kriegen" können, die zuerst den Pullover anziehen und dann das Unterhemd, nennen wir dyspraktisch. Die zeitliche Abfolge gerät bei ihnen durcheinander. Wenngleich wir bei Kindern mit Teilleistungsschwächen so extreme Erscheinungsformen nicht erleben, es sei denn, es liegt eine neurologische Störung vor, muss der Ablauf einer Handlung immer erst erlernt werden. Zuerst – dann – zuletzt ist damit ein wesentliches Element nicht nur jeglicher Handlung sondern auch des mathematischen Tuns als Voraussetzung des mathematischen Denkens. Es ist die Reihenfolge, die für eine Organisation in der Zeitdimension sorgt, genauso wie die Raumstruktur die Organisation in den räumlichen Dimensionen bewirkt.

---

[9] Ausdruck von LURIA

Das zeitliche Nacheinander, die seriale oder sequenzielle Anordnung von Ereignissen, erscheint wie der Rhythmus in verschiedenen Bereichen: dem motorischen, dem akustischen und dem visuellen. Diese Wahrnehmungsprozesse unterliegen einer Entwicklung, die verschiedene Stufen umfasst, eine sinnesspezifische elementarer Analyse und eine sinnesunspezifische Stufe sequenzieller Integration. Dieser Entwicklungsprozess setzt aktive Interaktion von Umwelt und Reifung voraus. Nach AFFOLTER bringen z.B. hörgeschädigte Kinder auf einer ersten sinnesspezifischen visuellen Stufe bessere Leistungen als das hörende Kind. Die visuellen Leistungen werden aber schlechter, wenn diese sukzessive Integration verlangen. Sukzessiv-sequenzielle Integration liegt entwicklungsmäßig „über den Sinnesbereichen" und verlangt Intermodalitätsschemata sowie elementare Analyse der einzelnen Sinnesbereiche und die Bildung sinnesspezifischer Schemata (AFFOLTER 1972). Die Erfahrung mit sprachverarbeitungsgestörten Kindern, die nicht nachweisbar hörgeschädigt sind, bestätigt diese Beobachtung. Obgleich meines Wissens außer bei aphasischen Patienten keine Untersuchungen darüber vorliegen, kann man immer wieder erleben, dass Kinder mit Teilleistungsschwächen im sprachverarbeitenden System hier ihre Probleme haben. Solange sinnesspezifische Leistungen gefordert werden, zeigen sie keine Auffälligkeiten sondern u.U. sogar gute Leistungen, sollen aber seriale, sequenzielle Aufgaben gelöst werden, machen sich Beeinträchtigungen bemerkbar. Die Graphik von AFFOLTER, die diese Entwicklung darstellt, gibt eine Erklärung dafür (siehe Abb. 2 auf Seite 23).

Für die Entwicklung des mathematischen Denkens sind seriale Leistungen unverzichtbar. Abgesehen vom konkreten Umgehen mit Mengen als Voraussetzung für das Vorstellen mathematischer Operationen, ist das Nacheinanderausführen von Rechenschritten zum Lösen von Aufgaben erforderlich. Ob es sich um das Überschreiten eines Zehners bei der Addition handelt, wobei zunächst bis zur Zehnergrenze gedacht werden muss, damit der Rest des zerlegten Summanden den nächsten Zehner belegen kann oder um die Umkehroperation, um schriftliches Malnehmen oder Teilen, immer müssen diese gedachten oder auszuführenden Handlungen der Reihe nach geschehen. Und wenn ein Kind nicht zuerst – dann – zuletzt erkennen und ausführen kann, wird es im Rechenunterricht seine Probleme bekommen.

Dauer
Zeit erscheint auch in Form von Dauer. Wie in der linearen Algebra zwei Vektoren den Raum aufspannen, so spannt sich ein Zeitraum zwischen zwei Ereignissen auf. Wir sprechen auch von einer Zeitspanne. Die be-

grenzenden Ereignisse dafür können festgelegt sein: Stunden – Tage – Monate – Jahre. Sie können aber auch individuelle Fixpunkte haben und damit unterschiedlich erlebt werden, je nach dem Bedürfnis und dessen Befriedigung, die zu erwarten ist oder je nach dem Inhalt, mit dem die Zeitspanne ausgefüllt werden soll. Dauer erhält ihre Ausdehnung nach dem persönlichen Erleben. Um die Zeit aber zu objektivieren wurde sie nach stetig wiederkehrenden Ereignissen ausgerichtet und mit Maßeinheiten „präpariert".[10] Wie schwierig das im Laufe der Menschheitsgeschichte war, und welche Probleme und Fragen es heute noch damit gibt, ist Thema von Philosophie und Physik. Im Rahmen dieser Arbeit soll das Phänomen der Dauer, der Zeitspanne, die durchlaufen wird, nur insofern interessieren, als es Kinder mit Rechenstörungen gibt, die eben in diesem Bereich ihre Störungen haben, die sich beeinträchtigend auf das mathematische Denken auswirken. So, wie sie zwischen verschiedenen Längen im Raum nicht unterscheiden können, können sie es auch nicht in Bezug auf Zeitabschnitte. „Ich war die ganze Woche nicht zu Hause," erzählt der Jugendliche (siehe Teil I, Kap. I, 2.1.3) und meint damit das Wochenende. Soll in drei oder vier Stunden die Abfahrt in die Freizeit stattfinden, kann er vorher keinen Auftrag mehr erledigen, weil „wir gleich fahren". Deutlich zeigen sich diese Probleme auch beim Erlernen der Uhrzeit. Eine Zeitspanne an der Uhr zu erfassen, wobei die Dimensionen Raum und Zeit wechselseitig ineinander übergehen, macht vielen Kindern Schwierigkeiten. Der erwähnte Jugendliche konnte zwar die Uhrzeit ablesen, mit der Dauer von 5, 10 oder 15 Minuten wusste er allerdings nichts anzufangen. Wenn er auf seiner Arbeitsstelle in einer Beschützenden Werkstatt seine Arbeit unterbrechen wollte, ging er zur Toilette und danach hierhin und dorthin. Wie viel Zeit dabei verstrich, merkte er nicht. Als er dann doch einmal auf die Uhr sah und feststellte, dass es ohnehin schon 12 Uhr war, beschloss er gar nicht mehr zurückzukehren, sondern gleich zu Tisch zu gehen. Und da es sich dann nicht mehr lohnte – er hätte bis 15 Uhr arbeiten müssen – machte er sich auf den Heimweg. Dieses Verhalten konnte von seinen Vorgesetzten nicht verstanden werden, zumal dieser Jugendliche in keiner Weise so aussah, als würde er nicht wissen, „was die Stunde geschlagen hat". Man unterstellte ihm, dass er absichtlich die Arbeitsstelle verlassen habe, um sich vor der Arbeit zu drücken. Die Beispiele ließen sich um viele vermehren. Immer wieder gibt es bei diesem jungen Mann größere oder kleinere Probleme mit Zeit und Dauer, und immer wieder kommt es in seiner Umgebung zu Missverständnissen hinsichtlich Zeit und Raum.

---

[10] Ausdruck von K. Müller 1972

Räumlich-zeitliche Übersetzung

Das Beispiel mit der Uhr zeigt, wie die Dimensionen Raum und Zeit wechselseitig übersetzbar sind und übersetzt werden müssen. Der Stand der Gestirne im Raum gab und gibt noch heute den Bezugspunkt, das Bezugssystem, innerhalb dessen wir unsere Zeit bestimmen. Sonnenuhr, Sanduhr, Zeigeruhr sind Beispiele dafür, wie Zeit räumlich gemessen werden kann. Ausdrücke wie Tagereise, Lichtjahr sind ein weiteres Beispiel für zeitlich räumliche Übersetzung.

> Die Zeitdimension muss für das Kind eine echte vierte Dimension werden. Es muss mit Ereignissen umgehen und Probleme lösen, die sowohl räumliche wie zeitliche Erstreckung haben. Es entsteht ständige Verwirrung, wenn diese beiden Dimensionstypen nicht so korreliert werden können, dass Ereignisse in beiden Systemen dieselbe Bedeutung haben, und wenn nicht von einem in den anderen Dimensionstyp ohne Schwierigkeiten übersetzt werden kann (KEPHART 1972).

Am Beispiel des Betrachtens eines Bildes zeigt KEPHART, wie Gleichzeitigkeit im Raum in ein zeitliches Nacheinander des Betrachtens von Einzelheiten und danach wieder ein Zusammensetzen der Einzelheiten zum gleichzeitigen Erfassen, das wechselseitige Übersetzen von Raum in Zeit erforderlich macht. Es kann hier nur auf diese Beziehungen hingewiesen werden und auf die Bedeutung, die sie für schulisches Lernen und Verhalten haben. Anhand der Ausführungen zu den Teilleistungsschwächen im mathematischen Denken wird es weitere Beispiele dafür geben, die den Blick für Beeinträchtigungen in diesem Wahrnehmungsbereich schärfen helfen.

4. Die Bedeutung der Sprache

Die Entwicklung der gesprochenen Sprache ist, wie die Entwicklung der Wahrnehmungssysteme, abhängig von der neurologischen Organisation des Zentralnervensystems und die wiederum von dem Zusammenspiel von Reifen und Lernen. Wie bereits an den Modellen von AFFOLTER und AYRES gezeigt wurde, entwickelt sich Sprachbenutzung verhältnismäßig spät. Es handelt sich ja auch um ein kompliziertes funktionelles System, welches auf anderen Systemen aufbaut und sie integriert, um Aufnahme Verarbeitung und Ausdruck verbaler Informationen zu ermöglichen: die Aufnahme von Sprachlauten, die codiert (verschlüsselt) an den Endanalysator, das sensorische Sprachzentrum auf der Hirnrinde weitergegeben werden; die Verarbeitung von Sprachlauten, die decodiert (entschlüsselt), ebenfalls vom sensorischen Sprachzentrum und weitergeleitet werden zum motorischen Zentrum, um dort wiederum umcodiert und über den oralen Apparat in Silben und Wörtern ausgedrückt zu werden. Ein komplizierter Vorgang, der in mancherlei Hinsicht störbar ist. Das funktionelle System, das Sprachverarbeitung ermöglicht, ist sowohl cortical wie subcortical doppelseitig angelegt. Die Endverarbeitung geschieht im Kleinkindalter zunächst gleichwertig auf beiden Hirnhemisphären. Allmählich kommt es aber zur Bevorzugung einer Hirnhälfte für verbale Sprache. Bei den meisten Menschen, auch bei Linkshändern, ist das die linke. Die rechte verarbeitet eher nichtverbales, ganzheitlicht/bildhaftes Material, ist aber auch zu einfachem Sprachverständnis fähig. Letztendlich kommt es zu einer Dominanz in den dafür zuständigen corticalen Spracharealen und mit Ausreifung des Balkens, der Verbindung zwischen beiden Hirnhälften, zu einem Transfer von einer Seite zur anderen. Sprachverständnis und Sprachbenutzung sind dann vornehmlich in den Spracharealen der linken Hirnhälfte lokalisiert (siehe auch Teil I, Kap. I, 5).

Kinder, die aus welchen Gründen auch immer (Veranlagung, Reifungsverzögerung, zerebrale Dysfunktion), Reize bevorzugt mit ihrer rechten Hirnhälfte verarbeiten, Kinder, die sich schwertun mit dem Differenzieren und Analysieren, die eher bildhaft ganzheitlich ihre Eindrücke verarbeiten, die gleichzeitig, (wenn auch oft nur diskrete) Sprachprobleme haben, werden von einem weitgehend sprachlich vermittelten Mathematikunterricht weniger profitieren, als Kinder, die mit ihrer linken Hirnhälfte arbeiten. Sie brauchen andere Angebote, andere Lernstrategien als Schulunterricht im Allgemeinen bereitstellt. Hier müssen Aufgabenstellungen über eine längere

Zeit handelnd und bildhaft dargeboten werden, und das Kind muss gezielt lernen, sein Tun mit Sprache zu begleiten bzw. zu unterstützen.

Wichtig ist auch, anhand der Fehler in den Arbeiten auf Sprachverstehensschwierigkeiten zu achten. Es gibt Kinder, die solange mit ihren Aufgaben keine Schwierigkeiten haben, solange diese nicht in Text eingekleidet dargeboten werden. Texte können diese Kinder nicht angemessen entschlüsseln. U.U. reagieren sie zusammenhanglos auf ein Wort innerhalb der Aufgabe, verbinden es mit irgendwelchen Rechenerfahrungen, und dann rechnen sie einfach drauf los. Oft völlig ohne Sinn und Verstand, wie in den Beispielen zur Fehleranalyse noch zu zeigen sein wird. Machmal kommt es auch zu Missverständnissen, weil sie räumliche und zeitliche Beziehungen nicht richtig interpretieren. Abgesehen von rechts und links und oben und unten ist das vor allem die Präposition „zwischen", unter der sich die Kinder wenig vorstellen können. Auch „davor" und „danach", der zeitliche Ablauf sprachlich ausgedrückt, bleibt häufig unverstanden, besonders dann, wenn es keine gefühlsmäßigen Verknüpfungen mit eigenen Erfahrungen dazu gibt.

Für manche Kinder ist auch das Umsetzen von verbalen Aufträgen in Handlung ein Problem. Sie hören die Anweisung, können sie aber nicht schnell genug oder auch gar nicht realisieren. Es fehlt die Brücke vom Hören zum Tun. Diese Kinder fallen dadurch auf, dass sie viel beim Nachbarn „absehen". Das aber ist für sie kein Mogeln sondern Hilfe zur Selbsthilfe. Was sie mit den Augen aufnehmen, das können sie auch ausführen. Die Übertragung von Visuellem in Handlung gelingt besser als von Gehörtem in Handlung. Eine Hilfe kann es auch sein, wenn das Kind sich den Auftrag noch einmal nachsprechen darf: Zuerst soll ich......, dann......, zuletzt........ Das Selbstaussprechen wirkt wie ein eigener Handlungsentwurf. Und was Kinder mit dieser Form von Teilleistungsschwäche sich selbst vornehmen, können sie meist auch ausführen. Das ist es ja auch oft, was bei den Erwachsenen zu Fehlinterpretationen führt. Manchmal kann das Kind nämlich auch schnell sein in seinem Handeln. Da kann es ganz flink etwas tun, was man ihm aufgrund seiner sonstigen Arbeitshaltung nicht zutraut. Beobachtet man aber die Situationen, in denen das möglich ist, wird man feststellen, dass diese Kinder immer dann schnell sein können, wenn der Handlungsentwurf aus ihnen heraus entstanden ist. Sie haben sich sozusagen selbst ihren Auftrag gegeben. Kommt der aber von außen und muss erst zentral im Gehirn verarbeitet und in Handlung umgesetzt werden, fehlt an irgendeiner Stelle des funktionellen Systems ein Glied oder ist beeinträchtigt. Das Kind scheint begriffsstutzig, und das nicht nur in der Mathematik.

Die Erziehung zu einem differenzierten Sprachverständnis und zu einer exakten Sprachbenutzung bekommt damit einen besonderen Stellenwert und wird zu einer wichtigen Aufgabe im Kindergarten und Vorschulbereich. Eine Aufgabe, die in der Montessori-Pädagogik von jeher für wesentlich angesehen wurde.

5. Modellvorstellungen der Neuropsychologie zum Verständnis des Lernens

Die Beispiele, die hier als mitbeteiligt an der Entwicklung des mathematischen Denkens und damit auch an den Voraussetzungen für das Erlernen des Rechnens dargestellt wurden, sollen im Folgenden um Modellvorstellungen aus der Neuropsychologie ergänzt werden. Dabei ist zu berücksichtigen, dass die Erkenntnisse der Neurowissenschaften auf Vermutungen basieren, die anhand bestimmter Untersuchungsverfahren an hirnoperierten oder -verletzten Erwachsenen erstellt, bestenfalls durch Beobachtungen bestätigt werden konnten. Sie erlauben nicht, von neuropsychologischen Beeinträchtigungen auf geradem Wege auf Rechenstörungen zu schließen, oder umgekehrt von Rechenstörungen auf ihnen zu Grunde liegende neuropsychologische Beeinträchtigungen. Wegen meist multikausaler Verursachungen ist es in der Praxis dennoch wichtig, verschiedene Sichtweisen in das jeweilige individuelle Erklärungsmodell einzubeziehen. Es geht um folgende Themen:

Im Zusammenhang der funktionelle Anatomie des Nervensystems um
die Bedeutung der Lateralisation (ROHEN, J.W. 1994).

Im Zusammenhang mit postnatalen Hirnschädigungen um
Rechenstörungen (Dyskalkulie) (HEUBROCK, D, PETERMANN, F., Lehrbuch der klinischen Kinderneuropsychologie 2000).

Im Rahmen einer neuropsychologischen Testbatterie um
theoretische Grundlagen (V. ASTER, M. Testverfahren zur Dyskalkulie, Zareki Manual 2001).

Im Zusammenhang der Teilleistungsstörungen um
ein Modell zur Veranschaulichung von neuropsychologischen Beeinträchtigungen (LEMPP, R., Frühkindlich-hirnorganisch bedingte Lernstörungen und ihre Behandlung, 1977, ergänzt und interpretiert von MILZ, I. 2002).

5.1 Die Bedeutung der Lateralisation

Wir wissen: Alles Erkennen, Denken und Verstehen ist abhängig von differenzierten neurologischen Prozessen innerhalb des Gehirns. Aufnahme und Verarbeitung von Sinnesreizen geschehen auf unterschiedlichen Ebenen des Zentralnervensystems (ZNS) und auf beiden Hirnhälften für bestimmte Reize in unterschiedlicher Weise. Dass es dennoch zu einheitlichen Eindrücken und Erfahrungen kommt, wird durch den Balken, das

Corpus callosum, gewährleistet, der aus einer Vielzahl von Nervenbahnen besteht, die beide Hirnhälften miteinander verbinden und die Verarbeitung der eingehenden Reize integrieren.

Für die Arbeit mit teilleistungsschwachen Kindern ist es wichtig zu wissen, dass nach dem gegenwärtigen Stand der Erkenntnisse die Art der Verarbeitung von Sinnesempfindungen zu Wahrgenommenem, das Bedeutung erhält und dadurch Erkennen wie Verstehen ermöglicht, von jeder Hirnhälfte in besonderer Weise geschieht. So verarbeitet die rechte Hirnhälfte mehr synthetisch-ganzheitlich und die linke mehr analytisch-„einzelheitlich". Die rechte Hemisphäre rekonstruiert den Gesamtzusammenhang einer Sache, die linke Hemisphäre steuert die Einzelheiten bei. Bildlich gesprochen, sieht die rechte Hemisphäre nur den Wald und nicht die Bäume, die linke die Bäume und nicht den Wald (ROHEN 1975). Zu Beginn der kindlichen Entwicklung scheint zunächst die Art der Verarbeitung ganzheitlich im Sinne der rechten Hirnhälfte zu sein. Erst allmählich und möglicherweise im Laufe der Sprachentwicklung, kommt es zu einer Spezialisierung der linken. Folgendes Schema zur Verteilung bestimmter Verarbeitungsformen mag das verdeutlichen.

Lateralisation der beiden Hirnhälften (ROHEN 1994)		
	Linke Hirnhälfte	Rechte Hirnhälfte
Motorik	Feine manuelle Fertigkeiten der Muskulatur, rechte Körperhälfte	Muskulatur der linken Körperhälfte
Olfaktorisches System	Gerüche der linken Nasenhöhle	Gerüche der rechten Nasenhöhle
Visuelles System	Rechte Gesichtsfeldhälfte Lesen, Schreiben, Erkennen von Einzelheiten einer Zeichnung, Detailbeobachtung	Linke Gesichtsfeldhälfte Erkennen von Gesichtern, Gestalterkennen, Erkennen von Formen und Gestalten, Erinnern von Strukturen und Bildern, (Formgedächtnis), Raumwahrnehmung
Auditives System	Klassifizieren von Tönen und Geräuschen, Erinnern von Einzelworten (Wortgedächtnis)	Identifikation von Tönen und Geräuschen, Erkennen von Tonfolgen und Intonationsarten, Erinnerung von Melodien
Sprache	Hervorbringen gesprochener Worte	Bildung synthetischer Wortbegriffe, Verstehen von Metaphern, Keine Wortbildung
Allgemeine Leistungen	Abstraktes, kategorisierendes, analytisches, zählendes, rechnendes Denken, verbale Denkweise, Punktuelles Einzelbewusstsein	Synthetisches, bildhaftes Denken, Entwicklung von übergeordneten Gesamtvorstellungen, Bildhaftes Vorstellen, „Überindividuelles" Gesamtbewusstsein

Die Theorie der Lateralisation bzw. der Dominanz bestimmter Hirnfunktionen betrifft vornehmlich die „Endverarbeitung" von Sinnesempfindungen zu höheren psychischen Funktionen auf Hirnrindenebene. Sie wurde im Zusammenhang mit Erfahrungen nach Hirnoperationen bei Erwachsenen

(Durchtrennung des Corpus Callosum z.B. bei schwerer Epilepsie) entwikkelt. Bei unausgeprägter Dominanz wird von genetischer Veranlagung, Reifung aber auch von frühkindlichen Hirnschädigungen ausgegangen (Näheres siehe Milz 2002).
Es ist wichtig, in der Beurteilung von z.B. teilleistunsschwachen Kindern immer auch die jeweilige Verarbeitungsform (z.B. eher rechtshirnig-ganzheitlich oder eher linkshirnig „einzelheitlich") zu berücksichtigen. Sie kann zum Verständnis von Lernproblemen, speziell von Rechenproblemen eines Kindes beitragen und dementsprechend auch Anregungen zu gezieltem individuellen Vorgehen im Unterricht geben.

5.2 Rechenstörungen / Dyskalkulie (nach Heubrock u. Petermann 2000)

Heubrock und Petermann geben in ihrem Lehrbuch der Klinischen Kinderneuropsychologie eine umfassende Darstellung über die möglichen Zusammenhänge und Klassifizierungen von Rechenstörungen. Auf einige ihrer Ausführungen sei im Folgenden beispielhaft hingewiesen (nach Heubrock und Petermann 2000, S. 234, 236, 239).

> Die in der Neuropsychologie inzwischen auch für im weitesten Sinne entwicklungsbedingte Rechenstörungen gebräuchliche Bezeichnung Dyskalkulie lehnt sich an erworbene Störungen im Umgang mit Zahlen nach Hirnschädigungen bei Erwachsenen an. (...) Zur besseren Abgrenzung zwischen (meist traumatisch) erworbenen und „angeborenen" Rechenstörungen wird die zweite Gruppe (...) vielfach Entwicklungsdyskalkulie genannt (ebd. S. 234).

Als Ursachen werden (modifiziert nach Slomka, 1998) aufgeführt:
- visuelle Wahrnehmungsstörungen
- visuomotorische Störungen
- visuell-sequenzielle Gedächtnisstörungen
- Störungen der sprachlichen Kodierung
- Störungen der Reihenfolgeanalyse
- Störungen des Sprachverständnisses
- Störungen des abstrakten Denkens

Als Folgen werden aufgeführt:
- Dekodierungsstörungen für Symbole
- Störungen des (Ab)Schreibens von Zahlen
- Störungen der Unterscheidung und Anordnung von Zahlen
- Einschränkungen des Faktenwissens
- Verständnisstörungen für mathematische Regeln

- Gedächtnisstörungen für mathematische Größen (z.B. Einmaleins)
- Störungen des Übertragens bei mehrstufigen Aufgaben (z.B. Zehnerübergang oder Multiplikation zweistelliger Zahlen
- Störungen im Behalten bereits gelöster Rechenschritte („Monitoring") im Verlauf mehrstufiger Aufgaben
- Störungen beim Lösen von Textaufgaben
- Störungen des angewandten Rechnens

Eine Taxonomie, ein Klassifikationssystem, zur Einordnung von Rechenstörungen (modifiziert nach GEARY, 1993 in HEUBROCK und PETERMANN) kann einen Überblick über mögliche Zusammenhänge in Bezug auf Dyskalkulie-Varianten, Fehlerarten und Hirnfunktionsstörungen geben (ebd. S. 236).

Dyskalkulie-Variante	Fehler	Hirnfunktionsstörungen
1. Störung des semantischen Gedächtnisses	Rechenregeln und –operationen können nicht automatisch aus dem semantischen Gedächtnis abgerufen werden. Trotz ständigen Übens werden automatisierte Rechenoperationen nicht beherrscht (z.B. kleines 1x1). Beim Lösen von Aufgaben kommt es zu hohen Fehlerraten.	linkshemisphärische Dysfunktion
2. Störung der prozeduralen Operationen	Strategien in der Anwendung mathematischer Operationen und Regeln werden nur unvollständig entwickelt. Es kommt zu Fehlern in der Ausführung von Rechenschritten und es fehlt ein Verständnis über die anzuwendenden Strategien.	allgemeine Störung der sprachlichen und nichtsprachlichen Informationsverarbeitung
3. Raumanalytische Störungen	Es kommt zu Fehlern in der räumlichen Vorstellung und Interpretation numerischer Informationen. Beim schriftlichen Rechnen misslingt der Übertrag oder das „Leihen" von Größen sowie die spalten- oder zeilenweise Organisation von Rechenschritten.	rechtshemisphärische Dysfunktion

HEUBROCK betont,
> (...) dass die Diagnostik einer Entwicklungsdyskalkulie sich nicht ausschließlich an der Phänomenologie einer Typologie orientieren darf, sondern das Kernproblem der zugrundeliegenden *Grundstörung* erfassen muss. Hierzu ist immer eine eingehende Untersuchung zunächst basaler dann systematisch komplexer werdender kombinierter Funktionen erforderlich, die auch eine qualitative Fehleranalyse und einen Vergleich zumindest der visuellen und der auditiven Modalität einschließt. So kann ein Kind mit einer räumlich-konstruktiven Dyskalkulie im Untertest „Rechnerisches Denken" des „Hawik-R"[11] durchaus ein altersgemä-

---

[11] Heute ist die Ausgabe HAWIK-III in Gebrauch.

ßes Ergebnis erzielen, hierbei aber in denjenigen Aufgaben völlig versagen, die eine Einschätzung von Größen, Mengen und Verhältnissen erfordern (ebd. S. 239).

5.3 Theoretische Grundlagen (v. Aster 2001)[12]

In den theoretischen Grundlagen zu seinem Testverfahren „Zareki" (Manual 2001) schreibt V. ASTER:

> Viele normal intelligente Kinder mit Sprachentwicklungsstörungen und/oder mit Störungen im Bereich visuell-räumlicher, taktil-kinästhetischer und visuomotorischer Syntheseleistungen zeigen auch Probleme beim Mathematiklernen und oft zusätzlich auch beim Schriftspracherwerb. Wenn mehrere Symptome besonders häufig zusammentreffen, spricht man von einem Syndrom. Oftmals gelingt auch der Nachweis eines ursächlichen Zusammenhanges, d.h., dass alle das Syndrom definierenden Symptome sich auf ein und dieselbe Ursache zurückführen lassen (ebd. S. 6).

ROURKE und Mitarbeiter kamen nach V. ASTER 2000 in ihren Untersuchungen auf zwei Formen von Rechenstörungen. Bei der einen handelte es sich ausschließlich um Lernschwierigkeiten in Mathematik, bei der anderen zusätzlich und noch schwerwiegender um solche im Bereich des Lesens und Schreibens. Die Untersuchungen ergaben weiter, dass Kinder mit „nur" Rechenproblemen Schwierigkeiten bei visuell-räumlichen, taktil-kinästhetischen und psychomotorischen Aufgabenstellungen hatten. Darüber hinaus zeigten sie häufig auch psychische Auffälligkeiten wie Ängste, Depressionen und Kontaktprobleme. In Intelligenztests waren sie auffällig bei nonverbalen Aufgaben, hatten dagegen Stärken im sprachlichen und schriftsprachlichen Bereich. Bei der anderen Gruppe war es genau umgekehrt. Diese Kinder hatten Stärken im nonverbalen, visuell-räumlichen Bereich, sowie in der Psychomotorik, dagegen Schwächen in der auditiv-sprachlichen Verarbeitung.

Aber, wenngleich das Konzept in vielen Fällen stimmig zu sein scheint und sich daraus Hinweise auf die Lernstruktur eines Kindes ergeben können, die Annahme von Reifungsdefiziten hinsichtlich lateralisierter Funktionen reicht zur Erklärung von Teilleistungsstörungen alleine nicht aus. V. ASTER begründet (ebd. S. 7):

---

[12] In Teil I, Kap. IV wird auf den Test näher eingegangen.

Das Problem solcher syndromatischen Konzepte besteht in erster Linie in deren mangelnder Spezifität. Das Vorhandensein non-verbaler und/oder sprachlicher Verarbeitungsstörungen erlaubt keineswegs eine sichere Vorhersage schulischer Teilleistungsstörungen im Rechnen. Viele Untersuchungen haben gezeigt, dass längst nicht alle Kinder mit NLD (non-verbalen Lerndefiziten I.M.) auch gleichzeitig Schwierigkeiten haben, Rechnen zu lernen, und umgekehrt zeigen viele rechenschwache Kinder keinerlei Auffälligkeiten im Bereich nonverbaler Verarbeitungsleistungen. Es scheint also, dass die Annahme von Reifungsdefiziten entweder links- oder rechtshemisphärisch lateralisierter Basisfunktionen zur Erklärung von Teilleistungsstörungen im Rechnen nicht ausreicht. (...) Die bei schulischen Teilleistungsstörungen häufig verordneten Therapiemaßnahmen, die auf die Förderung solcher basalen Funktionen abzielen (wie psychomotorische, sensorisch-integrative, graphomotorische und wahrnehmungsdifferenzierende Übungen), stellen aber gerade auf einen solchen Kausalzusammenhang ab. Belege für die Wirksamkeit solcher Therapien konnten bisher nicht erbracht werden.

Die hier wiedergegebene Sichtweise macht eine ergänzende Betrachtung erforderlich.

Zweifellos reicht die Annahme von Reifungsdefiziten entweder links- oder rechtshemisphärisch lateralisierter Basisfunktionen zur alleinigen Erklärung von Teilleistungsstörungen (übrigens nicht nur) im Rechnen nicht aus. Wenn wir die Reifungsverzögerungen als neuropsychologische Beeinträchtigungen verstehen, können wir von ihrem Vorhandensein her nicht generell auf spätere Auswirkungen im Lernen und/oder Verhalten schließen, genauso wenig wie umgekehrt von dem Erscheinungsbild „Lernstörungen" „gradlinig" auf neuropsychologische Verursachung. Professionelle Beobachtungen und Testverfahren ermöglichen aber – und das ist für die Praxis wichtig – einen verständnisvollen Umgang mit dem betroffenen Kind und seinen Eltern. Sie ermöglichen des weiteren, der besonderen Lernstruktur des Kindes entsprechend, nach Vorgehensweisen bzw. methodisch-didaktischen Wegen zu suchen und Materialien bereitzustellen, die diese Wege ermöglichen. Hier ist eine interdisziplinäre Zusammenarbeit erforderlich.

Zweifellos können Rechenstörungen nicht mit Psychomotorik behoben werden. (Ich vereinfache hier bewusst.) Wenn ihnen aber in Bereichen, wie sie hier unter „Neuropsychologische Voraussetzungen für mathematisches Denken" beschrieben worden sind, Beeinträchtigungen zugrunde liegen, sind zusätzlich zu einem systematischen stufenweisen Aufbau des mathematischen Denkens (siehe Teil I, Kap.II) individuelle Maßnahmen zur

Unterstützung bzw. Förderung der Wahrnehmungsverarbeitung erforderlich.

Der Erfolg dieser Förderung wird von mehreren Voraussetzungen abhängen:

- einer genauen und den Verlauf der Behandlung begleitenden interdisziplinären Diagnostik,
- der Häufigkeit und Regelmäßigkeit einer gezielten Förderung,
- dem Entwicklungsstand des Kindes (ist das Entwicklungsfenster für einen bestimmten Reifungsprozess noch offen?),
- der Plastizität des Gehirns.

Eine Förderung der Wahrnehmungsverarbeitung kann auch durch den frühzeitigen Umgang mit geeigneten Materialien angeregt werden. Ein Beispiel dafür ist das Montessori-Sinnes- und Mathematikmaterial (siehe Teil II, Kap. III).

Neben der Bedeutung lateralisierter visuell-räumlicher und sprachlicher Basisfunktionen weist v. ASTER auf weitere Modellvorstellungen hin, die an der Verarbeitung von Zahlen sowie generell am Erwerb von Wissen beteiligt sind. Diese Modelle werden im Folgenden näher betrachtet.

Nach ANDERSON (1992 in v. ASTER 2001) geht es um ein Konzept, das auf zwei Wegen die Entwicklung kognitiver Funktionen bestimmt. Für Weg I sind es, wie bereits beschrieben, die lateralisierten Basisfunktionen, für Weg II bestimmte Funktionseinheiten, sogenannte Module. Das Zusammenwirken dieser beiden Verarbeitungsformen wird als bestimmend für den Erwerb von Wissen angesehen.

Weg I

Das, was bereits am Beispiel lateralisierter Funktionen rechts- und linkshemisphärisch aufgeführt wurde, wird hier im Rahmen eines *basalen Verarbeitungsmechanismus durch zwei s*pezifische *P*rozessoren geleistet, der eine, SP1 zuständig für sprachlich/sequentielle, der andere, SP2 für visuell-räumliche Aufgaben.

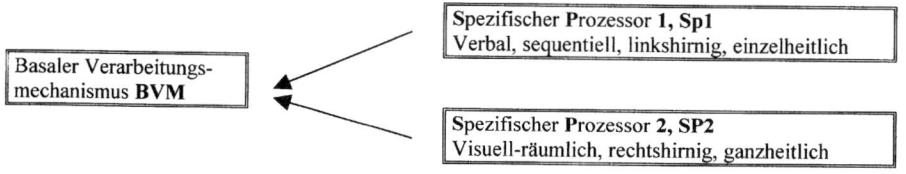

Nach ANDERSONS Theorie wird der BVM, der basale *Verarbeitungsmechanismus* durch die Kapazität und Geschwindigkeit der Informationsverarbeitung in den beiden Prozessoren bestimmt. Das entspricht dem, was als Generalfaktor (allgemeiner Faktor) der Intelligenz verstanden wird.

Unterschiede in der Kapazität des BVM (Verarbeitungsquantität) sowie den Leistungsstärken der spezifischen Prozessoren Sp1 und Sp2 erklären in diesem Modell Intelligenzunterschiede zwischen Menschen gleichen Alters: ein schneller basaler Verarbeitungsmechanismus ermöglicht im Vergleich zu einem langsamen die Lösung komplexerer Probleme und auch die schnellere Lösung einfacher Probleme. Dies führt langfristig zum Erwerb umfangreicheren Wissens. Bei normaler Verarbeitungskapazität des BVM werden Unterschiede in den Leistungsstärken von SP1 und SP2 durch diskrepante Werte in den beiden Hauptfaktoren der Testintelligenz, dem sprachlichen und dem nonverbalen Faktor psychometrisch messbar. Ist die generelle Verarbeitungskapazität dagegen niedrig, so fallen Unterschiede zwischen den spezifischen Prozessoren weniger ins Gewicht.

Weg II

Die Erfahrung, dass offensichtlich noch andere Mechanismen bei der kognitiven Verarbeitung beteiligt sein müssen, hat zur Annahme von Modulen geführt.

(...) Unter dem Begriff des Moduls (wird) eine umschriebene Funktionseinheit verstanden, die eigenständig und unabhängig von den sonstigen Prozessen des Denkens bestimmte Aufgaben automatisiert und mit großer Geschwindigkeit ausführt. Modulare Wissensorganisation vermutet ANDERSON in so verschiedenen kognitiven Bereichen wie der visuellen Wahrnehmung des dreidimensionalen Raumes, in verschiedenen Aspekten der Sprachverarbeitung (Syntax, Lautentschlüsselung) oder auch bei der so genannten „Theory of Mind", d.h. der menschlichen Fähigkeit, im Kontakt mit anderen Menschen Annahmen über deren Bewusstseinsvorgänge zu machen. „Theory of Mind" kann als kognitive Voraussetzung für empathisches, einfühlsames Verstehen und Verhalten angesehen werden, das sich z.B. bei autistischen Menschen nicht ausreichend entwickelt (ebd. S. 8 und S. 10).

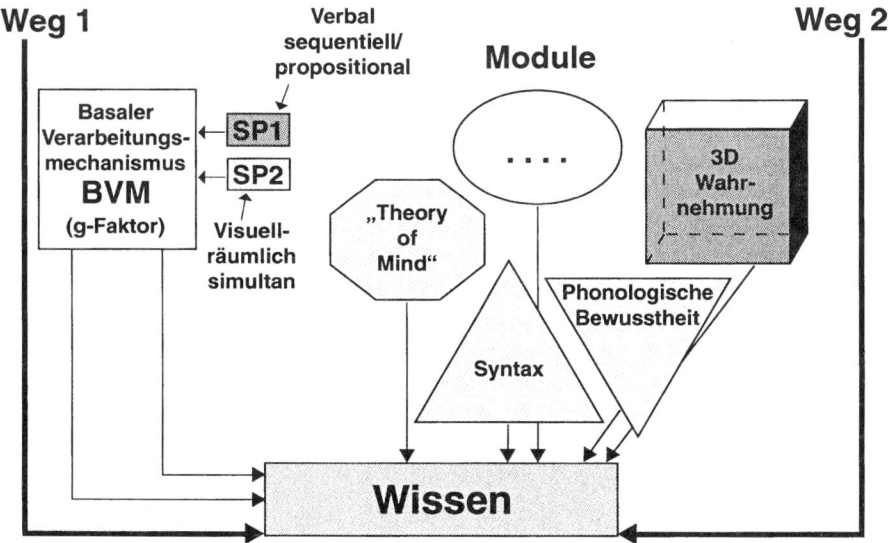

Abb. 13: Theorie der „Minimalen kognitiven Architektur" (nach: Anderson 1992 in v. Aster 2001, S. 10)

Auch für die Zahlenverarbeitung werden Module vermutet. DEHAENE fand bei Untersuchungen an Erwachsenen 3 verschiedene Funktionseinheiten, die zwar unabhängig voneinander an der Repräsentation von Zahlen im Gehirn beteiligt sind, aber durch Transkodierungsprozesse der jeweiligen speziellen Aufgabe entsprechend aktiviert werden:

– die Repräsentation der Semantik, d.h. der größen- und mengenmäßigen Bedeutung einer Zahl,

– die Repräsentation als hör- und alphabetisch les- und schreibbares Zahlwort,

– die Repräsentation, vermittels arabischer Zahlen bzw. einer eigenen ausschließlich visuell wahrnehmbaren und vermittelbaren Symbolsprache für Zahlen.

Ein Beispiel dafür gibt das „Triple-Code-Modell" nach DEHAENE. Es zeigt, wie die unterschiedliche Verarbeitung einer Zahl, hier der 13, in jedem der drei Module vorgestellt werden kann.

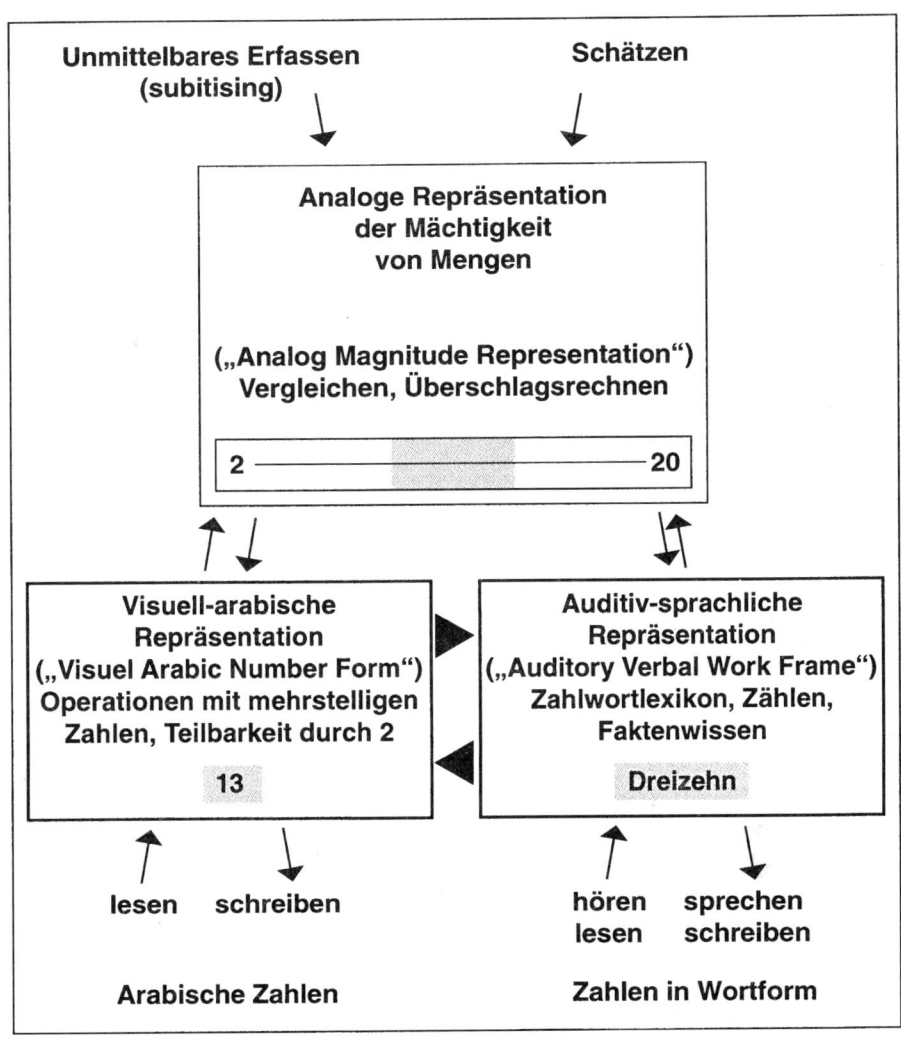

Abb. 14: „Triple-Code-Model" nach Dehaene (1992) nach: v. Aster 2001, S. 8

Wie die Wege I und II mit ihren unterschiedlichen Verarbeitungsformen, Leistungsfähigkeiten und Störanfälligkeiten letztlich beim Erwerb von Wissen vorgestellt werden können, gibt ein weiteres Modell, in dem die Module für die Zahlenverarbeitung mit aufgeführt sind.

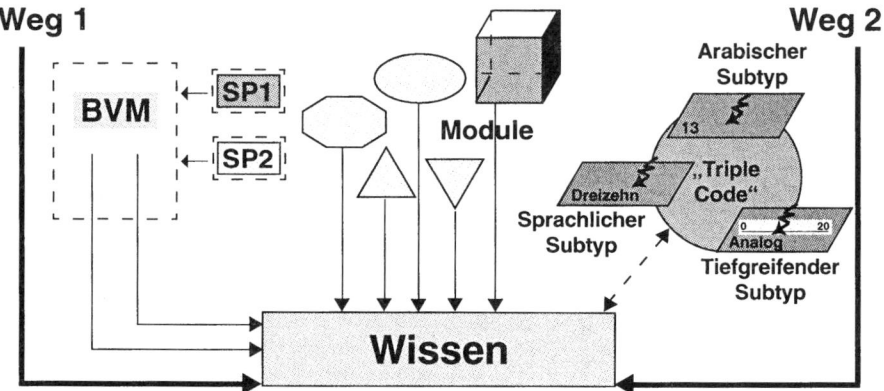

Abb. 15: Das Modell von ANDERSON adaptiert für Störungen der Zahlenverarbeitung und des Rechnens nach v. Aster S.12

Die Entwicklung von Modulen ist nach ANDERSON einmal genetisch bedingt zum anderen kommt es durch Reifung, Lernen und Übung schließlich zur Automatisierung wiederholt ablaufender Verarbeitungsvorgänge und damit zu Erfahrungen, welche kognitive Leistungen erst möglich machen.

Dieser Aspekt erweitert das Modell der funktionellen Systeme, das seinerzeit von ISAACSON entwickelt worden war und ergänzt durch LEMPP (1977) und zuletzt durch MILZ (2002) eine Basis zum Verständnis von Teilleistungsstörungen geben konnte. Mit der Theorie der „Minimalen kognitiven Architektur", in der die Konzepte der basalen Verarbeitungsmechanismen, der Lateralität und der Modularität als zwei Wege zum Erwerb von Wissen vorgestellt werden, scheinen nun differenziertere Ansätze für die Diagnostik und Behandlung von Lern- auch von Verhaltensstörungen möglich. Zu bedenken ist jedoch: Kortikale kognitive Prozesse führen nicht „auf zwei Wegen" zu Wissen. Die Verbildlichung der Theorie der „Minimalen kognitiven Architektur" kann hier leicht zu Missverständnissen führen. Denken, Lernen, Behalten, Vergessen sind nicht auf Verarbeitungsprozesse auf der Hirnrindenebene beschränkt. Es ist eine Vielzahl funktionalen Geschehens, die an der kognitiven Entwicklung beteiligt ist. Man darf sich auch die Module nicht als geschlossene Systeme vorstellen, was ebenfalls durch die dargestellten Modelle leicht geschehen kann und in Bezug auf die drei Module in DEHAENES „Triple Code Model" nicht eindeutig ausgeschlossen wird.

Die drei Module in DEHAENES „Triple Code Model" werden als funktionell voneinander unabhängige und aufgabenbezogen über Transkodierungsprozesse miteinander verbundene Einheiten aufgefasst, die jeweils über spezifische Input- und Output-Mechanismen verfügen. Dieses Modell repräsentiert den Endpunkt der Entwicklung zahlenverarbeitender Hirnfunktionen beim Erwachsenen (ebd. S. 13).

Es stellt sich wie immer die Frage, ob sich die kindliche kognitive Entwicklung generell und hier im Bereich des mathematischen Denkens anhand einiger neuropsychologischer Untersuchungsergebnisse an hirngeschädigten Erwachsenen verstehbarer und erklärbarer machen lässt. In jedem Fall kann das Modell von DEHAENE helfen, auf die Problematik der Zahlverarbeitung aufmerksam zu werden und damit zum Verständnis von Teilleistungsproblemen im rechnerischen Denken beitragen, und der Test ZAREKI, der darauf aufbaut, kann Richtungen aufzeigen, in welchem der drei Bereiche methodisch-didaktische Hilfen erforderlich sind (siehe Teil I, Kap. IV).

5.4 Ein Modell[13] zur Veranschaulichung von neuropsychologischen Beeinträchtigungen

In diesem Modell werden verschiedene Voraussetzungen angesprochen, die das Erbringen von Fertigkeiten und „Leistungen" ermöglichen. Wir wissen heute um die funktionale Vernetzung neurologischer Vorgänge. Wenn hier in den Modellen Ebenen dargestellt werden, dann darum, um die gegenseitigen Bedingtheiten bildhaft zu verdeutlichen.

Ebene 1	Allgemeine Voraussetzungen der neurologischen Entwicklung und
Ebene 2 u. 3	die morphologischen und funktionalen Bedingungen
Ebene 4	zur Erbringung von Leistungen
Ebene 5	sowie die Reaktionen auf Erfolg und Misserfolg

---

[13] Im Zusammenhang „Frühkindlich-hirnorganisch bedingte Lernstörungen" veranschaulicht LEMPP (1977) mit einer schematischen Darstellung der Entwicklung neurologischer Strukturen und ihrer Beeinträchtigungen (nach ISAAKSON (1975)) wie das Phänomen der Teilleistungsstörungen hypothetisch zu verstehen sein könnte. Dieses Modell wurde von MILZ erweitert und hat sich als Verständnishilfe bei Pädagogen bewährt. Es wurde auch in MILZ 2000 und 2002 dargestellt.

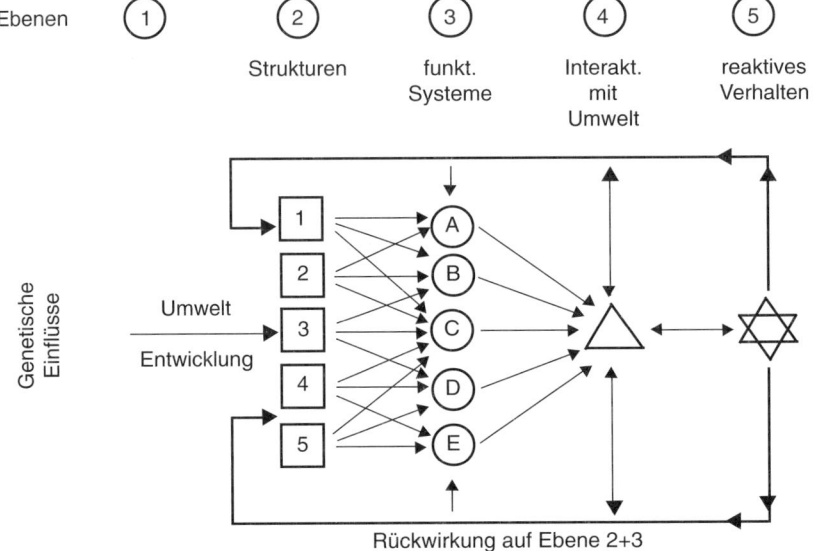

Modell 1

Modell 1

1. Die Ebene der Voraussetzungen
AKERT (1979) rechnet dazu genetische Einflüsse, Einflüsse von Reifung und Wachstum, Einflüsse des Umfeldes und möglicherweise auch des Zufalls, die sich z.B. auf Vorgänge wie Dendritensprossung und Synapsenbildung auswirken können. Heute gehen wir davon aus, dass auch vorgeburtliche Einflüsse Auswirkungen auf die neurologische wie emotionale Entwicklung haben können.

2. Die Ebene der neurologischen Organisation
Sie schafft im Laufe der Entwicklung durch vielfaltige Verbindungen der Nervenzellen und Nervenbahnen untereinander Vernetzungen, die als funktionelle Systeme das Miteinander verschiedener zerebraler Bereiche ermöglichen. Insbesondere kann es hier und auf Ebene 3 zu Beeinträchtigungen kommen.

3. Die Ebene der funktionellen Systeme
Sie stellt das Potential im Sinne von Fähigkeiten zur Interaktion mit der Umwelt.

4. Die Ebene der Interaktion mit der Umwelt
Die Bezeichnung Interaktion beinhaltet die Wechselwirkung sowohl des Organismus, der nach PIAGET und INHELDER (1977) die Gegebenheiten der Umwelt assimiliert, in sich aufnimmt, wie er umgekehrt sich den Gegebenheiten der Umwelt anpasst, indem er seine eigene Organisation dem Umweltausschnitt gegenüber verändert, sich an die Umwelt akkommodiert und damit in gewissem Sinne Leistungen erbringt. Auch schulische Fertigkeiten sind hiermit gemeint. Auf dieser Ebene stellen sich die Auswirkungen von neuropsychologischen Beeinträchtigungen dar.

5. Die Ebene des Verhaltens
Sie betrifft Verhaltensformen, die sich aus Erfolg und Misserfolg ergeben können.

Die Bedeutung der Rückwirkung
Im Sinne einer Rückkoppelung können Auswirkungen aller Ebenen wiederum auf der Ebene 1 als Einflüsse zur Weiterentwicklung oder Hemmung von Bereichen der neurologischen Organisation betrachtet werden.

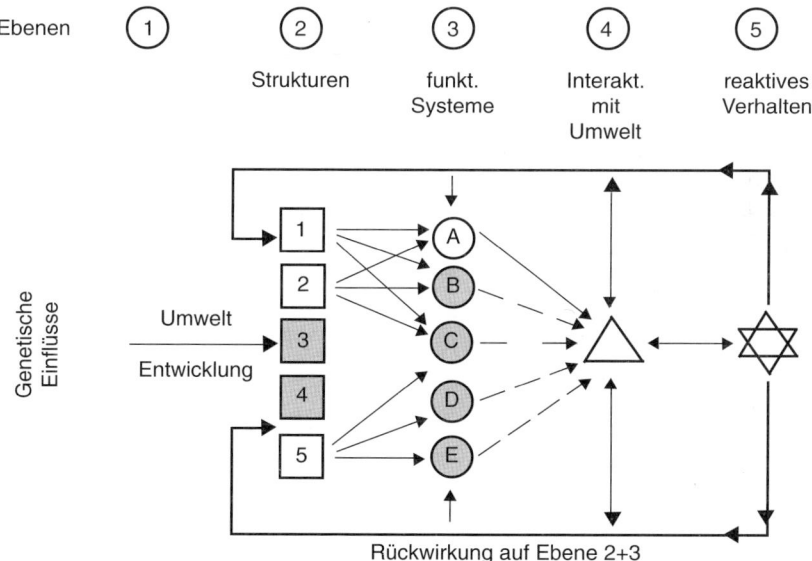

Modell 2

In Modell 2 wird angenommen, dass die Strukturen 3 und 4 beeinträchtigt sind. Durch die Verbindung zu Funktionen anderer Strukturen sind zwar alle Fähigkeiten vorhanden, außer A aber verändert. An diesem Beispiel kann gut verständlich gemacht werden, dass das Erbringen von Leistungen hier in besonderer Weise von der gegebenen Situation abhängig ist. Angst, Krankheit, Hunger, emotionale Belastungen u.a.m. können die Leistungsfähigkeit erheblich beeinflussen. Zu Hause kann ein so betroffenes Kind die Aufgaben vielleicht lösen, versagt aber in Arbeiten.

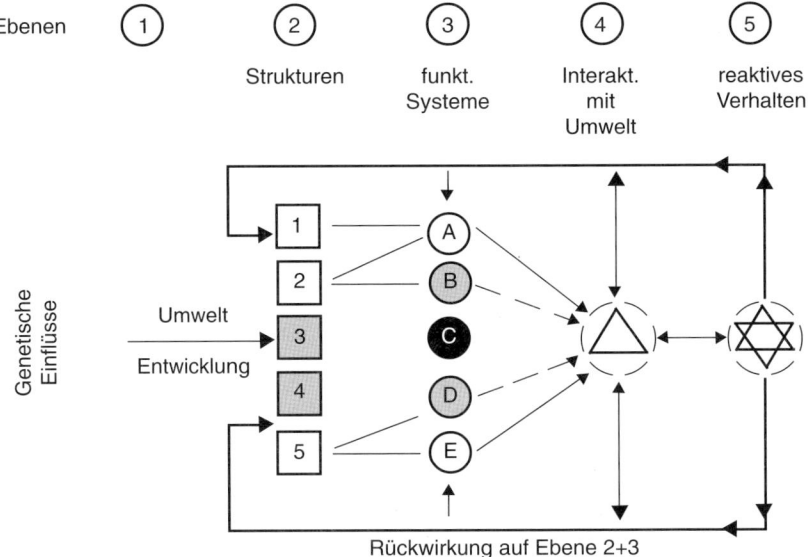

Modell 3

In Modell 3 sollen wiederum die Strukturen 3 und 4 beeinträchtigt sein. Zusätzlich sind aber noch die Verbindungen zu anderen Strukturen betroffen. Das bewirkt einen totalen Ausfall von C und verminderte Funktionen von B und D.

Aus mehreren Gründen ist die Vorstellung der drei schematischen Darstellungen hilfreich:

Einmal können sie den Weg diagnostischen Vorgehens weisen von der Beobachtung des Verhaltens in gegebenen Situationen über Auffälligkeiten bezüglich der Interaktion mit der Umwelt (z.B. bei Leistungsanforderungen) und zur Vermutung von Beeinträchtigungen in bestimmten Bereichen der Wahrnehmungsverarbeitung. Es zeigt sich weiter die Bedeutung, welche der jeweiligen Situation zukommt, unter der eine bestimmte „Leistung" erbracht werden soll. Letztendlich veranschaulicht es, wie vielfältig die Verursachungen neuropsychologischer Beeinträchtigungen sein können. Alle beschriebenen Ebenen bis hin zur Hirnentwicklung selbst können betroffen sein. Die Bedeutung der Einflüsse des Umfeldes, von Wachstum und Entwicklung und nicht zuletzt der genetischen Anlage wird zum Verständnis der Lernsituation des Kindes sowie bei der Einschätzung einer erfolgreichen Förderung immer auch mit einbezogen werden müssen. Unter dem Gesichtspunkt „Einflüsse der Umwelt" sollte auch die allernächste Umwelt, nämlich die Mutter und das familiäre Klima, die Klassenkameraden als bedeutsam für die neuropsychologische Entwicklung in Betracht gezogen werden.

In diesem Modell geht es vornehmlich darum, deutlich zu machen, dass es klarer Definitionen bedarf, auch, wenn sich die Ebenen in der Praxis nicht immer deutlich voneinander abgrenzen lassen. Unterschieden werden können:

– *neuropsychologische Beeinträchtigungen* (Ebene 1, 2 und 3)
– *Ausdrucksformen* neuropsychologischer Beeinträchtigungen, z.B. Teilleistungsstörungen (Ebene 4)
– *Verhaltensformen und Bewältigungsstrategien* im Zusammenhang mit neuropsychologischen Beeinträchtigungen (Ebene 5).

Eine Unterscheidung der 5 Ebenen ermöglicht es, aufmerksam aber auch gezielt zu beobachten und sollte davor bewahren, vorschnelle Diagnosen zu stellen. Oft ist, was sich uns zeigt, nur die Spitze des Eisberges, und das unter der Oberfläche kann nur behutsam erschlossen werden. Die Theorie kann die Leitlinie dafür geben, und wenn dann genügend Beobachtungen zusammengetragen wurden, ist es möglich, mit Hilfe ärztlicher Abklärung das Puzzlespiel einer neuropsychologischen Diagnose zu beginnen, die uns als Grundlage für heilpädagogische Konzepte dienen kann (siehe Teil II).

5.5 Zusammenfassung

Leider erfassen Modelle meist nur einen Teil der Wirklichkeit und selten das Ganze. Zu warnen ist allerdings generell vor einer Vereinfachung der Theorien über die Wahrnehmungsverarbeitung. So einfach, wie bisweilen in populärwissenschaftlicher Literatur dargestellt, sind die Dinge nicht. Dennoch lohnt es, sich mit dieser Thematik intensiv vertraut zu machen.

Für die Arbeit mit teilleistungsschwachen Kindern ergeben sich folgende Konsequenzen:

Es muss beobachtet werden:

- Wie ist der Lernstil des Kindes? Lernt und behält es eher nonverbal, bildhaft, ganzheitlich oder verbal, analytisch sequenziell? Braucht es lange noch die Finger zum Zählen und bleibt damit einer konkreten Verarbeitungsstufe verhaftet? Oder kann es sich bald von konkretem Material lösen? Hierfür kann man bereits im Kindergarten und ersten Schuljahr Hinweise erhalten.

- Da die Bevorzugung einer Hand häufig mit der Bevorzugung des Lernstiles in Beziehung steht, ist zu beobachten, welche Hand bevorzugt benutzt wird. Kinder, die reine Linkshänder sind, aber auch auf rechts umtrainierte Linkshänder arbeiten manchmal mehr mit ihrer rechten Hirnhälfte. Dementsprechend müsste dann die Unterrichtsmethode ausgerichtet, bzw. individualisiert werden.

- Die didaktischen Materialien sollten ebenfalls dem Lernstil des Kindes angepasst werden.

Die Entwicklung mathematischen Denkens hat sich in der Menschheitsgeschichte allmählich vollzogen, und sie ist immer noch im Gange.[14] Beim Individuum ist es nicht anders. Die Vorstufen des mathematischen Denkens beginnen nach dem Spracherwerb und vervollkommnen sich mit ihm weiter. Dieser Prozess ist abhängig von der allgemeinen Entwicklung des Kindes und damit von der Reifung des Zentralnervensystems. PIAGET[15] unterscheidet aufgrund seiner entwicklungspsychologischen Beobachtungen und Forschungen verschiedene Phasen dieses Vorganges: Eine sensomotorische (Geburt bis 2 Jahre), einer präoperative (2 bis 7 Jahre), eine der konkreten Operationen (7 bis 11 Jahre) und schließlich die der formalen Operationen (11 Jahre und älter), was letztlich verdeutlicht, dass nur im Zusammenhang bestimmter Reifungsprozesse neuropsychologische Leistungen erbracht und auch eingeschätzt werden können.

Die Arbeit mit teilleistungsschwachen oder -gestörten Kindern bedarf einer gründlichen Diagnostik (siehe Teil I, Kap. III. 2). Sie bedarf vor allem aber einer umfassenden Kenntnis der Theorien neuropsychologischer Forschungsergebnisse und einer interdisziplinären Zusammenarbeit, in die auch Lehrer einbezogen werden sollten.

---

[14] Heute geht sie den technischen Möglichkeiten entsprechend allerdings immer rasanter vor sich.

[15] Auf die Kritik an seiner „Phasentheorie" und die diesbezüglichen Missverständnisse kann hier nicht näher eingegangen werden.

II. Teilleistungsschwächen im Bereich des mathematischen Denkens[16]

Wenn bisher bei der Betrachtung der Voraussetzungen des mathematischen Denkens in besonderer Weise Wert auf die Bedeutung von Raum, Zeit und Sprache gelegt wurde, so sind damit Grundlagen gemeint, auf denen sowohl das geometrische wie das numerische Denken und Vorstellen aufbaut. Für PIAGET ist es der sensomotorische Raum und sind es damit die sensomotorischen Erfahrungen, aus denen sich beides herleitet. Im Zusammenhang mit dem Thema „Rechenstörungen" wird, da wir es hierbei im wesentlichen mit Beeinträchtigungen im Aufbau- und Verinnerlichungsprozess, sowie in der Anwendung mathematischer Operationen zu tun haben, der Schwerpunkt auf der Entwicklung und dem Verständnis von Grundoperationen und ihrer Anwendung liegen.

1. Stufen im Aufbau und im Verinnerlichen mathematischer Operationen und ihre Beeinträchtigungen

1.1 Vorschulische Voraussetzungen

Es ist eigentlich leicht einzusehen, dass Störungen in einer frühen Entwicklungsphase die darauf aufbauenden Leistungen beeinträchtigen können. Im Allgemeinen ist es aber für Grundschulpädagogen schwer vorstellbar,
- dass es Sinn machen soll, bei Lernproblemen im Rechnen u.U. auf die vorschulische Entwicklung des Kindes zurückzugehen, um herauszufinden, wo und welche Bausteine für das, was wir im Unterricht vermitteln wollen, fehlen;
- und dass es ebenfalls im Allgemeinen keinen Sinn machen kann, durch Üben, Üben, Üben fehlende Bausteine zu ersetzen.

Da sich Kindheit in den letzten Jahrzehnten bemerkenswert verändert hat – der senso-motorische Raum tritt in vielen Fällen schon sehr früh hinter dem der Technik zurück – soll an dieser Stelle ein kurzer Blick auf die Entwicklung der Kognition an die Bedeutung von Bewegen und Wahrnehmen erinnern. (S. Amft geht in ihrem Beitrag „Körperarbeit zur Förderung rechenschwacher Kinder" exemplarisch darauf ein Teil II, Kap. II.)

---

[16] In Anlehnung an GRISSEMANN, WEBER 1982

So beschreibt Kephart, wie aufgrund der Integration motorischer und sensorischer Daten Perzeption (Wahrnehmung) möglich wird. Die Fähigkeit, mit zwei Dingen gleichzeitig umzugehen, erleichtert das Vergleichen. Und Vergleichen und damit Ähnlichkeiten und Unterschiede zu erkennen, sind die Grundlage des Kategorisierens. So kommt es zur Bildung von Konzepten und Begriffen, und da Begriffe wiederum Ähnlichkeiten und Unterschiede aufweisen, schließlich zu weiteren und abstrakten Kategorisierungen.

Folgende Übersicht (nach EBERSOLE/KEPHART/EBERSOLE 1976) kann den Verlauf der Entwicklung zusammenfassen.

1.2 Entwicklungsstufen des Lernens

Das grobmotorische Stadium

Die ersten Versuche zur Organisation seiner Umgebung treten auf, wenn ein Kind bei seinen Bewegungen sensorische Information empfängt. In diesem Stadium ist nicht die Bewegung an sich interessant, sondern der Beitrag, den sie für die Ausbildung des kindlichen Informationsbestandes liefert. Durch die Entwicklung von immer komplexer werdenden Bewegungsmustern wird das Kind fähig

- *zur Fortbewegung* – als aufrechtes Bewegen durch den Raum (Gehen, Laufen, Springen),
- *zur Bewahrung der Lage im Raum* – dazu ist der Gleichgewichtssinn erforderlich, der eigene Schwerpunkt muss zum Bezugspunkt räumlicher Orientierung werden,
- *zur Kontaktaufnahme mit Gegenständen in der Umgebung* – durch Bewegungsmuster des Hinlangens bzw. Nehmens, des Greifens (im Sinne Affolters des Umschließens) und des Loslassens,
- *zum Kontakt mit sich bewegenden Objekten* – hierbei geht es einmal um das In-Bewegung-Bringen von Gegenständen durch z.B. Ziehen oder Schieben, aber auch um die Fähigkeit, den Körper oder Teile des Körpers in eine Lage oder Haltung zu bringen, die den Kontakt mit einem sich bewegenden Gegenstand möglich macht.

Das motorisch-perzeptive Stadium

Die Zusammenarbeit zwischen Bewegung und Wahrnehmung, Motorik und Perzeption, macht eine rationellere Bewegung möglich. Zwar hat den Hauptanteil daran im wesentlichen noch die Motorik, es werden aber mehr und mehr Wahrnehmungsdaten einbezogen.

Das perzeptiv-motorische Stadium

Allmählich übernimmt die Perzeption, vor allem die visuelle Wahrnehmung, mehr und mehr die Kontrolle über die Motorik. Zielgerichtete Bewegungen werden möglich.

Das perzeptive Stadium
Das Kind kann nun Daten in Beziehung zueinander setzen, ohne, dass es notwendigerweise zu einer motorischen „Mitarbeit" dabei kommen müsste. Gemeint ist hierbei eine *sichtbar* ausgeführte Bewegung oder Berührung. Dadurch kommt nun der Verarbeitung visueller und auditiver Reize eine besondere Bedeutung zu.

Das perzeptiv-konzeptive Stadium
Das Kind lernt Unterschiede und Ähnlichkeiten zu erkennen und beginnt Konzepte zu entwickeln.

Das konzeptive Stadium
Wahrnehmungsdaten werden bedeutungsvoll. Sie können gruppiert, miteinander in Beziehung gesetzt und schließlich generalisiert werden. Bei dieser Generalisierung wird mehr und mehr von allem motorisch Erfassbaren abgezogen (abstrahiert), abstraktes Vorstellungsvermögen beginnt sich zu entwickeln.

Von der Begriffsbildung zur Kognition
Wenn die Entwicklungsschritte ohne Störungen oder Verzögerungen verlaufen sind, führen sie zur Bildung von Begriffen, zur Fähigkeit der Abstraktion und damit zu dem, was wir Kognition nennen. Auch die Begriffsbildung selbst ist ein Prozess (im Sinne von procedere) und verläuft Schritt für Schritt.

Nach PIAGET sind an der Entwicklung kognitiver Fähigkeiten drei Faktoren beteiligt: der Organismus, die Umwelt und die Interaktion zwischen beiden.

> Ohne, dass man zum gegenwärtigen Zeitpunkt mit Sicherheit die Grenze zwischen dem, was aus der strukturellen Reifung des Verstandes resultiert und den Auswirkungen der Erfahrungen des Kindes oder der Einflüsse seiner physischen oder sozialen Umwelt angeben könnte, darf man allem Anschein nach doch annehmen, dass diese beiden Faktoren stets im Spiel sind und dass die Entwicklung auf ihre permanente Wechselbeziehung zurückgeht.
> Im Hinblick auf die Schule bedeutet das einerseits,
> dass man die Existenz einer geistigen Evolution zugeben muss;
> dass eine bestimmte geistige Nahrung nicht für alle Altersstufen gleich gut ist und
> dass man die Interessen und Bedürfnisse jeder Periode berücksichtigen muss.
> Und es heißt andererseits auch,
> dass das Milieu eine entscheidende Rolle bei der Entwicklung des Verstandes spielen kann;
> dass, was Altersgrenze und Denkinhalte betrifft, der Ablauf der Stadi-

en nicht ein für allemal festgelegt ist;
dass günstige Methoden die Leistungsfähigkeit der Schüler erhöhen und sogar ihre geistigen Fortschritte zu beschleunigen vermögen, ohne deren Tiefe zu beeinträchtigen. (PIAGET 1972, S. 175-176)

1.3 Welche Bedeutung haben diese Überlegungen für den Rechenunterricht?

Sie sind die Grundlage zum Verständnis eines rechenschwachen Kindes. Sind wir uns darüber im Klaren, was wir im Unterricht an Vorverständnis von den Kindern erwarten? Können wir berücksichtigen, was PIAGET über die Entwicklung kognitiver Fähigkeiten sagt (siehe oben)? Sind wir bereit, auf die unterschiedlichen Reifungsstadien der Kinder durch differenzierte Angebote im Unterricht einzugehen?

Die Entwicklung des mathematischen Denkens vollzieht sich nach PIAGET in drei voneinander abhängigen Bereichen: der *Klassenbildung*, der Schaffung von *asymmetrischen Relationen* und den *Zahlen*. Das ist zunächst der strukturelle Aspekt des mathematischen Denkens. Dieser Aspekt setzt aber funktionale Prozesse voraus. So baut das anschaulich mathematische Denken auf den Handlungen der sensomotorischen Phase auf. Die Handlungen werden in Vorstellungen übersetzt und verinnerlicht. Sind diese Handlungen innerlich gut nachvollziehbar, werden Vorwegnahme und Rekonstruktion möglich. Und all das, was zuvor konkretes Handeln und Planen war, ist nun in der Vorstellung, im Geist möglich. Schließlich kommt es am Ende dieser Phase zu den Abstraktionsleistungen der *Klassifikation*, der *Reihenbildung* und der Bildung des *Zahlbegriffes*.

Da es innerhalb dieser Abstraktionsleistungen erhebliche Reifungsunterschiede und Beeinträchtigungen geben kann und das, was wir im Einzelfall als Rechenstörung einordnen, möglicherweise *nur* in einem größeren Zusammenhang zu verstehen ist, sollen die Begriffe *Klassenbildung – Klassifikation, asymmetrische Relationen – Reihenbildungen, Zahlen – Zahlbegriff* im Folgenden näher ausgeführt werden.

Zwei Beispiele (nach GRISSEMANN/WEBER 1990) veranschaulichen, was in diesem Zusammenhang unter Klassifikation zu verstehen ist und wie die Konstruktion der Zahl als Synthese von Klassifikations- und Seriationsleistungen verstanden werden kann.

Zunächst zur Reihenfolge einer Verschachtelung von Mengen mit einer bestimmten Eigenschaft, die nacheinander in der Eigenschaft der jeweils nächsten Menge und insgesamt unter bzw. in einer Ober- oder Gesamtmenge aufgehen.

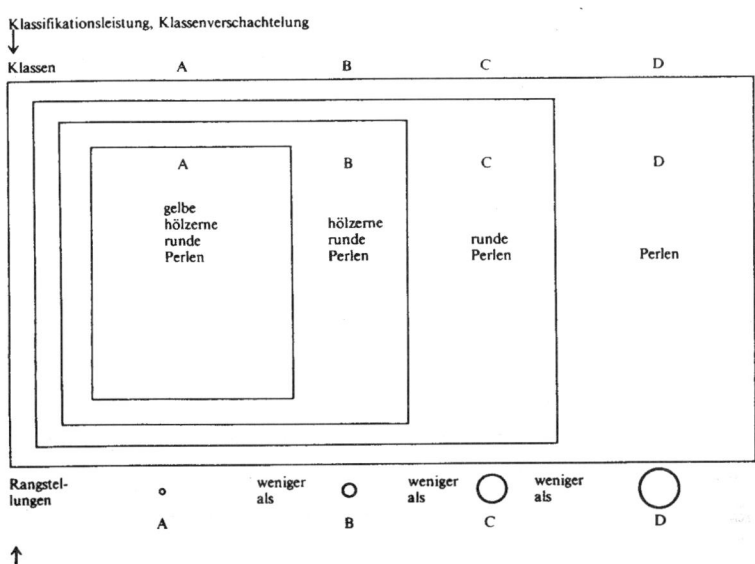

Abb. 16: Klassifikation und Seriation als Bedingungen des Aufbaus von Zahlbegriffen, aus: Grissemann/Weber, Grundlagen und Praxis der Dyskalkulietherapie, Bern 1990.

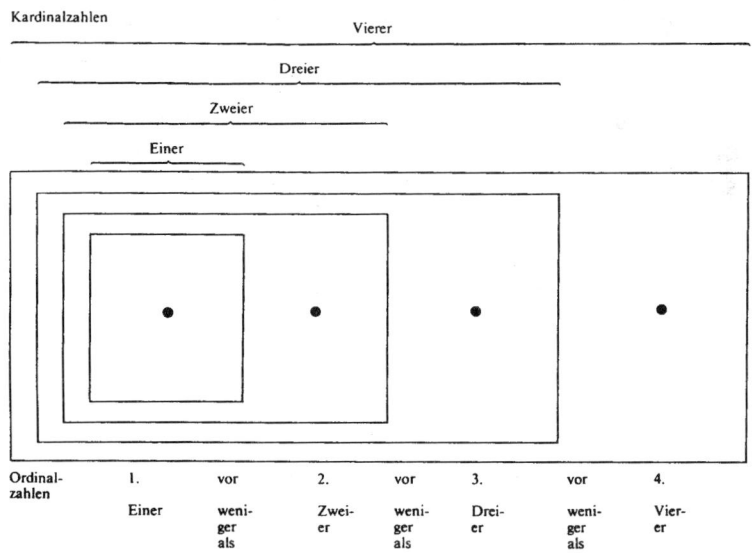

Abb. 17: Klassifikationsleistung, Klassenverschachtelungen, aus: Grissemann/Weber, Grundlagen und Praxis der Dyskalkulietherapie, Bern 1990.

MONTESSORI schreibt:

> Die Tatsache, dass sich eine Menge mit dem Hinzufügen einer neuen Einheit vergrößert, und dass man dieses wachsende Ganze berücksichtigen muss, bildet ja gerade das Hindernis, das beim Zählen auftritt, wenn es sich um kleine Kinder von dreieinhalb oder vier Jahren handelt. Das Zusammenfassen von Einheiten, die in Wirklichkeit getrennt sind, zu einem Ganzen, ist eine für das Kind zunächst nicht erfassbare geistige Arbeit. So zählen viele der Kleinen, indem sie auswendig die natürliche Zahlenreihe aufsagen; dabei ist ihnen jedoch nicht klar, um welche Mengen es sich jeweils handelt. Finger, Hände und Füße zu zählen ist für das Kind schon etwas Konkreteres, weil es immer in einer bestimmten Menge dieselben Dinge vereint finden kann. Es weiß, dass es zwei Hände und zwei Füße hat (MONTESSORI 1980 S. 293).

In einfacher Form kann sowohl das Schulkind wie das Kindergartenkind diese mathematische Ordnung wahrnehmen. Es weiß, ob es sich um ein, zwei oder drei Dinge handelt. Es erkennt viel und wenig, es kann vergleichen: mehr oder weniger, kleiner oder größer. Aber das alles geschieht noch im konkreten Tun, im konkreten Vollzug mit wirklichen Gegenständen. Die Strukturen dabei zu erkennen, zu verinnerlichen, vorzustellen, mit diesen Ordnungen zu manipulieren, das muss das Kind im Laufe der Jahre lernen. Und dabei muss es immer mehr von dem abstreifen, was sichtbar, was konkret ist, ja im höheren mathematischen Sinn schließlich sogar ablegen, was vorstellbar ist.

Neben der quantitativen Struktur einer mathematischen Operation erwirbt das Kind eine räumliche Struktur oder räumliche Ordnung und damit die Einsicht in Reihenfolgen, in Seriationen. Das Wort **hand**haben sagt schon deutlich, dass Dinge in der Hand gehabt werden müssen, wenn erfahren werden soll, dass sie rund oder eckig, offen oder geschlossen, dick oder dünn, klein oder groß, es mehr oder weniger sind.

MONTESSORI hat es verstanden, das, was Piaget als Klassifikation (unter Verständnis der Klassenverschachtelung) und Seriation (unter Verständnis eines Rangstellungssystems) beschreibt, für Kindergarten- und Vorschulkinder in ihrem Sinnes- und Mathematikmaterial zu einer Synthese zu bringen (Teil II, Kap.III Arbeit mit dem Sinnesmaterial). Es dient damit dem Aufbau des Zahlbegriffes und die Verwendung des Mathematikmaterials dem Aufbau und Verständnis von Grundoperationen.

Die Gegenstände der „vorbereiteten Umgebung" bei Montessori unterscheiden sich allerdings von denen, die in der Schule im Allgemeinen benutzt werden. Sie sind so gestaltet, dass sie Sensorik und Motorik in besonderer Weise ansprechen und von daher auch eine Interaktion zwischen Organismus und Umwelt differenzierte Auswirkungen auf die kognitive Entwicklung haben kann.

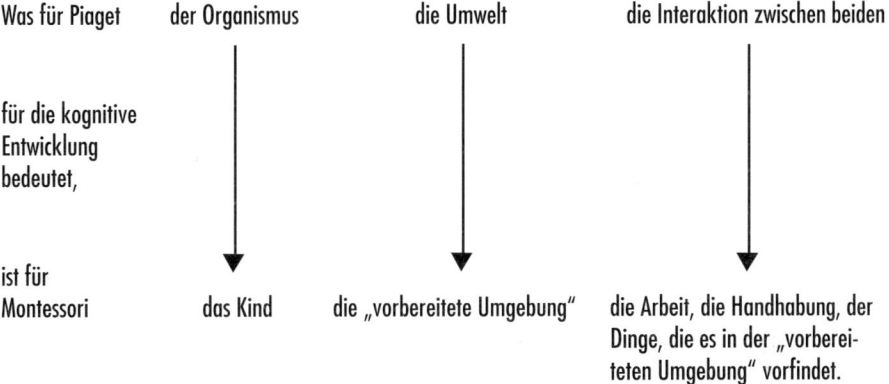

1.4 Wie geht man in der Schule vor, um das Verständnis für mathematische Operationen zu entwickeln?

Im Allgemeinen setzen wir das hier angesprochene Vorverständnis voraus. Und zumindest in den Grundschulklassen ist davon auszugehen, dass die Einführung einer neuen Rechenart immer handelnd vorgenommen wird. Meist werden dazu allerdings nicht beliebige Gegenstände verwendet sondern Plättchen oder Stäbe oder was immer an didaktischem Material zur Verfügung steht. In jedem Falle wird zunächst konkret an das mathematische Problem herangeführt. In einem zweiten Schritt gehen wir über zur zeichnerischen Abbildung. Wir verwenden nun zeichnerische Darstellungen, und das eigentliche Tun, das Hinzufügen oder das Wegnehmen deuten wir an durch Zeichen. Schließlich benennen wir unser Tun. Wir sagen „plus" und „minus" und „gleich". Und wenn man das jetzt der konkreten Handlung gegenüberstellt, dann ist das ein deutlicher Schritt hin zur Abstraktion. Das Kind muss an den Zeichen erkennen, was es tun soll.

Gehen wir noch einen Schritt weiter zur Darstellung nur noch in Zahlzeichen, wie z.B. bei der Gleichung 5 + 3 = 8. Hierbei muss das Kind die symbolische Darstellung für sich wieder umsetzen in etwas Vorstellbares, Anschauliches. Und nahm der Denkvorgang vorher die Richtung vom Konkreten zum Abstrakten, geht der Weg nun die umgekehrte Richtung vom Abstrakten zum Konkreten. Dazu aber müssen die vorherigen Handlungsvollzüge gut verinnerlicht sein, damit diese Übertragungen leicht und beweglich gelingen. Allmählich kann dann auf die Übertragungen verzichtet werden. Auch sie werden abgestreift, und es vollzieht sich nur noch ein Manipulieren mit Symbolen. Erst, wenn diese drei Verinnerlichungsstufen.

I. Das konkrete Handeln mit Gegenständen;
II. die bildliche Darstellung mit graphischen Zeichen und Markierungshilfen;
III. die Darstellung und Umsetzung mathematischer Operationen mit Hilfe von Ziffern und Zeichen (Zifferngleichung) durch sorgfältigen Unterricht erreicht sind, kommt es zur
IV. Automatisierung und Anwendung mathematischer Operationen.

Dieser Lernvorgang findet so oder ähnlich bei der Einführung aller mathematischen Operationen statt. Er sollte es jedenfalls. Er bildet das Raster für die methodische Unterrichtsplanung, und jeder Lehrer wird Ähnliches in seiner Ausbildung gelernt haben. Was er vermutlich nicht gelernt hat, sind die Störmöglichkeiten, die sich im Zuge dieses Lernprozesses bei einigen Kindern ergeben können, Störmöglichkeiten, die dann den Erwerb von Rechenfertigkeiten erschweren, in extremen Fällen vielleicht sogar verhindern können. Diese Störmöglichkeiten sollen im Folgenden in Beziehung zu dem soeben besprochenen Aufbau im Verinnerlichungsprozess mathematischer Vorgänge gesetzt werden.

2. Wenn der Aufbau beeinträchtigt ist

So wie sich der Aufbau zum Verständnis mathematischer Operationen von ganz elementaren Prozessen zu immer komplexeren hin entwickelt, so sind auch die Störfaktoren den verschiedenen Entwicklungsstufen entsprechend zuzuordnen.

2.1 Stufe I
Die Bedeutung des konkreten Handelns

Wenn die erste Stufe gekennzeichnet ist durch konkretes Tun mit wirklichen Gegenständen, so haben Kinder mit Beeinträchtigungen auf dieser Stufe meist schon ihre Schwierigkeiten mit dem Zählen, mit dem Zuzählen und Abziehen innerhalb des ersten Zehners, mit dem Aufbau des Hunderters, mit dem Überschreiten des Zehners, mit dem Verständnis für Einer und Zehner, und es fehlt folglich auch an der Einsicht in das dekadische Positionssystem, an dem anschauungsgebundenen Denken überhaupt. Es sind die anschaulich praktischen Fähigkeiten, die auf dieser Stufe in besonderer Weise gefordert werden. Das heißt, das Kind muss eine Anzahl von Gegenständen mit den Händen und den Augen erfassen können, wobei es das zuerst mit den Händen tut und das Nur-Erfassen mit den Augen schon ein weiterer Entwicklungsschritt ist. Wir können beobachten, wie z.B beim Abzählen zunächst die einzelnen Elemente noch mit den Fingern berührt werden müssen, bis die Augen das ohne Zuhilfenahme der Hände fertigbringen. Hierbei kann es bereits zu unterschiedlichen Störungen kommen; einmal, dass sich die Einzelheiten für das Kind nicht genug von ihrer Umgebung abheben. Dann ist die Figur-Grund-Unterscheidung beeinträchtigt. Oder, sei es, dass das visuell-räumliche Erkennen gestört ist, und so die Anordnung von Elementen oder die räumliche Beziehung der Elemente zueinander nicht deutlich genug wahrgenommen wird. Beide Störmöglichkeiten betreffen im wesentlichen die visuelle Wahrnehmung und können unter dem Begriff der Gliederungsschwäche zusammengefasst werden. Sie können die Entwicklung des Zahlbegriffes entscheidend beeinträchtigen.

Im Allgemeinen machen wir uns gar keinen Begriff davon, wie kompliziert eigentlich dieser Prozess ist. Dass ein Kind das Zählen lernt, nimmt man so als selbstverständlich hin. Ob es etwas mit der Zahl, und was es mit einer Zahl verbindet, ob es eine Vorstellung davon hat, was das Zahlwort sagt und bedeutet, diese Frage stellen wir eigentlich gar nicht. Und wenn alles glatt geht, ist das ja auch nicht nötig. Aber hapern tut es doch bei einer Anzahl von Kindern. Und es scheinen immer mehr zu werden. Da müssen wir uns schon Gedanken machen, denn auf dieser elementaren Stufe wird der Grund gelegt für alle weiteren mathematischen Denk- und Lernprozesse.

2.1.1 Vom Zählen und der Zählschwäche

Was geschieht, wenn ein Kind eine Menge von 4 Einheiten auszählt?[17]

1. Einzelgegenstände müssen aus einem anschaulichen Ganzen heraus gesehen werden, ohne dass dieses Ganze dabei aufgehoben wird. Das Kind zählt z. B. an den Fingern 1 – 2 – 3 – 4, aber die Gesamtheit, die Finger der ganzen Hand, bleibt dabei erhalten. Oder es zählt Plättchen ab und gruppiert sie dann und sagt: „Das sind 4." Dann hat es vier Elemente aus dem Grundgesamt der Plättchen heraus wahrgenommen.
2. Einzelne Glieder der Mengengestalt werden mit Zahlwörtern benannt. Es geschieht also eine Zuordnung von Bewegung, dem Hinfassen und dem Sprechen. Hier erleben wir die deutlichsten und auffälligsten Schwächen bei Vorschulkindern und auch bei Kindern im ersten Schuljahr. Da stimmt nämlich die rhythmische Zuordnung nicht. Das Kind zählt zwar richtig, ordnet aber bewegungsmäßig nicht richtig zu.
3. Jeder Gegenstand, der mit einem Zahlwort bedacht wurde, wird als der jeweils letzte der bishergenannten Einzelgegenstände verstanden und dabei auch seine Stellung angegeben.
4. Schließlich wird der zuletzt benannte Gegenstand mit dem vorher oder den vorher benannten Gegenständen zu einer neuen Ganzheit gedacht. Mit dem Zahlwort wird dann die Anzahl der Einheiten dieser Ganzheit angegeben. Wenn das Kind z.B. 4 Finger abzählt, kann es sie gruppieren und sagen: „Das sind vier." Die vier Finger werden dann als eine Einheit, als Ganzheit gedacht.

Kindergartenkinder halten ihre Finger hoch, um zu zeigen, wie alt sie sind. Wenn Schulkinder anfangen zu rechnen, tun sie das zunächst noch eine ganze Weile mit den Fingern, und nicht nur im ersten Schuljahr. Das ist auch ganz in Ordnung, solange sie beim Zählen die Gruppierungen beachten. Viele Kinder können das aber gerade nicht. Sie bleiben immer beim Abzählen. Wenn sie zuzählen sollen, z. B. 4 + 3, dann zählen sie 1 – 2 – 3 – 4 und dann noch einmal 1 – 2 – 3, und dann fangen sie wieder von vorne an und zählen 1 – 2 – 3 – 4 – 5 – 6 – 7 und kommen so auf das Ergebnis. Oder sie zählen: 1 – 2 – 3 – 4 Pause 5 – 6 – 7. Dabei haben sie schon einen Gedankenschritt weiter vollzogen. Sie zählen den zweiten Summanden nicht mehr erst ab. Das tun sie zwar unbewusst über die taktil-kinästhetische Wahrnehmung, aber gleichzeitig zählen sie hinzu. In dieser Hinsicht gibt es die verschiedensten Möglichkeiten, sich der taktil-kinästhetischen Wahrnehmung zu bedienen. Manche Kinder zählen, in-

---

[17] In Anlehnung an GRISSEMANN, WEBER 1982, S.45

dem sie sich an die Nase fassen oder an die Lippen, nur für den Erwerb einer Vorstellung, die flexibel genug ist für die nächsthöhere Entwicklungsstufe, wird es damit schwierig. Und das Ergebnis ist so wohl auch nur schwer als eine neue Ganzheit zu erfassen, aber darauf kommt es gerade an.

Grundsätzlich ist das Zählen mit den Fingern für die erste Zeit eine gute Sache. Es wird dabei zur visuellen Wahrnehmung noch die taktil-kinästhetische benutzt. Und auf zwei Wahrnehmungskanälen zu arbeiten, ist für manches Kind hilfreich. Aber, und darauf hat M. Frostig besonderen Wert gelegt, das Kind sollte beim Rechnen mit den Fingern die abgezählten Elemente als Ganzheiten betrachten, zumindest die des ersten Summanden. In unserem Beispiel ist es die 4. Die sollte mit allen vier Fingern gleichzeitig gezeigt werden. Wenn dann der zweite Summand noch zählend hinzugefügt wird, ist es für die erste Zeit nicht schlimm. Aber auch das sollte bald ganzheitlich geschehen.

So kann man auf dieser elementaren Stufe wesentliche Zahlbegriffsübungen in seinen Unterricht einbauen, indem man mit den Fingern zählen und sofort die Ganzheiten als Eigenschaft der Menge erfassen lässt. Dass 5 Finger eine ganze Hand ausmachen, weiß jedes Kind eines ersten Schuljahres. Da wird die Ganzheit körperlich empfunden. Aber lassen wir einmal Kinder mit Rechenschwächen auf Anhieb 7 – 4 – 9 Finger zeigen, da wird es schon Verzögerungen und Irrtümer geben. Und wenn das dann noch mit geschlossenen Augen geschehen soll, wird es wohl für viele schwierig.

Die Zahlbegriffsschwäche und die Zählschwäche sind wohl die grundlegendsten Störfaktoren, die den weiteren Aufbau- und Verinnerlichungsprozess behindern oder gar verhindern. Es gilt deshalb, hilfreiche Maßnahmen für die betroffenen Kinder zu finden, sie in Unterricht und Therapie einzubauen und sie auch den Eltern weiterzugeben, damit diese mit dem Kind in sinnvoller Weise üben können. Eigentlich geht es immer wieder darum zu erkennen, wo wir bei dem einzelnen Kind ansetzen müssen, um eine breite Grundlage für den Aufbau und den Verinnerlichungsprozess mathematischer Operationen zu entwickeln.

Sehen wir uns weitere Symptome einer Zählschwäche an, z.B. die Unfähigkeit, zwei Wahrnehmungsbereiche in Übereinstimmung miteinander zu bringen: die Bewegung – das Hinzeigen und die Sprache – das Benennen. Dabei ist das Einhalten eines Rhythmus erforderlich. Aber viele Kinder haben gerade damit ihre Schwierigkeiten. Beim Abzählreim können sie nicht im Rhythmus auf das Kind deuten, das gerade gemeint ist. Offensichtlich stört ein Sinnessystem das andere. Ähnlich ist es mit dem Zuordnen von Gegenständen im Verhältnis 1 : 1. Hierbei kommt es darauf an,

Elemente paarweise zusammenzufügen, z.B. Stühle und Kinder, Tassen und Untertassen. Es sind wohl mehrere Faktoren, die am Gelingen oder Misslingen dieser Leistung beteiligt sind, vor allem auch die Figur-Grund-Unterscheidung.

Manche Kinder haben Schwierigkeiten mit dem Gedächtnis. Sie wissen beim Zählen nicht, welches Zahlwort als nächstes drankommt, obgleich sie die Zahlreihe insgesamt abzählend beherrschen. Sie zählen, stocken, denken nach, welches Zahlwort nun kommen muss, finden es nicht und beginnen die Reihe wieder von vorne. Sie können auch nicht an beliebiger Stelle nach einer Unterbrechung einsetzen. Sie fangen stets bei 1 wieder an. Diese Beeinträchtigung ist aus der Forschung an Hirnverletzten bekannt. Bei unseren betroffenen Kindern handelt es sich jedoch meistens nicht um eigentliche Ausfälle, sondern um Entwicklungsbeeinträchtigungen oder -verzögerungen. Dennoch müssen diese Auffälligkeiten ernst genommen und als Teilleistungsstörungen berücksichtigt und behandelt werden.

Symptome einer Zählschwäche zeigen sich weiter in der Unfähigkeit, das System der Kardinal- und der Ordinalzahlen zu erfassen. Und sie zeigen sich in der Unfähigkeit oder Unsicherheit, die Mengenkonstanz zu erkennen, das heißt, die Kinder nehmen gleichmächtige Mengen je nach ihrer räumlichen Anordnung oder Verteilung unterschiedlich wahr (Der Fall Peter, Teil I, Kap. I, 2).

Manche Kinder, die das Zählen vielleicht mühsam erlernt haben, bleiben „Zähler".

Nach den Erfahrungen von LORENZ UND RADATZ (1993)
werden nahezu alle Grundschüler mit Lernschwierigkeiten im Mathematikunterricht im Laufe des ersten Schuljahres zählende Rechner, sie verfestigen diese Strategie, und ohne individuelle Förderung bleiben sie über mehrere Schuljahre „Zähler". Es handelt sich hier ganz offensichtlich um einen sehr zentralen Aspekt des Phänomens „Rechenschwäche", der nicht allein auf das deutsche Schulsystem beschränkt ist. (...)

Folgende Gründe werden genannt:
Zählendes Bestimmen von Anzahlen ist eine ganz natürliche Technik, die nahezu alle Schulanfänger aus der Vorschulzeit mitbringen. Das Zählen wird im Mathematikunterricht thematisiert und geübt, weil es für das Verständnis des Zahlbegriffs und die Einsichten in den Zahlenraum eine sehr wichtige Grundlage bildet. Beim Erarbeiten der ersten Additions- und Subtraktionsoperationen werden im mathematischen Anfangsunterricht häufig Materialien und entsprechende Darstellungen, sog. Veranschaulichungen, verwendet, bei denen die Operatio-

nen und das Bestimmen ihrer Ergebnisse selber nur zählend durchführbar sind. (...) Mit dieser Zähltechnik sind die Schüler im Laufe des ersten Schuljahres recht erfolgreich. Um ihr Gedächtnis bei größeren Zahlen zu entlasten, wählen sie oft Hilfsmittel wie die Finger, oder die Knöpfe einer Jacke, die Fußzehen oder die Blumentöpfe an den Fensterbänken des Klassenzimmers, wenn die Lehrerin das offene Fingerzählen verbietet (LORENZ U. RADATZ 1993 S. 116).

Als Probleme des zählenden Rechnens werden genannt:
- Das Kurzzeitgedächtnis wird bei Aufgaben mit größeren Zahlen überlastet, die Fehler häufen sich.
- Eine falsche Zähltechnik kann sich verfestigen, wobei als häufiger Fehler das Verzählen um +1/-1 beobachtet wird.
  Beispiele: 8 + 4 = 11; gezählt: 8, 9, 10, 11; 11 – 4 = 8; gezählt: 11, 10, 9, 8.
- Zerlegungstechniken, operative Beziehungen, Analogien u.a. sind nicht erkannt bzw. angenommen worden, so dass auch Verdoppeln und Halbieren oder das Anwenden von Umkehraufgaben große Schwierigkeiten bereiten. Dekadische Analogien werden kaum genutzt.
- Der Versuch, das zählende Verfahren auch auf die Multiplikation zu übertragen, steigert die schulischen Probleme. Zähler bemühen sich, die Einmaleinsreihen auswendig zu lernen, in „Notfällen" werden Zwischenschritte zählend bestimmt. Beispiel: 4 mal 6: 6, 12, 18, 19, 20, 21, 22. Multiplikationsaufgaben werden dabei häufig über die fortgesetzte Addition gelöst, das Zerlegen auf die „Kernaufgaben" (1 mal x, 2 mal x, 5 mal x, 10 mal x) gelingt nur selten (ebd. S. 116).

Die hier angeführten und die übernommenen Beispiele machen deutlich, wie wichtig es ist, bereits im ersten Schuljahr auf die Zählschwäche sowie die „zählenden Rechner" zu achten. Eine Hilfe auf dem Weg vom Zählen einzelner Elemente zum Verstehen der Zahleigenschaft einer Menge in ihrer Gesamtheit sind auch die Rechenstäbe von Klett (Cusinier-Stäbe). Das Kind nimmt hier jeden Stab in seiner Ganzheit wahr und benennt ihn mit seiner Zahleigenschaft. Nur kann es hierbei an dieser Ganzheit nicht mehr die Zusammensetzung aus den einzelnen Elementen erkennen, und das ist weniger vorteilhaft. Hier bietet sich das Goldene Perlenmaterial von MONTESSORI an, weil die Anzahl der Perlen, aus denen die einzelnen Einheiten zusammengesetzt sind, greifbar und erkennbar ist.

Eine andere Hilfe für das Einprägen von Zahleigenschaften als Ganzheiten kann es sein, diese zu strukturieren. Wir kennen die räumliche Anordnung von Punkten beim Würfel. Und wir üben dieses Strukturieren auch mit Plättchen im Unterricht. Für einen Übergang vom Umgang mit konkreten Gegenständen zur Arbeit auf dem Papier eignen sich die Kühnelschen Zwanziger-, Hunderter- und Tausendertafeln. Dieses Material hat den Vorteil, dass es bis in das 4. Schuljahr hinein in vielfältiger Weise verwendet werden kann. Auf 20-iger und 100-er Karten können mit Hilfe eines Abdeckblattes die Aufgaben anschaulich und handelnd gelöst werden. Dabei ist die Struktur der Menge in immer der gleichen Weise anschaubar. Kinder mit Teilleistungsschwächen erwerben dadurch Sicherheit (siehe Teil II, Kap. IV Kühnelsche Zahlenbilder).

2.1.2 Vom Zahlbegriff und der Zahlbegriffsschwäche

PIAGET (1975) beschreibt an Hand verschiedener Experimente mit Kindern unterschiedlichen Alters die Entwicklung des Zahlbegriffs. Aufgrund seiner Beobachtungen kommt er zu dem Schluss. dass Kinder, ehe sie den Zahlbegriff entwickeln, das Prinzip der Mengenkonstanz oder der Invarianz begreifen müssen.

Er geht davon aus, dass jede Erkenntnis gleichgültig, ob sie wissenschaftlicher Art sei oder in den Bereich des gesunden Menschenverstandes gehöre, stillschweigend oder ausdrücklich ein System von Prinzipien der Unveränderlichkeit voraussetze. Er spricht von Objektkonstanz. Jedes Denken, das bemüht ist, ein System von Begriffen aufzubauen, ist gezwungen, eine gewisse Permanenz, eine gewisse Dauerhaftigkeit, in seine Definitionen einzuführen. Damit behauptet er, dass die Invarianz eine notwendige Bedingung jeder verstandesmäßigen Tätigkeit darstellt. Auch das mathematische Denken entzieht sich nicht dieser Regel. So ist eine Zahl nur in dem Maße verständlich, wie sie mit sich selber gleich bzw. invariant bleibt, unabhängig von der Disposition der Einheiten, aus denen sie zusammengesetzt ist. Piaget nennt diese Tatsache „Invarianz" des Zahlbegriffes. Überall und immer setzt der Geist die Erhaltung von irgendetwas als notwendige Bedingung für jedes mathematische Verständnis voraus.

PIAGET hat nun herausgefunden, wie sich dieser Begriff der Invarianz entwickelt. Er machte z.B. folgendes Experiment:
Die Kinder bekamen zwei Behälter von gleicher Form und Größe. Dann gab er ihnen den Auftrag, Perlen einzufüllen und zwar gleichzeitig mit beiden Händen, mit der einen Hand eine blaue Perle in das eine, mit der anderen Hand eine rote in das andere Glas. Dann mussten sie die Behälter vergleichen. Die meisten Kinder waren überzeugt, jedes Gefäß enthalte die gleiche Anzahl Perlen. PIAGET ließ dann die roten in einen Behälter von anderer Form und Größe umfüllen. Die jüngeren Kinder dachten, die Anzahl habe sich geändert, da die Perlen in dem neuen Gefäß höher standen. Sie glaubten, es seien nun mehr Perlen darin enthalten als in dem ersten. Siebenjährige Kinder waren sich jedoch darüber im Klaren, dass das Umfüllen die Anzahl der Perlen nicht verändert hat.

Auf Grund seiner Beobachtungen konnte PIAGET 3 Entwicklungsstadien nachweisen.

- Auf dem Niveau des ersten Stadiums beschränkt sich das Erkennen von Quantität auf die zwischen den Qualitäten bestehenden Unterschiede (asymmetrische Verhältnisse). Das Kind vergleicht mehr oder weniger, dicker oder dünner, länger oder kürzer, „das ist höher, das ist weniger breit". Diese Erkenntnisse sind noch ganz an eine einfache Form der Wahrnehmung gebunden. Es werden noch keine Beziehungen hergestellt, z.B. zwischen Höhe und Breite eines Gefäßes.
- Auf dem Niveau des zweiten Stadiums kommt es bereits zu einer gewissen Koordinierung von Qualitäten – Höhe und Breite werden in Beziehung zueinander gesetzt –. Das führt zu einer intensiven Quantität, die zwar noch nicht aus Einheiten zusammengesetzt ist, aber schon einen gewissen logischen Zusammenhang aufweist.
- Auf dem Niveau des dritten Stadiums festigt sich das Erkennen intensiver Quantität und führt zum Erfassen einer totalen Quantität extensiver Art, die die Entwicklung des Zahlbegriffes ermöglicht.

Wenn wir rechenschwache Schüler bis in die Sekundarstufe I hinein auf das Verständnis der Invarianz, wir sprechen von Mengenkonstanz, überprüfen würden, wären wir erstaunt, wie viele von ihnen diesen Begriff noch nicht entwickelt haben oder unsicher darüber sind. Wie aber soll sich mathematisches Verständnis entwickeln, wenn die grundlegenden Voraussetzungen dafür fehlen?

Da zwischen Zahlbegriff und Rechenfertigkeit ein enger Zusammenhang besteht, muss bei Schülern mit Rechenstörungen immer versucht werden, die früheren Lernbedingungen im Mathematikunterricht zu überprüfen, und es muss kontrolliert werden, wie weit der Aufbau und die Kenntnis des Zahlbegriffes entwickelt sind. Möglicherweise sind frühe Rechenerfahrungen für das spätere mathematische Verständnis nicht weniger ausschlaggebend als die allgemeine Intelligenz. Aber, wie sehen die Möglichkeiten für erste Rechenerfahrungen heute aus? So richtig deutlich wird das, wenn wir überdenken, was es früher im Kindergarten- und Vorschulalter für Spielmöglichkeiten zum Erlernen des Zählens gab. Da war z.B. die Ballprobe oder Ballschule. Dazu brauchte man nichts weiter als eine Wand, und zu der Zeit durfte noch an Hauswänden Ball gespielt werden, und einen Ball. Er wurde auf verschiedene Weise verschiedene Male gegen die Wand geprellt: 10 x mit beiden Händen; 9 x mit gefalteten Händen; 8 x mit nach innen gefalteten Händen, 7 x mit der Stirn u.s.w. Jede Gegend hatte ihre eigenen Regeln. Fiel der Ball herunter oder machte der Spieler einen Fehler, kam das nächste Kind dran. Danach wurde das Spiel wieder an der „Stelle" angefangen, an der es unterbrochen worden war. Der Effekt für den Erwerb des Zählverständnisses ist eigentlich mit nichts zu ersetzen, denn bei diesem Spiel sind so viele sensomotorische und sensorisch -integrative Funktionen beteiligt, dass es heute fast als Therapie für Kinder mit Rechenstörungen „verordnet" werden müsste. Außerdem begann dieses Spiel bei der 10 und es wurde „nach rückwärts" gespielt, von der 10 zur 1. Gerade diese, der vorwärts gerichteten Denkweise entgegengesetzte Form hilft, das Rückwärtszählen zu erlernen und körperlich zu verinnerlichen. Ein anderes Spiel war das Kästchenhüpfen oder Hinkeln. Damit wurden die Wochentage gelernt. Heute ist Gummitwist beliebt aber dabei wird nicht gezählt, und sicher werden auch noch hier und da Sing- und Klatschspiele gespielt. Viel ist aber davon nicht übrig geblieben. Und die Spiele, die von den Kindern heute bevorzugt gespielt werden, sind nicht mehr so angelegt, dass sie die elementaren und die verschiedenen Bereiche der Wahrnehmung in gleichem Maße anregen. Dafür hat das Fernsehen und Computerspielen einen breiten Raum im Leben eingenommen. Die Möglichkeiten der Wahrnehmungsverarbeitung sind aber dabei begrenzt. Zur Ausführung dieser Spiele bedarf es nur eines kleinen Blickfeldes. Der Blickspann ist gering, Augenfolgebewegungen geschehen dann häufig nur noch kleinräumig und u.U. sakkadisch. Die Erfahrung wird zu früh statt auf den dreidimensionalen Raum auf den zweidimensionalen eingeschränkt. Die Kinder überspringen damit einen Erfahrungsbereich in ihrer Entwicklung, und das nicht nur, was die Dimension anbetrifft. Sie schränken ihn auch ein auf nur visuelle und auditive Wahrnehmung. Diese Bereiche brauchen aber einen gut entwickelten Unterbau, ein Fundament von elementaren Erfahrungen, und wo das fehlt, kann sich das bei den späteren Endprodukten wie Lesen, Schreiben und Rechnen bemerkbar machen.

Bezogen sich die eben dargestellten Störfaktoren im Rechnen auf konkrete Handlungen innerhalb des ersten Zehners, ist auf dieser Stufe ganz besonders auf die Bedeutung der Zerlegung der Zahlen in ihre Komponenten hinzuweisen. Eine Zahl muss zerlegbar sein: 5 = 5 + 0; 5 = 4 + 1; 5 = 3 + 2 usw. Und das muss handelnd geübt werden, sonst entstehen für rechenschwache Kinder weitere Schwierigkeiten beim Überschreiten des Zehners und beim Aufbau des Hunderters. Hierbei kommt es jetzt auf die Einsicht in das dekadische Positionssystem an, auf den Wert, den eine Ziffer je nach ihrer Stellung einnimmt. Immer wieder gibt es Schüler, die bis in das vierte Schuljahr hinein hiermit ihre Probleme haben. Manche Kinder haben eine Barriere mit den Zahlen 11 und 12. Das liegt wohl an der Sprechweise. Wenn es dann mit drei-zehn, also dem hörbaren Zehner weitergeht, geht es auch bei ihnen mit dem Zählen voran. Manchmal können wir beobachten, wie sich Kindergartenkinder damit gegenseitig messen, wer schon bis wohin zählen kann. Und wenn sie es bis 100 können, sind sie ganz stolz. Dann geht der Ehrgeiz weiter, dann wollen sie es ganz schnell können und freuen sich über ihre Entdeckung, dass man zwischen den Zehnern immer nur mit Einern weiterzuzählen braucht: 20 – 1, 2, 3, 4, 5, 6, 7 ,8 ,9 – 30. Es ist eine ganz besondere Phase, in der die Kinder sich den Zahlenraum erobern, wenngleich zunächst nur verbal. Möglicherweise handelt es sich hierbei, wie beim Erwerb anderer kognitiver Fähigkeiten auch um eine sensible Phase, die, wenn sie nicht genützt werden kann, nur schwerlich aufzuholen ist.

Alle Störungen, die bisher besprochen wurden, betreffen immer noch die erste Stufe im Aufbau von mathematischen Operationen. Wir befinden uns also noch immer auf der Stufe des konkreten Handelns mit wirklichen Gegenständen, auch, wenn eben über das verbale Zählen gesprochen wurde. Kinder, denen es an der Einsicht in das Stellenwertsystem mangelt, haben vermutlich nicht lange genug mit geeignetem Material hantieren dürfen, zu Hause nicht und in der Schule auch nicht. Das Umgehen mit verschiedenen didaktischen Materialien ist hier unumgänglich, z.B. mit Zählstreifen, Rechenrahmen, Hunderterbrettern, Spielgeld, am besten immer zunächst mit dreidimensionalem Material wie den Mehrsystemblöcken des Zehnersystems oder dem Goldenen Perlenmaterial von MONTESSORI. Viele Lehrer werden sagen: „Das Hantieren mit Zählstreifen und das Arbeiten an der Hundertertafel oder an dem Zahlenstrahl, das kennen wir, und das machen wir auch zur Genüge, und dennoch gibt es Kinder, die das nicht begreifen." Vielleicht sind diese didaktischen Materialien, wenn sie zur Verfügung stehen und benutzt werden, nicht früh genug und nicht lange genug zum Einsatz gekommen. Wir müssen uns vorstellen, dass wir uns in unserer Betrachtung immer noch auf der Stufe der konkreten Operationen befinden, sozusagen bei der allerentersten schulischen Voraussetzung des mathematischen Denkens. Das würde bedeuten, dass Kinder mit einer Schwäche im quantitativ-räumlichen Denken gar nicht früh genug beginnen können, diese Schwächen auszugleichen, nämlich im Kindergarten- und Vorschulalter. Wenn wir die Versäumnisse, die sich in der frühen Entwicklung ergeben haben, auch nicht rückgängig machen können, so müssen wir doch, sobald wir Teilleistungsschwächen in diesem Bereich feststellen, dem Aufbau beeinträchtigter Funktionen unsere ganze Aufmerksamkeit schenken. Wo immer es die Zeit erlaubt und sich Gelegenheit dazu ergibt, muss das Kind mit dreidimensionalem Material arbeiten dürfen. Die Grundlage für alles mathematische Denken ist, wie bereits dargestellt, die visuelle, räumliche, zeitliche Wahrnehmung, das Sprachverständnis und die Erfahrung durch Tun, durch den Umgang mit Gegenständen.

Genauso ist es mit der Beherrschung der Operationen, die zum Aufbau der neuen erforderlich sind. Wenn das Kind nicht zuzählen und nicht abziehen kann, wenn Mengen und Zahlen nicht zerlegt werden können, wenn das Kind nicht weiß, wie ergänzt wird, wie man umtauscht von einer Kategorie in eine andere, dann bestehen in einigen Bereichen vielleicht Drillmechanismen, Splitterfertigkeiten, aber es fehlt die Einsicht dahinter. Und die Operationen stehen dann nicht als bewegliche Elemente zur Verfügung, sondern laufen schwerfällig und ohne Verständnis ab und sind nicht übertragbar. Deshalb müssen wir sicher auch unterrichtliche Bedingungen mit einbeziehen als Verursachung von Rechenversagen. Krankheit, Wohnortwechsel, vorübergehende psychische Belastungen, Schulschwänzen, ungenügende Lernkontrolle und Förderung, mangelnde Individualisierung für Langsamlerner, Papier- und Buchunterricht ohne Ableitung der Operationen aus dem Rechenhandeln, all diese Gründe können den Erwerb von elementaren Fähigkeiten beeinträchtigen. Und dann stellen sich bald Schwierigkeiten ein, die vom Lehrer und den Eltern und schließlich auch vom Kind selber voller Resignation als Lernschwäche gedeutet werden. So kann sich eine Misserfolgsängstlichkeit entwickeln, die unter Umständen irrtümlicherweise als Begabungsmangel verstanden wird.

Diese misserfolgsängstlichen Schüler, die ihre bisherigen Negativerfahrungen vor allem ihren Lücken in den grundlegenden Rechenfertigkeiten verdanken, verschlechtern besonders unter Zeitdruck ihre Leistungen. Die Eltern wundern sich dann, wenn das Kind bei Arbeiten versagt. Zu Hause konnte es alles, und bei der Lernkontrolle macht es so viele Fehler, oder es kommt überhaupt nicht mit. Wir müssen aber die Situation während einer Lernkontrolle als Prüfsituation verstehen, und da steht das Kind unter einem Druck, der durchaus mit dem vergleichbar ist, den wir als Stress bezeichnen. Nicht allen Kindern geht es freilich so. Aber im Allgemeinen sind diejenigen mit Teilleistungsstörungen hier besonders betroffen. Dabei wäre es ohne weiteres möglich, einem Schüler zeitweise eine Sonderregelung einzuräumen. Entweder man gibt ihm mehr Zeit oder er bekommt von jeder Aufgabenart weniger, damit er in Ruhe arbeiten kann und der zeitliche Druck wegfällt. Vor allem aber muss der Leistungsvergleich vermieden und stattdessen eine individuelle Leistungsbewertung vorgenommen werden. Und in jedem Falle ist es notwendig und mit dem nötigen Verständnis auch unproblematisch, Wege zu finden, die dem Kind helfen und seinen Nöten angemessen sind.

Sehen wir uns nun noch einmal die Störfaktoren an, die im Verlaufe der Stufe I, des effektiven Handlungsvollzuges auftreten können. (Nach GRISSEMANN, WEBER)

Erfolgreiches Lernen auf dieser Stufe kann beeinträchtigt werden:
- durch eine Schwäche des anschauungsgebundenen Denkens beim Erfassen quantitativer Strukturen,
- durch eine visuelle Gliederungsschwäche,
- durch eine Zählschwäche, bzw. Zahlbegriffsschwäche,
- durch mangelnde Einsicht in das dekadische Positionssystem der Zahldarstellung und in die Operationsdarstellung im Zahlenraum,
- durch mangelnde Beherrschung der Operationen, die zum Aufbau neuer erforderlich sind.

2.2 Stufe II

Die Bedeutung der bildlichen Darstellung

Auf dieser Stufe geht es im wesentlichen um die Darstellung der konkret vollzogenen Handlung in Form einer zeichnerischen Abbildung, um die bildliche Darstellung im Zusammenhang mit graphischen Zeichen und Symbolen. Vor dem inneren Auge des Kindes muss nun z.B. beim Sehen des Plus- oder Minuszeichens der Vorgang des Hinzufügens oder des Wegnehmens ablaufen. Und all das, was auf der ersten Stufe des Verinnerlichungsprozesses mathematischer Operationen konkret stattfand, muss nun vorgestellt werden. Es geht also einmal um die Umsetzung von konkreten Handlungen in bildliche Vorstellungen. Wo das nicht gelingt oder wo schon im konkreten Handeln Beeinträchtigungen vorlagen, gibt es jetzt Schwierigkeiten. Es geht zum anderen um das Erkennen und verstehen der Abbildungen im Rechenbuch. Wenn wir uns nach den Kenntnissen, wie sie uns Frostig hinsichtlich der visuellen Verarbeitung vermittelt hat, die Darstellungen in den Mathematikbüchern betrachten, können wir manchen Hinweis für miss- oder unverständliche graphische Gestaltung auf den Buchseiten finden. Da kann das differenzierte Erkennen der Bilder erschwert sein oder die Sinnentnahme aus den Abbildungen. Manchmal sind die Seiten zu voll und ist die Schrift zu klein. Schließlich muss das, was die bildhafte Darstellung vermitteln will, nun wieder in konkretes Handeln umgesetzt werden können. Das alles setzt neuropsychologische Prozesse voraus, bei denen manche Störmöglichkeiten auftreten können.

Möglicherweise liegt es auch an einem schlechten Kurzzeitgedächtnis, oder es liegt überhaupt an einer beeinträchtigten visuellen Wahrnehmungsverarbeitung. Denn, was nicht richtig verarbeitet wurde, kann auch nicht richtig gespeichert werden. Vielleicht ist auch die Speicherfähigkeit generell mangelhaft ausgebildet. Hier wird es einer genauen Beobachtung bedürfen, um das feststellen zu können. Es gibt offensichtlich immer wieder Kinder, die in diesem Bereich Schwierigkeiten haben, die nicht auf Anhieb wissen, was sie mit den Symbolen für plus und für minus anfangen sollen. Sie müssen immer erst etwas überlegen, und ganz sicher sind sie sich nie dabei. Diese Schwäche wirkt sich zwangsläufig auch auf die nächste Stufe aus.

2.3 Stufe III

Die Bedeutung der Darstellung und Umsetzung mathematischer Operationen mit Hilfe von Ziffern und Zeichen (Zifferngleichung)

Wurden zuvor den Mengenbildern die Zahleigenschaften in Form von Ziffern zugeordnet und die konkreten Handlungen durch ein Symbol (+ ; -) angedeutet, so wird das Konkrete nun gänzlich abgestreift, zurückgelassen, und es wird nur noch die mathematische Struktur einer Handlung beachtet. Das stellt allerdings noch größere Anforderungen an das Anschauungs- und Vorstellungsvermögen des Kindes. Hatte es zuvor wenigstens noch ein Bild zu Hilfe, muss es nun ständig die symbolische Darstellung in ihren Bedeutungsgehalt umsetzen. Dabei handelt es sich, wenn wir das in der Sprache der Information ausdrücken, um einen fortwährenden Entschlüsselungsprozess, und das nicht alleine. Eine Operation soll auch noch ausgeführt, z.B. soll zugezählt oder abgezogen werden. Und wenn das in der Vorstellung anschaulich geschehen ist, muss es wieder in Zeichen oder Symbolen ausgedrückt, also verschlüsselt werden. Dieser Vorgang ist kompliziert, und eigentlich ist es nicht verwunderlich, dass es dabei zu Betriebsunfällen kommen kann. Es sind viel mehr Schüler, bei denen diese Funktionen zu langsam, schwerfällig oder im ganzen beeinträchtigt verlaufen, als wir vermuten. Oft zeigt sich das zuerst gar nicht. Aber, wenn dann weitere Ansprüche an die Fähigkeit zu entschlüsseln, in der Vorstellung zu operieren und wieder zu verschlüsseln gestellt werden, wenn mehr und mehr von dem Anschaulichen abgestreift werden soll, dann kommt es bei einer Anzahl von Schülern doch zu Problemen, spätestens im 3. Schuljahr.

Ganz besonders schwierig wird es für manche Kinder, wenn Gleichungen mit Platzhaltern (Unbekannten) gelöst werden sollen wie z.B. 5 + ... = 9. Bei diesen Aufgaben entspricht die symbolische Darstellung nicht dem Handlungsablauf. Wie in der Darstellung die Leerstelle als Unterbrechung, als Loch wahrgenommen wird, ist im Denken keine Kontinuität möglich. Es gibt eine Lücke, die mühsam gefüllt werden muss. Wenn dann noch die Eltern helfend die Gleichung umstellen in 9 − 5 = 4, wird es für das Kind vollends verwirrend. Zu fragen ist, ob diese Form der Abstraktion im 1. und 2. Schuljahr wirklich erforderlich ist, jedenfalls in der symbolischen Weise, wie sie (leider) angeboten wird.

Die Ursachen dieser vielfältigen Verständnisprobleme können einmal darin liegen, dass der Unterbau der beschriebenen Basisfähigkeiten nicht fest genug gegründet war. Dann ist keine Sicherheit vorhanden. Es kann aber auch eine allgemeine Schwäche zu abstrahieren vorliegen. Das Kind bleibt dem Konkreten verhaftet und braucht weiterhin den Umgang mit wirklichen Gegenständen, und seien es seine Finger. Und schließlich kann auch hier, wie auf Stufe I, die mangelnde Einsicht in das dekadische Positionssystem der Zahldarstellung den Denkprozess erschweren.

2.4 Stufe IV

Die Bedeutung der Automatisierung und der Anwendung mathematischer Operationen

Erst, wenn durch sorgfältigen Unterricht die drei ersten Verinnerlichungsstufen erreicht bzw. entwickelt sind, ist die Grundlage zur Automatisierung geschaffen. Jetzt sollen die mathematischen Denkprozesse eingeschliffen werden, weil es eine Entlastung bedeutet und es das Problemlösen erleichtert, wenn verschiedene Operationen hintereinander auszuführen sind. Schüler, denen es schwerfällt, das 1x1 auswendig zu behalten und die immer wieder ihre Reihe von Anfang an heruntersagen müssen, sind natürlich bei komplexeren Aufgaben im Nachteil, weil sie zu viel Zeit brauchen. Hier kann eine Verknüpfungsschwäche vorliegen, die es erschwert, mechanisch-assoziative Zusammenhänge herzustellen. Viele Schüler der Hauptschule greifen noch auf die Addition zurück, wenn sie 1x1 Rechnungen durchführen sollen. Man kann manchmal ganze Ketten von Additionen als Nebenrechnung bei Klassenarbeiten finden, weil der 1x1-Vorgang früher nicht automatisiert werden konnte. Eine derartige Schwäche wird dann sichtbar, wenn auch elementare Operationen, wie etwa die Verknüpfungen bei der Zehnerüberschreitung im ersten Hunderter, ständig in Teilschritten abgeleitet werden müssen.

Das Problem der Automatisierung ist aber auch, dass sie, wie bereits erwähnt, die ersten Verinnerlichungsstufen als gut fundiert voraussetzt. Oft können Kinder wohl automatisch die 1x1 Reihen aufsagen und abrufen aber sich nichts darunter vorstellen. Das zeigt wieder, wie abhängig ein Entwicklungsschritt vom anderen ist, und welche Sorgfalt auf den methodisch – didaktischen Aufbau der Verinnerlichung mathematischer Operationen gelegt werden muss.

Wenn Rechenschwächen nicht mit Beeinträchtigungen im besprochenen Aufbau- und Verinnerlichungsprozess mathematischer Operationen erklärt werden können, ist zu überlegen, welche weiteren Faktoren hier eine Rolle spielen könnten. Da gibt es zum Beispiel Rechenstörungen, die sich vornehmlich auf das Anwenden mathematischer Operationen beziehen. Schüler können mathematische Operationen aufgebaut und verinnerlicht haben, aber, wenn sie angewandte Aufgaben, solche, die in Text eingekleidet sind, lösen sollen, dann haben sie ihre Schwierigkeiten. Woran kann das liegen? Nehmen wir einmal an, dass alle Grundvoraussetzungen, wie sie hier entwickelt wurden, vorhanden sind und nur das Erkennen der notwendigen Rechenschritte schwerfällt. Dann müssten wir fragen, ob bei allen Rechenvorgängen zu schnell zu den automatisch-mechanischen Prozessen übergegangen worden ist, so dass das problemzentrierte Rechnen nicht in dem gleichen Maße erlernt werden konnte. Diese Schwäche ist aber gut auszugleichen. Anhand von Untersuchungen hat man feststellen können, dass sogar bei Lernbehinderten der Sonderschule diese Problemlösefähigkeit sehr gesteigert werden kann, wenn sie in geeigneter Weise geübt wird (WITTLOCH, 1975 in GRISSEMANN u. WEBER). Diese Schwäche wäre dann sozusagen ein unterrichtliches Problem und auch durch Unterricht wieder zu beeinflussen.

Anders ist es, wenn das sprachliche Verständnis der Aufgaben das Erkennen von Rechenproblemen verhindert. Wenn das Kind schon den Text einer Aufgabe nicht verstanden hat, kann es natürlich auch keine Lösungsschritte überlegen. Schwierigkeiten im Sprachverständnis bzw. Teilleistungsschwächen im Bereich der Sprachbenutzung sind ein umfassendes Gebiet, das an anderer Stelle ausführlich behandelt wurde und auf das deshalb im Rahmen dieses Themas nicht weiter eingegangen werden soll (MILZ 1988). Nur so viel in diesem Zusammenhang: In Textaufgaben, wie überhaupt in der Mathematik, geht es um Beziehungen. Aber diese Beziehungen, die räumliche oder zeitliche Vorstellungen erforderlich machen, sind für Kinder mit Teilleistungsschwächen im Bereich der Sprachbenutzung aus einem Sprachganzen, wie es eine Textaufgabe darstellt, häufig nicht zu erkennen. Wo Raumwahrnehmung schlecht entwickelt ist, fällt es auch schwer, Beziehungen zu erfassen. Und wo das Zeitverständnis beeinträchtigt ist, ist auch die Nacheinanderausführung von Denkschritten betroffen. Davor, danach, zuerst, dann, zuletzt und vor allem die Relation zwischen bleiben unverständlich.

In Verbindung mit dem Sprachverständnis bei Textaufgaben oder auch im mündlichen Rechnen kommt dem Kurzzeitgedächtnis eine besondere Bedeutung zu. Ist das Kurzzeitgedächtnis schwach, wird sich das im sogenannten Kettenrechnen, beim Multiplizieren einer zweistelligen Zahl mit einer einstelligen oder auch beim Addieren mehrstelliger Zahlen bemerkbar machen. Immer müssen dabei Zwischenergebnisse behalten werden, die dann wieder die Voraussetzung für den nächsten Rechenschritt bilden.

Kommen wir nun zu dem Bereich von Rechenstörungen, bei denen der Zusammenhang mit der räumlichen Wahrnehmung auf der Hand liegt. Es handelt sich um Teilleistungsschwächen im Erkennen der Raumlage und der Raumbeziehungen. Störungen der Raumlage kennen wir von der Lese- Rechtschreibschwäche her. Sie sind charakterisiert durch Verdrehungen und Vertauschungen wie z.B. bei 6 und 9, 3 und E, b und d, g und b. Störungen der Raumbeziehung zeigen sich im Rechnen vor allem beim Zahlenlesen und Schreiben zweistelliger Zahlen. Hier kommt noch die der Schreibrichtung entgegengesetzte Sprechweise hinzu. Wir sprechen die Zahl 42 von rechts nach links, und wir schreiben sie von links nach rechts. Auf die Lage im Raum und die Beziehung zu benachbarten Zahlen kommt es auch an beim Schreiben mehrstelliger Zahlen, beim schriftlichen Addieren und Subtrahieren, wie überhaupt beim schriftlichen Rechnen. Zeichen wie größer > und kleiner <, mal x und geteilt :, wie vereinigt und geschnitten, Pfeildarstellungen und Fließdiagramme, wie wir sie häufig in Schulbüchern finden, können Kinder mit Teilleistungsschwächen im Bereich der Raumwahrnehmung erheblich verwirren. Schon auf elementarer Stufe der Verinnerlichung mathematischer Operationen sind wir auf räumliche Beziehungen angewiesen. Das Auf und Ab innerhalb des ersten Zehners, innerhalb des Hunderters, das Malnehmen und das Teilen bedürfen immer wieder der Erfahrungen und Vorstellungen im Raum. Auch so einfache Dinge, wie das Abschreiben von der Tafel oder dem Buch kann Kindern mit Störungen im Bereich der Raumwahrnehmung schwerfallen. Sie verlieren die Stelle oder die Zeile und haben ihre Not, sie wiederzufinden. Und wir wundern uns dann, wenn sie zu langsam sind oder gar nicht erst anfangen. Daran können allerdings auch graphomotorische Probleme schuld sein oder Beeinträchtigungen des visuellen Apparates (z.B. eine Akkommodationsstörung). Wenn ein Kind Mühe hat, mit den feinen Bewegungen seiner Hand, wenn die Auge-Hand-Koordination beeinträchtigt ist, dann wird der ganze Schreibvorgang etwas langsam und mühevoll. Wenn dann noch im Unterricht eine Zeitbegrenzung gesetzt ist, innerhalb derer das Kind schriftlich rechnen soll, kann es sein, dass der Schreibvorgang alle Kräfte absorbiert, und für das mathematische Denken keine Kraft mehr bleibt. Das Kind macht Fehler, aber die müssen nicht im Verständnis oder Unverständnis der eigentlichen Aufgabe ihre Ursache haben.

Mit den Beeinträchtigungen auf den vier Stufen im Verinnerlichungsprozess mathematischer Operationen sind zwar längst noch nicht alle Störmöglichkeiten erfasst. Es sollte aber auf die grundlegenden Faktoren zum Aufbau von Rechenfertigkeiten hingewiesen werden, einmal im Hinblick auf ihre Bedeutung für Methodik und Didaktik, zum anderen damit die Kenntnis dieser stufenweisen Entwicklung dazu beitragen kann, auf Teilleistungsschwächen aufmerksam zu werden und rechenschwachen Kindern *Sinn*-voll zu helfen.

3. Analyse von Rechenfehlern

Beispiel A eines Schülers Klasse 2

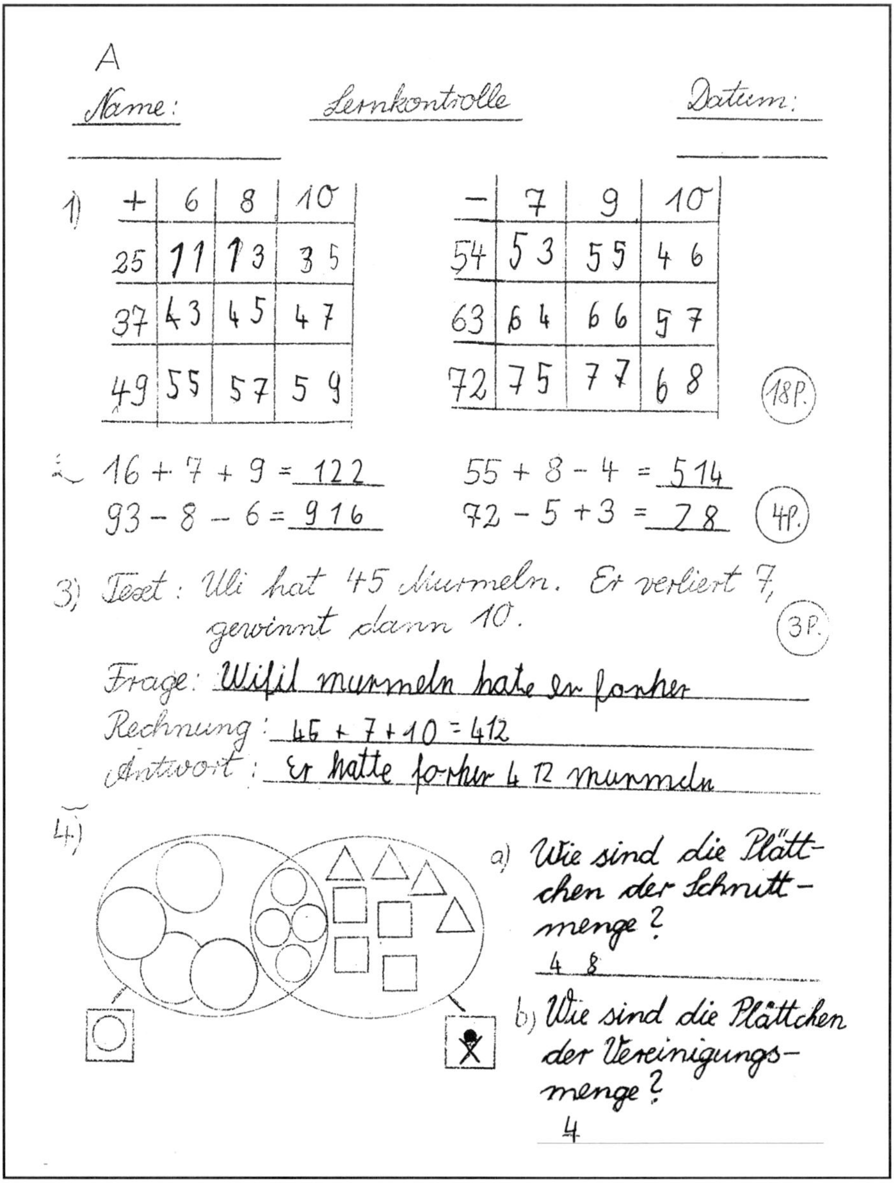

A
Name: _____ Lernkontrolle _____ Datum: _____

1)

+	6	8	10
25	11	13	35
37	43	45	47
49	55	57	59

−	7	9	10
54	53	55	46
63	64	66	57
72	75	77	68

(18 P.)

2) 16 + 7 + 9 = __122__   55 + 8 − 4 = __514__
   93 − 8 − 6 = __916__   72 − 5 + 3 = __78__   (4 P.)

3) Text: Uli hat 45 Murmeln. Er verliert 7, gewinnt dann 10.   (3 P.)

Frage: __Wifil murmeln hate er forher__
Rechnung: __45 + 7 + 10 = 412__
Antwort: __Er hatte forher 4 12 murmeln__

4)

a) Wie sind die Plättchen der Schnittmenge?
__4   8__

b) Wie sind die Plättchen der Vereinigungsmenge?
__4__

*Abb. 18: Arbeit **A**, Schüler Klasse 2*

Zu Aufgabe 1a

Rechnung des Schülers	Wie wurde gerechnet?
25+6=11	5+6=11
25+8=13	5+8=13

Hier wurden nur die Einer berücksichtigt. Der Übertrag auf den nächsten Zehner fand nicht statt. Da der Junge die nachfolgenden Aufgaben richtig rechnen konnte, könnte man vermuten, dass er das Prinzip der Addition verstanden hat. Oder sollte er abgeschrieben haben?

Zu Aufgabe 1b

Rechnung des Schülers	Wie wurde gerechnet?
54-7=53	7-4=3
54-9=55	9-4=5
54-10=46	Die Zehner werden übernommen
Die restlichen Aufgaben haben das gleiche Fehlermuster	10-4=6 5-1=4

Hier wurde mechanisch von rechts nach links subtrahiert. Es besteht keine Mengenvorstellung. In die Lösung der Aufgabe 54-10=46 ist die Hilfe der Mutter eingegangen. Sie hatte dem Jungen beigebracht, in waagerechter Richtung Einer von Einern und Zehner von Zehnern abzuziehen. Da der Junge aber das Prinzip überhaupt nicht verstanden hatte, rechnete er mechanisch, ohne auf die Rechenrichtungen zu achten.

Zu Aufgabe 2

Rechnung des Schülers	Wie wurde gerechnet?
16+7+9=122	6+7+9=22 der Zehner wird unverändert übernommen, er setzt ihn vor das Ergebnis und erhält 122
93-8-6=926	9+3+8+6=26 alle Ziffern werden addiert, der Zehner unverändert über nommen, Ergebnis: 926

Zu Aufgabe 3:
Diese Aufgabe zeigt, dass hier das Problem nicht nur in der Ausführung der Rechenoperation liegt sondern auch im Textverständnis.

Zu Aufgabe 4:
Gleichermaßen, wie in Aufgabe 3. Die Begriffe Schnittmenge und Vereinigungsmenge sind nicht verstanden.

Kommentar

Die Rechenstörungen dieses Jungen zeigen sich bereits auf Stufe I: Kein Mengenbegriff, folglich Zahlbegriffsschwäche, mangelnde Einsicht in das dekadische Positionssystem und in die Operationsdarstellung im Zahlenraum, mangelnde Beherrschung der Operationen + und -. Hinzu kommen Schwierigkeiten des Sprachverständnisses. Dazu muss gesagt werden: Es handelt sich um einen deutschen Jungen; die Sprachverstehensprobleme in anderen Bereichen sind nahezu unauffällig. Sie äußern sich aber besonders beim Verständnis von Raum und Zeit.

Beispiel B einer Schülerin Klasse 2

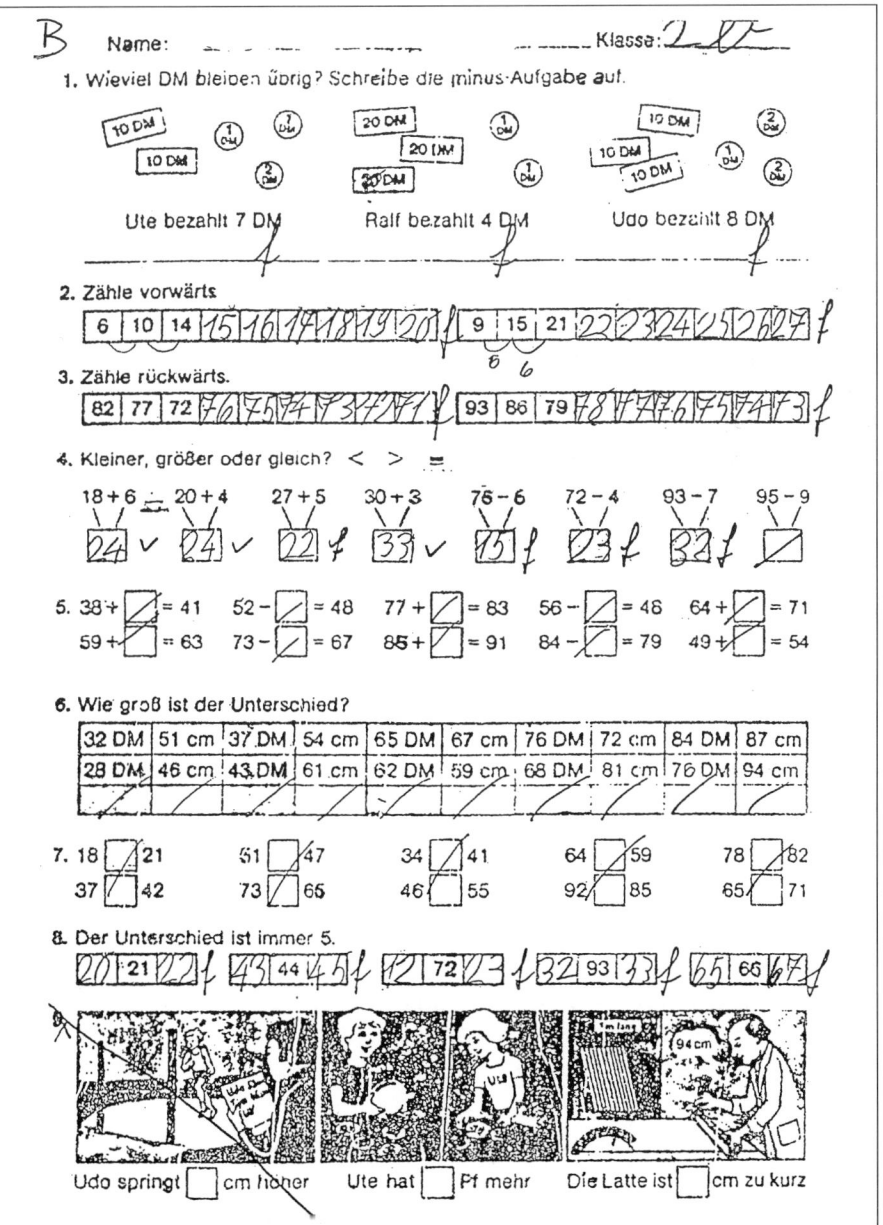

Abb. 19

Zu Aufgabe 1
Der Sinn der Aufgabenstellung wurde nicht verstanden. Er ergibt sich auch nicht aus der Darstellung.

Zu Aufgabe 2
Hier wurde nur der Auftrag: Zähle vorwärts beachtet, nicht aber, dass die Zwischenräume zwischen den Zahlen zu berücksichtigen sind.

Zu Aufgabe 3
Das gleiche Problem

Zu Aufgabe 4
Das erste Aufgabenpaar wurde richtig gelöst. *Da aber der Sinn aller anderen Paare nicht verstanden war, lässt sich vermuten, dass das erste Ergebnis von der Nachbarin abgesehen war.*
Es wurde nur versucht, die Teilaufgaben zu lösen, die Beziehungen größer, kleiner und gleich konnten nicht berücksichtigt werden.
Bei der 1. Aufgabe im zweiten Aufgabenpaar wurde subtrahiert statt addiert.
Bei der 1. Aufgabe des dritten Aufgabenpaares wurden die Ziffern der Zahl 75 vertauscht. Das Mädchen rechnete 57 – 6 und erhielt richtig 51. Sie vertauschte aber die Ziffern wiederum und das Ergebnis ist dann 15.
Ebenso ging sie bei der 2. Aufgabe des dritten Aufgabenpaares vor. Statt 72 – 4 rechnet sie 27 – 4 und erhält 23.
Die 1. Aufgabe des 4. Paares wurde ebenso gerechnet: statt
93 – 7 =   39 – 7= 32.

Zu Aufgabe 5
Da der Zahlenaufbau nicht gefestigt ist und einfache Rechenaufgaben nicht verinnerlicht sind, kann auch eine Aufgabe, in der ergänzt werden soll mit Überschreitung des Zehners, nicht ausgeführt werden.

Zu den Aufgaben 6 und 7
Das Kind weiß mit dem Wort *Unterschied* nichts anzufangen (siehe auch Aufgabe 8). Außerdem verwirrt die räumliche Anordnung der Zahlenwerte. Diese Aufgabe erfordert schon eine gute Grundlage in der Verinnerlichung der einfachen Operationen und das entsprechende Sprachverständnis. Beides ist nicht vorhanden.

Zu Aufgabe 8
Hier wird wieder deutlich dass das Wort *Unterschied* nicht verstanden wird. Stattdessen werden Vorgänger und Nachfolger gesucht aber dabei auch noch teilweise die Ziffern vertauscht und falsch aufgeschrieben.
12 72 73 hat das Mädchen geschrieben

Möglicherweise hat sie die 72 als 22 gelesen, dann hätte die 12 einen Zahlendreher und 21 – 22 – 23 wäre eine Lösung gewesen, allerdings nicht die geforderte.

Kommentar

Insgesamt wird deutlich, wie eine Technik als Splitterfertigkeit gespeichert und dadurch das Aufgabenverständnis betroffen sein kann. Beeinträchtigt ist weiter das Sprachverständnis, was sich auch an Hand der Untertests im HAWIK III zeigte; die Raum-Lagewahrnehmung (Vertauschung von Ziffern); die Verinnerlichung einfacher Mengenoperationen.
Zudem ist die Kopie schlecht und eigentlich einem Kind nicht zuzumuten.

Beispiel C einer Schülerin Klasse 3

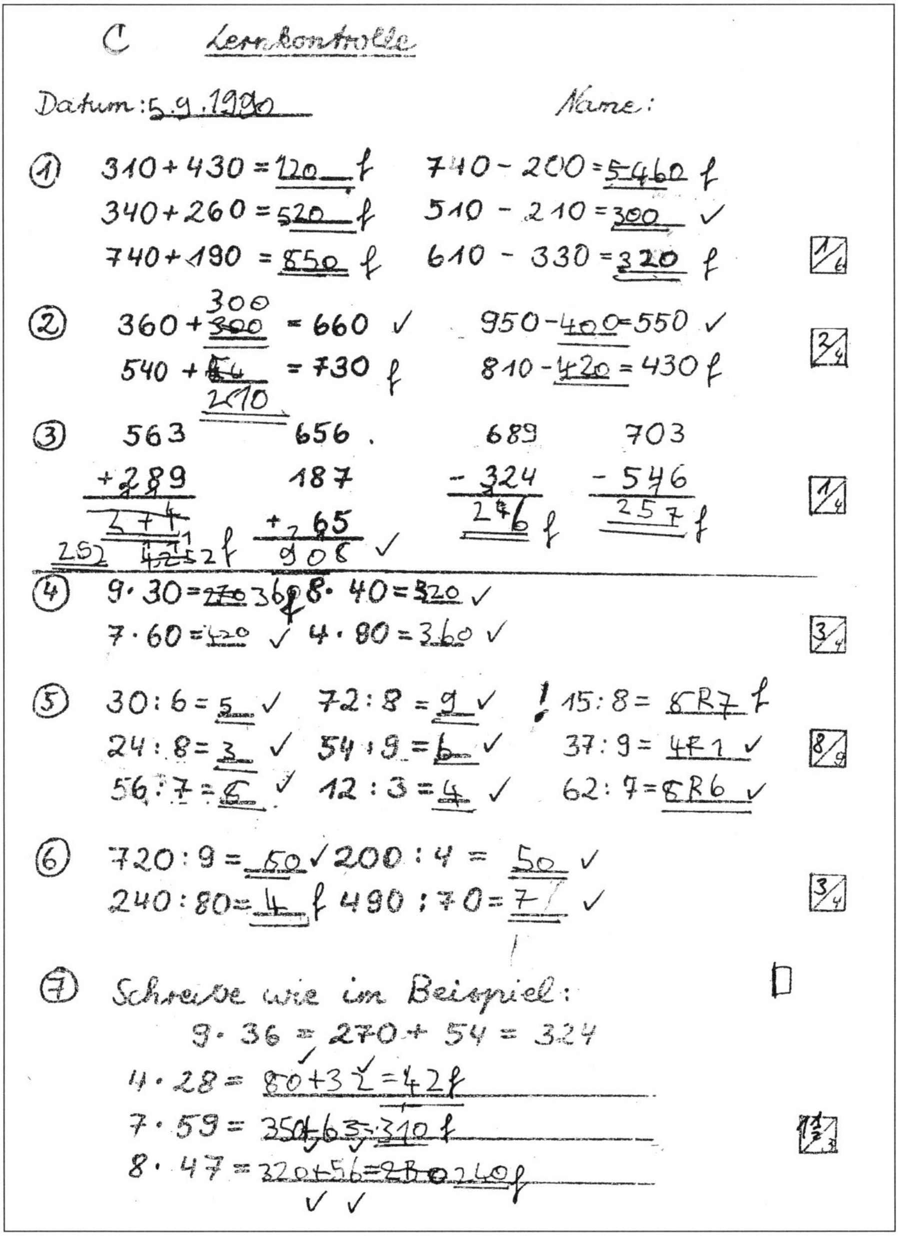

C   Lernkontrolle

Datum: 5.9.1990   Name:

① 310 + 430 = 720 f   740 − 200 = 5460 f
   340 + 260 = 520 f   510 − 210 = 300 ✓
   740 + 190 = 850 f   610 − 330 = 320 f   1/6

② 360 + 300/300 = 660 ✓   950 − 400 = 550 ✓
   540 + 50/270 = 730 f   810 − 420 = 430 f   3/4

③   563   656 .   689   703
   +289   187   −324   −546
   ─────   +265   ─────   ─────
   252 4252 f 906 ✓   246 f   257 f   1/4

④ 9 · 30 = 270 360 f 8 · 40 = 320 ✓
   7 · 60 = 420 ✓   4 · 80 = 360 ✓   3/4

⑤ 30 : 6 = 5 ✓   72 : 8 = 9 ✓   ! 15 : 8 = 8 R 7 f
   24 : 8 = 3 ✓   54 : 9 = 6 ✓   37 : 9 = 4 R 1 ✓
   56 : 7 = 8 ✓   12 : 3 = 4 ✓   62 : 7 = 8 R 6 ✓   8/9

⑥ 720 : 9 = 60 ✓   200 : 4 = 50 ✓
   240 : 80 = 4 f   490 : 70 = 7 ✓   3/4

⑦ Schreibe wie im Beispiel: □
       9 · 36 = 270 + 54 = 324
   4 · 28 = 80 + 32 = 42 f
   7 · 59 = 350 + 63 = 310 f
   8 · 47 = 320 + 56 = 380 260 f   1 2/3
           ✓ ✓

Abb. 20

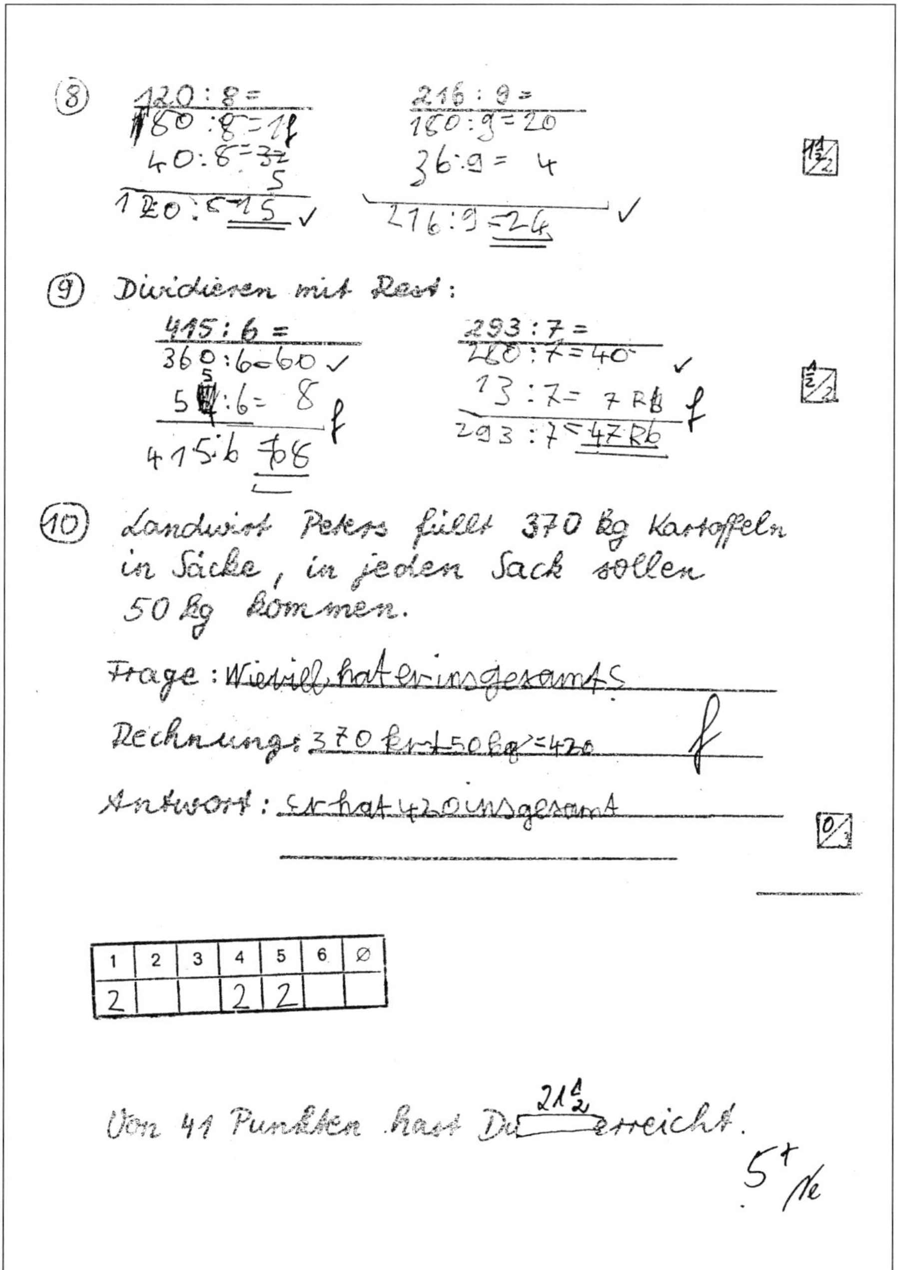

⑧ 120:8 =
$\overline{80:8=10}$
$40:8=3\frac{5}{5}$
$\overline{120:8=15}$ ✓

216:9 =
$\overline{180:9=20}$
$36:9= 4$
$\overline{216:9=24}$ ✓

$1\frac{1}{2}$

⑨ Dividieren mit Rest:
415:6 =
$\overline{360:6=60}$ ✓
$5\frac{5}{4}:6= 8$ ƒ
$\overline{415:6 = 68}$ ƒ

293:7 =
$\overline{280:7=40}$ ✓
$13:7 = 7 R\cancel{4}$ ƒ
$\overline{293:7 = 47 R6}$ ƒ

$\frac{4}{2\frac{1}{2}}$

⑩ Landwirt Peters füllt 370 kg Kartoffeln in Säcke, in jeden Sack sollen 50 kg kommen.

Frage: ~~Wieviel hat er insgesamt~~ S

Rechnung: 370 kr + 50 kg = 420   ƒ

Antwort: Er hat 420 insgesamt

$0\frac{1}{2}$

1	2	3	4	5	6	0
2			2	2		

Von 41 Punkten hast Du $\overline{21\frac{1}{2}}$ erreicht.

5⁺/fe

Abb. 21

Zu Aufgabe 1

Rechnung der Schülerin	Wie wurde gerechnet?
310+430= 120	430 – 310=120
340+260= 520	300+200=500; 60-40=20; Ergebnis: 520
740+190=850	0 – 0=0; 9 – 4=5; 1+7=8; Hier hat das Kind die einzelnen Stellenwerte getrennt von rechts nach links bearbeitet. Da sie offensichtlich bei 9+4 den Übergang über den Zehner nicht beherrschte, zog sie hier einfach ab.
740 – 200= 5460	7 – 2 = 5; 4 – 0= 4; , dann wollte das Kind offensichtlich die 40 von 100 abziehen und erhielt 60; Ergebnis: 5460
610 – 330= 320	600 – 300=300; 30-10=20 Ergebnis 320

Hinter diesen verschiedenen Lösungsansätzen lässt sich die „Unterstützung" durch die Mutter und das intensive Üben vor der Arbeit erkennen. Dem Kind fehlt jegliche Vorstellung von dem, was sie tun soll.

Zu Aufgabe 2

Das Kind schafft das Ergänzen dann, wenn es um glatte Hunderter geht. Muss aber die Rechenoperation in Teilschritte zerlegt werden, versagt die Vorstellung.

Rechnung des Mädchens	Wie wurde gerechnet?
540+ =730	500+200=700; 40-10=30
540+210=730	Ergebnis 210
810- =430	800-400=400; 10+20=30
810-420 =430	Ergebnis 420

Zu Aufgabe 3

```
  563
+ 289
  274
```
Das war das erste Ergebnis. Das Mädchen hat aber gemerkt, dass es subtrahiert hat anstatt zu addieren.

```
  563
+ 289
  252
```
2. Ergebnis: Sie addiert nun, gerät aber im Addieren wieder in die Subtraktion.

```
  689
- 324
  246
```

In dieser Aufgabe geht es durcheinander. Es kann nur vermutet werden, dass das Mädchen sich bei den Einern verzählt und die Richtung vertauscht hat; (und zwar, bei den Zehnern von oben nach unten: von 8 bis 12 = 4; die 1 auf den Hunderter übertragen und dann abgezogen: von 6 bis 4 = 2)

Die Aufgaben 4; 5; 6 sind teilweise richtig.

Zu Aufgabe 7
Die Teilschritte beim Malnehmen können ausgeführt werden. Bei der Addition entstehen dann die Fehler (siehe auch die Aufgaben 1 u. 3).

Die *Aufgaben 8 und 9* zeigen den unsicheren Umgang mit mechanisierten Techniken ohne mathematisches Verständnis.

Zu Aufgabe 10
Der Text wurde nicht verstanden.

Kommentar

Diese Rechenarbeit zeigt ähnliche Fehler, wie die bereits besprochenen. Hier wird aber auch deutlich, dass hochmechanisierte Techniken, wie beim 1x1 angewendet werden können, obgleich jegliches Verständnis für die mathematischen Zusammenhänge fehlt. Wieder ein Beispiel für Splitterfertigkeiten.

4. Die Bedeutung der Fehleranalyse

Beim Betrachten der Fehler in Lernkontrollen und Rechenarbeiten muss immer gefragt werden: Wie hat das Kind gerechnet, was hat es sich bei seinem Vorgehen gedacht? Hatte es die Aufgabenstellung verstanden? Welche Stufen im Ausführen mathematischer Operationen sind betroffen oder welche Beeinträchtigungen des mathematischen Denkens ist zu vermuten. Immer sind auch die Aufgabenstellung und die Frageformulierung zu überprüfen. Jeder Lehrer lernt zwar in seiner Ausbildung, worauf beim Tafelanschrieb zu achten ist, bei der Verwendung von Arbeitsblättern, auch zu Klassenarbeiten, wird aber auf Klarheit und Übersichtlichkeit häufig nicht geachtet. Schlechte Kopien und zu gedrängte Anordnung von Aufgaben verunsichern Kinder mit Teilleistungsstörungen in der visuellen Wahrnehmungsverarbeitung. Wenn dann noch das mathematische Denken beeinträchtigt ist, sind diese Kinder doppelt belastet. Sehr deutlich zeigt sich bei den Kommentaren dieser Beispiele, wie die Erarbeitung mathematischer Operationen nicht tiefgreifend genug erfolgt ist. Es bestehen partiell Splitterfertigkeiten in einigen Bereichen, die aber eine Generalisierung und Übertragung auf neue Situationen und Aufgabenstellungen nicht ermöglichen.

5. Zusammenfassung

Die bisherigen Ausführungen sollten zeigen, dass Rechenstörungen vielfältige Ursachen haben können und dass wir, wollen wir dem Kind helfen, so weit wie möglich zu diesen Ursachen vordringen müssen. Die hier aufgeführten Störmöglichkeiten im Aufbau des mathematischen Denkens mögen in vielen Fällen genügen, um Anregungen für geeignete Fördermaßnahmen zu geben. Des Weiteren haben Johnson und Myklebust eine Liste von Rechenproblemen unterschiedlichen Schweregrades zusammengestellt. Sie erwähnen im Wesentlichen alle hier beschriebenen Beeinträchtigungen. Da sie unter Teil I, Kap: III Diagnostische Verfahren, Fehleranalyse aufgeführt sind, wird an dieser Stelle darauf verzichtet. Nicht zu vergessen sind aber die affektiven Einflüsse wie umfassende körperliche Gestimmtheiten und Befindlichkeiten, die die Bereitschaft zur Aufnahme von Lernangeboten, nach Ciompi die Entwicklung der Kognition, erheblich mitbestimmen können.

Zu wissen, was es für Probleme im Bereich des Rechnenlernens geben kann, ist das Eine, zu wissen, welche Möglichkeiten es gibt, um Art und Ausmaß dieser Probleme zu erfassen *vor einer Förderung,* ist das Andere. Deshalb sollen ein abschließender Überblick und die nachfolgende Grafik den Übergang darstellen zu den diagnostischen Möglichkeiten, die uns zur Verfügung stehen, um betroffenen Kindern und Jugendlichen zu helfen.

Ein abschließender Überblick über die Entwicklungsstufen im Aufbau und im Verinnerlichen mathematischer Operationen und mögliche Beeinträchtigungen

I. Das konkrete Handeln mit Gegenständen (unter Beachtung der quantitativen Struktur)

II. Die bildliche Darstellung mit graphischen Zeichen und Markierungshilfen

III. Die Darstellung und Umsetzung mathematischer Operationen mit Hilfe von Ziffern und Zeichen (Zifferngleichung)

IV Die Automatisierung und Anwendung mathematischer Operationen

Störfaktoren, die den Aufbau und das Verinnerlichen mathematischer Operationen beeinträchtigen können:

Stufe I

Das konkrete Handeln mit Gegenständen kann beeinträchtigt werden durch
- visuelle Gliederungsschwäche
- Zähl- und Zahlbegriffsschwäche
- mangelnde Einsicht in das dekadische Positionssystem und in die Operationsdarstellung im Zahlenraum
- mangelhafte Beherrschung der Operationen, die zum Aufbau neuer erforderlich sind.

Stufe II

Die bildliche Darstellung mit Zeichen und Symbolen kann beeinträchtigt werden durch
- visuelle Wahrnehmungsschwäche
- Schwäche der visuellen Vorstellung
- mangelhaftes Kurzzeitgedächtnis
- allgemeine Speicherschwäche

Stufe III

Die Darstellung durch graphische Zeichen und Markierungshilfen wird beeinträchtigt durch
- allgemeine Abstraktionsschwäche

Stufe IV

Die Automatisierung im Zeichenbereich und die Übertragung mathematischer Prozesse auf vielfältig anzuwendende Situationen kann beeinträchtigt werden durch
- Verknüpfungsschwäche
- Schwierigkeiten des Sprachverständnisses
- Schwächen in der Raumerfassung, Raumerfahrung, Richtungsstörung
- Schwäche des Kurzzeitgedächtnisses
- Graphomotorische Beeinträchtigungen

Hinzu kommen weitere Störmöglichkeiten wie
- Störfaktoren, die im Bereich der emotionalen Persönlichkeit des Kindes/des Lehrers liegen.
- Störfaktoren aus dem Bereich des sozialen Umfeldes
- Störfaktoren methodischer bzw. unterrichtlicher Art.

Verursachende Faktoren von Rechenstörungen

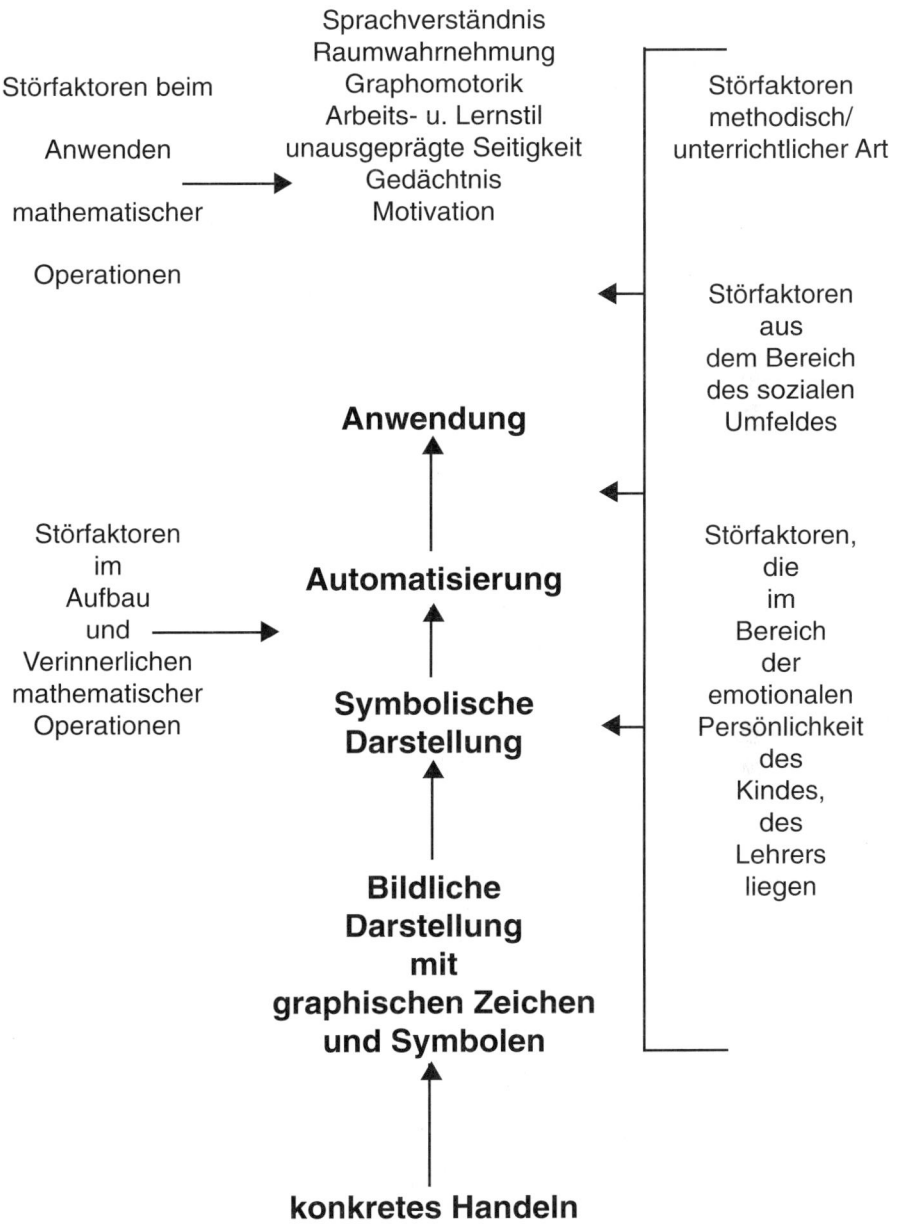

6. Der Fall Veronika

Veronika kann nicht rechnen. Die Leistungen im Lesen und Schreiben sind ausreichend, das Verständnis für Texte und Anweisungen und damit auch für Aufgaben, die ihr gestellt werden, ist problematisch, das soziale Verhalten auch, insofern sie sich oft nicht den Gegebenheiten entsprechend verhält. Daneben gibt es aber auch wieder Situationen, „Inseln", wo man sich wundert, was dann doch an Verständnis möglich ist.

Veronika ist soeben auf Sonderschulbedürftigkeit überprüft worden. Sie hat die Aufnahmeprüfung für die Sonderschule für Praktischbildbare bestanden!

Zur Lebensgeschichte des Mädchens einige Hinweise, die zum Verständnis des Problems hilfreich sein können.

Schwangerschaft, Geburt und früheste Kindheit waren ohne Auffälligkeiten verlaufen. Den Eltern fiel zunächst nur auf, dass die Sprachentwicklung verzögert verlief. Als das Mädchen mit 3 $1/2$ Jahren in den Kindergarten kam, zeigte sich auch in der ganzkörperlichen Koordination ein Entwicklungsrückstand. Rädchenfahren, auf einen Kletterturm klettern, alle diese Dinge fielen dem Kind zunächst schwer. Sie lernte sie aber schließlich. Und alles, was sie einmal gelernt hatte, jedenfalls im körperlichen Bereich, das machte ihr dann auch Spaß.

Wegen der verzögerten Sprachentwicklung wurde Veronika mit 3 1/2 Jahren in einem Kinderneurologischen Zentrum vorgestellt und gründlich untersucht. Man beruhigte die Mutter hinsichtlich der Verzögerung und meinte, das mit der Sprache würde noch kommen. Die Mutter ließ sich dadurch auch tatsächlich zeitweilig beruhigen, aber dann kam doch wieder das ungute Gefühl, dass etwas nicht stimmen könnte, und sie ging zur nächsten Stelle, um Veronika untersuchen zu lassen. Die letzte Station, die die Mutter aufsuchte, diagnostizierte dann schließlich einen Entwicklungsrückstand von 1 bis 1 $1/2$ Jahren und empfahl, das Jahr vor Beginn der Schule nicht im Kindergarten verbringen zu lassen, sondern in der Vorklasse einer Sonderschule für Lernbehinderte, in der eine besonders qualifizierte Lehrerin unterrichtete. Dort erhielt das Mädchen auch wirklich gute Förderung, nur fiel der Lehrerin damals schon auf, dass die Beeinträchtigungen in der Lernfähigkeit wohl erheblich seien. Sie meinte, das Rechnen würde Veronika nie lernen, und sie stellte als Prognose für eine Schullaufbahn die Sonderschule für Lernbehinderte in Aussicht.

Was der Mutter neben dem Sprachrückstand noch aufgefallen war, und was sie sich eigentlich überhaupt nicht erklären konnte, war die übergroße

Ängstlichkeit des Kindes, eine Ängstlichkeit, die in besonderen Situationen ans Hysterische grenzte. Ansonsten war bis auf die grob- und feinmotorische Ungeschicklichkeit und das Ablehnen von Puzzlespielen nichts gravierend Auffälliges festzustellen.

Dann kam der Zeitpunkt der Einschulung. Veronika. war aufgrund ihres Entwicklungsrückstandes gleich für die Vorklasse der Grundschule vorgesehen worden. Sie konnte aber zusätzliche Förderung erhalten, da an dieser Schule eine sogenannte Kleinklasse bestand. Diese Einrichtung ist vom Konzept her für Kinder mit Verhaltensstörungen vorgesehen, wird aber an den verschiedenen Schulen unterschiedlich geführt. Hier, in diesem Falle, lag der Schwerpunkt mehr in der Behandlung von Kindern mit Teilleistungsstörungen. Die Kinder kamen einzeln oder in kleinen Gruppen zur Therapie und gingen anschließend wieder in ihre Klasse. Veronika kam zusammen mit einigen Klassenkameraden. Der Schwerpunkt der Arbeit lag im Bereich Bewegungs- und Wahrnehmungsförderung, da sich hier massive Ausfälle zeigten. Später kam gezielte MONTESSORI-Arbeit hinzu, die auch in der Vorklasse angeboten wurde. Was besonders auffiel, war wieder die große Ängstlichkeit. Veronika konnte sich morgens nur schwer von ihrer Mutter trennen. Am Anfang weinte sie häufig. Alles, was neu war, verunsicherte sie: neue Räume, neue Gesichter, komplexe Situationen. Vor allem fielen auch die Orientierungsstörungen auf, Orientierungsstörungen im Raum, auf dem Blatt Papier, Orientierungsstörungen am eigenen Körper. Das Anpassen an einen bewegten Gegenstand, z.B. einen Ball, gelang nicht oder nur sehr unzureichend, der Umgang mit Stiften und Schere ebenfalls. Ich hatte damals empfohlen, das Sehen untersuchen zu lassen, weil mir ein geringer Schielwinkel aufgefallen war und starke sakkadische Augenfolgebewegungen. Aber, da sie auf Ärzte, bzw. Fremde, in der Zeit noch sehr „hysterisch" reagierte, war da nicht viel zu untersuchen. Auch später ist bei derartigen Untersuchungen nie etwas herausgekommen. Nur wenige Augenärzte sind auf Kinder spezialisiert und verstehen den Zusammenhang dieser medizinisch geringfügigen Erscheinungen mit Lern- und Verhaltensproblemen. Bei Veronika kam viel medizinisch „Geringfügiges" zusammen. So konnte sie auch keinen Rhythmus einhalten oder selbst nachklatschen. Im Grunde genommen stimmte bei ihr nichts.

Die Eltern sahen sehr objektiv, was das Mädchen leisten konnte und was nicht, und sie taten für das Kind, was sie konnten, die Schule ebenfalls. Und so machte Veronika eigentlich ganz gute Fortschritte. Sie durchlief die Grundschule, ohne einmal die Klasse zu wiederholen. Wenn auch die Leistungen in Mathematik immer ungenügend waren, insgesamt war das Abgangszeugnis nicht schlecht.

Dann kam die Förderstufe. Wieder alles neu, und alles anders und alles etwas freier und eigenverantwortlicher und damit auch verunsichernd. Dazu eine engagierte Lehrergruppe mit modernen pädagogischen Vorstellungen, die nur leider für Veronika nicht der richtige Rahmen waren. Die Lehrerinnen machten sich bald Gedanken, wie dieses Mädchen mit den vielerlei rätselhaften Unfähigkeiten wohl in ihrer Schule weiterkommen konnte. Mehr aus Besorgnis und in der etwas naiven Vorstellung, Rat und Hilfe zu bekommen, beantragten sie eine Sonderschulüberprüfung. Sie hatten allerdings nicht die Absicht, das Mädchen „abzuschieben". Die Überprüfung wurde vorgenommen mit dem Ergebnis eines so niedrigen Intelligenzquotienten, dass eigentlich die Sonderschule für Praktischbildbare hätte empfohlen werden müssen. Dabei hatte Veronika die Grundschule ohne Wiederholung geschafft, und das, außer einem völligen Versagen in Mathematik, mit befriedigenden und ausreichenden Leistungen!

Die Verwirrung bei den Lehrerinnen und Lehrern war nun verständlicherweise groß. Wie sollte man dem Mädchen helfen? Und konnte es überhaupt in dieser Schule bleiben, in der man sich um moderne Pädagogik bemühte und die Kinder zu Selbsttätigkeit, Selbständigkeit und Selbstverantwortung erziehen wollte?

Veronika blieb trotz aller nachweislichen kognitiven Beeinträchtigungen an dieser Schule. Die Lehrer wurden über die Art und das Ausmaß der Teilleistungsschwächen, hier eigentlich eher Teilleistungsstörungen, informiert, und unter ihren pädagogischen Bemühungen konnte das Mädchen sich Schritt für Schritt, wenn auch sehr langsam aber doch merklich, weiterentwickeln. Sie schaffte das Ziel der Klasse immer gerade so, konnte aber in einigen Fächern sogar zufriedenstellende Leistungen erbringen, so z.B. in Englisch. Zur Zeit ist sie in der 8. Klasse. Und, wie es aussieht, wird sie den Abschluss der Gesamtschule in einem C-Kurs wohl auch noch schaffen.

Was war es eigentlich, was an Veronikas Lernen und Verhalten auffiel und ihr vor allem das Verständnis der Mathematik so schwer machte?

Zum besseren Verständnis seien die Auffälligkeiten in einem Überblick zusammengefasst.

1. Als kleines Kind ausgeprägte Ängste, besonders, wenn sie sich von den sie betreuenden Personen trennen sollte;
2. Ängste vor fremden Menschen, unbekannten Räumen und neuen Situationen;
3. Angst auf einen Stuhl zu klettern oder auch von höhergelegenen Stellen aus herabzusehen, z.B. von einem Mäuerchen;

4. grobmotorische Ungeschicklichkeit; Unbeholfenheit im Turnunterricht;

5. feinmotorische Ungeschicklichkeit; Unbeholfenheit im Umgang mit Gegenständen; beim Malen und Gestalten;

6. Orientierungsstörungen;

7. minimale Schielstellung des linken Auges;

8. sakkadische Augenfolgebewegungen;

9. kein Verständnis für den Konstanzbegriff, für die Konstanz von Mengen, Raum und Zeit;

10. Schwierigkeiten im Verständnis von Texten, im Erfassen zeitlicher Abläufe von Handlungen;

11. Probleme, Arbeitsanweisungen in Handlung umzusetzen;

12. Probleme, im Situationsverständnis, beim Umgang mit ihren Klassenkameraden.

Alle diese Verhaltensauffälligkeiten lassen auf folgende neuropsychologische Beeinträchtigungen schließen:

auf Beeinträchtigungen im System
    der vestibulären Verarbeitung
    der taktil-kinästhetischen Verarbeitung
    der visuellen Verarbeitung
    der auditiven Verarbeitung
    der Zeitwahrnehmung.

Ein medizinisches Gutachten, das nach der Sonderschulüberprüfung durch einen Kinderpsychiater erstellt wurde, bestätigte die Vermutung, dass es sich bei Veronika um eine deutliche cerebrale Dysfunktion handelt, deren Ursache ungeklärt ist.

Wenn in allen allgemeinen Lernfächern diese Leistungsbeeinträchtigungen durch Üben und Fleiß immer noch einigermaßen kompensiert werden konnten, so in keiner Weise im mathematischen Bereich. Es ist wenig sinnvoll, in diesem Zusammenhang die Rechenfehler des Mädchens darzustellen. Stattdessen sollen exemplarisch einige der elementaren Beeinträchtigungen gezeigt werden.

Mit 9.4 Jahren (zu Abb. 22):
Vier vorgezeichnete Formen sollen nacheinander von links nach rechts mit senkrechten Strichen ausgefüllt werden, Blatt 1 und 4 ohne Hilfslinien, Blatt 2 und 3 mit Hilfslinien. Ohne Hilfslinien, bei Blatt 1, weicht der Strich,

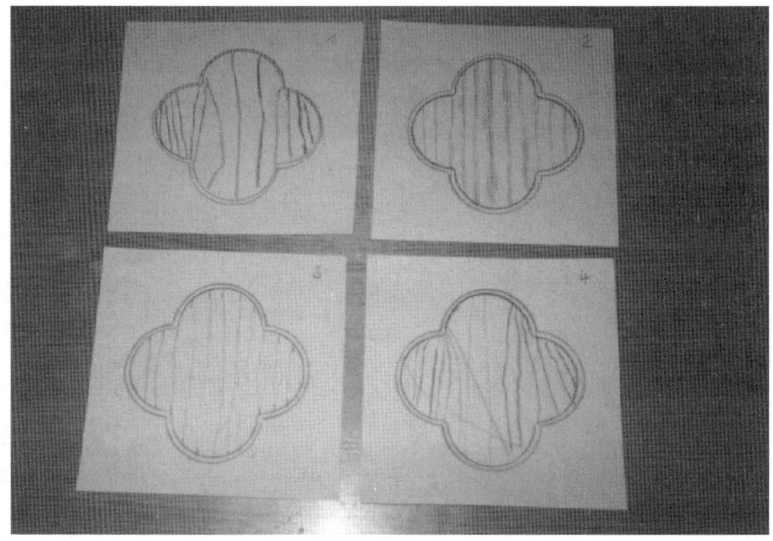

Abb. 22

je weiter es nach rechts geht, zur rechten Seite hin ab. Veronika beginnt dann von rechts Striche zu ziehen. Bei Zeichnung 4 versucht sie, als sie merkt, dass ein Strich beginnt abzuweichen, das Blatt zunächst durch zwei Striche zu teilen. Je weiter sie aber nach rechts kommt, umso mehr weichen die Striche wieder ab.

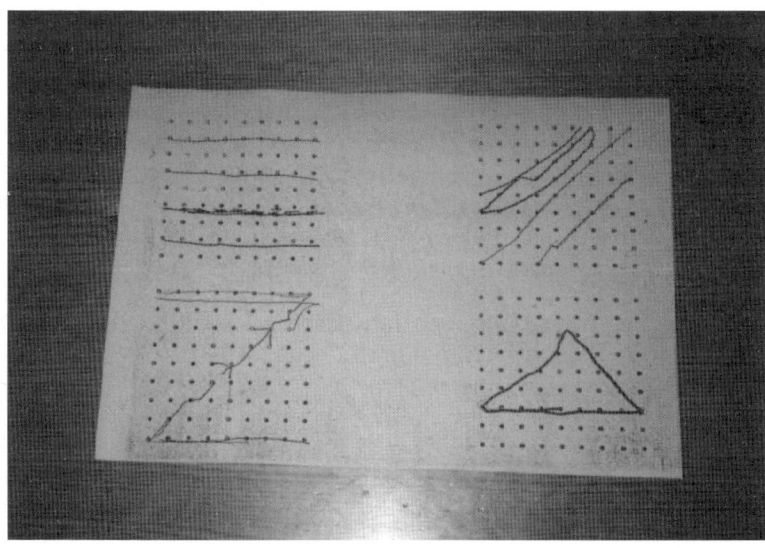

Abb. 23

Mit 10.5 Jahren (zu Abb. 23):
In ein Punktgitter sollen nach Vorlage Linien gezeichnet werden. Es fällt schwer, die Vorlage exakt zu übertragen, vor allem bei den Schrägen.

Abb. 24

Mit 10.5 Jahren (zu Abb. 24):
In ein Lochbrett sollen nach Vorlage Stecker gesteckt werden. Auch hier zeigt sich die Schwierigkeit mit der schrägen Richtung.

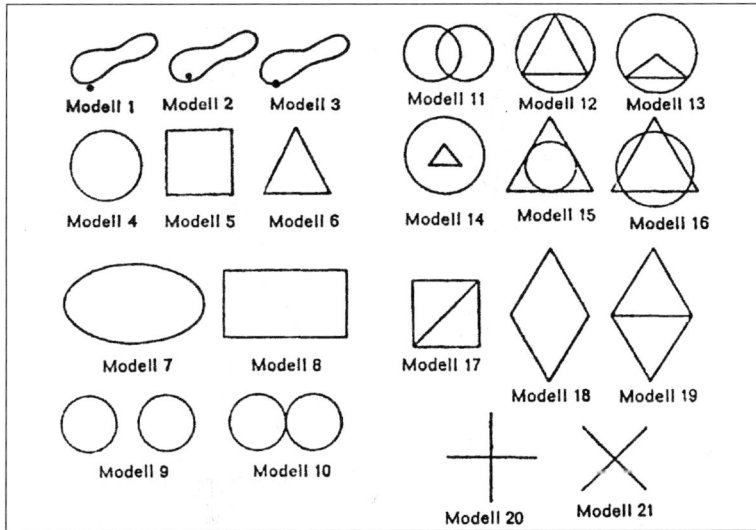

Abb. 25

Vorlagen aus PIAGET 1975: Formen zum Abzeichnen, um zu prüfen, in welcher Weise visuell-räumlich verarbeitet werden kann.

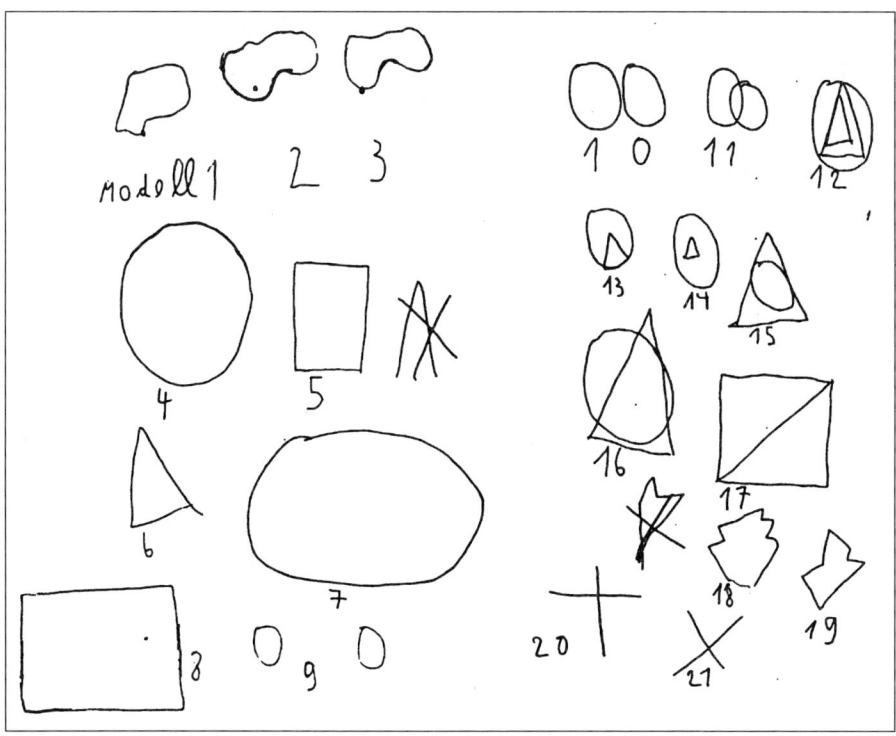

Abb. 26

Mit 11 Jahren (zu Abb. 26):
Die Piaget – Formen sollen abgezeichnet werden. Bei den Figuren 18 und 19 kommt es zu großen Schwierigkeiten, die nach PIAGET für visuell – räumliche Verarbeitungsprobleme auf einer bestimmten Altersstufe kennzeichnend sind.

Diese Beispiele mögen für die Darstellung der Raumwahrnehmungsstörungen genügen.

Interessant und hoffnungsvoll in diesem Falle ist, dass das Mädchen trotz ihrer massiven Beeinträchtigungen nach Kl. 6 und später auch nach Kl. 7 und 8 versetzt werden konnte. Ihre schlechten Ergebnisse im Intelligenztest HAWIK-R sowie dem sprachfreien Intelligenztest SNIJDERS OMEN, konnten wohl ein Maß zur Beurteilung der einzelnen zu überprüfenden Leistungen sein und damit diagnostisch hilfreich. Als Beurteilung für die Schullaufbahn, zumindest mittelfristig, scheinen sie aber nicht geeignet. Es gibt immer noch andere Faktoren, die mitberücksichtigt werden müssen. Hier sind es der Fleiß und die emotionale Stabilität, die das Mädchen nicht aufgeben lassen. Veronika wird nicht nur von den Eltern gut gefördert, sie wird auch in ihrem Sosein angenommen. So lässt sich insgesamt hoffen, dass sie es auch weiterhin schafft und zu einem Schulabschluss kommt.

III. Möglichkeiten zum differenzierten Erfassen von Teilleistungsschwächen/ -störungen im Bereich des mathematischen Denkens

Um eine Übersicht über den Reifungsprozess des Kindes in bezug auf seine Fähigkeiten im mathematischen Denken zu erhalten, ist es zunächst erforderlich, das Problem einzugrenzen und genau herauszufinden, auf welcher Ebene der Entwicklung es zu Verzögerungen oder Beeinträchtigungen gekommen sein mag, oder ob die kognitive Ausstattung für höhere psychische Funktionen, wie sie das mathematische Denken erfordert, überhaupt ausreicht, ob vielleicht auch unterrichtliche oder emotionale Verursachungen an dem Problem mitbeteiligt sein können.

Ausgehend von einer Analyse des jeweiligen Rechenversagens, wozu neben der Analyse der Fehler und einer Überprüfung der Lernausgangslage für die jeweilige Klassenstufe auch eine gründliche Verhaltensbeobachtung gehört, sollte ebenfalls die Lebensgeschichte des Kindes erfragt bzw. eine Anamnese erhoben werden. Sie kann Hinweise auf die körperliche und emotionale wie kognitive Entwicklung des Kindes geben, auch über die bisherigen Schulerfahrungen und die Richtung weiterer Untersuchungen bestimmen.

Um über das Begabungsniveau urteilen zu können, empfiehlt es sich, einen Intelligenztest durchzuführen bzw. führen zu lassen. Hierbei sollte allerdings nicht das quantitative Ergebnis ausgewertet werden sondern das Profil der Untertests. Auch, wenn die Aussagekraft eines solchen Profils vielfach bestritten wird, als Grundlage im Sinne einer klinischen Beobachtung lohnt sich eine Durchführung immer. (Im Falle des HAWIK-III sollte allerdings der Untertest Rechnerisches Denken nur mit großer Vorsicht zur Beurteilung der Rechenfähigkeit herangezogen werden.) Es kann auch erforderlich sein, neben der Sensorik (Hören, Sehen, Spüren) die Motorik in die Beobachtung bzw. Überprüfung einzubeziehen. Jüngere Kinder haben manchmal noch keine ausgeprägte Seitigkeit entwickelt und vielleicht aus diesem Grund mit der Schreibweise zweistelliger Zahlen ihre Schwierigkeiten.

Sollte sich anhand der Beobachtungs- und Testergebnisse der Verdacht einer Beeinträchtigung der Sprachbenutzung ergeben, ist es ratsam, einen

Sprachentwicklungstest durchzuführen und eine Abklärung durch einen Hals-Nasen-Ohrenarzt/Phoniater vorzuschlagen.

Die erhaltenen Informationen geben Anhaltspunkte dafür, welche weiteren Ursachen an den Lernproblemen beteiligt sein könnten. So ist es möglich, sensorisch-integrative Funktionen zu überprüfen. Um in den Modellen von AYRES/AFFOLTER zu bleiben, haben wir damit die Möglichkeit, den Weg der Entwicklung zurückzuverfolgen bis zu den elementaren Funktionen, auf denen Lernen und Verhalten aufbauen, und wir haben weiter die Möglichkeit, aus den vielfältigen Informationen Anhaltspunkte dafür zu finden, ob das Kind mehr analytisch oder eher ganzheitlich das, was es wahrnimmt, verarbeitet.

Je nach den Ergebnissen dieses diagnostischen Vorgehens kann dann ein Therapieplan zusammengestellt werden. Er muss der Schulstufe des Kindes entsprechend sowohl auf altersgemäßer Ebene als auch auf der Ebene der neuropsychologischen Entwicklung, auf der Beeinträchtigungen zu erkennen sind, ansetzen. Unter Umständen ist allerdings auch an eine Klassenwiederholung oder Umschulung zu denken, was allerdings eine Therapie als Entwicklungsförderung nicht überflüssig machen sollte.

In der folgenden Tabelle sind vollständigkeitshalber Möglichkeiten zum Erkennen von Rechenschwächen zusammengestellt, die von einfachen Beobachtungen bis zu fast differenzialdiagnostischen Verfahren führen. Im allgemeinen werden sie so nicht erforderlich sein. Für Kinder, bei denen Teilleistungs*störungen* als Verursachung von Rechenproblemen vorliegen, werden sie als Leitlinien in dieser Weise hilfreich sein, um eine ganzheitliche Betrachtung zu ermöglichen.

1. Tabelle zur Verlaufsdiagnose

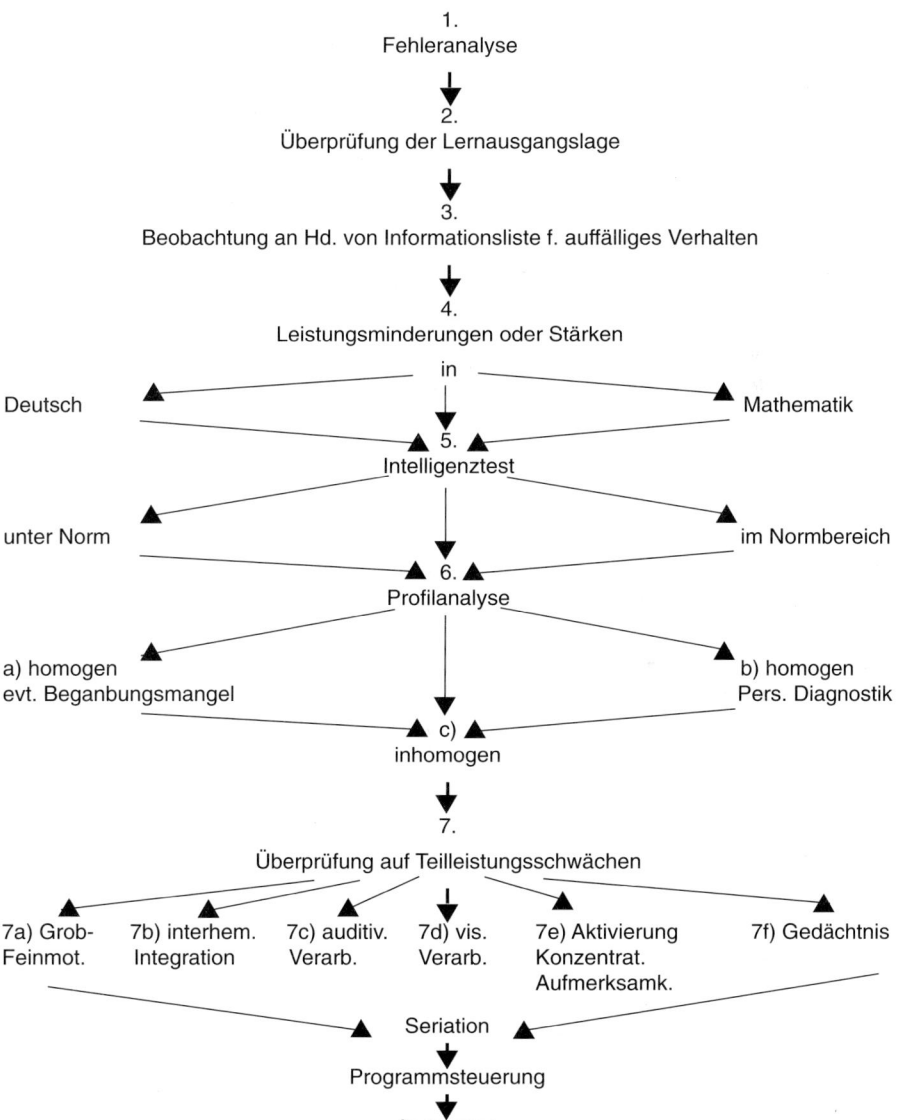

2. Interpretation der Tabelle und diagnostische Möglichkeiten

(I. ZOLLER)

Zu Punkt 1:
Fehleranalyse

Eine qualitative Analyse der Rechenfehler ist notwendig, um den Denkprozess des Kindes nachzuvollziehen. Lernzielkontrollen sollten nicht nur zur quantitativen Erfassung der Leistung des Kindes durchgeführt werden. Richtig verstanden, sollen sie Auskunft geben, ob das Lernziel erreicht wurde, und wo nicht, muss herausgefunden werden, was den Lernprozess behindert haben könnte. Hier kann bereits das Betrachten der einzelnen Fehler, wie unter Teil I, Kap.II, 3 dargestellt, Hinweise darüber geben, was sich das Kind beim Ausführen der Aufgabe gedacht hat, ob es sich überhaupt etwas dabei gedacht hat oder ob es einfach irgendeinem Einfall nachgegangen ist. Alleine diese Form der Fehleranalyse kann bereits eine Hilfe sein, um auf ein anderes Niveau zurückzugehen, herauszufinden, auf welcher Stufe im Aufbau- und Verinnerlichungsprozess das Kind stehen geblieben ist. Auf dieser Grundlage kann neu aufgebaut werden, bevor zu der nächsten Stufe weitergegangen wird.

JOHNSON und MYKLEBUST betrachten Rechenstörungen, wie bereits erwähnt, im Sinne von Defekten unterschiedlichen Schweregrades. Mit einigen Ergänzungen (durch die Verfasserin) kann die Zusammenstellung als eine Checkliste dienen, um die einzelnen Erscheinungsformen von Rechenstörungen zu erfassen und diagnostisch entsprechend den Stufen im Aufbau des mathematischen Denkens einzuordnen.

Checkliste zur Erfassung von Symptomen, die einer Rechenstörung zugrunde liegen können

1. **Die Unfähigkeit, eine Eins-zu-Eins-Entsprechung zu erfassen**, z.B. kann die Zahl der Kinder nicht mit der Zahl der Sitze in Zusammenhang gebracht oder nicht veranschlagt werden, wie viele Gabeln man für ein Essen von 4 Personen decken muss. Das Kind bringt das Zahlwort und seine Bewegung beim Hinzeigen nicht in eine Eins-zu-Eins-Entsprechung.

2. **Die Unfähigkeit, sinnvoll zu zählen.** Obgleich Zahlen nach der Reihe rein mechanisch aufgesagt werden können, steht der Zusammenhang zwischen dem Symbol und der Menge nicht fest.

3. **Die Unfähigkeit, die auditiven und die visuellen Symbole zu assoziieren.** Es besteht die Fähigkeit, mündlich zu zählen, aber die Zahlen können visuell nicht mit der Menge, die sie symbolisieren, identifiziert werden.

4. **Die Unfähigkeit, das System der Kardinal- und Ordinalzahlen zu erfassen.**

5. **Die Unfähigkeit, sich eine Gruppe von Dingen aus einer Anhäufung von Gegenständen visuell auszusondern;** jeder einzelne Gegenstand muss für sich gezählt werden.

6. **Die Unfähigkeit, sich eine Gruppe von Gegenständen bildlich vorzustellen.**

7. **Die Unfähigkeit, sich das Prinzip der Erhaltung einer quantitativen Größe vorzustellen** (Invarianz- oder Konstanzprinzip). Manche Kinder können nicht verstehen, dass es immer ein Euro ist, ob er nun aus zwei Fünfzigern, zehn Zehncentstücken oder zwanzig Fünfcentstücken besteht, oder dass ein halbes Pfund Butter dasselbe ist, ob in einem Stück oder in zwei Viertelpfundstücken. Dazu gehört auch, die Unfähigkeit, gleiche Mengen, deren Elemente unterschiedlich angeordnet sind, als gleichmächtig anzuerkennen und der gleichen Ziffer zuzuordnen.

8. **Die Unfähigkeit, arithmetische Aufgaben zu lösen.**

9. **Die Unfähigkeit, die mathematischen Zeichen zu verstehen.** Häufig ist dies auf eine Wahrnehmungsschwäche zurückzuführen, die in der Unfähigkeit besteht, zwischen Additions- und Multiplikationszeichen zu unterscheiden. Im englischen Sprachraum wird für das Multiplikationszeichen X benutzt. Damit sind Kinder mit Schwierigkeiten in der Raum-Lage – Wahrnehmung in besonderer Weise betroffen. Sie verwechseln + und x. Mit Einführung der Taschenrechner gilt das auch für Kinder im deutschen Sprachraum. Gravierender ist noch das Versagen, die Bedeutung der Zeichen in ihrem Symbolwert zu verstehen und sich eine Handlung bzw. eine Operation darunter vorzustellen.

10. **Die Unfähigkeit, mehrstellige Zahlen in ihrem Stellenwert zu erkennen und dementsprechend zu lesen.**

11. **Die Unfähigkeit, die Anordnung der Zahlen auf einer Seite zu verstehen.** Kinder, die lesen lernen, müssen begreifen, dass die Reihenfolge der Buchstaben innerhalb eines Wortes von Bedeutung ist. Diejenigen, die Rechnen lernen, müssen wissen, dass auch die bestimmte

Anordnung von Zahlen einen Sinn hat. Bei visuell-räumlichen Auffassungsstörungen ist häufig auch die Rechenfähigkeit beeinträchtigt.

12. **Die Unfähigkeit, eine Reihenfolge von Schritten für Lösungen verschiedener mathematischer Aufgaben einzuhalten und zu behalten.**

13. **Die Unfähigkeit, Karten und graphische Darstellungen zu lesen.**

14. **Die Unfähigkeit, die Methoden und Regeln zur Lösung bestimmter Aufgaben auszuwählen.** Ein Kind mit einer Rechenschwäche kann die Wörter lesen und die Aufgaben lösen und, wenn man ihm das Prinzip erklärt, auch addieren, subtrahieren, multiplizieren u.s.w., aber ohne Hilfe kann es nicht entscheiden, welche Rechenart anzuwenden ist.

Zur weiteren systematischen Fehleranalyse

Gerster (1982)
GERSTER untersucht bei den vier Rechenarten Fehler und Fehlermuster, die er anhand von Beispielen erläutert:
  bei der Addition Fehler beim Eins-und-Eins;
  Fehler mit der Null;
  Fehler durch unterschiedliche Stellenzahl;
  inverse Operationen;
  Fehler durch Perseveration;
  Fehler beim Übertrag u.a.m.
Die Beispiele ermöglichen es, vorliegende schriftliche Aufgaben des Kindes auf Fehlerarten zu untersuchen.

Grissemann (1990)
GRISSEMANN führt unter dem Gesichtspunkt „Spezielle mathematische Leistungs- und Förderdiagnostik (S. 40ff) folgende Bereiche auf, die im Rahmen einer Arbeitsprobe ab dem 3. Schuljahr überprüft werden können:
  Speicherung bzw. Automatisierung von Grundrechenbeziehungen;
  auditive Kurzspeicherung bei Rechnungen mit Zwischenergebnissen;
  Fehlleistungen im Umgang mit Ziffern;
  Operatives Denken – Kombinatorik;
  Umgang mit Größen;
  Beherrschen der Begriffe für räumliche und zeitliche Relationen.

Kutzer/Probst (o.J.)
KUTZER/PROBST überprüfen im Rahmen eines Einzeltestes die Kenntnisse des Kindes im vorzahligen Bereich bis zur Addition und Subtraktion im

Zahlbereich bis 100. Die Aufgaben erfassen:
das Erkennen und Benennen von Eigenschaften von Elementen;
das Ordnen und Finden von Elementen nach angegebenen Eigenschaften;
die Stück-für-Stück-Zuordnung;
die Mächtigkeitsrelationen mehr, weniger, gleich viele;
Repräsentanz, Invarianz, Klassifikation, Seriation;
Herstellen gleichmächtiger Mengen;
Gebrauch der Zahlwörter/Ziffern;
Zahloperationen und deren Verständnis.

Bei der Durchführung wird unterschieden zwischen Basisaufgaben mit ansteigendem Schwierigkeitsgrad und erleichterten Aufgaben, falls das Kind die Basisaufgaben nicht lösen kann. Der hierarchische Aufbau der Aufgaben ermöglicht es, auf dem Niveau einzusteigen, das beim Kind als gesichert vorausgesetzt wird und dann gegebenenfalls zurück oder weiterzugehen.

Radatz (1989), Radatz/Schipper (1983)
RADATZ führt neben Beispielen zur Überprüfung des Lernniveaus und der Fehleranalyse vier methodische Möglichkeiten an:
Analyse schriftlicher Arbeiten und Lösungen;
diagnostische Interviews, informelle Gespräche mit dem Kind;
lautes Denken des Kindes bei der Bearbeitung von Aufgaben;
Beobachtung bei der Bearbeitung.

Durch die Frage nach dem WIE wird deutlich, dass die Analyse des Fehlers ohne Kenntnis darüber, wie das Kind zu dem falschen Ergebnis kommt, häufig nicht ausreicht, die Ursachen der falschen oder lückenhaften Lösungsstrategie zu erfassen.

Schmidt (1982)
SCHMIDT hat für eine Einzeluntersuchung für Schulanfänger Aufgaben zusammengestellt, die folgende Bereiche erfassen:
Aufsagen der Zahlenreihe;
Kennen von weniger – mehr – gleich viele;
Nennen der richtigen Anzahl;
Legen der genannten Menge;
Zahlenschreiben, Zahlenlesen;
Zuordnung der Ziffer zur Menge, Zuordnung der Menge zur Ziffer.

Zu Punkt 2:
Überprüfung der Lernausgangslage

Die Lernausgangslage eines Kindes zu überprüfen bedeutet festzustellen, welche Kenntnisse, Lerninhalte bei ihm als gesichert gelten können, wo es noch im Aneignungsprozess ist und welche Defizite vorliegen. Zu wissen, was wir bei einem Kind als gelernt voraussetzen können, ermöglicht es uns, ihm die Aufgaben anzubieten, die es beim jetzigen Stand seines Lernprozesses fördern und fordern, aber die es auch bewältigen kann. Darüberhinaus ist es dadurch zumindest bei einigen Kindern möglich, sekundäre Lernstörungen aufgrund von Misserfolgserlebnissen zu vermeiden. Die Überprüfung ist nicht als „Test" gedacht, sondern soll vielmehr helfen, im Sinne einer Förderdiagnostik den verschiedenen Stufen des mathematischen Lernens, besonders in der Anfangsphase des Schulbesuchs, Beachtung zu schenken, um gegebenenfalls entsprechende Fördermaßnahmen anzubieten.

Die folgende Liste wurde aufgrund eigener Erfahrungen im Grundschul- und Sonderschulbereich zusammengestellt und praktisch eingesetzt. Viele Anregungen verdanke ich dabei veröffentlichten und unveröffentlichten Überprüfungsverfahren von H. Radatz, R. Kutzer/H. Probst, R. Guder, R. Schmidt. Sie kann im Bedarfsfalle mehrmals während des 1. Schuljahres durchgeführt werden, evtl. mit anderen Aufgaben, aber gleicher Aufgabenstruktur. Sie umfasst sowohl pränumerische Kenntnisse als auch den Stoff, den Kinder in der Grundschule am Ende des 1. Schuljahres bzw. am Anfang des 2. Schuljahres beherrschen sollten. Den vorgegebenen Schwerpunkten sind Aufgaben als Beispiele für den zu überprüfenden Inhalt beigefügt. Die Lehrerin sollte jedoch bei Bedarf statt dieser jeweils 2 bis 3 Aufgaben auswählen, die so gestaltet sind, wie sie die Kinder von ihrem Mathematikbuch oder dem Unterricht her kennen.

Das gleiche gilt auch für die vorgeschlagenen Impulse. Sie sind als Beispiel gedacht und jede Lehrerin sollte die Formulierungen und das Vorgehen wählen, das sie für sich und ihre Unterrichtssituation für sinnvoll und angemessen hält.

Vom Umfang und Aufbau her ist diese Vorlage als Einzelüberprüfung gedacht. Aber auch in der Einzelsituation kann und sollte zunächst eine Auswahl der Schwerpunkte getroffen werden, d.h. man sollte auf dem Niveau beginnen, auf dem man den Leistungsstand des Kindes vermutet und sich dann, entsprechend den erreichten Ergebnissen, den „leichteren" bzw. den „schwereren" Aufgaben zuwenden.

Ein großer Teil dieser zu überprüfenden Inhalte kann auch zunächst, z.B. aufbereitet als Arbeitsblatt und in kleinen Sequenzen, in der Klasse oder in

Kleingruppen überprüft werden. Dieses Verfahren ist manchmal hilfreich, die Kinder zu erfassen, deren Lerndefizite bisher noch nicht aufgefallen sind. Häufig ist im Anschluss solcher klassenweisen „Überprüfungen" genaueres Analysieren der Lernausgangslage einzelner Kinder nötig.

Durch das Feststellen, auf welchem Lernniveau das Kind sich befindet, können differenzierte Fördermaßnahmen entwickelt werden. Diese sollten ein Niveau niedriger angesiedelt sein. Wenn ein Kind z.B. Schwierigkeiten hat, eine Plusaufgabe zu verstehen und auszurechnen, ist es nicht sinnvoll, diesen Aufgabentypus immer wieder zu üben. Vielmehr sollte das Kind Gelegenheit haben, diese Operation immer wieder mit Gegenständen zu vollziehen und dieser Tätigkeit dann allmählich die bildnerische und/oder die symbolische Darstellung in Zeichen zuzuordnen.

Die Überprüfung der Lernausgangslage lässt zunächst nur Rückschlüsse auf Defizite in der Aneignung und/oder Anwendung mathematischer Inhalte zu. Hier ist die Lehrerin gefordert, durch differenzierende Maßnahmen im Mathematikunterricht es dem Kind zu ermöglichen, evtl. Lernrückstände aufzuholen. Neben dem richtigen bzw. falschen Ergebnis ist der Weg, den das Kind wählt, um zu einer Lösung zu kommen, ein wichtiges Kriterium der Beobachtung, z.B. beim Begleiten des Rechenvorganges mit lautem Sprechen. Es lässt einerseits Schlüsse zu über falsch gelernte Rechenstrategien, andererseits kann es Aufschluss darüber geben, ob allgemeine Schwierigkeiten, wie Sprachverständnis, Konzentration, Arbeitshaltung den Rechenvorgang beeinträchtigen. Denn neben Ursachen, die in Versäumnissen der Unterrichts – seien sie im Kind oder in der Lehrerin begründet – liegen, können außer den in diesem Buche schwerpunktmäßig behandelten neuropsychologischen Ursachen auch andere Gründe zum Tragen kommen, wie soziokulturell-familiäre, sprachliche oder neurotisch - psychogene.

Überprüfung der Lernausgangslage: 1. Schuljahr – Zahlenraum 20

1. Umweltwissen
    Gespräch
    Das Kind kennt
    sein Alter,
    Anzahl der Geschwister / Personen zuhause,
    seine Telefon-, Hausnummer,
    seinen Geburtstag, Datum, etc.

2. *Erkennen von Eigenschaften von Elementen*
Material: logische Blöcke (verschiedenfarbige, verschiedengroße Dreiecke, Quadrate, Rechtecke, Kreise)
Das Kind versteht Eigenschaftswörter und kann sie richtig anwenden, z.B.
Halte etwas Rotes hoch!
Zeige etwas Spitzes!
Das Kind kann die Elemente nach einer Eigenschaft sortieren, z.B.
Lege alle roten Teile auf den Tisch!
Suche alle großen Teile!
Bringe mir alle Dreiecke!
nach mehreren Eigenschaften sortieren, z.B.
Hole alle blauen und großen Teile!
Gib mir alle kleine und grüne Kreise!
Das Kind kann die Eigenschaftswörter auf Dinge seiner Umwelt anwenden.

•

3. *Eins-zu-Eins-Zuordnung*
Material: Muggelsteine, Chips o.ä. in verschiedenen Farben und Größen
Das Kind kann bei einer vorgegebenen, linear angeordneten Menge jedem dieser Elemente ein anderes Element zuordnen,
    a) die zuzuordnenden Elemente sollen gleichgroß sein,
    b) die zuzuordnenden Elemente sollen unterschiedlich groß sein,
z.B.
LehrerIn legt eine Reihe von 8 Muggelsteinen: „Ich habe hier eine Reihe von Muggelsteinen gelegt. Lege gleichviel Muggelsteine daneben."

•

4. *Invarianz*
Material: wie oben
Das Kind kann bei Mengen die Begriffe „gleich", „weniger", „mehr" anwenden,
    a) die Mengen sind geordnet,
    b) die Mengen sind ungeordnet, im Anschluss an Aufgabe 2:
„Wo sind jetzt mehr Steine? Wo sind es weniger? Oder sind es gleichviele?" Nun eine Menge für das Kind sichtbar, um 1 oder 2 Muggelsteine verändern; Fragen mehrfach wiederholen.
Das Kind kann gleichgroße Mengen trotz unterschiedlicher räumlicher Anordnung der Elemente als gleich erkennen, z.B.

zwei gleichgroße Mengen legen (linear, wie in Aufgabe 2), durch Zusammenschieben bzw. Auseinanderlegen ihr Erscheinungsbild verändern; Fragen mehrfach wiederholen.

•

5. Klassifikation
Material: Mengenkarten, eine Auswahl im Zahlenraum 10 (evtl. bis 20), jede Zahl ist als Mengenbild mehrfach vorhanden.
Das Kind kann gleiche Mengenbilder trotz unterschiedlicher Darstellung der Mengen erkennen und ordnen, z.B.
Mengenkarten siehe Teil II, Kap. V, 3
Lehrerin legt eine Auswahl von Karten auf den Tisch.
Kind sieht sich die Karten an.
Möglicher Impuls: „Fällt dir etwas bei den Karten auf?"
Falls das Kind nicht von selbst zum Sortieren kommt, eine Karte herauslegen und das Kind gleiche Mengen suchen lassen.

•

6. Seriation
Material: Mengenkarten von 1 bis 10, evtl. bis 20 in gleicher Darstellungsform, z.B. als Punktmenge, Papier in gleicher Größe wie die Mengenkarten, Stift.
Das Kind kann in einer Folge fehlende Mengendarstellungen finden und ergänzen, z.B.
Lehrerin legt die Mengenbilder 1, 3, 4, 6, 7, 8, 10 nebeneinander aus.
Kind erkennt, dass die Mengen 2, 5, 9 fehlen, malt sie auf und legt sie an die richtige Stelle.

•

7. Teilmengen/Zerlegungen
Material: Muggelsteine, 2 gleichgroße Tabletts, Teller, o. ä.
Das Kind kann die auf einem Teller liegende Teilmenge zu der auf dem anderen Teller vorgegebenen Gesamtmenge ergänzen, z.B.
Auf dem Tisch liegen Muggelsteine, die sowohl der Lehrerin als auch dem Kind zur Verfügung stehen,
sowie zwei Teller nebeneinander, einer ist der Lehrerin, einer dem Kind zugeordnet.
Lehrerin legt auf ihren Teller 3 Muggelsteine, auf den des Kindes 1.
Impuls: „ Lege noch soviel Steine auf deinen Teller, dass wir beide gleichviel haben."

Wiederholen mit größeren Mengen im Zahlenraum bis 10 bzw. bis 20, erst ohne, dann mit Zehnerüberschreitung.

Das Kind kann die auf einem Teller liegende Gesamtmenge auf die, auf dem anderen Teller liegende Restmenge vermindern, z.B.
Lehrerin legt auf ihren Teller 2 Muggelsteine, auf den des Kindes 4. Impuls: „Nimm soviel Steine von deinem Teller weg, dass wir beide gleichviel haben."
Wiederholen mit größeren Mengen im Zahlenraum bis 10, bzw. bis 20, erst ohne, dann mit Zehnerunterschreitung.

•

8. Zahlwortreihe
Das Kind kann zählen, d.h. die Zahlwortreihe aufsagen bis?
Weiterzählen, z.B.
    ab 6, ab 9, ab 12
Rückwärts zählen, z.B.
    ab 6, ab 9, ab 12, ab 20

•

9. Simultane Mengenerfassung
Material: Würfel oder Abbildungen von Würfelzahlbildern
Das Kind kann geordnete Mengen im Zahlenraum 1 bis 6 ohne abzuzählen visuell erfassen und benennen, z.B.
Lehrerin würfelt, lässt das Kind das gewürfelte Ergebnis kurz ansehen, deckt es dann ab. „Welche Zahl wurde gewürfelt?"
Weitere Überprüfungsmöglichkeiten bietet das Schnapp – Spiel, siehe Teil II, Kap. V, 3.

•

10. Zählen
Material: Muggelsteine o.ä.
Das Kind kann die Anzahl einer Elementenmenge bestimmen durch Zählen (richtige Zuordnung von Antippen, Element und Begriff), z.B
Lehrerin legt dem Kind eine bestimmte Anzahl von Muggelsteinen (4, 7, 15, etc.) vor und lässt sie zählen.
kann eine genannte Menge legen, z.B.
Lehrerin fordert das Kind auf, 3, 8, 14, etc. Muggelsteine auf den Tisch zu legen.
beim Zählen Ordnungsstrategien anwenden, z.B.
das Kind ordnet die zu zählenden Elemente als Zweierpäckchen, als Würfelzahlbild, etc.

11. Ziffern lesen
Material: Ziffernkarten von 0 bis 10 bzw. 20
Das Kind kann in ungeordneter Reihenfolge vorgelegte Ziffernkarten lesen, z.B.
> *Lehrerin legt dem Kind die Ziffernkarten in der Reihenfolge 1 – 4 – 3 – 5 – 2 – 0 – 7 – 6 – 9 – 8 – 10 vor.*
> *Das Kind liest die Ziffern vor (Verdrehungen?).*

•

12. Ziffern lesen
Material: Papier mit großen Rechenkästchen, Stift
Das Kind kann in ungeordneter Reihenfolge diktierte Zahlen schreiben, z.B.
> *Lehrerin diktiert die Zahlen 2 – 5 – 8 – 1 – 4 – 6 – 10 – 3 – 0 – 7 – 9.*
> *Das Kind schreibt die Ziffern (Verdrehungen?).*

•

13. Orientierung am Zahlenstrahl
Material: Ziffernkarten von 0 bis 10, bzw. 20
Das Kind kann zu vorgegebenen Zahlen den Nachfolger, bzw. den Vorgänger benennen und die entsprechende Ziffernkarte zuordnen, z.B.
> *Lehrerin legt die Ziffernkarten — 3 — , — 7 — , — 12 — ,— 17 —.*
> *Kind benennt zunächst die entsprechenden Nachfolger, dann die Vorgänger und ordnet die fehlenden Ziffernkarten zu.*
> *Diese Überprüfung ist auch durchzuführen mit dem Zahlenstrahl, Kapitel 9.4.3.*

die Begriffe „größer als" und „kleiner als" auf Zahlen bezogen anwenden, z.B.
> *anschließend an die o.a. Aufgaben;*
> *Impuls: „Welche Zahl ist <u>größer</u> als 3?" „Welche Zahl ist <u>kleiner</u> als 3?" usw.*

•

14. Operationen
Material: Muggelsteine o. ä., Papier, Stift.
Das Kind kann im Zahlenraum bis 10 bzw. bis 20
      a) eine verbal genannte Aufgabe,
      b) eine schriftliche Aufgabe,
als eine Operation mit Material durchführen und das Ergebnis benennen;

als eine Operation mit Material durchführen und Operation bzw. Ergebnis mit Zeichen und Ziffern schreiben;
ohne Hilfsmittel rechnen und aufschreiben; z.B.

Aufgaben sollten so gestaffelt sein, dass zunächst Plusaufgaben im Zahlenraum bis 5, dann bis 10, dann im Zahlenraum bis 20 erst ohne, dann mit Zehnerüberschreitung gegeben werden. Bei den Minusaufgaben sollte analog verfahren werden. Das gleiche gilt für Ergänzungsaufgaben. Von jedem Aufgabentypus sollten 2 bis 3 Aufgaben gestellt werden, das heißt z.B. im Bereich der Plusaufgaben:
3 + 1 , 2 + 2, 1 + 4, 5 + 2, 4 + 5, 2 + 7;
13 + 6, 11 + 4, 15 + 2 ;
8 + 7, 4 + 9, 6 + 5.
Mögliche Impulse:
„Ich sage dir eine Aufgabe. Lege sie mit Steinen und sage mir das Ergebnis."
„Ich sage dir eine Aufgabe. Rechne sie im Kopf und sage mir das Ergebnis."
„Ich sage dir eine Aufgabe. Schreibe sie auf und rechne aus."
„Ich habe dir eine Aufgabe aufgeschrieben. Lege sie mit Steinen und schreibe das Ergebnis auf."
„Ich habe dir eine Aufgabe aufgeschrieben. Rechne sie im Kopf aus und schreibe das Ergebnis auf."

Das Kind kann einer demonstrierten Operation mit Gegenständen eine rechnerische Operation zuordnen,
    a) verbal
    b) schriftlich
LehrerIn legt erst 3 Muggelsteine hin, dann einen daneben, zuletzt schiebt sie die Steine zusammen.
Möglicher Impuls: „Wie heißt die Aufgabe zu dem, was ich eben gemacht habe ?"
Eine andere Möglichkeit ist es, das Kind diese Handlungen durchführen zu lassen:
„Lege erst 3 Steine – dann lege 1 Stein dazu. Wie viele Steine hast du jetzt? Wie heißt die Aufgabe, die du eben gerechnet hast?"
Das Kind sollte die Operation zunächst benennen, später dann (nur noch) mit Ziffern und Zeichen aufschreiben.

•

15. Anwendung mathematischer Kenntnisse in Rechengeschichten
Das Kind kann die mathematische Aufgabenstellung in einer Geschichte erkennen, sie in eine Operation umsetzen und die Lösung auf die Geschichte anwenden, z.B.
> *„Du möchtest dir ein Stickeralbum kaufen. Es kostet 8 Mark. Du hast 6 Mark gespart."*

•

Zu Punkt 3:
Beobachtungen anhand der Informationsliste für auffälliges Verhalten[18]

Mit Hilfe der Informationsliste für auffälliges Verhalten kann eine Grobeinschätzung des allgemeinen Verhaltens des Kindes erfolgen. Es kann erfasst werden, ob neben den Beeinträchtigungen im mathematischen Denken auch andere Auffälligkeiten zu beobachten sind, so z.B. Beeinträchtigungen in der Gestimmtheit, im sozialen Verhalten und im Arbeitsverhalten. Die Checkliste kann weiter Hinweise auf Probleme geben, die möglicherweise auf eine emotionale Verursachung von Rechenstörungen schließen lassen. Letztendlich ist sie als Anregung zu verstehen, genauere Lern- und Verhaltensinformationen über das Kind einzuholen, was sonst vielleicht nicht mit der entsprechenden Systematik erfolgen würde.

Die Aufgliederung von Verhaltensauffälligkeiten in einzelne Bereiche lässt sich nicht ohne Überschneidungen durchführen. In manchen Fällen mag sie auch willkürlich erscheinen. In der Praxis hat sich die Auflistung in dieser Weise aber bewährt und verhilft zu einer möglichst genauen Verhaltensbeobachtung.

A. Funktionsstörungen innerhalb der Körpersphäre

1. Einnässen, Einkoten
2. Blasenstörungen
3. Darmfunktionsstörungen
4. Essstörungen (Erbrechen, Essunlust, Essgier, Bevorzugung weicher/ harter Speisen)
5. Allgemeine motorische Unruhe
6. Tics (Grimmassieren, Augenblinzeln, Schulterzucken, Stereotypien)
7. Motorische Ungeschicklichkeit (z.B. beim Essen, wirft häufig etwas um, lässt etwas fallen, stößt an Gegenstände)

---

[18] Diese Informationsliste ist in Anlehnung an die von THALMANN 1976 entstanden. Sie erschien erstmals in MILZ 1000 und wurde mit Ergänzungen als Beobachtungshilfe in weiteren Veröffentlichungen aufgeführt. Da sie sich in der Praxis bewährt hat, soll sie auch im Zusammenhang des diagnostischen Vorgehens bei Rechenstörungen nicht fehlen.

8. Haltungsfehler- /schäden (schlaffe Haltung, Schiefhals)
9. Sprechstörungen (Stottern, Lispeln, Stammeln, Artikulationsstörungen)
10. Vermehrter Speichelfluss (Mund häufig offen, Spuckepfützchen zwischen den unteren Schneidezähnen und Lippen)
11. Sinnesschwächen (Hörschwäche, Fehlhörigkeit, Schwerhörigkeit, Sehstörungen, Beeinträchtigungen der Okulomotorik), Probleme in der visuell-räumlichen Verarbeitung
12. Stoffwechselstörungen (Phosphatempfindlichkeit)
13. Kopfschmerzen
14. Hautaffekte (Jucken, Kribbeln, allergische Reaktionen, Neurodermitis, taktile Abwehr)
15. Asthmatische Beschwerden/häufige Bronchitis
16. Schlafstörungen, nächtliches Aufschrecken, schlimme Träume, Schlafwandeln, Kopfwerfen
17. Häufige Krankheitsneigung
18. Linkshändigkeit, Beidhändigkeit
19 Vasomotorische Störungen (Erblassen, Erröten, blaue Lippen, friert leicht, schwitzt leicht, vor allem an den Händen, gähnt schnell bei Anstrengung)
20. Vestibuläre Auffälligkeiten (Übelkeit beim Autofahren, vermeidet höhere Spielgeräte – Kletterturm, Rutsche)
21. Chronische Krankheiten
22. Körperliche Behinderungen (auch Magersucht und Fettsucht)

B. Abnorme Gewohnheiten innerhalb der Körpersphäre

23. Daumenlutschen
24. Händereiben
25. Nägelknabbern, Nägelzupfen, Hautzupfen
26. Haarausreißen
27. Exzessive Masturbation
28. Autoaggression

C. Störungen der Ich-Gefühle und Grundstimmungen

29. Allgemeine Ängstlichkeit
30. Angstzustände (Schulangst, Angst vor weißem Kittel)
31. Wehleidigkeit
32. Wechselnde Stimmungslage (Launenhaftigkeit)
33. Bedrückte Stimmungslage (Weinzustände, Depressionen)
34. Selbstmordversuche
35. Euphorie, Lachzustände

D. Soziale Störungen

36. Gestörter Blickkontakt
37. Überempfindlichkeit
38. Unempfindlichkeit
39. Einordnungsschwierigkeiten, Aufsässigkeit, Trotz
40. Übertriebene Eifersucht, Geschwisterrivalität
41. Emotionale Bindungsschwäche
42. Einzelgängertum (arbeitet, sitzt, ist am liebsten alleine, u.U. auch in den Schulpausen)
43. Übertriebene Kontaktsuche
44. Kontaktarmut
45. Schüchternheit
46. Übergefügigkeit, Weichheit, (unfähig, sich durchzusetzen)
47. Herrschsucht
48. Streitsucht, Rauflust, Unverträglichkeit
49. Brutalität (Quälereien von Menschen oder Tieren)
50. Boshaftigkeit, Hinterhältigkeit, Hang zum Zerstören
51. Starke Aggressivität
52. Feuer anzünden, Brandstiftung
53. Furcht vor bestimmten Menschen oder Tieren
54. Masochistische Regungen
55. Sexuelle Auffälligkeiten
56. Clownerie, Koketterie
57. Großmannssucht, Prahlerei, Hochstapelei
58. Schwindelei, Lügen
59. Dieberei, Betrügerei
60. Sprachstörungen, Mutismus, autonome Sprache, Babysprache
61. Gefühle der Minderwertigkeit innerhalb einer Gruppe
62. Starke Gehemmtheit

E. Störungen im Tätigkeits- und Leistungsbereich

63. Starke Verunsicherung bei Umstellung auf neue Situationen oder Menschen, bei Komplexität von Situationen, bei Anhäufungen von Menschen, unter Zeitbegrenzung oder Zeitdruck
64. Initiativelosigkeit
65. Phantasiearmut, Phantasielosigkeit
66. Tagträumereien
67. Spielstörungen, unfähig zu altersgemäßem Spiel
68. Unselbständigkeit, sucht auffallend oft die Bestätigung durch den Lehrer oder die Betreuungsperson, braucht ständig Zuwendung, nur,

wenn jemand danebensteht oder sitzt, kann das Kind arbeiten; hat Schwierigkeiten, in der Gruppe zu arbeiten
69. Mangelndes Zutrauen zu sich selbst; Ich-kann-nicht-Haltung
70. Verlangsamung von Handlungsabläufen (Aus-und Einpacken der Schulsachen, kommt beim Schreiben nach Diktat vom Schreibvorgang her nicht mit)
71. Verspieltheit, Träumerei
72. Rasche Ermüdbarkeit, geringes Durchhaltevermögen, gähnt bei kognitiver Beanspruchung
73. Zerstreutheit, Vergesslichkeit
74. Aufmerksamkeitsschwankungen, kurze Aufmerksamkeitsspanne, leicht ablenkbar
75. Erhebliche Konzentrationsstörungen, insbesondere bei Nebengeräuschen (wie z.B. im Klassenverband)
76. Erhöhte Reizbarkeit
77. Geringe Frustrationstoleranz
78. Motorische Unruhe, kippelt mit dem Stuhl, fällt häufig mit dem Stuhl um, muss ständig in Bewegung sein
79. Auffällige Grob-/Feinmotorik, auffällige Stifthaltung
80. Arbeitsunlust, Faulheit
81. Arbeitswut, Überfleiß
82. Extremer Ehrgeiz
83. Unreinlichkeit, Unordentlichkeit
84. Unpünktlichkeit
85. Pedanterie, Übersauberkeit, Überordentlichkeit
86. Auffällig schlechte Schrift, Stifthaltung, Stiftführung bei der Arbeit mit Lineal
87. Allgemeines Schulversagen
88. Schulversagen in einzelnen Leistungsbereichen
89. Partielle Lernschwäche
90. Versagen in bestimmten Situationen, Prüfungen, Klassenarbeiten
91. Sprachverstehensprobleme (versteht schlecht die deutsche Sprache, es kommt häufig zu Missverständnissen)
92. Sprachstörungen (spricht undeutlich, zu laut, zu leise, langsam, schnell, gepresst, fragt häufig nach, wiederholt die Frage, benutzt Füllwörter, Echolalie, es macht den Eindruck, als höre das Kind nicht richtig, Wortfindungsstörungen, Aufgabenverständnis verlangsamt, Dysgrammatismus)
93. Hat Schwierigkeiten, einen verbalen Auftrag in Handlung umzusetzen
94. Kann eine einmal begonnene Handlung schlecht unterbrechen oder abbrechen, um z.B. einen gegebenen Auftrag auszuführen
95. Kann keinen vorgegebenen Rhythmus nachklatschen

F. Innerfamiliäre Belastungen[19]

96. Anzahl der Kinder in der Familie, Stellung in der Geschwisterreihe, Geschwister ist ...Jahre älter, ...Jahre jünger; Junge, Mädchen
97. Tod eines Elternteiles
98. Krankheit in der Familie
99. Eltern geschieden oder leben in Scheidung
100. Kind lebt bei Mutter /Vater /außerhalb der Familie
101. Beengte Wohnverhältnisse
102. Wohnortwechsel
103. Schulwechsel, -versäumnisse

Bisherige Maßnahmen:

Zu Punkt 4:
Überprüfung oder Einschätzung der Leistungen in anderen Fächern

Hier ist es wichtig zu erfahren, ob das Kind auch in anderen Fächern Leistungsbeeinträchtigungen zeigt. Das könnte z.B. beim Vorliegen einer auditiven Wahrnehmungsstörung sein, die sich in einer Beeinträchtigung des Sprachverständnisses und der Sprachbenutzung zeigen kann. Auch eine visuelle Verarbeitungsschwäche wird sich in weiteren Bereichen des schulischen Lernens auswirken. Gleichermaßen ist es wichtig zu erfahren, wo die Leistungsstärken eines Kindes liegen, um ihm einmal zu vermitteln, dass es „auch etwas kann", zum anderen, um Kompensationsmöglichkeiten herauszufinden, Strategien, die dem Kind einen Ausgleich für seine Teilleistungsschwächen ermöglichen.

Zu Punkt 5:
Überprüfung der Intelligenz

Zur Überprüfung der Intelligenz kommen je nach Klassenstufe und Alter infrage:

HAWIK-III (Hamburg-Wechsler-Intelligenztest für den Altersbereich von 6 bis 15 Jahren), bei dem allerdings der Untertest „Rechnerisches Denken" nicht ohne kritische Betrachtung zur Beurteilung von Rechenleistungen eines Kindes herangezogen werden sollte,

---

[19] Zusätzlich zur Art und Weise des Verhaltens sind auch Informationen über das soziale Umfeld des Kindes für das Verständnis seiner Probleme notwendig und sollten da, wo es möglich ist, eingeholt werden.

K-ABC (Kaufmann-Assessment Battery for Children in der deutschsprachigen Fassung von MELCHERS u. PREUSS für den Altersbereich von 2,6 bis 12,5 Jahren),

CFT 1, CFT 2, CFT 3, (Grundintelligenztest Skalen 1-3 nach CATTEL/WEISS/OSTERLAND), CFT 20 (Grundintelligenztest Skala 2 nach WEISS),

Bei allen Testverfahren interessiert zunächst einmal das Gesamtergebnis. Die Tests aus der Reihe CFT sind für eine Profilanalyse als Hinweis auf evt. Teilleistungsschwächen weniger gut zu verwenden, allerdings lassen sie Schlüsse auf das allgemeine kognitive Potential des Kindes zu. Da sie aber auf visuelles Erfassen der Aufgaben angelegt sind, muss man bei Kindern mit Beeinträchtigungen in diesem Bereich bei der Interpretation der Ergebnisse darauf Rücksicht nehmen.

zu 5a):
Liegt das Ergebnis des Intelligenztestes unter der Norm, wird mit Hilfe einer Profilanalyse zu untersuchen sein, wodurch es zustande kam.

zu 5b):
Liegt das Ergebnis im Bereich der Norm, wird ebenfalls das Leistungsprofil analysiert.

Zu Punkt 6:
Profilanalyse

6a):
Liegt das Gesamtergebnis unter der Norm und ist das Leistungsprofil homogen, kann ein allgemeiner Begabungsmangel vorliegen, eine Pseudodebilität, oder es kann sich um extreme Beeinträchtigungen der Wahrnehmungsverarbeitung handeln. Nicht zuletzt muss man immer auch an emotionale Störungen denken.

6b):
Liegt das Leistungsprofil innerhalb der Norm und ist homogen, lässt sich vermuten, dass die Probleme des Kindes in seiner Person oder in seinem Umfeld liegen. Dann ist eine Persönlichkeitsdiagnostik zu empfehlen bzw. die Schul- und Klassensituation genauer zu hinterfragen.

6c):
Ist das Leistungsprofil inhomogen, könnten Teilleistungsschwächen die Ursache dafür sein.

Zu Punkt 7:
Überprüfung auf Teilleistungsschwächen

Die Möglichkeiten zur Überprüfung auf Teilleistungsschwächen werden in einer Übersicht zusammengefasst.

Bei den vorgeschlagenen Verfahren geht es einmal um gezielte Beobachtungen, die aber hier nicht im einzelnen beschrieben werden können. In der entsprechenden Literatur, z.B. von Frostig, Kiphard, Kephart finden sich Anregungen dafür. Es geht weiter um Testverfahren oder um Untertests aus Testverfahren, die in der Auflistung nur in Abkürzungen genannt werden. Die vollständige Bezeichnung erfolgt im Anschluss an das Literaturverzeichnis. Die genannten Überprüfungen sind im allgemeinen innerhalb der Schule, in jedem Falle durch Sonderschullehrer oder Schulpsychologen, durchzuführen. Untersuchungen durch Mediziner, Beschäftigungstherapeuten oder den Sprachheildienst werden gesondert ausgewiesen.

7a) Überprüfung der Grob- und Feinmotorik	mit Hilfe eigener Beobachtungen LOS, KTK, FTM, CMV
der Augenfolgebewegungen	evt. nach Delacato
7b) Überprüfung der interhemisphärischen Integration	Beobachtungen hinsichtlich des Überkreuzens der Mittellinie Bevorzugung von Hand, Auge, Ohr Untertests des FTM
durch Beschäftigungstherapeuten Schulpsychologen	
7c) Überprüfung der auditiven Verarbeitung	Untertests des HAWIK-III Untertests des PET nach Breuer-Weuffen
durch den HNO-Arzt bzw. Phoniater	Reintonaudiogramm Freiburger Sprachtest Dichotischer Hörtest, z.B. nach UTTENWEILER
durch den örtlichen Sprachheildienst	Sprachabstandsprüfung

7d) Überprüfung der visuellen Wahrnehmungsverarbeitung	eigene Beobachtungen innerhalb der Klasse Untertests aus dem HAWIK-III Untertests aus dem PET FEW, DTVP-2
durch den Augenarzt	Überprüfung des Visus, der Augenstellung, des Gesichtsfeldes der Akkommodation
7e) Überprüfung von Aktivierung, Konzentration, Aufmerksamkeit	gezielte Beobachtung in der Klassensituation Informationen anhand der Informationsliste durch Eltern u. Lehrer
7f) Überprüfung des Gedächtnisses	wie 7e) auch Beobachtungen beim Diktatschreiben

In manchen Fällen (z.B. bei Verdacht auf eine frühkindliche Hirnschädigung), wird es sinnvoll sein, eine Überprüfung durch den Kinderarzt vornehmen zu lassen
evt.
neurologische Untersuchung
EEG
neuropsychologische Untersuchung

Zu Seriation und Programmsteuerung:

Hierbei kommt es im wesentlichen auf die eigenen Beobachtungen an. Möglichkeiten zur Überprüfung der Seriation sind aber auch in den meisten Intelligenztests in einem oder mehreren Untertests enthalten.

Zur Anamnese:

Das Erfragen der Lebensgeschichte des Kindes kann Auskunft über eine Entwicklungsverzögerung oder darüber geben, wieweit emotionale Einflüsse sich auf das Lernen u. Verhalten des Kindes ausgewirkt haben könnten. Gefragt wird z.B.
 – nach dem Verlauf von Schwangerschaft und Geburt,
 – dem Verlauf der körperlichen, der motorischen und sprachlichen, sozialen Entwicklung,
 – nach Krankheiten innerhalb der ersten zwei Lebensjahre, in wieweit sie die Entwicklung beeinträchtigt haben könnten,
 – nach Schlaf- und Essgewohnheiten,
 – nach Art und Weise, wie Umstellungen verarbeitet werden, z.B. der Eintritt in den Kindergarten, der Eintritt in die Schule, wie Trennungssituationen von der Mutter erlebt werden,

- nach der emotionalen Grundstimmung, Ängsten, dem sozialen Verhalten,
- nach Auffälligkeiten im Arbeits- und Lernverhalten,
- nach Belastungssituationen innerhalb der Familie.

Diese Aufzählung kann nur als Anregung dienen. Ein Schema zur systematischen Erhebung einer Anamnese ist in M<small>ILZ</small> (2001, 2002) zu finden.

3. Außerschulische Beratungsmöglichkeiten

(I. ZOLLER)

Kinder mit Teilleistungsschwächen und/oder anderen Störungen, die das erfolgreiche Durchlaufen ihrer Schullaufbahn und ihre Gesamtentwicklung behindern oder erschweren, brauchen häufig umfangreichere Hilfen, als die, die eine Lehrerin anbieten kann. Um einerseits Eltern gezielt beraten und konkrete Hilfsmöglichkeiten aufzeigen, andererseits sich selbst entlasten und die Verantwortung mit anderen kompetenten Fachleuten teilen zu können, ist es notwendig, sich über mögliche außerschulische Beratungsstellen in der unmittelbaren Umgebung kundig zu machen.

Einrichtungen und deren Trägerschaft, ihr Vorkommen und ihre Ausstattung, sind je nach Stadt und Landkreis unterschiedlich. Hilfreich ist es, wenn man sich selbst einen Einblick in ihre Arbeit verschaffen kann. Kenntnisse über Arbeitsweise, Konzeption und Finanzierung erleichtern die Empfehlung von außerschulischen Fördermaßnahmen, die den Schwierigkeiten des Kindes und den Möglichkeiten der Eltern angemessen sind.

Die unten angeführten Möglichkeiten sind dabei als Anregung gedacht, wo und wie man Stellen für außerschulische Hilfen in Erfahrung bringen kann. Sie sollten den örtlichen Gegebenheiten entsprechend verändert und erweitert werden.

Allgemein
Gibt es einen Beratungsführer bzw. Informationsmaterialien der Kommune und/oder der Freien Träger?

1. Diagnose und Frühförderung
(vorher abklären, bis zu welchem Alter Kinder betreut werden);
z.B.:
    Pädagogische Frühförderung der Kommune / eines freien Trägers;
    Frühförderzentren, angeschlossen an Kliniken;
    Sozialpädiatrische Zentren;
    Vorsorgezentren für kindliche Entwicklungsstörungen;
    Kinderneurologische Zentren;

2. Sprachberatung
(evtl. Adressen von HNO-Ärzten, Phoniatern und/oder LogopädInnen, mit denen gute Erfahrungen in der Zusammenarbeit gemacht wurden);
z.B.:
    Ambulante Sprachberatung der Kommune /eines Freien Trägers (Informationen über das Gesundheitsamt);
    Phoniatrische Abteilung in Kliniken.

3. Psychomotorik
(evtl. Adressen von Sportvereinen, die spezielles Kindertraining/-turnen anbieten und/oder Adressen von BeschäftigungstherapeutInnen/ErgotherapeutInnen und/oder KrankengymnastInnen, die sich auf Entwicklungsstörungen/-verzögerungen spezialisiert haben);
z.B.:
 Verein zur Bewegungsförderung von Kindern (Psychomotorik) e.V.;
 Verein zur Förderung bewegungsgestörter Kinder e.V.;
 Informationen über Psychomotorik, z.B. vom:
 Aktionskreis Psychomotorik e.V. – Geschäftsstelle –
 Kleiner Schratweg 32
 32657 Lemgo

4. Erziehungs- und Lebensberatung
(evtl. Kontaktpersonen zum Jugend- und/oder Sozialamt);
z.B.:
 Erziehungsberatungsstellen, Sozialstationen der Kommune und/
 oder Freier Träger;
 Psychologische Beratungsstellen, Lebens- und Sozialberatung;
 Schulpsychologische Beratung (Informationen über das zuständige
 Staatliche Schulamt).

5. Ausländer
(Kontakte über das Staatliche Schulamt zu den muttersprachlichen Lehrkräften, Ausländerbeirat der Kommunen);
z.B.:
 Sozialberatungsstellen für ausländische Arbeitnehmer der Kommune und/oder Freier Träger.

6. außerschulische Aktivitäten
(Kirchengemeinden, Museumspädagogen, Volkshochschule);
z.B.:
 Jugendkunstschule, Jugendmusikschule;
 Jugendgruppen (u.a. in den Kirchengemeinden).

7. Selbsthilfegruppen
(Wegweiser „Selbsthilfegruppen" des Gesundheitsamtes, Informationen des Landessportbundes);
Informationen über:
 Bundesarbeitsgemeinschaft „Hilfe für Behinderte" e.V.
 Kirchfeldstr. 149, 40215 Düsseldorf;
 Deutsche Arbeitsgemeinschaft Selbsthilfegruppen e.V.
 Friedrichstr. 33, 35392 Gießen.

IV. Testverfahren zur Überprüfung von Kindern mit Rechenschwächen/Rechenstörungen*

Testverfahren können nicht alleine für die Beurteilung der rechnerischen Fähigkeiten eines Kindes ausreichen. Sie sollen aber als eine Ergänzung der eigenen Beobachtungen, wie sie hier unter „Möglichkeiten zum differenzierten Erfassen von Teilleistungsschwächen" aufgeführt wurden, verstanden werden. Unter Umständen weisen sie auch auf Fähigkeiten in bestimmten Bereichen hin, die übersehen oder nicht erwartet wurden.

Grundsätzlich ist es vorteilhaft, wenn derjenige, der üblicherweise mit dem Kind arbeitet, den Test selbst durchführt. Er kann das Kind beobachten und zusätzliche Informationen erhalten:
- wie geht das Kind vor,
- welche Strategien benutzt es, um zu einer Lösung zu kommen,
- wie verhält es sich insgesamt während des Testens?

Zur Zeit ermöglichen folgende Verfahren Vermutungen über die Einschätzung des Entwicklungsstandes eines Kindes in Bezug auf sein rechnerisches Denken:

Osnabrücker Test zur Zahlbegriffsentwicklung (OTZ)

Demat 1 +
Deutscher Mathematiktest für erste Klassen

Zareki Testverfahren zur Dyskalkulie

Jeder dieser Tests hat seine besonderen Schwerpunkte. Insgesamt wird aber das, was als stufenweiser Aufbau des mathematischen Denkens bisher aufgeführt wurde, angesprochen.

Die Testverfahren sollen als Möglichkeit betrachtet werden, zu erkennen
- wo steht das Kind,
- was kann es schon,
- in welchen Bereichen benötigt es Hilfe?

---

* Die Beschreibungen der Tests wurden zum Teil wörtlich aus den Manualen übernommen.

Und nach einer Phase der Förderung mit Hilfe von Testverfahren mit Parallelform kann sich zeigen:
- Wurde durch die Förderung ein Fortschritt erreicht,
- in welchen Bereichen zeigen sich Fortschritte,
- wo muss weiter gefördert werden?

Nur mit einer gezielten Förderung können Rechenschwächen ab- und mathematisches Denken aufgebaut werden.

1. Osnabrücker Test zur Zahlbegriffsentwicklung (OTZ) (VON J.E.H. VAN LUIT, B.A.M. VAN DE RIJT UND K. HASEMANN)

(H. FELSER-HOOS)

1.1 Zur Lernausgangslage der Schulanfänger

Die Entwicklung mathematischer Fähigkeiten und Fertigkeiten beginnt lange vor Eintritt in die Schule. Aufgrund unterschiedlicher Entwicklungsbedingungen wird das Vorwissen der Schulanfänger immer heterogener. Die Vorkenntnisse reichen „vom kaum verstandenen Aufsagen der Zahlenreihe und Ziffernschreiben bis hin zum Addieren und Subtrahieren im Raum bis 100" (GUDER, 1999, S. 10). Der Entwicklungsunterschied zwischen einzelnen Kindern kann bis zu vier Jahre betragen (LORENZ, 1999, S. 52).

Die meisten Schulanfänger verfügen nach Untersuchungen von GRASSMANN u.a. (1995) und RINKENS (1996) über ein hohes mathematisches Vorwissen. Der Anfangsunterricht in Mathematik – ebenso die neuen Schulbücher – wurden inzwischen dem höheren Wissensstand der Kinder angepasst. Der pränumerische Vorkurs zur Zahlbegriffsbildung wurde gekürzt, die Zahlenraumerweiterung bis 20 vorgezogen.

Für Schulanfänger mit geringen mathematischen Vorkenntnissen verschlechtern sich dadurch die Startchancen. Damit auch sie das Rechnen erfolgreich lernen können, müssen fehlende Lernvoraussetzungen rechtzeitig erkannt und umfassende Fördermaßnahmen frühzeitig eingeleitet werden.

Zur Überprüfung des mengen- und zahlenbezogenen Vorwissens von Vorschulkindern und Schulanfängern gibt es für den deutschen Sprachraum bisher erst ein Verfahren[20], den **„Osnabrücker Test zur Zahlbegriffsentwicklung" (OTZ)**.

1.2 Beschreibung: „Osnabrücker Test zur Zahlbegriffsentwicklung"

Der Test wurde 1994 an der Universität Utrecht[21] entwickelt und erprobt; die deutsche Version erschien 2001.

---

[20] Z.Zt. entwickelt Krajewski (2001) ein Testverfahren, mit dem die ökonomische Überprüfung aller Vorschulkinder und damit die Erfassung aller Risikokinder möglich ist. Auch von Aster (2002) und Lorenz (2003, S. 168) arbeiten an Tests für das Vorschulalter.

[21] In den Niederlanden ist der Test unter dem Titel „Utrechtse Getalbegrip Toets" (UGT) erschienen.

Mit dem Verfahren können 5 bis 7 1/2 jährige Kindergarten- bzw. Grundschulkinder getestet werden; eine verzögerte Zahlbegriffsentwicklung kann bereits ab Mitte des zweiten Kindergartenjahres erkannt werden.

Der Test besteht aus zwei Parallelformen (A und B) mit jeweils acht Subtests. Jeder Teiltest überprüft mit fünf Aufgaben, deren Schwierigkeitsgrad ansteigt, eine Komponente des Zahlbegriffs. Die gelösten Aufgaben zeigen den aktuellen Entwicklungsstand eines Kindes. Auf der Grundlage der Testergebnisse können gezielt Fördermaßnahmen durchgeführt werden. Der Fördererfolg lässt sich mit der Parallelform des Tests überprüfen.

Die Aufgabenstellungen des Tests und das geforderte Antwortverhalten (konkretes Handeln mit kleinen Holzwürfeln, durch Linien verbinden, ...) sind kindgemäß. Die zeichnerische Darstellung der Aufgaben im Testheft ist übersichtlich und auf das Wesentliche konzentriert.

Der **Osnabrücker Test zur Zahlbegriffsentwicklung** wurde als **Einzeltest** konzipiert; die Durchführung dauert 25 bis 30 Minuten.

1.2.1 Die Subtests des OTZ

Vergleichen
Der Teiltest zeigt, ob die Kinder über die **begrifflichen Voraussetzungen** für die Bildung mathematischer **Ordnungsbegriffe und -relationen** verfügen. Sie sollen Objekte nach **quantitativen bzw. qualitativen Merkmalen vergleichen**.
(Beispiel: „Zeige auf die Kiste mit den wenigsten Murmeln".)

Klassifizieren
Aus verschiedenen Objektmengen sollen die Kinder nach **vorgegebenen Kriterien** eine **Auswahl treffen.**
(Beispiel: „Zeige auf die Menschen, die eine Tasche, aber keine Brille tragen".)

Eins-zu-Eins-Zuordnen
Die Kinder sollen durch Eins-zu-eins-Zuordnungen **Mengen** miteinander **vergleichen**.
(Beispiel: „Du hast eine Vier gewürfelt. Kannst du die gleiche Anzahl von Holzwürfeln auf den Tisch legen?")

Nach Reihenfolge ordnen
Mit diesem Teiltest wird überprüft, ob die Kinder eine **(in)korrekte Reihenfolge** von Objekten **erkennen** bzw. selbst **herstellen** können.
(Beispiel: „Zeige auf den Kasten, in dem die Murmeln von klein und hell nach groß und dunkel geordnet sind.")

Zahlwörter benutzen
Mit den Aufgaben dieses Subtests werden im **Zahlenraum bis 20** das **Zählen** (vorwärts, rückwärts, weiterzählen), sowie die richtige Verwendung der **Kardinal- und Ordinalzahlen** überprüft.
(Beispiel: „Zeige auf die achtzehnte Blume").

Synchrones und verkürztes Zählen
Neben der **Spontanerfassung** von **Würfelbildern** wird das **Abzählen unterschiedlich angeordneter Mengen** überprüft. Beim **Zählen** dürfen die Kinder die Objekte mit dem Finger **antippen**.
(Beispiel: Auf dem Tisch liegen neun Würfel in einem Kreis. Zeige auf die Würfel und zähle sie.)

Resultatives Zählen
Die Kinder sollen **strukturierte, unstrukturierte** bzw. **versteckte Mengen ohne Antippen zählen**.
(Beispiel: Der Versuchsleiter schiebt zuerst 5, dann 7 Würfel unter seine Hand; das Kind soll die Gesamtmenge nennen.)

Anwenden von Zahlenwissen
Mit diesem Teiltest wird überprüft, ob die Kinder die **Zahlen bis 20** in einfachen **Alltagssituationen** anwenden können.
(Beispiel: „Ein Bauer hat 8 Hühner. Er kauft noch zwei Hühner. Wie viele Hühner hat der Bauer jetzt? Zeige auf den Kasten mit der richtigen Anzahl von Hühnern.")

1.2.2 Durchführung und Auswertung

Die Durchführung des Tests ist im Handbuch genau beschrieben. Die Testanweisungen, die den Kindern bei den einzelnen Aufgaben mündlich gegeben werden, sind z.T. sprachlich sehr komplex. Das zur Durchführung der Aufgaben benötigte Material (Arbeitsblätter, Holzwürfel, usw.) ist zu Beginn der Anweisungen aufgelistet.
Nach Durchführung des Tests werden die Antworten mit einem Ergebnisschlüssel auf ihre Richtigkeit überprüft. Für jede richtig gelöste Aufgabe gibt es einen Punkt. Die Gesamtpunktzahl wird mit Hilfe einer Tabelle in ein **Kompetenzergebnis** umgewandelt. Durch Vergleich des Kompetenzergebnisses mit den Resultaten Gleichaltriger lässt sich das **Niveau der Zahlbegriffsentwicklung** eines Kindes ermitteln. Hierzu liegen Normwerte für fünf Altersgruppen von 5 bis 7 $^1/_2$ Jahren vor. Es können fünf Niveaustufen – A bis E – erreicht werden. Niveaustufe A bezeichnet eine gute bis sehr gute Leistung; sie wird von ca. 25% einer Altersgruppe erzielt. Niveaustufe E bezeichnet ein sehr schwaches bis schwaches Ergebnis. Kinder auf diesem Niveau können nur wenige

Aufgaben richtig lösen; ihr Ergebnis gehört zu den 10% schlechtesten einer Normgruppe.

1.2.3 Gesamtbeurteilung des Tests

Die Testaufgaben des OTZ konzentrieren sich auf die Erfassung des mengen- und zahlenbezogenen Vorwissens (simultane Mengenerfassung, Zähl- und Abzählfertigkeiten, usw.). Ein weiterer wichtiger Faktor für die Entwicklung rechnerischer Fertigkeiten, der so genannte „Zahlen-speed" (Krajewski, 2001) wird in dem Test nicht berücksichtigt, die einzelnen Aufgaben sind zeitlich nicht begrenzt. (Nur für den Gesamttest liegt eine Zeitvorgabe von 25 bis 30 Minuten vor.) Vor allem bei älteren Kindern (6 bis 7 $^1/_2$) sollte dieser Faktor bei der Testdurchführung beachtet werden. Die Schnelligkeit, mit der Kinder Mengen, Zahlen, Aufgabenstellungen wahrnehmen, hat nach den Untersuchungen von Krajewski Einfluss auf die mathematische Kompetenz in der Grundschule.

Die Arbeitsanweisungen und die Aufgabenstellungen des OTZ sind sprachlich sehr komplex. Sie stellen hohe Anforderungen an das Sprachverständnis und das verbale Gedächtnis der Kinder. Auffälligkeiten, die sich bei der Testdurchführung zeigen, sollten durch ergänzende Verfahren näher untersucht werden.

Einige Aufgaben erfordern eine gute visuelle bzw. räumliche Wahrnehmungs-, Verarbeitungs- und Speicherfähigfähigkeit. Fehlerhafte Lösungen können erste Hinweise auf Defizite in diesen Bereichen, die nicht selten zu den Hauptursachen einer Rechenstörung gehören, geben.

Als besonders positiv möchte ich die „Hinweise für die Beobachtung bei der Testdurchführung" (Manual, 2001, S. 24/25) hervorheben. Sie leiten zum gezielten Beobachten der gewählten Lösungsstrategien an und geben wertvolle Hinweise für erforderliche ergänzende Untersuchungen und Hilfsmaßnahmen.

1.3 Befundbeispiel

Jan war zum Zeitpunkt der Testdurchführung 6;9 Jahre alt. Seit drei Monaten besuchte er die erste Klasse einer Grundschule. Vor der Einschulung war er drei Jahre in einem Kindergarten. Bereits in den ersten Schulwochen fiel er durch große Schwierigkeiten mit Mengen, Zahlen und Zahlwörtern auf. Die Eltern wünschten eine frühzeitige Überprüfung; sie befürchteten, bei Jan könne genau wie bei seinem um zwei Jahre älteren Bruder eine Rechenstörung vorliegen. Da Schulleistungstests frühestens Ende der 1. Klasse eingesetzt werden können, bot sich als Testverfahren der OTZ an.

Ein Intelligenztest konnte nicht durchgeführt werden, da Jan bei der Überprüfung durch den Schulpsychologen die Mitarbeit verweigerte. Das Ergebnis eines Mann-Zeichen-Tests lag vor, der MZQ[22] war 111 (Ziler, 2000, S. 11).

Das Testergebnis:

OTZ
Osnabrücker Test zur Zahlbegriffsentwicklung

Ergebnisbogen

Testversion A

Name: Jan
Nationalität: dt   Geschlecht: [x] m [ ] w
~~Gruppe~~/Schule: GS / 1. Schj.
Testdatum: 13. 11. 02
Geburtsdatum: 7. 2. 96
Alter (Jahre; Monate): 6; 9

Aspekt des Tests	Beobachtungen	richtig/falsch
Vergleichen		
1 Pilz höher als Blume	✓	1
2 Mann, der dicker ist ...	✓	1
3 Niedrigstes Haus	✓	1
4 Indianer mit weniger Federn	✓	1
5 Schachtel mit wenigsten Murmeln	✓	1
Ergebnis „Vergleichen"		5 P.
Klassifizieren		
6 Kann nicht fliegen	✓	1
7 Kasten mit fünf Quadraten	zählt Quadrate	1
8 Alle grauen Kreise	✓	1
9 Menschen mit Tasche, ohne Brille	beachtet nur „mit Tasche"	0
10 Äpfel ohne Blatt mit Wurm	✓	1
Ergebnis „Klassifizieren"		4 P.
Eins-zu-eins-Zuordnen		
11 Vier Würfel	zählt Würfelpunkte; Arbeitsrichtung: rechts → links	1
12 Elf Würfel	zählt; legt 9 Ü. mit linker Hand	0
13 Kerzen-Kerzenhalter	verbindet 4 K. mit 2 verschiedenen Leuchtern	0
14 Jedes Huhn ein Ei	versteht Anweisung nicht, sucht 1 Ei	0
15 Kasten mit Punkten-Luftballons	zeigt beliebige Punktemenge (20)	0
Ergebnis „Eins-zu-eins-Zuordnen"		1 P.

---

[22] Mann-Zeichen-Quotient

Aspekt des Tests	Beobachtungen	richtig/falsch
Nach Reihenfolge ordnen		
16 Äpfel von groß nach klein	beachtet nur „groß"	0
17 Zuckerstangen, dünn nach dick	zeigt ungeordnete Reihe (B.3)	0
18 Murmeln klein/hell-groß/dunkel	zeigt zwei falsche Lösungen (B.2/3)	0
19 Hunde-Stöcke	zwei falsche Zuordnungen	0
20 Brotscheiben, viel nach wenig	erkennt Reihenfolge nicht	0
Ergebnis „Nach Reihenfolge ordnen"		0 P.
Zahlwörter benutzen		
21 Zähle bis 20	zählt: 1,2,3...14,18,19,12	0
22 Kasten mit 7 Punkten	zeigt Kasten mit 6 Punkten	0
23 Weiterzählen von 9 bis 15	falsche Zahlwortreihe; beginnt mit 1	0
24 18. Blume	Arbeitsrichtung: rechts→links; zeigt 4.Bl.	0
25 Zählen bis 14, je 1 überspringen	zählt in Einerschritten	0
Ergebnis „Zahlwörter benutzen"		0 P.
Synchrones und verkürztes Zählen		
26 16 Würfel zählen (4 Reihen)	zählt doppelt; vergisst W.; 9 W.	0
27 9 Würfel im Kreis zählen	s. Aufg. 26; 8 W.	0
28 20 ungeordnete Würfel zählen	falsche Zahlwortreihe	0
29 Punkte auf Würfeln	erkennt Würfelbilder (4/5) nicht	0
30 17 Würfel rückwärts zählen	zählt vorwärts; falsche Wortreihe	0
Ergebnis „Synchrones und verkürztes Zählen"		0 P.
Resultatives Zählen		
31 Reihe mit 11 Würfeln legen	legt 10 W.; falsche Arbeitsrichtung	0
32 20 Würfel, ohne Berühren	sagt mechanisch Zahlwortreihe auf	0
33 15 Würfel, ohne Berühren	antwortet: 3 oder 3 oder 8	0
34 19 Würfel, ohne Berühren	falsche Zahlwortreihe	0
35 5 Würfel, 7 dazu	antwortet 18	0
Ergebnis „Resultatives Zählen"		0 P.
Anwenden von Zahlenwissen		
36 Meiste Bonbons	✓	1
37 9 Murmeln, 3 verloren	zeigt auf K. mit 5 Murmeln	0
38 8 Hühner, 2 dazu	zeigt 11 Hühner	0
39 Anzahl Fenster im Gebäude	tippt mit linkem Zeigefinger	1
40 Würfelspiel, wie viele Punkte	erkennt Würfelbilder (5/6) nicht; zählt richtig; zeigt falsche Zahl	0
Ergebnis „Anwenden von Zahlenwissen"		2 P.
GESAMTERGEBNIS		12 P.
Kompetenzergebnis		46 P.
Niveau der Zahlbegriffsentwicklung		E

Seite 165/166 aus: OTZ, © Testzentrale Hogrefe, Göttingen. Alle Rechte vorbehalten.

Jan wurde mit der Version A getestet. Ingesamt löste er 12 Aufgaben richtig, damit erreichte er ein Kompetenzergebnis von 46. Bezogen auf seine Altersgruppe (IV: 6.06 – 6.11 Jahre) entsprach dies einer Zahlbegriffsentwicklung auf Niveaustufe E.

Außer in den Subtests „Vergleichen" und „Klassifizieren" löste Jan kaum Aufgaben richtig. Selbst vier Würfelpunkte (Aufgabe 11) konnte er weder simultan noch durch Abzählen richtig ermitteln. Die Zahlwörter kannte er nur vorwärts bis 14 in der richtigen Reihenfolge; rückwärts, bzw. weiterzählen konnte er nicht.

Bei der Testdurchführung zeigte Jan außerdem große Unsicherheiten in der Arbeitsrichtung (von rechts nach links), eine unausgeprägte Handdominanz (arbeitete mal mit der rechten, mal mit der linken Hand) und visuelle Gedächtnisprobleme (Würfelbilder wurden nach Wiederholung nicht wiedererkannt).

Die o.a. Testergebnisse und Beobachtungen zeigten deutlich, dass dem Jungen alle Voraussetzungen für eine erfolgreiche Bewältigung der schulischen Anforderungen fehlten. Er wurde kurzfristig ausgeschult und in einen Schulkindergarten (Rheinland-Pfalz) aufgenommen.

Die durch den Test aufgedeckten Entwicklungsrückstände in einigen Komponenten des Zahlbegriffs wurden einmal wöchentlich gezielt aufgearbeitet. Zusätzlich fand eine ergotherapeutische Behandlung statt. Nach einer dreimonatigen Förderzeit wurde Jan mit der Version B des Tests überprüft. Bei der zweiten Testdurchführung erreichte er 17 Punkte; das entsprach einem Kompetenzergebnis von 57. Da sich seine Altersgruppe verändert hatte (V: 7.00 – 7.05), verbesserte sich trotz eines Zuwachses von 11 Punkten[23] seine Niveaustufe nicht. Seine nicht unerhebliche Leistungssteigerung ließ jedoch auf weitere Fortschritte bis zum Einschulungstermin hoffen.

Beim Vergleich der beiden Testergebnisse wurde deutlich, dass Jan vor allem bei Eins-zu-Eins-Zuordnungen, beim Zählen und beim Erkennen von Würfelbildern Fortschritte gemacht hatte.

---

[23] Im Manual (S. 28) wird ein Zuwachs von 7 bis 8 Punkten als Erfolg bezeichnet.

Literatur

Aster, M. von: Vortrag am 14. Fachkongress des Bundesverbandes Legasthenie e.V. 19.-21. 9. 2002, Freiburg

Barth, K.: Lernschwächen früh erkennen im Vorschul- und Grundschulalter, Reinhardt, München, 1999[2]

Guder, R.: Mathemathik in der Anfangsphase des 1. Schuljahres, NLI-Bericht 34, Niedersächsisches Landesinstitut für Lehrerfortbildung und Unterrichtsforschung; Hildesheim, 1999[9]

Grassmann, M./Klunter, M./Mirwald, E./Veith, U.: Arithmetische Kompetenz von Schulanfängern – Schlussfolgerungen für die Gestaltung des Anfangsunterrichts. Sachunterricht und Mathematik in der Primarstufe, 23, S. 314 – 321

Lorenz, J.H.: Früherkennung und Förderung bei Rechenschwächen mit und ohne Legasthenie, in: Bundesverband Legasthenie, Kongressbericht, 1993, S. 417 – 429

Lorenz, J.H.: Vorschläge für eine veränderte Unterrichtskultur, in: Landesinstitut für Erziehung und Unterricht Stuttgart: Schwierigkeiten im Mathematikunterricht der Grundschule, Stuttgart, 1999, S. 52-60

Lorenz, J.H.: Überblick über Theorien zur Entstehung und Entwicklung von Rechenschwächen, in: Fritz, A./Ricken. G./Schmidt S. (Hrsg.) Rechenschwäche, Lernwege, Schwierigkeiten und Hilfen bei Dyskalkulie, Beltz, Weinheim, 2003, S. 144 – 178

Krajewski, K.: Vorhersage von Rechenschwäche in der Grundschule: Eine Längsschnittstudie, 2001, Internetseite: http://www.psychologie.uni-wuerzburg.de/i4pages/html/rechenschwaeche _ gs.html.20.09.2003.18:31

Luit, J.E.H. van/Rijt, B.A.M. van de/Hasemann, K.: OTZ, Osnabrücker Test zur Zahlbegriffsentwicklung, Hogrefe, Göttingen, 2001

Rinkens, Arithmetische Fähigkeiten am Schulanfang, 1996, http://math-www.uni-paderborn.de/~rinkens/

Ziler, H.: Der Mann-Zeichen-Test, Aschendorff, Münster, 2000[11]

2. DEMAT 1+
Deutscher Mathematiktest für erste Klassen
(VON K. KRAJEWSKI, P. KÜSPERT und W. SCHNEIDER unter Mitarbeit VON M. VISÉ)

(H. FELSER-HOOS)

2.1 Zum Bedarf an Rechentests

Seit Jahren fehlen in Deutschland geeignete Tests zur objektiven Leistungsfeststellung in Mathematik. Einige, leider auch häufig zur Abklärung von Rechenstörungen verwendete Verfahren, sind entweder veraltet (z.B.: MT 2 u. DER 3, jeweils in 2. Auflage seit 1992) oder entsprechen nicht den deutschen Lehrplänen (z.B.: Schweizer Rechentest 1.-3. Klasse). Sie überfordern die Schüler in Bezug auf Aufgabenstellung, Leistungsniveau und Formulierung der Textaufgaben.

Der Bedarf an geeignetem Testmaterial soll in absehbarer Zeit durch die Serie „Deutsche Mathematiktests (DEMAT)" für die Klassenstufen 1 bis 6 gedeckt werden. Die Testreihe basiert auf den Lehrplänen aller deutschen Bundesländer. Die neuen Testverfahren sollen sowohl den Leistungsvergleich zwischen Klassen und Schulen als auch die individuelle Leistungsdiagnostik einschließlich der Diagnose von Rechenschwächen verbessern helfen.

Der erste Test dieser Reihe, der DEMAT 1+, ist seit Herbst 2002 im Handel.

2.2 Beschreibung des DEMAT 1+

Das Testverfahren wurde am Lehrstuhl für Psychologie IV der Universität Würzburg entwickelt und an Schulen in fast allen Bundesländern erprobt. Der DEMAT 1+ ist ein Gruppentest, mit dem sich die Rechenleistungen ganzer Schulklassen Ende des ersten, bzw. Anfang des 2. Schuljahres ökonomisch überprüfen lassen. Die Pseudoparallelformen A und B, die sich nur in der Reihenfolge der Aufgaben unterscheiden, dienen lediglich zur Gruppeneinteilung beim Testen von Klassen. Zur Feststellung eines Lernzuwachses im Rahmen einer Förderdiagnostik sind sie ungeeignet. Die Durchführung des Gruppentests dauert maximal 45 Minuten.

Die Testaufgaben können normalerweise von einem sehr hohen Prozentsatz (60-70%) der Stichprobe gelöst werden. Infolgedessen differenziert der Test im oberen Leistungsbereich kaum. Leistungsschwächere Schüler jedoch, die den Rechenlehrgang des ersten Schuljahres noch nicht erfolgreich bewältigt haben, lassen sich im Klassenverband leicht identifizieren und können frühzeitig gezielt gefördert werden.

Da der DEMAT 1+ im unteren Leistungsbereich besonders gut differenziert, bietet er sich nach Ansicht der Autoren (Manual S. 7) auch für eine frühzeitige Diagnose einer Rechenstörung an. Hierzu sollte der Test als Einzeltest durchgeführt werden, da sich dabei die Lösungsstrategien der Kinder besser beobachten lassen. Der Zeitbedarf für den Einzeltest ist nicht angegeben.

2.2.1 Die Subtests des DEMAT 1+

Der DEMAT 1+ besteht aus neun Subtests mit insgesamt 36 Aufgaben.

Mengen-Zahlen
Mit den Aufgaben dieses Subtests werden die **Anzahlerfassung** und das **Zahlenverständnis** der Schüler überprüft. Objektmengen sollen einander angeglichen, verglichen oder halbiert werden.

Zahlenraum
Dieser Subtest überprüft die **Orientierung im Zahlenraum.** Auf einem horizontalen Zahlenstrahl sollen die Schüler in markierte Felder die entsprechenden Zahlen eintragen, bzw. auf drei vertikalen Strahlen vorgegebene Zahlen positionieren.

Addition und Subtraktion
Die Schüler sollen je vier **Additions- und Subtraktionsaufgaben im Zahlenraum bis 20** lösen. Der Wechsel von Plus- und Minusaufgaben in einem Aufgabenblock erfordert von ihnen Flexibilität im Umgang mit Lösungsverfahren.

Zahlenzerlegung-Zahlenergänzung
Anhand von **Platzhalteraufgaben** wird die Zahlenzerlegung bzw. -ergänzung überprüft.
Beispiele: $20 = 11 + ?$; $6 + ? = 9$

Teil-Ganzes
Die Bearbeitung dieses Subtests setzt voraus, dass die Schüler verstanden haben, dass sich jede Zahl in verschiedene Teile zerlegen lässt. Nur dann können sie die Platzhalteraufgaben, bei denen **auf beiden Seiten der Gleichung eine zerlegte Zahl** steht, lösen.
Beispiel: $5 + ? = 6 + 2$

Kettenaufgaben
In diesem Teiltest sollen die Schüler **viergliedrige Additions- und Subtraktionsaufgaben** (z.T. mit Zehnerübergang) lösen.
Beispiel: $5 + 4 + 2 + 4 =$

Ungleichungen
Die **Relationszeichen** >, <, = sollen von den Schülern richtig eingesetzt werden. Die Schwierigkeit der Aufgaben besteht darin, dass auf einer Seite der Gleichung eine zerlegte Zahl steht.
Beispiel: 6 + 12 ? 19

Sachaufgaben
In diesem Subtest sollen die Schüler unterschiedliche Typen von Textaufgaben[24] lösen. Die einzelnen Aufgabentypen – **Austausch-, Kombinations-, Vergleichs- und Angleichungsaufgaben** – unterscheiden sich in ihrem Schwierigkeitsgrad.
Beispiel Vergleichsaufgabe: Tilo und Marco spielen Karten. Tilo hat 6 Karten. Er hat 3 Karten weniger als Marco. Wie viele Karten hat Marco?

2.2.2 Durchführung und Auswertung

Die Durchführung des Tests bereitet keine Schwierigkeiten. Die Testanweisungen, die wortgenau vorgelesen werden müssen, sind sehr umfangreich. Zu Beginn fast aller Subtests werden die Schüler durch eine Leitaufgabe auf die jeweils geforderte Aufgabenart vorbereitet. Die für die einzelnen Aufgabengruppen festgelegten Zeitgrenzen müssen eingehalten und mit einer Stoppuhr kontrolliert werden.

Die Auswertung des Tests lässt sich sehr leicht und ökonomisch mit Hilfe von (drei) Schablonen durchführen. Jede richtig gelöste Aufgabe wird mit einem Punkt bewertet.

Die ermittelten Werte werden mit Hilfe von Tabellen in Normwerte umgewandelt, d.h.: Die Leistungen eines Kindes werden mit den Ergebnissen einer Vergleichsgruppe in Beziehung gesetzt. Hierfür liegen sowohl altersbezogene (Ende 1./Anfang 2. Schuljahr) als auch geschlechtsbezogene (Jungen/Mädchen) Normentabellen[25] in Prozenträngen und T-Werten vor.

---

[24] In einer Studie des Max-Planck-Institutes für psychologische Forschung in München konnten die Angleichungsaufgaben von fast allen Erstklässlern gelöst werden, aber nur ein Drittel der gleichen Kinder löste die Vergleichsaufgaben. „Vergleichsaufgaben stellen ... höhere Anforderungen an das mathematische Verständnis als die übrigen Aufgabentypen" (Stern, 2002, S. 167). Andererseits tragen sie zur „Erweiterung des mathematischen Verständnisses bei" (ebenda S. 170).

[25] An Hand einer Längsschnittuntersuchung konnten die Autoren des Tests geschlechtsspezifische Unterschiede zugunsten der Jungen nachweisen. Jungen zeigen bereits im Kindergartenalter einen Vorsprung im mengen- und zahlenbezogenen Vorwissen. Zu Beginn der Grundschulzeit (1./2. Schuljahr) sind ihre Mathematikleistungen deutlich besser als die der Mädchen (Krajewski 2001).

Der **Prozentrang (PR)** gibt an, wie viel Prozent der Vergleichsgruppe genau so viele oder weniger Aufgaben gelöst haben. Je höher der Prozentrangwert desto besser ist die Leistung eines Kindes. Ein Prozentrang von 16 oder darunter weist auf eine unterdurchschnittliche Leistung hin; hier besteht Förderbedarf.

Der **T-Wert** vergleicht die individuelle Leistung eines Kindes mit dem Durchschnittwert (T-Wert = 50) der Vergleichsgruppe. Ein T-Wert unterhalb 40 zeigt eine unterdurchschnittliche Leistung an. Ohne gezielte Unterstützung wird das Kind kaum ausreichende Leistungen erzielen können.

Der DEMAT 1+ bietet auch die Möglichkeit, die Testergebnisse eines Kindes auf Subtestebene auszuwerten. Hierfür liegen ebenfalls alters- und geschlechtsbezogene Prozentrangtabellen vor. Mit Hilfe der Prozentrangwerte lässt sich auf dem Deckblatt ein Leistungsprofil grafisch darstellen. Dadurch erhält der Tester einen Überblick über die Stärken und Schwächen eines Kindes und Hinweise auf Förderschwerpunkte.

2.2.3 Gesamtbeurteilung des Tests

Mit dem DEMAT 1+ (so wie mit den geplanten Tests dieser Serie) steht erstmals ein Testverfahren zur Verfügung, dem die Lehrpläne aller deutschen Bundesländer zu Grunde liegen. Er ermöglicht einen Leistungsvergleich zwischen Klassen und Schulen in der gesamten Bundesrepublik; nach PISA eine wünschenswerte Entwicklung. Auch für die individuelle Leistungsdiagnostik zur Überprüfung der erreichten Lernziele des ersten Schuljahres ist der Test gut geeignet.

Zur Erfassung einer Rechenstörung ist das Niveau der Testaufgaben z.T. zu hoch. Bei der Aufgabenauswahl wurde der erste Zehner zu wenig berücksichtigt, die meisten Aufgaben überprüfen die Zehnerüberschreitung bzw. die Rechenfertigkeiten im Zwanzigerraum. Kinder mit erheblichen Entwicklungsrückständen werden dadurch leicht frustriert. Die Subtests „Zahlenzerlegung – Zahlenergänzung", „Teil – Ganzes" und „Ungleichungen" kumulieren Problembereiche rechenschwacher Schüler.

Bei der Verwendung des DEMAT 1+ zur Diagnostik einer Rechensstörung ergänze ich die Testaufgaben durch solche, die grundlegende mathematische Fertigkeiten des ersten Schuljahres überprüfen: z.B. Zählen, Zahlenschreiben, Additionen und Subtraktionen im Zahlraum bis 10 und Kopfrechnen. Nach meinen Erfahrungen ist es günstiger mit Aufgaben des ersten Zehners zu beginnen und das Anforderungsniveau langsam zu erhöhen. Die Aufgaben der o.a. Subtests (5, 6 und 8) können die Kinder im allgemeinen nicht auf der Zahlenebene lösen. Bei der Testdurchführung erscheint es mir von daher wichtig, zu überprüfen, ob die dahinterstehende Rechenhandlung verstanden wurde.

Positiv hervorheben möchte ich die Zeitbegrenzung der einzelnen Subtests (s. OTZ „Zahlen-Speed"), die Hinweise zur Beobachtung von Lösungsstrategien (Manual S. 10) und die verschiedenen Textaufgabentypen. Bei diesen sollte man jedoch berücksichtigen, dass sie, da sie vom üblichen Schema abweichen, besonders hohe Anforderungen an das Sprachverständnis und das verbale Gedächtnis der Kinder stellen.

2.3 Befundbeispiel

Zum Zeitpunkt der Testdurchführung war Mira 7;6 Jahre alt; sie besuchte seit zwei Monaten die zweite Klasse einer Grundschule. Bereits im ersten Schuljahr fiel sie wegen ihrer extremen Langsamkeit und Unselbstständigkeit beim Rechnen auf. Anfang des zweiten Schuljahres, nachdem der Zahlenraum bis Hundert erweitert worden war, wurden Miras Rechenprobleme immer größer. Die Mathematiklehrerin vermutete eine Rechenstörung und empfahl eine Überprüfung.

Im HAWIK-R erreichte Mira ein durchschnittliches Ergebnis von 99 IQ-Punkten (Verbal-IQ 98/Handlungs-IQ 101). Die Werte der einzelnen Subtests schwankten zwischen 15 (Symbolsuche) und 5 Punkten (Zahlennachsprechen). Der niedrige Wert beim Zahlennachsprechen lässt eine Schwäche im auditiven Gedächtnis vermuten.

Miras Rechenleistungen wurden mit dem DEMAT 1+ überprüft.

Testergebnis:

Kristin Krajewski, Petra Küspert und Wolfgang Schneider
Deutscher Mathematiktest für erste Klassen

DEMAT 1+

Testheft Form A

Name: ....Mira.... Mädchen (x)
Klasse: ....2.... Junge ◯
Datum: 28.10.02 (7;6)

		RW (aus Testheft)	PR (aus Normentabellen)	Profil PR 0 10 20 30 40 50 60 70 80 90 100
Mengen-Zahlen	MZ	3 (3)	59	
Zahlenraum	ZR	5 (5)	79	
Addition	AD	4 (4)	72	
Subtraktion	SU	3 (4)	53	
Zahlenzerlegung-Zahlenergänzung	ZZ	4 (4)	77	
Teil-Ganzes	TG	2 (4)	40	
Kettenaufgaben	KA	3 (4)	47	
Ungleichungen	UG	3 (4)	34	
Sachaufgaben	SA	0 (4)	3	
Gesamtwert R		$W_{(ges)}$ = 27 (36)	$PR_{(ges)}$ = 44 $T_{(ges)}$ = 50 T-Wert-Band: 47-53	

Aus: Demat 1+, © Testzentrale Hogrefe, Göttingen. Alle Rechte vorbehalten.

Anmerkung: Die Normen wurden jeweils den geschlechtsbezogenen Tabellen (Spalte: 2. Klasse Mädchen) entnommen.

Mira erreichte im Test 27 (von 36) Punkte. Bezogen auf ihre Altersgruppe (Anfang 2. Schuljahr) entsprach das einem Prozentwert von 41, bezogen auf ihr Geschlecht von 44. Dieser Wert bedeutet, dass 44% der gleichaltrigen Mädchen (der Normgruppe) genauso viele oder weniger Aufgaben lösen konnten, bzw. 56% ein besseres Ergebnisse erzielten.
Auch der T-Wert von 50 weist auf ein durchschnittliches Leistungsvermögen hin. Eine Rechenstörung im Sinne des ICD-10 liegt offensichtlich bei Mira nicht vor.

Betrachtet man jedoch das Leistungsprofil, so werden extreme Schwächen im Subtest „Sachaufgaben" (PR 0) deutlich. Mira hat sehr große Schwierigkeiten, sich die einer Textaufgabe zu Grunde liegende Handlung vorzustellen, sie mit eigenen Worten zu erzählen oder zu malen und die zugehörige mathematische Operation zu erkennen. Die sehr schwache Leistung in diesem Subtest wurde möglicherweise durch ihre Schwäche im auditiven Kurzzeitgedächtnis mitverursacht. (Die Textaufgaben wurden jeweils zweimal vorgelesen.) Um ein abgerundeteres Bild von Miras Rechenproblemen zu erhalten, sind zusätzliche Beobachtungen und Erhebungen zur Sprachwahrnehmung, -verarbeitung und -speicherung erforderlich.

Aber nicht nur das Verstehen und Lösen von Sachaufgaben bereitete Mira Schwierigkeiten. Bei der Testdurchführung wurden gravierende Schwächen in Bezug auf Lösungsstrategien deutlich: Mira löste alle Aufgaben, indem sie die Ergebnisse mit Hilfe der Finger auszählte. Selbst beim Zählen verfügte sie über keine die Prozedur abkürzenden Strategien (Zählen in Zehnerschritten; „min-Strategie" [26]).

Das zählende Rechnen könnte die Hauptursache für die Verschärfung ihrer Rechenprobleme im 2. Schuljahr sein. Nach Lorenz (2003, S.333) führt zählendes Rechnen in der 1. Klasse zwar noch zum Erfolg, „verhindert aber gleichzeitig kraftvollere Strategien und insbesondere den Aufbau eines vorgestellten Zahlenraumes". Spätestens in der 2. Klasse führt es in eine Sackgasse; es ist zu zeitaufwendig, zu fehleranfällig und es überfordert das Gedächtnis.

Trotz des durchschnittlichen Testergebnisses bedarf Mira einer Förderung. In deren Mittelpunkt sollten auf die Informationsverarbeitungsdefizite abgestimmte Übungen zu folgenden **Förderschwerpunkten** stehen:

− **Sachaufgaben** (erzählen, skizzieren, Rollenspiele ...)

---

[26] Bei Additionsaufgaben, deren zweiter Summand größer als der erste ist, lässt sich durch Umstellen der Summanden der Zählaufwand **min**imieren (Beispiel: 3 +14=).

- **Rechenstrategien** zum Lösen von Additions- und Subtraktionsaufgaben im Zahlenraum bis 20[27] (operative Strategien: Ableitungen, Verdoppeln, Zerlegen... Übungen zum bewussten Einprägen)

Auf Grund des frühen Förderzeitpunktes und einer Gesamtbegabung im Normalbereich kann man davon ausgehen, dass Mira ihre Rechenprobleme relativ kurzfristig überwinden kann.

Literatur

Lorenz, J.H.: Aspekte der Diagnose und Therapie einer Rechenschwäche – Überlegungen an einem Fallbeispiel, in: Fritz, A./Ricken, G./Schmidt, S. (Hrsg.) Rechenschwäche, Lernwege, Schwierigkeiten und Hilfen bei Dyskalkulie, Beltz, Weinheim, 2003, S. 332-348

Krajewski, K.: Vorhersage von Rechenschwäche in der Grundschule: Eine Längsschnittstudie, 2001, Internetseite: http://www.psychologie.uni-wuerzburg.de/i4pages/html/rechenschwaeche-gs.html

Krajewski, K./ Küspert, P./ Schneider, W.: DEMAT 1+, Deutscher Mathematiktest für erste Klassen, Beltz Test, Göttingen, 2001

Radatz, R./ Schipper, W./ Dröge, R./ Ebeling, A.: Handbuch für den Mathematikunterricht, 1. Schuljahr, Schroedel, Hannover, 1996

Radatz, R./ Schipper, W./ Dröge, R./ Ebeling, A.: Handbuch für den Mathematikunterricht, 2. Schuljahr, Schroedel, Hannover, 1998

Stern, Dr. E.: Die Erweiterung des mathematischen Verständnisses mit Hilfe von Textaufgaben, Zeitschrift für Legasthenie und Dyskalkulie, 4/2002, S. 165-170

---

[27] 3. Kapitel: Mit den Kühnel'schen Zahlenbildern Rechnen lernen.

3. Zareki Testverfahren zur Dyskalkulie
(VON M. VON ASTER, M. WEINHOLD)

(M. MUSUMECÍ)

3.1 Beschreibung des „Zareki"

Der Test wurde im Rahmen eines von der Europäischen Kommission geförderten klinisch-neuropsychologischen Forschungsprojekts (BIOMED) entwickelt und für mehrere Sprachen adaptiert. Als theoretisches Modell für die Entwicklung des aus elf Subtests bestehendem ZAREKI diente die von Deloche (1995) entwickelte Akalkuliebatterie für Erwachsene EC 301. Die Normierung erfolgte an einer repräsentativen Stichprobe von Grundschülern der Klasse 2 – 4 des Kantons Zürich. Der Test ist seit 2001 in Anwendung.

Ziel ist, mit diesem Verfahren qualitative und quantitative Einblicke in wesentliche Aspekte der Zahlenverarbeitung und des Rechnens bei Grundschulkindern zu ermöglichen. Der Test ist vom Material her anschaulich gestaltet, die Testdauer ist kurz. Gerade wegen der häufig anzutreffenden Leistungsängste bei Kindern mit schulischen Lernstörungen sind zum einen vorbereitende Übungsaufgaben gegeben und zum anderen auch für schwache Kinder leicht zu lösende Aufgaben in ausreichender Zahl enthalten.

Der Test besteht aus elf Subtests:
1. Abzählen, 2. Zählen rückwärts mündlich, 3. Zahlen schreiben, 4. Kopfrechnen, 5. Zahlenlesen, 6. Anordnen von Zahlen auf einem Zahlenstrahl, 7. Zahlenvergleich (Worte), 8. Perzeptive Mengenbeurteilung, 9. Kognitive Mengenbeurteilung, 10. Textaufgaben, 11. Zahlenvergleich (Ziffern). Jeder Subtest prüft einen möglichst umschriebenen Fertigkeitenbereich.

Der Zareki wurde als Einzeltest konzipiert, die Durchführung dauert 15 bis 30 Minuten, wobei jüngere Kinder mehr und ältere Kinder weniger Zeit zur Bearbeitung benötigen.

3.2 Die Subtests des Zareki

Abzählen
Das Zählen von Elementen ist eine grundlegende numerische Fertigkeit. Vom Kind wird verlangt, dass es laut verschiedene Mengen von auf Vorlagen präsentierten schwarzen Punkten von ca. 1 cm Durchmesser zählt und zur gleichen Zeit einen nach dem anderen mit dem Finger berührt.

Anschließend soll das Kind das Resultat der Zählung (Kardinalzahl) auf einem Antwortblatt in Ziffern aufschreiben. Es werden vier separate Komponenten bewertet, die nötig sind, um die Aufgaben erfolgreich zu meistern. Die ersten drei beziehen sich auf zwei Prinzipien, die erforderliche Voraussetzungen des Zählens sind.
1. das Beherrschen der verbalen Sequenz der Zahlen (stabiles Ordnungsprinzip) und 2. das Herstellen einer eins-zu-eins Beziehung zwischen verbaler Sequenz und Zeigesequenz, d.h. die Aussprache eines Zahlwortes erfolgt gleichzeitig mit dem Berühren eines Punktes (Korrespondenz mit dem Zeigen), wobei 3. jeder Punkt nicht mehr und nicht weniger als ein Mal berührt und mit einem Zahlwort benannt werden darf (Zeigesequenz). Die vierte Komponente integriert das Kardinalitätsprinzip und das Umwandeln des Resultats aus der mündlichen Form in die schriftliche Ziffernform.

Zählen rückwärts mündlich
Das Erlernen des Subtrahierens beginnt mit den sogenannten Counting-down-Strategien [5 − 2= vier (1), drei (2)]; das Rückwärtszählen ist also gewissermaßen eine Voraussetzung für das Subtrahieren. Die Rückwärtszählsequenz wird nicht automatisiert. Die Ausführung setzt das Beherrschen der regulären Vorwärtssequenz voraus und erfolgt unter Kontrolle des Arbeitsgedächtnisses. Der Aufbau eines gegliederten Vorstellungsbildes von einem Zahlenstrahl oder einer Zahlenreihe ermöglicht eine Veranschaulichung, d.h. es wird so etwas wie ein inneres Abschreiten der Zahlenreihe in umgekehrter Richtung möglich, was das Bewältigen dieser Aufgabe erleichtern dürfte.
Die im Test geforderte Rückwärtszählsequenz (von 22 bis 1) schließt zwei Zehnerübergänge ein.

Zahlenschreiben
Hier wird von den Kindern verlangt, sechs gesprochene Zahlen in ihre jeweilige arabische Ziffernform zu transkodieren. Die zu bearbeitenden Zahlen enthalten in der Wortform zwei (vier-zehn) bis sechs (vier-tausend-sechs-hundert-acht-und-fünfzig) Zahlwortelemente und in der zu erstellenden Ziffernform zwei (14) bis vier (4658) Ziffern.
Die Schwierigkeitsfaktoren bestehen also zum einen in der Länge der Zahlen (Arbeitsgedächtnis) und zum anderen in unterschiedlichen syntaktischen Strukturmerkmalen bei der gesprochenen und arabischen Form.

Kopfrechnen
Zur Prüfung einfacher Rechenoperationen wird von den Kindern die Lösung von sechs Additionen und sechs Subtraktionen verlangt.

Zahlenlesen
Hier wird von den Kindern verlangt, sechs in arabischer Ziffernform präsentierte Zahlen laut zu lesen, d.h. in ihre Wortform zu transkodieren.

Anordnen von Zahlen auf einem Zahlenstrahl
In fünf Multiple-Choice-Aufgaben soll auf einer jeweils vertikalen Linie, deren Enden mit 0 bzw. 100 gekennzeichnet sind, diejenige von vier zwischen 0 und 100 liegenden Markierungen (Querstriche) bestimmt werden, die der Zahl entspricht, welche dem Probanden in arabischer Schreibung vorgegeben ist.
Ziel dieser Aufgabe ist die Prüfung des analogen Zahlenverständnisses durch das Zuordnen von Zahlen zu einer räumlich analogen Position.

Zahlenvergleich (Worte)
Das Kind wird aufgefordert, die größere von zwei mündlich präsentierten Zahlen über eine einfache motorische Antwortreaktion zu bestimmen. Die Aufgabe soll über die Entschlüsselung vorgegebener Zahlworte das Verständnis der Bedeutung von Zahlen in Hinblick auf ihre Größenbeziehungen prüfen.

Perzeptive Mengenbeurteilung
Das Kind erhält die Aufgabe anzugeben, wie viele Gegenstände sich auf einer Vorlage befinden, die fünf Sekunden lang präsentiert wird. Da die Anordnung der Gegenstände (Bälle und Becher) nicht strukturiert und die Expositionszeit sehr kurz ist, ist ein exaktes simultanes Erfassen ebenso wenig möglich wie das Abzählen oder das Einteilen in Untergruppen.
Dieser Test prüft also über den Weg der visuellen Aufnahme das Zahlenverständnis im Sinne eines Schätzvorgangs.

Kognitive Mengenbeurteilung
Bei dieser Aufgabe geht es darum, eine durch ein Zahlwort benannte Menge in Hinblick auf einen spezifischen situativen Kontext als viel, mittel oder wenig zu beurteilen. Als kontextungebundener Wert ist zehn viel im Vergleich zu vier. Und doch sind zehn Blätter an einem Baum sehr wenig, aber vier Lehrer in einem Klassenzimmer viel.
Dieser Subtest prüft die Fähigkeit, die Bedeutung einer Zahl in Hinblick auf den bezeichnenden Kontext vom abstrakten numerischen Wert zu relativieren.

Textaufgaben
Das Lösen von Textaufgaben erfordert das Anwenden mathematischer Prinzipien auf situative Modelle.

Zahlenvergleich (Ziffern)
Dieser Test ist parallel zum Subtest „Zahlenvergleich (Worte)" konstruiert. Er besteht aus acht Zahlenpaare, die schriftlich in Ziffernform vorgelegt werden.

3.3 Auswertung und Interpretation

Nach der Durchführung werden die Punkte zu einem Rohwert zusammengezählt und aus den Prozentrangtabellen die Prozentränge für die jeweilige Altersgruppe abgelesen. Hierzu liegen Normwerte für drei Altersgruppen von 7 1/2 bis 11 Jahren vor. Der kritische Bereich (unterhalb einer Standardabweichung) ist jeweils grau gekennzeichnet. Des weiteren werden drei Indizes und ein Gesamtscorewert gebildet, für die auch Prozentrangtabellen vorhanden sind.
Indizes: 1. Kulturvermitteltes Zahlenwissen, 2. Rechnen, 3. Visuell-analoge Zahlenrepräsentanz.
Die Diagnose einer **Dyskalkulie** erscheint gerechtfertigt, wenn eines der beiden folgenden Kriterien erfüllt ist:
1. der Gesamtscorewert liegt im kritischen Bereich (unterhalb einer Standardabweichung)
2. der Gesamtscorewert ist grenzwertig (liegt im Toleranzbereich) und mindestens ein Indexwert oder die Werte in mindestens drei Subtests liegen im kritischen Bereich.

3.4 Befundbeispiel (Milz)

Nach Information der Fördertherapeutin hat das zehnjährige Mädchen Ina erhebliche Schwierigkeiten im Mathematikunterricht. Es fehlt nicht nur an einer stabilen Einsicht in den Zahlenraum bis 1000. Insgesamt scheint der stufenweise Aufbau mathematischer Operationen lückenhaft. Förderschwerpunkte waren bisher:
– Die Einsicht in den Zahlenraum zu festigen, in dem die Fähigkeit Vorstellungen zu bilden trainiert wurden,
– Training der Rechenroutine für Plus- und Minusaufgaben,
– Training des rechnerischen Denkens (Rechengeschichten, Erschließung der Bedeutung von Rechenoperationen).

Um eine gezielte Förderung anbieten zu können, wird Ina getestet. Während des Testens ist sie eifrig bemüht, alle Aufgaben richtig zu lösen.

Wie die Testauswertung ergibt, liegt in diesem Fall nach der Definition des Testmanuals eine Dyskalkulie vor. Die Prozentränge der einzelnen Testitems weisen deutlich auf die Lücken, die eine erfolgreiche Teilnahme am

Mathematikunterricht erschweren. Für eine differenzierte Förderung wird angebracht sein, die Entwicklungsschritte, wie sie zum Aufbau mathematischen Denkens Voraussetzung sind, nochmals nachzuvollziehen. Wenn die Basis „gelegt" ist, werden sich die Fortschritte vermutlich schneller zeigen, als bei jüngeren Kindern. Es muss aber gezielt vorgegangen werden. Interessant ist im Zusammenhang der Thematik „Rechenschwächen erkennen und behandeln", dass dieses Mädchen im HAWIK III Verbalteil außer den Untertests, die mit rechnerischem Denken und Zahlenbehalten zu tun haben, gute Ergebnisse erzielte, während der Handlungsteil außer Bilderergänzen und Zahlensymboltest stark abfällt. Umso notwendiger ist auf „handelndes Rechnen" Wert zu legen. Um noch differenzierter eine mögliche Beziehung zwischen den Rechenbeeinträchtigungen und den Ergebnissen des Handlungsteils HAWIK III einzuschätzen, sollten die Minderergebnisse genauer betrachtet werden.

— Im Subtest Bilderordnen muss aus einer vorgegebenen Mischung von Bildern eine sinnvolle Ordnung erstellt werden. Im allgemeinen soll das von links nach rechts geschehen. Es handelt sich dabei um eine seriale Leistung, wie sie z.B. der Aufbau der natürlichen Zahlen, das Stellenwertsystem wie auch Vorgänger und Nachfolger zu erkennen u.a.m. erfordern.

— Figurenlegen ist eine Puzzleaufgabe. Von Einzelteilen auf ein Ganzes zu schließen, gelingt nicht. Die Zusammensetzung von Teilen mit unterschiedlichen Eigenschaften: Form, Größe, Farbe, dazu die Antizipation, beim Versuch des Zusammenlegens das Vergleichen und Vorauszuschauen in der Vorstellung und der Planung sind ein komplizierter neuropsychologischer Vorgang, den das Kind nur unzureichend leisten kann.

— Die Symbolssuche erfordert das Erkennen von jeweils 2 graphischen Gestalten und die Entscheidung mit „ja" oder „nein", ob eine der beiden in einer Reihe von 5 weiteren enthalten ist. Hier geht es um das Erfassen einer graphischen Gestalt und das Herausfinden dieser Gestalt aus einem Gesamt von mehreren anderen. Dabei wird die Figur-Grund-Differenzierung angesprochen.

— Der Labyrinth-Test stellt hohe Anforderungen an die Auge-Hand-Koordination.

In diesem Zusammenhang wäre es wichtig, überhaupt zu erfahren, wie funktionstüchtig die visuelle Verarbeitung bei Ina ist (siehe auch Teil I, Kap. I, 2.3). Möglicherweise könnten diese Hinweisen auch mit verantwortlich für das Versagen des Mädchens im Test Zareki und damit im Rechenunterricht sein. Betrachtet man die Inhalte der bisherigen Maßnahmen, wird aber auch deutlich, dass hier keine kurzfristige Förderung an der Oberfläche, bzw. an den Erscheinungsformen des Problems nützen wird. Es muss „Grund-legend" vorgegangen werden.

Auswertung

| | Rohwertpunkte | | Prozentrang | Kritischer Bereich |
	RW	Max		(ankreuzen)
1. Abzählen	2	2	100	
2. Zählen rückwärts mündlich	0	2	1	X
3. Zahlenschreiben	4	12	11	X
4a. Kopfrechnen: Additionen	11	12	56	
4b. Kopfrechnen: Subtraktionen	2	12	1	X
5. Zahlenlesen	4	12	4	X
6. Zahlenstrahl	8	10	42	
7. Zahlenvergleich (Worte)	6	16	1	X
8. Perzeptive Mengenbeurteilung	2	4	30	
9. Kognitive Mengenbeurteilung	12	14	52	
10. Textaufgaben	0	6	1	X
11. Zahlenvergleich (Ziffern)	12	16	10	X
Total Gesamtpunktwert	63	118	1	X
Index 1: Total von 3 + 5 + 7 + 9 + 10 + 11	38	76	4	X
Index 2: Total von 2 + 4a + 4b	13	26	4	X
Index 3: Total von 6 + 8	10	14	35	
Total kritische Punkte				

Dyskalkulie:
1. Gesamtpunktwert im kritischen Bereich
2. Gesamtpunktwert ist grenzwertig (Toleranzbereich) und ein Indexwert oder mindestens drei Subtests liegen im kritischen Bereich

---

Index 1: Kulturvermitteltes Zahlenwissen

Index 2: Rechnen

Index 3: visuell-analoge Zahlenrepräsentanz

Testergebnisse des HAWIK III

Für das Mädchen INA

Untertests	Roh-Werte	Wertpunkte						
		VT	HT	SV	WO	UA	AG
Bilderergänzen	20 10	8			10		
Allgemeines Wissen	11 9						9
Zahlen-Symbol-Test	8 9						
Gemeinsamkeitenfinden	13 10						
Bilderordnen	19 7				7		
Rechnerisches Denken	11 6					6	
Mosaik-Test	28 6				6		
Wortschatz-Test	32 13						
Figurenlegen	21 6				6		
Allgemeines Verständnis	24 14						
(Symbolsuche)	16 6						6
(Zahlennachsprechen)	8 6					9	
(Labyrinth-Test)	16 7						
Wertpunkt-Summe		52	38	46	29	12	15

Gesamttestwert: 90

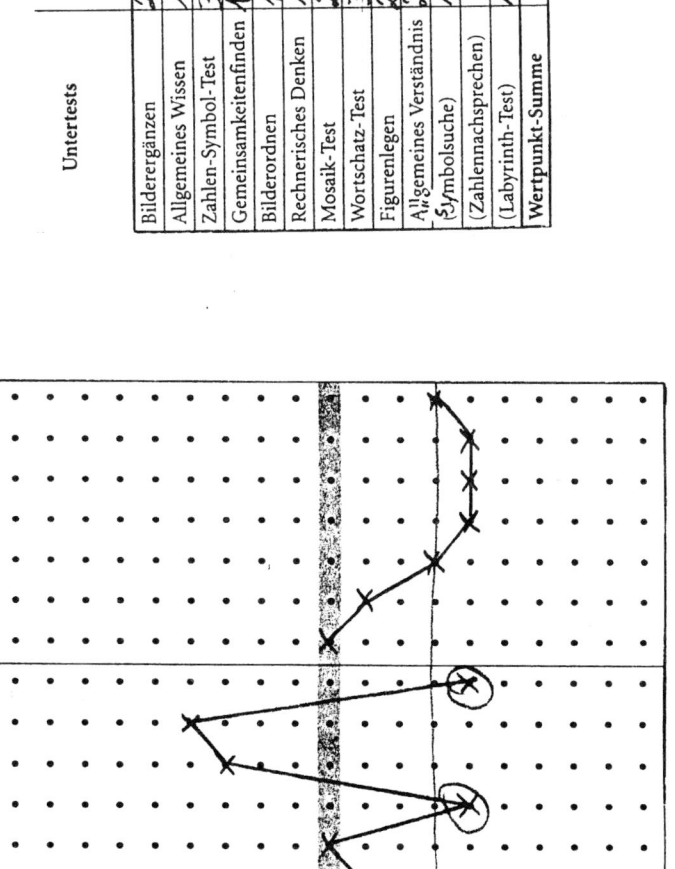

HAWIK-III-Wertpunkt-Profil

Verbalteil: AW GF RD WT AV ZN
Handlungsteil: BE ZS BO MT FL SS LA

V. Rückblick auf Teil I mit Ausblick auf eine differenzierende Definition von Beeinträchtigungen im Erlernen des Rechnens

Die folgende Grafik fasst alles, was zur Theorie der Beeinträchtigungen im mathematischen Denken dargestellt wurde, noch einmal in einer Übersicht zusammen. Die Umschreibung „Beeinträchtigungen im mathematischen Denken" umgeht eine begriffliche und damit graduierende Benennung wie z.B. Rechenschwäche, Rechenstörung, Dyskalkulie. Es macht den Eindruck, als ob das Wort Dyskalkulie zu schnell angewendet wird, wenn sich Rechenschwächen zeigen. Mit diesem Etikett haben Lehrer nämlich etwas in der Hand, das alleine durch die Benennung die Schwere der Problematik ausweist, gegen die man mit pädagogischen Hausmitteln nichts machen kann! Eine Therapie muss her!

Auch in diesem Buch werden die Begriffe unterschiedlich verwendet. Das liegt daran, dass noch keine Diagnostik (wenn überhaupt eine durchgeführt wird) einen ungefähren Ansatz für das Ausmaß der Beeinträchtigung zu geben scheint. Für Beeinträchtigungen, die bei ansonsten mindestens ausreichenden schulischen Leistungen ein völliges Versagen im Rechnen zur Folge haben, ist das Kind Veronika, (Teil I, Kap.II, 6) ein extremes Beispiel. Veronika ist inzwischen eine junge Frau. Sie hat die Schule geschafft, (bis auf Mathematik) aber nun gab es nirgends für sie eine „Verwendung". Eine Behinderung, die man nicht sieht, hat ihr schließlich zu einem Behindertenausweis verholfen und so konnte sie dadurch nach vielen Zwischenstationen in einem Kindergarten beschäftigt werden. Dyskalkulie!

V. Aster hat auf der Grundlage seines Testes „Zareki" den Begriff Dyskalkulie nach bestimmten Kriterien der Testergebnisse festgelegt. Bei dem 10-jährigen Mädchen Ina trifft der Begriff Dyskalkulie (nach Definition v. Asters) zu. Hier müssen, wenn eine Förderung Erfolg haben soll, die Basisvoraussetzungen nachentwickelt werden.

Der Begriff Dyskalkulie sollte aber wirklich auf Fälle beschränkt bleiben, die aufgrund von Testergebnissen eindeutig festgelegt werden können. In diesem Buch wurde er bisher immer vermieden, weil er aus der Medizin für ein Symptom innerhalb des Gerstmann-Syndroms stammt. Wir benötigen aber als Richtschnur differenziertere Bezeichnungen, auch, wenn sie vielleicht nicht immer alles umfassen. Deshalb ist zu überlegen, ob „Rechenschwäche" und „Rechenstörung" ähnlich eingegrenzt werden könnten und welche Vorteile das für eine Förderung ergäbe.

Die Grafik stellt neben einer Zusammenschau der dargestellten Theorie eine Möglichkeit zur Differenzierung (jahrgangsabhängig) dar.

- Bei einer Beeinträchtigung *nur auf der Ebene IV* würde man von einer Rechenschwäche sprechen,
- bei einer Beeinträchtigung *auf der Ebene IV und III* von einer Rechenstörung,
- bei einer Beeinträchtigung *auf allen Ebenen* sowie den neuropsychologischen Voraussetzungen, wie in der Grafik dargestellt, von einer Dyskalkulie.

Zu berücksichtigen ist bei einer auf diese Weise differenzierten Einteilung die Einschätzung der kognitiven Ausstattung des Kindes. Für den schulischen Bereich sollte eine durchschnittliche Intelligenz vorausgesetzt sein. Dabei müssen aber in einem Intelligenztest – wie hier beim HAWIK III für Ina – Verbal- und Handlungsteil differenziert beurteilt werden. Bei einer Dyskalkulie sind die Voraussetzungen für das mathematische Denken immer mitbetroffen. Der Handlungsteil überprüft aber gerade einige von diesen. Deshalb muss vornehmlich der Verbalteil in einem derartigen Fall zur Einschätzung der Ressourcen verwendet werden.

Die Grafik versucht deutlich zu machen, dass bei einer Förderung, gleich, welche Ebene betroffen ist, die darunter liegenden mit erfasst werden sollten.

Komplexifizierung des mathematischen Denkens

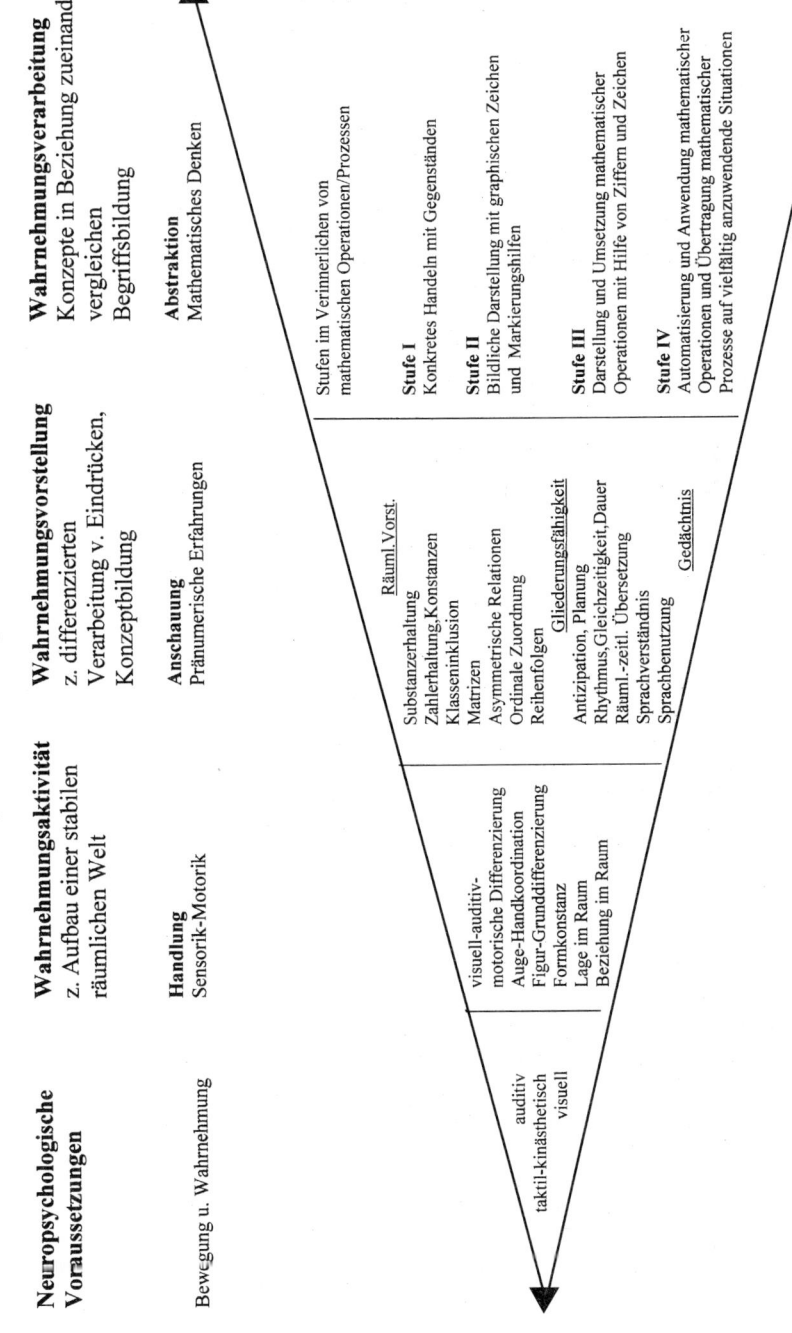

Bei Beeinträchtigungen des mathem. Denkens muss nach gründlicher Diagnose auf die entsprechende Entwicklungsstufe zurückgegangen werden.

Teil II
Zur Praxis
Prävention und Förderung

I. Grundlagen neuropädagogischen Handelns

Wenn wir, wie im theoretischen Teil dieses Buches dargestellt, den Aufbau des mathematischen Denkens neuropsychologisch betrachten, dann ist die Weiterführung dieses Ansatzes die Behandlung von Rechenschwächen unter neuropädagogischer Sichtweise.

Eine neue pädagogische Richtung? Was steckt dahinter?

Neuropädagogik ist der Begriff für eine Pädagogik, die das ganze Kind, seine Motorik und Sensorik, seine Sprachbenutzung und sein Sprachverständnis und schließlich auch sein Verhalten, seine emotionale Verfassung in die Methodik und Didaktik des Unterrichtes einbezieht

Auf den interdisziplinären Aspekt der Neuropsychologie als Wissenschaft ist bereits unter Teil I, Kap. I, 1 in einem Diagramm hingewiesen worden. Auch die Neuropädagogik hat darin ihren Platz. Ein weiteres Diagramm soll ihren Stellenwert sozusagen durch ein Vergrößerungsglas veranschaulichen.

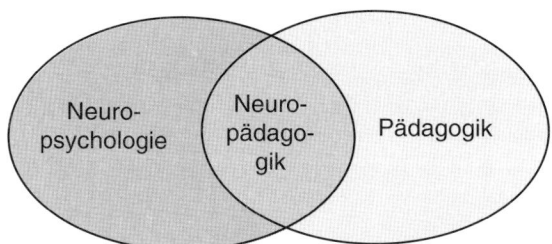

„Begnadete Pädagogen" haben immer schon unbewusst das, was wir heute unter neuropädagogischen Erkenntnissen verstehen, zur Grundlage für ihr pädagogisches Handeln gemacht, obgleich es weder den Begriff Neuropsychologie noch den der Neuropädagogik gab. Sie hatten offensichtlich neben einer guten Beobachtungsgabe ein ausgeprägtes Einfühlungsvermögen für Kinder, die Hilfe brauchen. Und sie hatten Erfolg damit![28] Im Allgemeinen sind es aber heute eher Erzieher/Erzieherinnen und HeilpädagogInnen die, ohne es zu wissen, im Umgang mit Kindern über einen großen Fundus an neuropädagogischen Möglichkeiten verfügen, während

---

[28] Im Rahmen dieser Arbeit kann leider nicht weiter darauf eingegangen werden. In Milz, „Neuropsychologie für Pädagogen – Neuropädagogik für die Schule" (B 8112) wird die Thematik ausführlich behandelt.

in den Schulen vornehmlich Leistung im Hinblick auf Versetzungen und Schulabschlüsse im Vordergrund steht.

Neuropädagogisches Handeln basiert auf drei Voraussetzungen:
- der Zuwendung zum Kind,
- dem neuropsychologischen Verständnis,
- einer Methodik und Didaktik auf neuropsychologischer Grundlage.

1. Zuwendung zum Kind

Lernprobleme in der Schule kann es bei minderbegabten, durchschnittlich begabten sowie bei hochbegabten Kindern geben. Über das Unverständnis Hochbegabten gegenüber wird von Zeit zu Zeit in den Medien berichtet. Über das häufig generelle Missverständnis den Kindern mit Lernproblemen gegenüber hören wir wenig. Die verständnisvolle Zuwendung zum Kind, die in einem neuropädagogischen Ansatz gefordert wird, ist aber die Voraussetzung dafür, dass sinnvolles Lernen überhaupt möglich wird. Denn:

- Kinder mit Lernproblemen können schnell unter Druck geraten, innerhalb der Familie wie innerhalb der Klasse.
- Kinder mit Lernproblemen sind häufig auch Kinder mit Verhaltensauffälligkeiten. Alleine das Gefühl des Versagens kann vielfältige Auswirkungen haben. Sie sind bekannt und brauchen hier nicht weiter ausgeführt zu werden.
- Kinder mit Lernproblemen reagieren u.U. auf ihre Situation mit psychosomatischen Erscheinungsformen: Schulkopfschmerz, Schulbauchschmerz, ... Schulverweigerung.
- Kinder mit Lernproblemen können durch ihre emotionalen Belastungen nicht ihr kognitives Potenzial ausschöpfen, es kann sogar total blockiert werden. Für Hochbegabte haben Untersuchungen gezeigt, wie diese Kinder in Regelklassen wegen ihrer andersartigen Auffassungsgabe nicht nur nicht verstanden werden, sondern auch in eine Resignationshaltung kommen können, die sie als Lernbehinderte erscheinen lässt. Was hier für Hochbegabte herausgefunden wurde, kann für lernschwache oder lernbehinderte wie für teilleistungsschwache Kinder allgemein angenommen werden.

Die Beziehungen zwischen Gestimmtheit und Aktivität ist heute hinreichend bekannt. Nach CIOMPI (1999) enthält jede Aktivität neben kognitiven auch emotionale Komponenten und gibt es ohne emotionalen Anstoß keine Aktion. Seine Ausführungen werden ausführlich neurophysiologisch begründet und bestätigen so die Bedeutung der neuropädagogischen Grundhaltung „Zuwendung zum Kind und Verständnis für das Kind".

Aber wie wende ich mich zu? So wie ich mich außerhalb der Schulsituation einem Kind, das Probleme hat, zuwenden würde?

Das Wort *zuwenden* kann hier weiterhelfen.
- Je nach Situation bin ich für einen Augenblick ganz für das Kind da und stelle mich auf die Situation mit ihm ein.

- Wie ist der Gesichtsausdruck? Welche Grundstimmung kann ich erkennen?
- Wie ernst ist das Problem?
- Ich höre ihm zu, (wenn der Zeitpunkt dafür sehr ungünstig ist, verabrede ich einen geeigneteren).
- Kann es sich von meiner Haltung, meiner Stimme und von dem, was ich sage, angenommen fühlen?
- Braucht es Trost?
- Benötigt es konkrete Hilfe bei der Arbeit oder zur Selbsthilfe?
- Braucht es im Augenblick eine Sicherheit gebende „Führung" durch den Pädagogen?
- Wie kann ich es in seinen Nöten besser verstehen?

Das sind nur wenige Beispiele. Aber, wenn ein Gespräch möglichst „kindzentriert" geführt werden kann, wird sich das Kind angenommen fühlen, und das ist hier gemeint mit Zuwendung.

2. Neuropsychologisches Verständnis

Der Umgang mit lernauffälligen Kindern erfordert aber mehr als Zuwendung. Er erfordert ein besonderes Verständnis für die Art und Weise der Verarbeitung innerer und äußerer Reize, mit anderen Worten der speziellen Wahrnehmungsverarbeitung und ihrer dementsprechenden Reaktionen. Dazu bedarf es neuropsychologischer Kenntnisse, die leider noch nicht, jedenfalls noch nicht obligatorisch, in die Ausbildung von Pädagogen und Pädagoginnen gehören. Die zunehmende Lern- und Verhaltensproblematik in den Schulen macht es aber erforderlich, nicht nur über eine breite pädagogische sondern auch über eine neuropsychologische Grundlage für das Verständnis im Umgang mit Kindern zu verfügen (siehe auch Milz 2002). Neben den bisherigen Anregungen sei im Folgenden auf einige grundsätzliche Dinge hingewiesen, die bei Kindern mit neuropsychologischen Problemen auftreten können.

Nach Affolter sind es
– Die Abhängigkeit von der Komplexität einer Situation
– Die Abhängigkeit von der eigenen Leistungsgrenze
– Die Schwierigkeit bei der Aufnahme sukzessiver Tätigkeitsfolgen

2.1 Zur Abhängigkeit von der Komplexität einer Situation

Die Komplexität einer Situation kann durch den Raum, das Material und den Zeitdruck beeinflusst werden. Auf den Schulalltag übertragen wird es sich dabei für Erwachsene um unwesentliche Einflüsse handeln, weil sie selbst außerhalb dieser Einflüsse stehen. Gerade deshalb ist es für Pädagogen wichtig darum zu wissen, damit in angemessener und verständnisvoller Weise auf eine derartige Situation eingegangen werden kann.

2.1.1 Der Raum

Auf manche Kinder wirkt ein fremder Raum beunruhigend. Sie beginnen herumzutoben und scheinen den Kopf zu verlieren. Im Gegensatz dazu wird das Verhalten ruhig, wenn der Raum strukturiert, begrenzt und reizarm ist.

Übertragung auf die Schulsituation

Ein unruhiger Raum, im akustischen wie im optischen Sinne sowie ein unordentlicher Arbeitsplatz wirken auf das Kind erregend und ablenkend. Eine geordnete Umgebung dagegen beruhigt. Diese Erfahrung lässt sich auch auf das Heft als den „Raum", in dem geschrieben wird, übertragen. Es gibt Kinder, die sich in einem DIN A4-Heft „nicht wohlfühlen". Sie verlieren sich auf dem großen Blatt, dem großen Raum. Lässt man sie in einem DIN A5-Heft schreiben, gelingt ihnen die Aufteilung der Seite besser, sie haben einen anderen Überblick, was sich auch im Schriftbild ausdrückt. Hilfe zu einem besseren Überblick kann es auch sein, wenn das Blatt „eingeteilt" wird. Aufgaben oder Ergebnisse können unterstrichen, mit dem Lineal eingerahmt oder farbig herausgehoben werden. Derartige Organisationshilfen sind Orientierungshilfen. Nach FROSTIG sollten die ersten Monate eines neuen Schuljahres genutzt werden, um generell Organisationsformen einzuführen. „Freier Unterricht" in der Gruppe und selbsttätiges Lernen, Wochenplan-Arbeit kann bei Kindern mit Teilleistungsschwächen dieser Art nur gelingen, wenn die dafür notwendigen Arbeits- und Verhaltensformen erlernt wurden. U.U. wird das Hinführen zu neuen Arbeitsformen individuell geschehen müssen, in Beziehung zu einer Person, die neben dem Kind sitzt. Hat es genügend Sicherheit, findet es sich alleine zurecht.

Auch für die Lehrerin, den Lehrer gilt, was hier über Struktur und Einteilung des „Raumes" gesagt wurde. Der Tafelanschrieb, die Arbeitsblätter, vor allem, wenn sie für Lernkontrollen verwendet werden, müssen deutlich gegliedert sein, damit das Kind, sich darauf zurechtfindet. Auf eine für das Kind gut lesbare Schrift ist zu achten.

2.1.2 Das Material

Das Arbeitsmaterial trägt zur Komplexität der Situation bei. Bei einer kritischen Menge, die sicher individuell verschieden ist, wird das Kind verwirrt und ist zu keiner sinnvollen Tätigkeit fähig. Bei einer beschränkten Auswahl von Material kann das Kind, der Aufgabe entsprechend, damit arbeiten

Übertragung auf die Schulsituation

Zum Arbeitsmaterial gehören auch Hefte, Stifte, Bücher. Kinder mit Teilleistungsschwächen werden durch eine Vielzahl von losen Blättern, wie wir sie heute in der Schule verwenden, irritiert. Sie bekommen keine Ordnung in ihre Schulsachen. Ringordner sind ungeeignet. Heften ist der Vorzug zu geben. Arbeitsanweisungen und Aufgaben sollten in Hefte geklebt, gelochte Blätter auf ein Mindestmaß beschränkt werden.

Zum „Material" als Medium für Information gehört auch die Sprache. Sprachliche Anweisungen sollten klar und übersichtlich vermittelt werden. Komplex ist die Situation, wenn mehrere Kinder gleichzeitig, oder aus verschiedenen Richtungen sprechen. Kinder mit Teilleistungsschwächen können davon verwirrt werden

2.1.3 Die Zeit

Die Steigerung des Zeitdrucks löst ähnliche Verhaltensweisen aus wie die wachsende Komplexität des Materials und des Raumes.

Übertragung auf die Schulsituation

Für Kinder mit Teilleistungsschwächen verläuft jede Klassenarbeit unter Zeitdruck. Auch mündliche Lernkontrollen, bei denen Zeit eine Rolle spielt, werden die eigentliche Leistungsfähigkeit des Kindes nicht angemessen wiedergeben. Deshalb sind diese Kinder im Klassenverband bei jeder Art von Lern- und Leistungskontrolle benachteiligt. Für die Angewohnheit, 1 x 1-Reihen mündlich abzufragen gilt das in besonderem Maße. Gemeint sind Situationen, in denen man die Kinder aufstehen lässt und das Kind, das die richtige Lösung sagt, sich setzen darf. Hierbei werden Kinder mit Teilleistungsschwächen immer bis zuletzt stehen, und wie es denen dann zumute ist, kann man sich denken. Lernkontrollen sollten vornehmlich kontrollieren, ob das, was als Lernstoff angeboten wurde, auch beherrscht wird. Von der Beherrschung aber in einer bestimmten Zeit ist dabei eigentlich nicht die Rede.

2.2 Zur Abhängigkeit von der eigenen Leistungsgrenze

Kinder, die an ihrer Leistungsgrenze geprüft werden, gleichgültig, ob es sich um informell spielerische oder standardisierte Testsituationen handelt, zeigen auffälliges Verhalten. Von einem bestimmten Schwierigkeitsgrad an scheinen sie die Situation nicht mehr zu bewältigen und verlieren den Kopf. Bekommen die gleichen Kinder Aufgaben, die ihnen keine Schwierigkeiten bereiten, die also im Bereich ihres Leistungsfeldes liegen, erscheinen Flüchtigkeitsfehler. Die Aufgaben werden nicht oder schlecht gelöst. Die Kinder erscheinen unkonzentriert. Werden die Aufgaben wieder erschwert, so dass sie nahe der Leistungsgrenze liegen, verschwinden auch die Flüchtigkeitsfehler.

Übertragung auf die Schulsituation

Da Schüler mit Teilleistungsschwächen in bestimmten Bereichen keine vollen oder u.U. überhaupt keine Leistungen erbringen können, werden die Anforderungen, die der allgemeine Unterricht an sie stellt, zwangsläufig ihre Leistungsgrenze überschreiten. Dabei muss „Leistung" nicht auf kognitives Lernen begrenzt sein. Auch das Zuhören, Stillsitzen, längere Zeit an die Tafel Sehen, Aufpassen kann für diese Kinder eine Leistung sein. Sie sind auf den Gebieten, in denen ihre Schwächen liegen, permanent überfordert und reagieren mit Unruhe, stören ihren Nachbarn und resignieren unter Umständen ganz. Wird die Ursache für das Verhalten des Kindes nicht erkannt und hält der Zustand der teilweisen Überforderung an, oder wird er gar durch das Elternhaus noch verstärkt, entwickeln sich diese Kinder zu Problemkindern, die wegen ihres Verhaltens eine starke Belastung für Mitschüler und Lehrer darstellen. Schließlich ist nur noch die Verhaltensstörung in ihren vielfältigen Formen sichtbar und die Ursachen dahinter kaum noch zu erkennen.

Das entgegensetzte Phänomen, die Unterforderung, ist von der Theorie her jedem Lehrer bekannt. Nur wird selten erwartet, dass eine Aufgabenstellung, die innerhalb des Leistungsfeldes liegt, Flüchtigkeitsfehler, Konzentrationsschwäche, Langeweile und die daraus entstehenden Verhaltensauffälligkeiten hervorrufen kann.

Die Tatsache, dass Kinder mit Teilleistungsschwächen dann zu guter und konzentrierter Arbeit fähig sind, wenn die geforderte Leistung noch eben unterhalb ihrer Leistungsgrenze liegt, bringt für den allgemeinen Unterricht sowie für die Behandlung dieser Kinder erhebliche Probleme mit sich. Auch liegen die Schwierigkeiten im Grundschulbereich wieder anders als in der Hauptschule. Gelingt es jedoch, die Kinder wenigstens einen Teil des Schulvormittags in entsprechender Weise voll auszulasten, lassen sich die Verhaltensauffälligkeiten zu einem gewissen Grade eingrenzen.

2.3 Die Schwierigkeit bei der Aufnahme sukzessiver Tätigkeitsfolgen

Aufgaben, bei denen es sich um die Hintereinanderausführungen mehrerer Teilschritte handelt, fallen Kindern mit Teilleistungsstörungen häufig besonders schwer. Bei einer Tätigkeitsfolge A, B, C vergisst das Kind den einen Auftrag in der Zeit, in der es den anderen ausführt. Ist das Kurzzeitgedächnis beeinträchtigt? Es kann die Reihenfolge nicht behalten und die Aufgabe deshalb nicht bearbeiten.

Übertragung auf die Schulsituation

Kinder, die zu einer Nacheinanderausführung von Aufträgen nicht fähig sind, befinden sich während des Unterrichts ständig im Rückstand. Bei Arbeitsaufträgen kommen sie nie mit. Sie müssen immer noch einmal nachfragen, während die Mitschüler bereits mit der Arbeit begonnen haben. Das gilt für mündliche wie für schriftliche Anweisungen. Die Aufträge können noch so eindeutig gegeben werden, es liegt auch nicht daran, dass die Kinder sie nicht verstanden bzw. nicht zugehört hätten. Während sie sich bemühen, den einen Schritt auszuführen, ist der nächstfolgende vergessen. Es scheint als fehle Konzentration und Zielgerichtetheit. Sie verlieren bei einer Arbeit immer wieder den Faden.

Die Kinder, bei denen AFFOLTER die oben genannten Schwierigkeiten feststellte, konnten gleichermaßen nicht voraussehen, nicht antizipieren.

Übertragung auf die Schulsituation

Das Fehlen des Antizipationsverhaltens kann möglicherweise erklären, warum diese Kinder nicht planen können. Das „Zuerst, Dann, Zuletzt" bei der Durchführung mathematischer Operationen ist für sie nur schwer organisierbar. Es fehlt die *Vorstellung des Ablaufes einer Handlung.* Auch im sozialen Bereich lassen sie sich von dem Aufforderungscharakter einer bestimmten Situation leiten, registrieren nicht die Vielfalt der vorhandenen weiteren, vielleicht warnenden Umstände und können dadurch die Folgen nicht im Voraus einkalkulieren. Hinterher sind sie oft über das, was sie angerichtet haben, bestürzt. LEMPP sieht den Grund dafür in der optischen Erfassungsschwäche, die verhindert, die Gesamtsituation wahrzunehmen (LEMPP 1971). Die Probleme dieser Kinder liegen besonders im sozialen Bereich.

2.4 Zum Umgang mit Widerstand

Zu den grundsätzlichen Überlegungen für eine Behandlung von Kindern mit Teilleistungsstörungen gehört auch das Wissen um den Umgang mit Widerstand. KEPHART unterscheidet zwei Formen von Widerstand: Widerstand aus Frustration und Widerstand aus Umstellschwierigkeiten:

2.4.1 Widerstand aus Frustration

Die Abneigung, etwas zu tun, von dem man weiß, dass man es nicht oder nicht so gut kann wie andere, ist verständlich. Kinder, die häufig die Erfahrung machen mussten, dass sie in bestimmten Situationen versagen, entwickeln alleine aus Selbsterhaltung Strategien, dergleichen Erfahrungen zu vermeiden. Eine Form der Vermeidung ist Widerstand. Der kann „milde" ausfallen, da erfindet das Kind nur dann und wann Umwege, die unangenehmen Lernansprüche zu umgehen, und das auf vielerlei und oft sehr subtile Art und Weise. Er kann aber auch massiv werden, dann wird blockiert, und für derartige Blockaden gibt es die unterschiedlichsten Ausdrucksformen. Großes Einfühlungsvermögen und pädagogisches Geschick sind nötig, um diese Art Widerstand aufzulösen. Meist gelingt das, indem man die Leistungsanforderungen herabsetzt und das Kind auf dem Lernniveau abholt, auf dem es sich gerade befindet. Wenn es sich um ein Kind handelt, bei dem zu vermuten ist, dass es mehr mit der rechten Hirnhälfte arbeitet, müssen wir andere, bildhafte Lernwege suchen, um Frustration zu vermeiden und Verständnis zu ermöglichen.

2.4.2 Widerstand aus Rigidität

Anders ist es mit dem Widerstand aus Rigidität. Die neuralen Mechanismen sind hier so wenig flexibel, dass es schwerfällt, sich auf eine neue Situation umzustellen, dass z.B. eine einmal gelernte Technik, besonders in der Mathematik, nicht zugunsten einer anderen aufgegeben werden kann. Man muss die Verwirrung, ja Verzweiflung erlebt haben, um zu verstehen, wie Kindern mit derartigen Teilleistungsstörungen zumute ist, wenn z.B. Eltern helfend versuchen, ihrem Kind einen Rechenvorgang zu erklären, den die Lehrerin in anderer Weise eingeführt hat.

Im Grundschulalter zeigt sich Widerstand aus Umstellschwierigkeiten eher im allgemeinen Verhalten als beim Lernen selbst. Manchmal fällt auf, dass Schüler, wenn sie bei einer bestimmten Aufgabenform sind, diese beibehalten, auch wenn die Aufgabenstellung ein anderes Vorgehen erforderlich macht. Bei Additionsaufgaben addieren sie dann munter weiter, obgleich im nächsten Päckchen die Subtraktion gefordert ist. Meist geschieht derlei bei mechanisierten Rechenvorgängen.

Manchmal meinen wir, es läge an der Konzentration, aber auch die Konzentration ist ein Prozess, der sich im Gehirn abspielt. Wenn hier Beeinträchtigungen vorliegen, kann eben auch die Konzentration davon betroffen sein.

In welch vielfältiger Form sich Widerstand aus Umstellschwierigkeiten bei Kindern mit Teilleistungsstörungen darstellt und in welchem Ausmaß Verhaltensauffälligkeiten dadurch ausgelöst werden, kann hier nicht weiter ausgeführt werden. In Bezug zu Lernstörungen und da speziell zu Rechenstörungen soll aber auf die Vermischung von beiden Widerstandsformen hingewiesen werden.

In keinem anderen Fach muss ein Schüler sich ständig auf neue Denkvorgänge einstellen und umstellen wie in der Mathematik. So kam ein kleines Mädchen zu seiner Mutter und erzählte: „Gestern haben wir Aufgaben mit einem Pünktchen gelernt, (gemeint ist die Multiplikation), heute welche mit zwei Pünktchen, (Division). Ich bin ganz durcheinander." Dieser Ausspruch stammt von einer Schülerin, die zwar schwach in Mathematik war, aber durch Fleiß und Ehrgeiz sich nicht entmutigen ließ. Anders bei Kindern mit weniger stabiler Persönlichkeit. Da ist schon vorstellbar, wie auch aus der Anforderung, sich ständig auf neue mathematische Denkvorgänge einstellen zu müssen und das nicht zu können, Frustration entstehen kann und damit Widerstand. Hier ist nicht nur pädagogisches Geschick gefordert, sondern vor allem Verständnis für die Zusammenhänge, um mit heilpädagogischen Maßnahmen den Widerstand aufzulösen. Wenn das nämlich nicht geschieht, hat das Kind keine Möglichkeiten, seine Teilleistungsschwächen auszugleichen. Funktionen, die für bestimmte Leistungen Voraussetzung sind, können dann nicht geübt, trainiert werden. Damit fehlt aber auch wichtige Stimulation, die wiederum an der Entwicklung und Reifung funktioneller Systeme beteiligt ist.

Insgesamt stellen Kinder mit Teilleistungsschwächen hohe Ansprüche an die Kunst der Erzieher, die mit der Motivierung dieser Kinder beginnt und dem Sich-Nicht-Selbst-Frustrieren-Lassen von der schwierigen Aufgabe, sie zu fördern, nicht aufhört.

3. Methodik und Didaktik

Die Neuropädagogik baut zwar auf neuropsychologischen Erkenntnissen auf und setzt sie in der praktischen Arbeit voraus. Aber auch, wenn die Zusammenhänge neuropsychologischer Prozesse noch nicht erfasst sind, können wir uns von vorhandenen pädagogischen Modellen anregen lassen. Marianne Frostig, die sich intensiv mit den praktischen Möglichkeiten, einem „Kind mit besonderen Bedürfnissen" zu helfen, beschäftigt hat, geht davon aus, dass das lernende Kind im Prozess des Lernens auf einem Weg zu einem Ziel fortschreitet und es tut dies innerhalb einer Umwelt, die diesen Prozess stets mitbeeinflusst. Der Pädagoge oder Therapeut, der das Kind dabei begleiten will, ist Teil dieser Umwelt.

Er sollte
– das Kind auf das Lernen vorbereiten,
– die Ziele bestimmen,
– das Kind auf dem Weg halten,
– auf optimale Geschwindigkeit des Fortschritts achten,
– die verschiedenen Komponenten des Prozesses miteinander verbinden,
– eine Umwelt gestalten, die dem gesamten Prozess möglichst förderlich ist.

Auf das Lernen vorbereiten
Konkret und für eine bestimmte Unterrichtseinheit hieß das früher *einstimmen*. Der Ausdruck, *motivieren*, der heute vielfach benutzt wird, trifft den Sinn dessen, was hier gemeint ist, nicht ganz. Es geht um die Kunst, das Kind, die Klasse für das beabsichtigte Ziel bereit, gespannt, neugierig zu machen. Dabei ist immer auch zu bedenken, dass optimales Lernen nur geschehen kann, wenn auf die Fähigkeitsformen des Kindes, der Kinder individuell eingegangen wird. Hier ist zu überlegen: kann das Lernen / Fördern im Klassenverband geschehen z.B. mit „innerer Differenzierung" oder ist Einzel- oder Kleingruppenförderung notwendig, bis der Anschluss wieder erreicht ist? Voraussetzung dafür ist in jedem Fall zunächst eine gründliche Beurteilung, die die Richtung für eine Förderung angibt (siehe Diagnostik). Neben der Schulung unzureichender Fertigkeiten sollen die Stärken des Kindes berücksichtigt werden. Dazu gehört auch die Überlegung, welche Anforderungen wird das Kind möglicherweise erfolgreich bewältigen können? Eine Bewertung der Leistung soll deshalb zunächst individuell erfolgen.
Zur Vorbereitung auf das Lernen gehört auch die Anleitung zu einer angemessenen Lernhaltung. Sie ist nicht durch Reifung gegeben, sondern muss erworben werden (nach FROSTIG in LOCKOWANDT 1994).

Die Ziele bestimmen
Hierbei ist einerseits zu beachten, dass auch für ein Kind mit Lernproblemen die allgemeinen Ziele der Gruppe verbindlich sind, andererseits müssen Ziele beachtet werden, die sich aus der Evaluation, der Einschätzung der neuropsychologischen Beeinträchtigungen, ergeben. Frostig vertritt hier die These, dass es wichtig ist, bei der Arbeit an den Förderzielen die für alle Kinder verbindlichen Ziele nicht aus den Augen zu verlieren, um der sozialen Isolierung vorzubeugen.

Das Kind auf dem Weg halten
Um im Prozess des Lernens auf dem Weg, bei der Sache zu bleiben, bedarf es einer gewissen Kontrolle: Wo befinde ich mich? Das Bewusstsein dafür ist abhängig von der Wahrnehmung äußerer und innerer Reize. Frostig geht davon aus, dass diese Kinder Schwierigkeiten haben „ihre Erfahrungen in einer Abfolge zu verbinden, und sie erkennen nicht die Beziehung zwischen ihrem vorhergehenden Verhalten und den nachfolgenden Resultaten" (vergl. LOCKOWANDT, 1994). Das kann das soziale Verhalten wie den Arbeitsablauf betreffen. Es bedarf deshalb der Unmittelbarkeit und Klarheit einer äußeren Rückmeldung durch den Pädagogen. Diese *unmittelbare* Rückmeldung kann auch z.B. bei Arbeitsanweisungen durch Lösungsmaterialien gegeben sein. In jedem Fall ist eine „äußere Führung" erforderlich. Hier sind Ordnungsstrukturen und Regeln eine Hilfe.

Auf optimale Geschwindigkeit des Fortschritts achten
Ein großes Problem lernbeeinträchtigter Kinder ist ihre Langsamkeit. Es fehlt die Fähigkeit, mehrere Eindrücke gleichzeitig zu verarbeiten und dadurch Zusammenhänge herzustellen und ihnen zu folgen. Sie verlieren schnell den Faden und sind abgelenkt. Hier muss in kleinen Einheiten vorgegangen werden, Schritt für Schritt. Und die Größe und Anzahl der Schritte sollte gut an die Fähigkeit des Kindes angepasst sein. Oft wird die Aufgabenstellung verstanden, kann aber in der vorgegebenen Zeit nicht erledigt werden. Auch neuropsychologisch beeinträchtigte Kinder könnten ihre Fähigkeiten in Leistungen darstellen, wenn man ihnen die nötige Zeit dazu ließe.

Die verschiedenen Komponenten des Prozesses miteinander verbinden
Frostig meint damit eine Vertiefung bzw. Fundierung des Erlernten. Hierbei geht es um die Sicherstellung eines dauerhaften Lernerfolges. Der Pädagoge soll dafür Sorge tragen, dass die verschiedenen Komponenten der Erfahrung, des Lernprozesses, eine Verbindung miteinander eingehen. Das wird immer dann geschehen, wenn bei einer Tätigkeit verschiedene Sinnesempfindungen miteinander integriert werden können. Und das wird

wiederum vornehmlich dann der Fall sein, wenn das Lernangebot dem Kind etwas bedeutet, wenn es an Erfahrungen, auch Lernerfahrungen anknüpfen kann. AFFOLTER nennt es „problemlösendes Alltagsgeschehen", in das sie die Förderangebote einbindet. Ein Beispiel für den Rechenunterricht wären Aufgaben aus dem Lebens- und Erfahrungsbereich des Kindes.

Eine Umwelt gestalten, die dem gesamten Prozess möglichst förderlich ist
Lernbeeinträchtigte Kinder brauchen Begrenzungen. Eine Strukturierung des Raumes, des Klassenzimmers, des Arbeitsplatzes gibt Sicherheit. Innerhalb einer strukturierten Umgebung, in der auch alles seinen Platz hat, kann es Gelegenheit zum wenigstens zeitweisen selbsttätigen und selbstverantwortlichen Lernen geben. Der Lehrer sollte sich dabei im Hintergrund halten, die Kinder sich aber untereinander helfen dürfen. Dazu bedarf es auch didaktischen Materials, z.B. ausgewählter Lernprogramme, die eine eigene Kontrolle ermöglichen. Für manche Kinder wird für bestimmte Tätigkeiten der Arbeitsplatz so organisiert sein müssen, dass er wenig Ablenkung zulässt. Gedacht ist dabei an die Kinder, die sich von jedem Reiz stören lassen. Hier wird für stilles Aufgabenlösen eine reizarme Umgebung empfohlen. Eine mobile Sichtblende eine Trennwand oder ein dreiseitiger Pappschirm können hilfreich sein.

Wie an anderer Stelle angeführt, haben viele Pädagogen und Therapeuten aus ihrem natürlichen Geschick und ihrer Erfahrung heraus ein Repertoire von Möglichkeiten bzw. Methoden entwickelt, wie sie Kinder (natürlich auch Erwachsene) neuropädagogisch fördern können. Das Anwendungsgebiet umfasst den weiten Bereich der Motorik, der Sensorik, des Sprachverständnisses und der Sprachbenutzung. Bezogen auf die Behandlung von Rechenschwächen bzw. Teilleistungsstörungen im Bereich des mathematischen Denkens werden im Folgenden einige Beispiele gegeben.

II. Körperarbeit zur Förderung rechenschwacher Kinder

(S. AMFT)

Wie dieses Buch zeigt, müssen für das mathematische Denken bestimmte Voraussetzungen vorhanden sein, deren Entwicklung bereits während der sensomotorischen Phase beginnt. Sind in dieser Lebensphase nicht alle Entwicklungsschritte durchlaufen worden, so kann es möglicherweise später zu Einbrüchen im Lern- und Leistungsverhalten kommen. Deshalb ist es dringend erforderlich, die Therapie an den entwicklungsmäßig frühesten Schwachstellen anzusetzen, wozu es unumgänglich ist eine differenzierte Diagnostik voranzustellen. Sie gibt Aufschluss über die Bereiche der Entwicklungsverzögerung und ermöglicht eine individuelle Therapieplanung.

Selbstverständlich kann in diesem Beitrag kein in sich geschlossenes Therapiekonzept zur Behandlung von Rechenstörungen dargestellt werden, zumal das Ziel nicht im Lernen von einzelnen Fähigkeiten liegt, sondern die Erfahrungen und Erlebnisse, die dem Kind vermittelt werden, im Mittelpunkt stehen. In der Darstellung besteht die Schwierigkeit darin, den Prozess zu erfassen, der sich zwischen Therapeuten und Kind abspielt, wenn das Kind in seiner Gesamtpersönlichkeit angesprochen und gefördert werden soll. D.h., dass auch Schwierigkeiten, die nicht unmittelbar das Rechnen betreffen, aufgegriffen und bearbeitet werden. Eine der wichtigsten Voraussetzungen dazu ist eine vertrauensvolle Beziehung zwischen Therapeuten und Kind.

Deshalb sollen die Anregungen, deren Schwerpunkt in der Bewegungs- und Körperarbeit liegen, die hier wie Übungsformen erscheinen, nicht als funktionsorientierte Vorschriften oder gar als „Rezeptesammlung" betrachtet werden, sondern eher als Ideensammlung oder Grundlage, für erlebnisorientierte Spielangebote, die ganz individuell gestaltet werden können. Dies erfordert wiederum ein hohes Maß an Flexibilität vom Therapeuten.

Der Anspruch unserer therapeutischen Arbeit ist zu beachten, dass jede Gruppe, jedes Kind seine Besonderheiten hat, die bei der Planung zu berücksichtigen sind. Wir beginnen mit Angeboten, die die Arbeit am eigenen Körper betreffen und lassen uns von dem Gedanken leiten:

Das Spiel – das ist der Weg zur Erkenntnis der Welt
MAXIM GORKI

1. Der egozentrische Raum; die Lateralität und die Dominanz

Die Bedeutung der Raum- und Zeitwahrnehmung für das mathematische Denken wurde bereits in einem der vorangegangenen Kapitel ausgeführt. In diesem Beitrag liegt der Schwerpunkt nun in der Darstellung, wie die Entwicklung des Raumes mit Hilfe der Arbeit am und mit dem Körper zu fördern ist. Dazu soll der „egozentrische Raum" und der „Außenraum" getrennt behandelt werden.

Entwicklungsgeschichtlich ist das Erleben des egozentrischen Raumes, d.h. des Raumes im Hinblick auf die eigene Person, die erste Form der Raumentwicklung.

Dieser „persönliche Raum" ist die „Bewegungskugel, deren Umkreis man mit normal ausgestreckten Gliedmaßen ohne Veränderung des Standortes – also der Ort auf dem das Körpergewicht ruht – erreichen kann" (LABAN 1981).

Um diesen egozentrischen Raum erfahrbar zu machen, sind Angebote geeignet, welche die Körpergrenzen spüren lassen sowie die Ausdehnung der Gliedmaßen in verschiedenen Richtungen (hoch, tief, vorne, hinten, zur Seite).

1. Man lässt im Liegen auf einer Decke bewusst die Auflagefläche des Körpers wahrnehmen, sich ganz breit und groß machen. Wie viel Raum nehme ich auf meiner Decke ein?

   Wie viel Raum erreiche ich mit meinen Händen über mir?
   (Evtl. Vorstellung eines Vogels im Schnee geben, der seine Flügel weit ausbreitet und Abdrücke hinterlässt.)

Abb. 27

2. So kann der Körperinnenraum durch gezielte Angebote über die Atmung erfahren (in bestimmte Körperteile hineinatmen) und seine Grenzen durch Spüren der Körperumrisse bewusst gemacht werden.

   Zum Beispiel kann man in Partnerarbeit die Körperoberfläche mit einem Igelball abrollen. Durch den Druck werden die Rezeptoren auf der Hautoberfläche stimuliert, und die Körperoberfläche ist dadurch deutlicher wahrnehmbar.

3. In Partnerarbeit diesen Raum, mit einem Seil umlegen oder mit einem Stift umfahren. Es entsteht ein rechteckiger Raum. Jeder betrachtet den Umriss seines Raumes und vergleicht ihn mit seiner Vorstellung. (Dadurch bekommt man eine Größenbeziehung zu seinem persönlichen Raum, der natürlich bei dieser Übung nicht in seiner Dreidimensionalität erfasst werden kann).

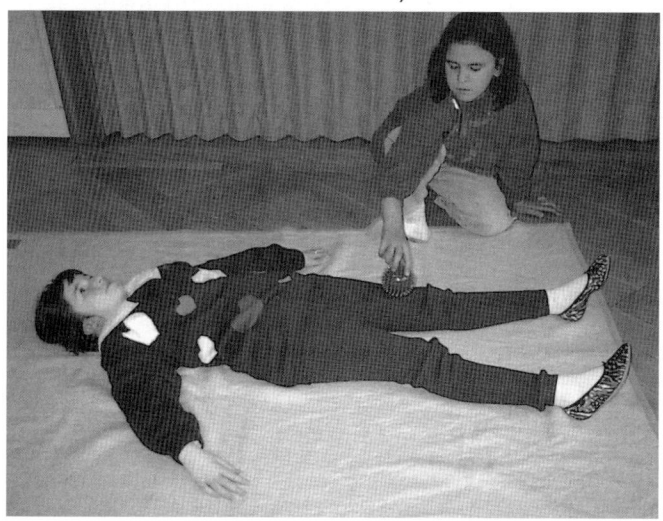

Abb. 28

Will man diese Erfahrung direkt für den Mathematikunterricht nutzen, kann man mit diesem „persönlichen Raum" weiterarbeiten. (In Beziehung zu anderen setzen, ihn abschreiten lassen, ausmessen u.a.m.)

4. Eine andere Möglichkeit wäre, sich im Stand den Körper abzuklopfen. Am Rücken kann dies ein Partner tun. Die Weichteile können kräftiger beklopft werden, die Gelenke behutsamer.

5. Der egozentrische Raum kann erlebbar gemacht werden, indem man die Hände gestreckt nach vorne nehmen lässt und vermittelt, dass alle Punkte, die mit ausgestreckten Armen zu erreichen sind, – oben, vorne, hinten, seitlich – den persönlichen Raum ausmachen.

6. Liegend auf einem großen Papier wird der Körperumriss von einem Partner umfahren.

   Habe ich mir meinen Körper in dieser Größe vorgestellt? Dann die Innenfläche dieses Körperumrisses farblich gestalten lassen. Welche Farbe entspricht meinem Gefühl für die jeweilige Körperpartie?

7. Eine weitere Möglichkeit, den egozentrischen Raum bewusst zu machen, ist die Vorgabe einer Imagination. Man stellt sich vor, dass man um sich herum eine Glasglocke gebaut hat, die so groß ist, dass sie nach oben durch die weit hochgehobenen, zur Seite durch die weit ausgebreiteten Arme und Beine und vorne und hinten durch die gestreckten Arme begrenzt wird. Diese Glasglocke kann nun jeder im Rhythmus zu einer Musik individuell farblich „anstreichen" und sich bemühen, auch die entferntesten Ecken zu erreichen. Der Standort bleibt immer derselbe.

Mit dem Angebot, den unsichtbaren Bewegungsraum um sich herum zu fühlen, ihn zu begreifen, indem man ihn mit Bewegung ausfüllt, ihn je nach Bedürfnis zu verkleinern oder zu vergrößern, kann sich die Vorstellung über das Ausmaß des persönlichen Raumes verbessern. Gleichzeitig kann der Unterschied zwischen weiten und engen Bewegungsformen, zwischen großen und kleinen Bewegungen bewusst gemacht werden.

Auch die drei Dimensionen des euklidischen Raumes sind hierbei angesprochen: vertikal, horizontal, vorne-hinten. Erfahrungen mit Haltung, Gleichgewicht und Körperschema stehen im Mittelpunkt. Raum, im Sinne des dreidimensionalen Koordinatensystems wird am und mit Hilfe des eigenen Körpers erlebt. Alle uns umgebenden Objekte werden in Beziehung zu unserem Körper gesehen und die Orientierung im Raum wird bezüglich unseres Körpers bestimmt (vgl. KEPHART 1972). Aus diesem Grund ist es wichtig, dass ein klares, genaues und vollständiges Bild des Körpers und seiner Orientierung im Raum erworben wird.

In der Entwicklung lernt das Kind als erstes die Schwerkraft kennen. Dabei ist wichtig, dass es die Konstanz dieser Richtung wahrnimmt.

Die horizontale Raumdimension entwickelt sich aus der Lateralität des Körpers. Zunächst wird die Rechts-Links-Richtung auf die Arme und Hände übertragen und erst später generalisiert.

Die Vorne-Hinten-Dimension des Raumes entwickelt sich aus den Hinweisreizen für Entfernungen, welche die Tiefe vermitteln. Dabei entsteht zuerst der Raum vor dem Kind und dann der hinter ihm. Diese drei Raumdimensionen müssen miteinander verschmelzen, um Objekte im dreidimensionalen Raum in Beziehung zueinander zu setzen (vgl. BRAND, BREITENBACH 1986).

Dafür eigenen sich besonders Angebote, die die Entwicklung des Körperschemas fördern. Damit meinen wir, die Einschätzung des Körpers im Hinblick auf seine Größe und seine Ausdehnung, die Kenntnis seiner Lage im Raum, seiner verschiedenen Körperteile und die Fähigkeit zur Rechts-Links-Unterscheidung.

Zur Orientierung am eigenen Körper, Rechts-Links-Unterscheidung

1. Wo sitzt die Fliege?
   Stehen mit geschlossenen Augen und die Körperstellen benennen, an denen man von einem Partner berührt wird.

2. Körper belegen
   Eine Körperseite mit Bleischnüren oder Bierdeckeln belegen. Eine Weile auf dieser Seite liegen lassen, wie fühlt diese Seite sich an. Danach die Körperseiten benennen.

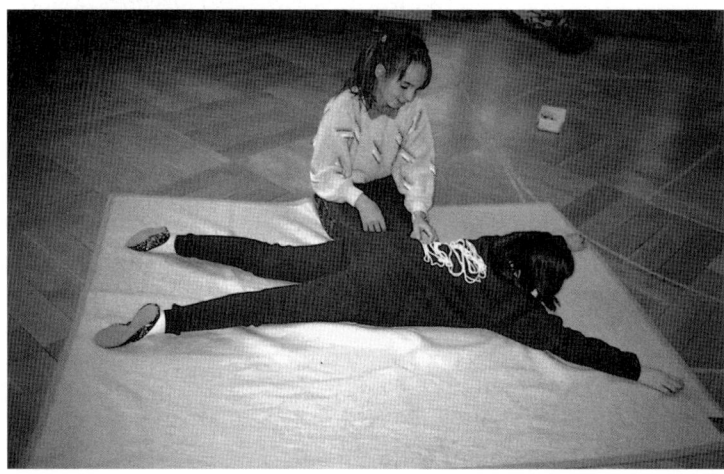

Abb. 29

3. Körperteile berühren
   Mit geschlossenen Augen vorgegebene Körperteile (rechtes Knie, linkes Ohr) berühren.

4. Pferdchenspiel mit Rollbrett
   Ein Kutscher sitzt auf dem Rollbrett mit einem Seil in der Hand und dirigiert ein „vorgespanntes Pferd", indem er an einem Seil in der gewünschten Richtung zieht. Später soll die Richtung, in die gezogen wird, verbalisiert werden. Der „Ziehende" spürt so direkt die Körperseite

und hört auch noch den Begriff dazu, so dass er diese Information auf doppelte Weise erfahren kann: einmal taktil und zum anderen durch Hören.

5. Roboterspiel
   Zwei „Roboter" stehen Rücken an Rücken. Ein Mechaniker kann die Roboter steuern, indem er sie am rechten oder linken Oberarm antippt. Die Roboter machen dann zu der Seite, an der sie angetippt wurden, eine Drehung um 90° und laufen ohne anzuhalten weiter. Das Spiel ist beendet, wenn es dem Mechaniker gelungen ist, die Roboter so zu steuern, dass sie sich mit dem Gesicht gegenüberstehen. Es darf immer nur ein Roboter angetippt werden.

Abb. 30

6. Blinken
   Beim Rollbrettfahren die Richtung durch „Blinken" mit der Hand anzeigen. Später nach verbaler Anweisung blinken und die Fahrtrichtung wählen.
   Dazu ist ein schnelles Reaktionsvermögen und eine gefestigte Vorstellung von rechts und links nötig. Auf spielerische Weise kann z.B der Erwerb eines Rollbrettführerscheins motivierend sein. Hierbei können auch gleich die Begriffe oben und unten eingeführt werden, indem man Handzeichen gibt und bei jedem Symbol eine vorher abgesprochene Tätigkeit ausführt.

Abb. 31

7. Spiegelbilder
   Spiegelbildliche Bewegungen. Zwei Partner stehen einander gegenüber. Ein Partner beginnt, sich langsam zu bewegen, der andere macht ihm diese Bewegungen oder Haltungen spiegelbildlich nach. Das erfordert schon eine gewisse Abstraktionsleistung, denn hier muss rechts und links vom Gegenüber auf die eigene Person übertragen werden.

Abb. 32

Größeneinschätzungen

1. Raum ausmessen
   Wie oft passe ich mit meinem Körper in die Zimmerlänge?
   Mit wie vielen Personen kann man eine vorgegeben Strecke oder einen vorgegebenen Raum auslegen? Hier geht es um die Begriffe länger – kürzer, größer – kleiner.

2. Messen mit Körperteilen
   Wie oft passt meine Handfläche, mein Fuß in eine vorher festgelegte Strecke?

4. Wie groß bin ich?
   Wie hoch muss der Stab von zwei Kindern gehalten werden, dass ich hindurch passe?

Außerdem sind zur eigenen Körperwahrnehmung alle Erfahrungen von Anspannung und Entspannung z.B. Progressive Muskelrelaxation von großer Bedeutung. Durch willentliches Anspannen und Entspannen einzelner Muskelgruppen können im Laufe der Zeit auch feine Veränderungen im Muskeltonus wahrgenommen werden, d.h. die Tiefenwahrnehmung des Körpers wird angeregt.
(Hierzu finden sich vielfältige Anregungen in ZIMMER/CIRCUS 1990.)

Abb. 33

Abb. 34

Bilateralintegration und Überkreuzen der Mittellinie

Ist das Kind in der Lage, den eigenen Körper bewusst wahrzunehmen und zu empfinden, so können Aufgaben zur Förderung der Bilateralintegration und dem Überkreuzen der Mittellinie angeboten werden.

Selbstverständlich ist dies nur eine theoretische Einteilung, da sich natürlich in der Praxis, vor allem unter dem Gesichtswinkel der ganzheitlichen Förderung, diese Bereiche alle überschneiden.

1. Bilateralintegration
   Zur Bilateralintegration können Spiele angeboten werden, die die Integration beider Körperhälften speziell fördern, d.h., Arme oder Beine führen gleichzeitig gleiche Bewegungen aus.
   Z.B. beidbeiniges Hüpfen, beidhändiges Malen nach Musik oder mit beiden Händen den gleichen Rhythmus ausführen.
   Anschließend an die Bilateralintegration können Spiele zum Überkreuzen der Mittellinie angeboten werden.

2. Schwarzer Finger
   Mit geschlossenen Augen mit dem rechten Zeigefinger das linke Ohr zeigen. Ist der Zeigefinger vorher mit Kohle geschwärzt worden, kann nach Beendigung der Übung im Spiegel die Aufgabe kontrolliert und es können nochmals die beiden Körperseiten verdeutlicht werden.

3. Fußstapfen
   Den vorgelegten Fußstapfen nachgehen und dabei die Füße abwechselnd überkreuzen.

Abb. 35

4. Ball Zickzack
   Einen Ball abwechselnd vor dem Körper von der rechten in die linke Hand rollen.

(Weitere Übungsbeispiele hierzu finden sich in Brand, Breitenbach, Maisel 1986; in Kephart 1972; in Kiphard 1984.)

2. Der Außenraum

Zur Raumerfahrung gehört nicht nur der egozentrische Raum, sondern auch der allgemeine Raum, der Außenraum, den man nur erfahren kann, wenn man sich vom ursprünglichen Standort wegbewegt. Der persönliche Umraum wird an einen neuen Standort, an eine andere Stelle, im Allgemeinen Raum verlagert. So verlässt man in Wirklichkeit nie seinen eigenen Raum, sondern trägt ihn wie eine Hülle mit sich (vgl. LABAN 1981).

Auf dieser Stufe geht es nicht mehr darum, nur die eigenkörperliche Räumlichkeit oder die Raumlage der eigenen Körperteile zueinander zu betrachten. Bei Erfahrungen zur Wahrnehmung des Außenraumes werden die Grenzen des Körpers zur Außenwelt überschritten. „Dabei wird das gefestigte Körperschema von innen nach außen projiziert, so dass Körper und Außenraum ein eng integriertes System bilden. Der Außenraum kann somit als dreidimensionales Koordinatensystem von oben/unten, vorn/hinten und rechts/links kognitiv erfasst und aufgrund von Bewegungserfahrungen immer differenzierter strukturiert und organisiert werden. Dazu gehört das räumliche Einschätzen des eigenen Standortes ebenso wie der Entfernung zu den Handlungsobjekten" (KIPHARD 1984).

Um sich den Außenraum bewusst zu machen, seine Dreidimensionalität zu erfahren, sind folgende Themenkomplexe von Bedeutung.

Raumerfahrung

1. Entdeckungsreise
   Den Raum mit geschlossenen Augen erkunden. Die unterschiedlichen Formen, Kanten, Rundungen etc. wahrnehmen, die Länge, die Breite, die unterschiedlichen Materialien. Dieses „Ertasten" des Raumes mit geschlossenen Augen vermittelt über die Haut, die Tastorgane und die Kinästhesie, eine vertiefte Erfahrung.

2. Plätze wechseln
   Den Raum mit geöffneten Augen wahrnehmen, auf sich wirken lassen. Was verändert sich, wenn ich einen anderen Standort einnehme? Unterschiede verbalisieren.

Raumlinien

1. Senkrechte, waagerechte, schräge Linien im Raum zeigen
   Diese Raumlinien sollen körperlich erfahren werden. Z.B. eine schiefe Ebene herunter rollen (Schräge); Sprossenwand hochklettern (Senkrechte); den Körper waagerecht zur Wand auf den Boden legen.
   Einen Ball in den verschiedenen Richtungen rollen oder werfen.

2. Diagonale
   Die Diagonale im Raum durchschreiten, sie als Laufsteg benutzen.
   Einen Reifen diagonal durch den Raum rollen und ihm nachlaufen.

Raumausdehnung (Größe, Höhe, Entfernung)

1. Schätzen
   Mit Körpermaßen (Schritte, Handbreite etc...) abschätzen, wie weit ein bestimmter Gegenstand entfernt ist. Danach durch Tun kontrollieren.
2. Hindernisparcours
   Einen Hindernisparcours überqueren, ohne an etwas anzustoßen oder etwas zu zerstören. Dies kann auch mit dem Rollbrett geschehen. Hierbei müssen die Entfernungen genau eingeschätzt werden.
3. Therapieraum ausmessen
   Mit Hilfe der Körpermaße den Raum ausmessen. Den Raum mit Fuß- und Schrittlänge ausschreiten, den Raum mit der Körperlänge auslegen, wie kann die Zimmerdecke erreicht werden, um die Höhe des Raumes zu erfahren?

Die Raumwahrnehmung verbessert sich nach AYRES auch durch vestibulärer Stimulation (Übungsanregungen in AYRES 1979).

Raumlage (Positionen)

Hier sollen die Begriffe vor, hinter, neben, über, unter etc. körperlich erfahren werden.

1. Rollbrettzug
   Mehrere Kinder bauen einen „Rollbrettzug" und legen die Positionen „vor" und „hinter" fest.
   Unter einer Brücke hindurch, über etwas hinüber fahren. u.ä.m. (Begriffe: unter, über, oben, unten.)
2. Dreierblick
   Drei Kinder stehen im Raum und schauen sich ihre Position an. Wer steht in der Mitte, wer steht neben dem in der Mitte?
3. Sandwichspiel
   Ein Kind legt sich zwischen zwei Matten, ein anderes oben drauf. (Begriffe: zwischen, darüber.)

Raumrichtungen

1. Fortbewegungsarten
   Einen Parcours in verschiedenen Körperhaltungen überqueren. Als

Frosch, als Spinne etc. Die Richtungen verändern. Einmal gehe ich vorwärts, das nächste Mal rückwärts.

2. Seiltänzer
Auf einem Seil seitlich hin und her gehen.

3. Jumping
Auf die Sprossenwand hoch klettern und auf einen Weichboden hinunterspringen.

4. Prinzessin Pfiffigunde
Einer beginnt eine Geschichte zu erzählen. „Vor langer Zeit lebte Prinzessin Pfiffigunde in einem riesigen Wald. Täglich machte sie große Spaziergänge und stieg einen Berg hoch". Bei dem Wort hoch müssen alle so schnell wie möglich im Raum an oder auf irgendetwas hochsteigen. Wer zuletzt nach oben gekommen ist muss die Geschichte fortsetzen. So kann mit allen Raumrichtungen verfahren werden.

Da nach LURIJA (in GADDES 1991) enge Zusammenhänge zwischen Rechenoperationen und räumlichem Vorstellungs- und Begriffsvermögen bestehen, ist diese Arbeit am „Raumerleben" für Kinder mit Rechenstörungen von grundlegender Bedeutung.

3. Zum taktil-kinästhetischen Bereich

Zum taktil-kinästhetischen System gehören die Hautsinne (Berührungssinn, Schmerzsinn, Temperatursinn) und der Bewegungs- und Lagesinn, der als die Fähigkeit angesehen wird, Position und Bewegung der Körperteile im Raum ohne visuelle Hilfe wahrzunehmen und zu reproduzieren.

Da dieser Beitrag hauptsächlich dazu gedacht ist, Hilfen für die praktische Körperarbeit zu geben, ist es nicht möglich und notwendig, die ganze Komplexität dieses Wahrnehmungssystems im einzelnen darzustellen. Es sei aber auf folgende Punkte hingewiesen:

Das taktile System, die Haut, ist das ausgedehnteste Sinnesorgan unseres Körpers. Es hat seine Rezeptoren auf der Hautoberfläche, die auf Druck und Berührung reagieren und diese Reize an das Gehirn weiterleiten.

Der Hautsinn ist einer unserer ältesten Sinne, da er bereits bei einem 5 Wochen alten Embryo funktionsfähig ist. Die ersten Empfindungen, um ein Gefühl über den eigenen Körper zu bekommen, sind Erlebnisse über die Haut. Man geht davon aus, dass dieses System die Formatio reticularis erregt.

Die Kinästhesie, der Bewegungssinn, setzt sich eigentlich aus zwei getrennten Reizempfängersystemen zusammen. Es sind einmal die Muskel-, Sehnen-, und Gelenkrezeptoren, die dem Gehirn laufend Informationen über die jeweiligen Positionen und Bewegungen von Körperteilen vermitteln, aber auch über den Spannungsgrad der Muskeln, das aufgewendete Kraftmaß und damit gleichzeitig über Raummaß, Bewegungsumfang, Bewegungsgeschwindigkeit und Dauer der Bewegung. Ohne den Bewegungssinn der Muskeln und Gelenke könnte der Mensch keine Eindrücke über Gewichtsunterschiede und Entfernungen gewinnen.

Der zweite Reizempfänger des Bewegungssinns ist der Vestibularapparat, der den Lagesinn ermöglicht. Er reguliert reflektorisch die aufrechte Kopf und Körperhaltung und hält damit den Körper im Gleichgewicht.

Die Informationen aus dem taktil-kinästhetischen Wahrnehmungsbereich, die für uns unbewusst immer zusammen wirken, sind die Grundlage für schnelle und flüssige Handlungsabläufe sowie für das Erkennen dreidimensionaler Formen ohne Augenkontrolle.

Eine besonders wichtige Funktion dieses Systems ist die Steuerung der Feinmotorik. So gelingt z.B. die Planung des Schreibvorganges besser, je differenzierter die sensorischen Informationen über die Haltung der Hand, den Druck auf den Stift, die Lage der Finger zueinander wahrgenommen werden (vgl. FROSTIG 1981).

Um den Bereich der taktil-kinästhetischen Wahrnehmung zu stimulieren, geht es einmal um Berührungsreize und Tasterfahrungen sowie um die Anregung des Lage- und Gleichgewichtssinns.

Einige praktische Anregungen, die wie bereits erwähnt, in spielerischer Form erfahren werden sollen, seien hier aufgeführt.

Berührungsreize

1. Sandsäckchen
   Auflegen von Sandsäckchen auf unterschiedliche Körperstellen, die dann benannt werden sollen.
2. Eincremen
   In Partnerarbeit sich den Körper mit Rasierschaum oder Niveacreme eincremen.
3. Schminken
   Kinder schminken sich gegenseitig das Gesicht. Dies kann allerdings nur durchgeführt werden, wenn ein gutes Vertrauensverhältnis besteht.

Abb. 36

4. Materialempfinden
   Mit verschiedenen Materialien den Körper abstreichen, z.B. Bürsten, mit Feder, Watte etc.

Kinder mit taktilem Abwehrverhalten akzeptieren im Allgemeinen eher Berührungen, die sie selbst ausführen, als die von einer anderen Person. Oft wird an Handgelenken und Unterarmen die geringste und im Gesicht und an den Füßen die stärkste Abwehr hervorgerufen.

Abgesehen von den sozialen Schwierigkeiten, die diese Kinder durch ihre taktile Überempfindlichkeit haben können, treten Probleme in dem Bereich der taktil-kinästhetischen Wahrnehmung auf, insofern, dass Körper, Gegenstände und Formen in ihrer Dreidimensionalität nur schwer erkannt werden, was sich wiederum auf die Voraussetzungen des mathematischen Denkens negativ auswirken kann.

Tasterfahrungen

Das Ertasten von Gegenständen erfordert meist eine hohe Konzentration und langes Stillsitzen. Deshalb ist es besonders motivierend, wenn solche Aufgaben mit einem großräumigen Bewegungserlebnis verbunden werden.

1. Fühlstraße
   Eine Straße, auf der mit Rollbrettern gefahren werden kann, wird gebaut: Es gibt eine Haltestelle, eine Fühl- und Taststation, an der bestimmte Gegenstände ertastet werden. Hierzu sind je nach Zielsetzung die unterschiedlichsten Dinge geeignet.
   So können Informationen über die Beschaffenheit von Material, Größe, Form, Gewicht u.ä.m. erhalten werden.

2. Sollen konkrete Gegenstände erfasst werden, z.B. Buchstaben, Zahlen, Tiere etc., ist es motivierend, diese nach dem Erkennen zeichnen oder aufschreiben zu lassen und zum Schluss ein Ratespiel daraus zu erfinden.

3. Die ertasteten Gegenstände können in eine Reihenfolge gebracht werden: Welchen Gegenstand hatte ich zuerst, danach, zuletzt?
   Sie können nach Größe oder Gewicht geordnet werden (größer – kleiner; schwerer – leichter).
   Beziehungen zu Zahlen können hergestellt werden: Wie viele Gegenstände hatte ich? Waren es mehr oder weniger als bei anderen?

4. Grabbelsack
   Aus einem Grabbelsack gleiche Formen, Buchstaben o.ä. herausfinden.

5. Körperpositionen
   Körperpositionen von einem unter dem Schwungtuch liegenden Kind ertasten und sich dann in dieselbe Position bringen.
   (Weitere Anregungen in KIPHARD 1983; 1984)

Kinästhesie

Hier soll Anspannung und Entspannung bewusst erfahren werden. Solche systematischen Tonuserfahrungen (Erfahrung der Muskelspannung) sind geeignet, die gesamte kinästhetische Sensibilität im Wahrnehmen von Muskelspannungsunterschieden zu erhöhen.

1. Klassische Form der Tiefenmuskelentspannung.
2. Plattdrücken
   Ein Partner liegt auf dem Rücken, der andere drückt einen Körperteil fest auf. Der Liegende versucht, dagegen Widerstand zu leisten. – Loslassen.
3. Luftballons aufpumpen
   Ein Kind sitzt oder steht in gelöster Körperhaltung, der Oberkörper ist nach vorne geneigt, der Kopf gebeugt. Es stellt sich vor, es sei ein Luftballon, der von seinem Partner langsam mit einem Blasebalg aufgepumpt wird. Dabei richtet es sich auf und kommt in eine aufrechte, gespannte Position, die eine kurze Zeit beibehalten werden soll. Langsam die Luft wieder ablassen und in eine entspannte Haltung zusammensinken.

   (Aus: ZIMMER/CIRCUS 1990. Hier finden sich zu diesem Thema noch weitere Anregungen.)
4. Partnerarbeit
   Bei einem Partner, der im Stand die Augen geschlossen hat, wird ein Körperteil einer Seite in eine bestimmte Stellung gebracht. Er soll weiterhin mit geschlossenen Augen den Körperteil der anderen Seite in genau dieselbe „Position" bringen.
5. Blind gehen
   Sich einen bestimmten Punkt im Raum suchen und mit geschlossenen Augen hingehen.
6. Krafttraining
   Alle Übungen mit schweren Geräten, z.B Hanteln, Expander, Deuserband u.a., um den Muskeltonus zu spüren.

Vestibuläre Stimulation

1. Auf- und Abbewegungen in der Senkrechten: Trampolinspringen, mit Hopsball springen, wippen, herunterspringen von einer Erhöhung u.a.m.

2. Vor- und Zurückbewegungen in der Waagerechten: Rollbrettfahren in Bauchlage, in Bauchlage auf Schaukelbrett schaukeln u.a.m.

3. Körperlängsachsen- und Querachsendrehungen: von einer schiefen Ebene rollen, sich aufdrehen an Ringen, dann austrudeln, sich nach Musik tanzend in Drehungen bewegen u.a.m.

4. Karussell- und Schleuderbewegungen: bäuchlings auf einem Rollbrett liegend, wird man von einem Partner an den Fußgelenken angefasst und im Kreis herumgewirbelt u.a.m.

5. Geeignet sind auch alle Balancierübungen, wie z.B sich über eine wakkelige Brücke aus Autoreifenschläuchen fortbewegen, über eine Bank gehen, Stelzen laufen, Fahrrad fahren u.a.m.
(Weitere Anregungen in KIPHARD 1989 und ZIMMER/CIRCUS 1990.)

4. Zur Okulomotorik

Die Augen sind das wichtigste menschliche Informationsorgan. Doch auch hier ist es im Rahmen dieser Arbeit nur möglich, einen ganz groben Einblick über dieses System zu geben. Der intakte Sehvorgang ist eine Grundvoraussetzung sowohl für die Bewegungskoordination wie auch für die visuelle Wahrnehmung. Sehen funktioniert nur dann, wenn das motorische Aktionssystem der Augenmuskeln als auch des optischen Apparates von Linse und Netzhaut regelrecht funktionieren. So kann das normal funktionierende Auge sich sehr schnell und in beträchtlichem Ausmaß in jeder Richtung bewegen. Die Richtung, in die das Auge blickt, bestimmt die visuelle Information. Eine statische Informationsquelle kann fixiert werden, während eine sich bewegende Zielquelle gleichmäßig und kontinuierlich verfolgt wird. Das Muskelsystem der Augenkontrolle ist sehr kompliziert. Zwei separate Systeme, rechtes und linkes Auge müssen in ihren Bewegungen übereinstimmen. Zudem müssen drei Muskelpaare beim einzelnen Auge perfekt aufeinander abgestimmt sein, da sonst die Augen nicht geschmeidig einem Gegenstand folgen können. Gute Augenbeweglichkeit ist nach KIPHARD außerdem eine notwendige „Basis für alle späteren Leistungen des Hand- und Fingergeschicks". (KIPHARD 1984)

Eng verbunden mit dem okulomotorischen Vorgang sind gröbere und feinere Nackenmuskelbewegungen, die dazu dienen, das jeweilige Sehobjekt zu verfolgen. Man geht davon aus, dass Haltungsmechanismen und Muskelkontraktionen die extraokulare Muskelkontrolle (äußere Augenmuskeln) über das Stammhirn beeinflussen. Für ein Übungsangebot ist diese Erkenntnis wichtig, da das Kind hierbei gar nicht bemerkt, dass es etwas tut, um seine Augenfolgebewegungen zu trainieren, was im Allgemeinen sehr ermüdend ist.

Fixationsübungen

1. Objekte fixieren
   Markante Objekt in ca. 50 cm Abstand fixieren, zunächst mit einem Auge, dann mit beiden.

2. Nasenkette
   Kinder sitzen im Kreis. Eines steckt sich die Hülse einer Streichholzschachtel auf die Nase. Sein Nachbar muss sie ihm ohne Hilfe der Hände mit der Nase abnehmen. So wandert die Schachtel im Kreis. Die Schachtel muss solange fixiert werden, bis man die Nase in die Öffnung gesteckt hat.

3. Korkenspiel
Von einer aufgestellten Flasche mit ausgestrecktem Arm einen lose aufgesteckten Korken aus einer bestimmten Entfernung wegschubsen. Der Korken muss vorher mit einem Auge genau fixiert werden, damit man nicht daneben trifft.

4. „Ich seh etwas was du nicht siehst".

(Weitere Anregungen in BRÜGGEBORS 1989.)

Augenfolgebewegungen mit einem oder beiden Augen

1. Nachschauen
Waagerecht oder senkrecht bewegliche Gegenstände verfolgen. Seifenblasen, die herabsinken, ein Spielzeugauto, das auf dem Boden fährt; Luftballons nachschauen u.a.m.

2. Murmelspiele
Z.B. Murmelrennen: zwei Murmeln, eine große und eine kleine sind in einem Reifen, der auf dem Boden liegend bewegt wird. Die große Murmel soll die kleinere einholen.
Murmelbahnen aufbauen und Murmeln durchlaufen lassen.

3. Reifen drehen
Einen Reifen, der an einer Stelle mit farbigem Tesaband umklebt worden ist durch den Raum rollen. Die Umdrehungen sollen gezählt werden.

Nackenmuskulatur und Vierfüßlerstellung

Eine gute Okulomotorik ist für die Leistungen im Rechnen auch deshalb von Bedeutung, da sie großen Einfluss auf die visuelle Raumwahrnehmung hat.

1. Bauch und Rücken
Auf dem Bauch liegend mit einem Rollbrett durch einen Hindernisparcours fahren.

Auf dem Bauch liegend im Schaukelnetz schaukeln und dabei einen zugeworfenen Ball zurückprellen.

Auf dem Bauch liegend Bälle in einen Korb werfen.

Auf dem Rücken liegend sich mit einem Seil ziehen lassen. Dies kann mit und ohne Rollbrett durchgeführt werden.

Bei allen Spielformen muss ständig der Kopf hochgehoben werden, d. h. die Nackenmuskulatur wird beansprucht.

2. Rollen
   Mehrere Autoschläuche zusammenbinden, so dass eine Art Röhre entsteht und darin rollen.

   Der Kopfstellreflex wird aktiviert.

3. Vierfüßlerstand
   Im Vierfüßlerstand einen Ball vor sich herrollen.

   Fangspiele jeglicher Art, die auf allen Vieren ausgeführt werden können.

   Spinnenfußball.

4. Therapieball
   Auf einem Therapieball liegen und sich selbst hin und her bewegen oder sich bewegen lassen.

Erst nach Beherrschen dieser Reize werden Aufgaben gestellt, die sich auf visuelle Reize beschränken, wie Puzzles oder Spiele, die das schnelle Erfassen optisch dargebotener Formen erfordern.

5. Zur visuellen Wahrnehmung

Auf die Bedeutung der visuellen Wahrnehmung wurde bereits in Teil I, Kap. I, 2 ausführlich eingegangen. Anhand der fünf Bereiche der visuellen Wahrnehmung, sollen Anregungen für eine Förderung gegeben werden, deren Ansatz auf der Bewegung liegt und als Voraussetzung der Papier-Bleistiftarbeit dienen kann.

Hierauf muss besonders hingewiesen werden, da die ganzkörperliche Vorarbeit oft zu Gunsten der Papier-Bleistiftarbeit vernachlässigt wird, und damit der therapeutische Ansatz von Marianne FROSTIG, der besonders die Förderung der visuellen Wahrnehmung zum Ziel hat, missverstanden wird.

Auge-Hand-Koordination

Zur Förderung der Auge-Hand-Koordination sind alle Spielsituationen von Bedeutung, die ein Zusammenwirken von Augenbewegungen und Handbewegungen erforderlich machen. Es gibt kaum eine Tätigkeit ohne diese Wahrnehmungsleistung.

Schon zum Aufnehmen eines Spielgegenstandes brauchen wir die Auge-Hand-Koordination. Das Auge fixiert den Gegenstand, den die Hand erfassen soll. Die Hand wird hingeführt und der Gegenstand ergriffen.

Grundsätzlich eignen sich für eine gezielte Förderung alle Ballspiele.

1. Statische Ziele treffen
   Zielwerfen in einen Eimer. Der Ball wird aufgenommen, das Ziel wird von den Augen anvisiert und die Hand wirft den Ball in die entsprechende Richtung.

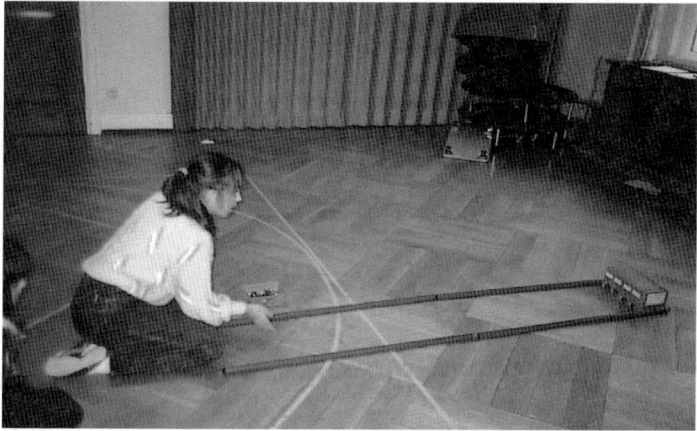

Abb. 37

Um den Schwierigkeitsgrad zu erhöhen, kann der Abstand vergrößert werden.

Murmeln können in eine Murmelkiste mit unterschiedlich großen Öffnungen gerollt werden. Eine genauere Zielanpassung ist hier nötig. Kegelspielen.

2. Bewegliche Ziele treffen
   Hierbei muss das Objekt mit den Augen verfolgt und die Hand dem bewegten Gegenstand angepasst werden.
   Luftballon mit der Hand oder einem Gegenstand hochschlagen. Luftballons eignen sich darum gut, da sie langsam fliegen und so genügend Zeit für die Koordinationsleistung bleibt.

3. Bewegte Objekte auffangen
   Einen Ball fangen.
   Einen Stab, der fallengelassen wird, wieder auffangen etc.
   (Weitere Anregungen in KIPHARD 1984; HOLLE 1988.)

Nach den großräumigen Übungen kann dann zu Aufgaben auf dem Papier übergegangen werden. (Siehe hierzu FROSTIG-Hefte zur visuellen Wahrnehmung, NAVILLE 1980, SCHILLING 1983.)

Figur-Grund-Unterscheidung

Hier geht es darum, einzelne Gegenstände, Abbildungen oder geometrische Formen auf zunehmend komplexerem Hintergrund zu erkennen. Für den Anfang sollte sich der Hintergrund deutlich von der Gestalt, um die es geht, abheben.

Bei diesen Angeboten sind selbstverständlich auch andere kognitive Funktionen beteiligt, wie Gedächtnis und schnelles Erfassen, Konzentration u.a.m.

1. Personen erkennen
   Mehrere Personen liegen verteilt unter einem Schwungtuch. Das Tuch wird kurz hochgehoben, und die Außenstehenden sollen erkennen, wie viele Personen auf dem Boden liegen.

2. Hände zählen
   Mehrere Hände sind unter einem Tuch. Es soll erkannt werden, wie viele Hände es sind.

3. Kimspiele
   Gegenstände liegen auf einem Tablett und gleiche Formen sollen herausgesucht werden.

Besonders schwer ist es, wenn die Gegenstände nur ein geringes Unterscheidungsmerkmal haben. Für den Rechenunterricht können hierzu auch gut geometrische Gegenstände genommen werden.

4. Seifenblasen
   Seifenblasen zerschlagen oder auffangen.

5. Schlangen fangen
   Ein Kind zieht ein Seil in Schlangenlinie hinter sich her, die anderen müssen versuchen, darauf zu treten.

6. Luftballon treten
   Alle Kinder haben einen Luftballon um den Fuß gebunden und jedes muss versuchen, möglichst viele Luftballons zu zertreten.
   (Hierbei geht es auch um Auge-Hand- und Auge-Fuß-Koordination.)

7. Versteckte Buchstaben
   Auf ein Zeitungsblatt mit schwarzem Stift geometrische Formen zeichnen, deren Anzahl in einem bestimmten Zeitrahmen erkannt werden soll. Die Schwierigkeit liegt darin, dass die Farbe des Hintergrundes gleich den zu erkennenden Formen ist.

8. Vexierbilder (Suchbilder mit versteckten Figuren in den Linien einer Zeichnung)

9. Kippbilder

Abb. 38

(Weitere Anregungen befinden sich in BRÜGGEBORS 1989; HOLLE 1988; KIPHARD 1984.)

Formkonstanzbeachtung

Die Beschäftigung mit der Wahrnehmungskonstanz dient dazu, Größe, Farben und Formen zu unterscheiden.

1. Gleiche Farben
   Unterschiedliche Gegenstände mit den gleichen Farben finden.
2. Gleiche Formen
   Aus einem Grabbelsack gleiche Formen herausfinden.
3. Spielzeugautos
   Spielzeugautos sind unter anderen Gegenständen auf einem begrenzten Raum verteilt. Sie sind unterschiedlich angeordnet – stehend, liegend, auf der Seite –, so dass sie in unterschiedlichen Perspektiven wahrgenommen werden. Alles, was als Auto erkannt wird, soll aussortiert werden.
4. Bildpaare
   Bildpaare finden, die denselben Gegenstand aus unterschiedlichen Perspektiven darstellen.

(Vielfältige Angebote auf dieser Ebene der Wahrnehmungsverarbeitung sind in den Arbeitsheften von Marianne FROSTIG, Visuelle Wahrnehmungsförderung, zu finden.)

Erkennen der Lage im Raum

Nach FROSTIG/MÜLLER 1981 ist die Wahrnehmung der Raumlage „definiert als die Wahrnehmung der Beziehung eines Gegenstandes zum Beobachter. Zumindest, räumlich gesehen, ist der Mensch immer Mittelpunkt seiner eigenen Welt und er nimmt die Gegenstände als hinter, vor, über, unter oder neben sich wahr."

1. Beziehungen
   Angebote, um die Position des Körpers in Beziehung zu Gegenständen zu erkennen:
   Z.B. auf dem Stuhl, unter dem Tisch, etc. Die Durchführung ist wichtig, um die Begriffe oben, unten etc. körperlich erlebbar zu machen.
2. Kopf fängt Schwanz
   Alle Kinder fassen sich an der Schulter und bilden eine Art Schlange. Vorne ist der Kopf, hinten der Schwanz. Die Schlange bewegt sich

durch den Raum. Der „Kopf" versucht, sich selbst in den Schwanz zu beißen, die Mitte der Schlange muss dies verhindern. Der Kopf erwischt ab und an ein Stück. Der „gebissene" Teil schließt sich dann am Kopf an und ist der neue Kopf.

3. Hindernisweg
   Nach verbalen Anweisungen eines Partners mit geschlossenen Augen über einen Hindernisweg gehen, (z.B. nach links drehen, rechtes Bein nach oben, usw.)

4. Spiele zur Rechts-Links-Unterscheidung
   Ganzkörperlich
   In verschiedenen Ebenen, stehend, sitzend, liegend,
   im zweidimensionalen Raum.

5. Figuren Gehen
   Kinder gehen Figuren nach, die sie zuvor unter einem Tuch ertastet haben oder die an der Tafel aufgemalt waren.

6. Statuen bauen
   Dreiergruppen. Ein Kind nimmt unter einem Tuch eine bestimmte Stellung ein. Ein anderes Kind ist der Baumeister, der das „Gebilde" abtastet. Er versucht aus dem „Tonklumpen" der dritten Person dasselbe „Gebilde" nachzubauen.

Abb. 39

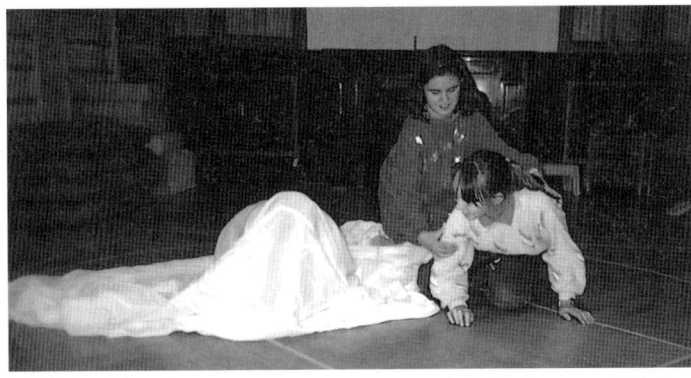
Abb. 40

Erfassen räumlicher Beziehungen

Hierbei geht es um das Wahrnehmen und Beobachten der Stellung von zwei oder mehreren Objekten in Relation zu sich selbst und in Relation zueinander. Es geht um Anordnungen, Reihenfolgen und Beziehungen.

Diese Aufgaben sind eng mit dem Bereich der Raum-Lage-Beziehung verbunden.

1. Blind gehen
   Ein Kind wird von einem Partner mit geschlossenen Augen einen Parcours entlang geführt, um einen Stuhl herum, über ein Kissen, unter einem Tisch, hindurch usw. Dann soll mit offenen Augen der Parcours auf dieselbe Art und Weise nachgegangen werden.
   Bei dieser Aufgabe steht das Erfassen und Erinnern einer Reihenfolge im Vordergrund.
2. Strecke abschätzen.
   Eine Strecke wird markiert und abgeschätzt, wie oft eine Körperlänge (Fuß, Hand) hinein passen.

(Weitere Anregungen finden sich in den Frostigkarten zu Bewegen – Wachsen – Lernen unter dem Bereich kreative Bewegungen. FROSTIG 1977.)

6. Die Beziehung zum eigenen Körper

Gute Kenntnisse über den eigenen Körper sind Voraussetzung für die Entwicklung der Raum-Lage und Raum-Beziehung.

Abschließend soll anhand von drei Beispielen gezeigt werden, wie unterschiedlich die Wahrnehmung des eigenen Körpers sein kann. Verschiedene Darstellungsformen wie:

– einen Menschen zeichnen;
– einen Menschen aus Ton oder Knete modellieren;
– einen Menschen mit unterschiedlichen Gegenständen legen, welche die einzelnen Körperteile symbolisieren, können hierüber Aufschluss geben.

Im Allgemeinen wird davon ausgegangen, dass eine große Äquivalenz zwischen dem dargestellten Körper und dem eigenen Körperempfinden besteht. Koppitz geht davon aus, dass die „Art, in der die Zeichnung gemacht wird, die verwendeten Zeichen und Symbole, ein inneres Selbstportrait und die Stellung des Kindes zu sich selbst" widerspiegeln (Koppitz 1972).

Abb. 41

Wie bruchstückhaft solche Körperdarstellungen bei wahrnehmungsgestörten Menschen aussehen können, soll anhand der nachfolgenden Abbildungen gezeigt werden. Es ist selbstverständlich, dass diese mit anderen Informationen aus Anamnese, Diagnostik und klinischer Beobachtung ergänzt werden müssen.

Diese Abbildung stammt von einem 33-jährigen Mann mit intra- und intermodalen Wahrnehmungsstörungen. Er bekam die Aufgabe, einen Menschen zu zeichnen.

Im Mittelpunkt steht ein ovaler, fast kreisförmiger, unproportionierter Kopf. Die Augen sind nur als kleine Kreise gemalt, ungleich groß und wirken wie Löcher. Pupillen und Augenbrauen fehlen. Das Gesicht erscheint dadurch ausdruckslos und die Blickrichtung ist nicht zu erkennen. Die Nase wird durch ein kleines Quadrat dargestellt. Beim Mund hängen die Zähne sowohl an der Oberlippe wie auch an der Unterlippe, wobei die unteren Zähne bis zum Kinn reichen. Die Ohren sind zur Seite gestellt und erinnern an Tierohren.

Es sieht aus, als ob der Kopf auf drei Stützen sitzen würde. Die oberen „Stützen" stellen die Arme dar, während die untere für die Beine steht. Die Arme sind als langgezogene Rechtecke gezeichnet. In den Hand- und Fußregionen findet sich eine durch Querstriche vorgenommene Unterteilung in jeweils vier Streifen, die Finger und Zehen symbolisieren. Der gesamte Mensch besteht folglich nur aus Kopf und drei Extremitäten, ein Körper fehlt.

Der junge Mann hat sich selbst gemalt. Dieses Eigenbild könnte so interpretiert werden, dass im Mittelpunkt der Selbstwahrnehmung der eigene „Kopf" steht, während der übrige Teil des Körpers nur als Stütze für diesen Kopf erlebt wird. Auffällig sind insbesondere die Ohren und der große Mund, die primären Organe der verbalen Kommunikation, wobei die nach unten weisenden Zähne des Unterkiefers im Widerspruch zur anatomischen Realität stehen. Die Augen hingegen erscheinen wie Löcher ohne Leben, was darauf hinweisen könnte, dass die visuelle Wahrnehmung und die Kommunikation über Blickkontakt und Gesichtsausdruck gestört sind.

Es handelt sich um einen etwa 1.75 m großen Mann mit über 120 kg Körpergewicht. Dieser massige Körper wird offensichtlich in der Wahrnehmung abgespalten. Bezieht man den Intelligenztest, der eine deutliche Überlegenheit im Verbalteil gegenüber dem Handlungsteil zeigt, mit in die Betrachtung ein, so könnte die besondere Betonung von Mund und Ohren als Ausdruck der Bevorzugung und relativen Stärke der verbalen Kommunikation angesehen werden, während hingegen die sinnliche Wahrnehmung besonders im optischen Bereich, massiv gestört ist.

Das Fehlen von Finger- und Handstrukturen korreliert mit einer taktilen Wahrnehmungsstörung. Er kann beispielsweise nicht runde von eckigen Formen durch Tasten unterscheiden.

Im Bild steht er nur auf einem Bein, wobei dieses säulenförmig am Kopf ansetzt und das gesamte Gleichgewicht sehr labil erscheinen lässt. Tatsächlich liegen motorische Auffälligkeiten vor, in deren Vordergrund Koordinationsschwächen stehen. Er ist beispielsweise nicht in der Lage, auf einem Balken zu balancieren oder monopedal zu hüpfen. Das linke Bein ist durch eine Spitzfußbildung behindert. Das Bild zeigt nur ein Bein. Möglicherweise steht dies in Zusammenhang mit einer sehr unterschiedlichen Wahrnehmung beider Beine.

Insgesamt wirkt das Bild wie das von einem drei- bis vierjährigen Kind, so dass zunächst die Hypothese einer geistigen Retardierung nahe liegt. Dieser Mann kann jedoch schreiben, rechnen und lesen. Diese Fähigkeiten, die er sich in jahrelanger mühevoller Arbeit antrainiert hat, sind jedoch reine Splitterfertigkeiten und nicht generalisierbar. In vielen Dingen des täglichen Lebens ist dieser Mann behindert.

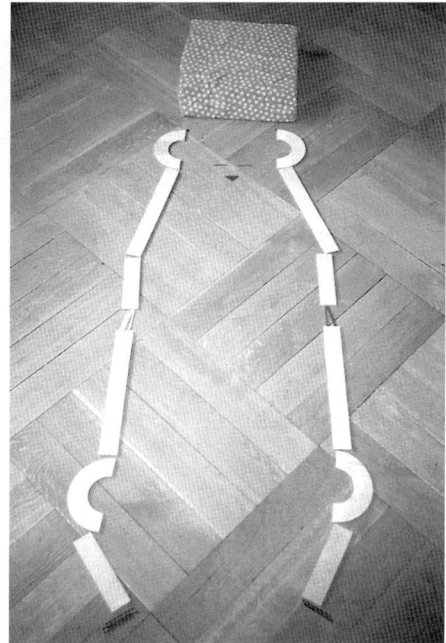

Abb. 42   Abb. 43

Diese Abbildungen stammen von derselben Person.

Die Aufgabe war, einen Menschen mit Holzlegeteilen zu legen. Er nimmt jedoch als Kopf ein Kissen, wodurch auch hier die Sonderstellung des Kopfes betont wird.

In der linken Abbildung stehen Arme und Beine isoliert im Raum. Man könnte daraus schließen, dass wie bei der vorangegangenen Zeichnung, hauptsächlich Kopf und Extremitäten wahrgenommen werden.

Der rechten Abbildung waren Übungen zur Körperwahrnehmung sowie ein Gespräch vorausgegangen, in dem er den Körperaufbau vollständig und differenziert verbal geschildert hatte. Im Kontrast steht hier wieder die gestaltungsmäßige Darstellung. An den Kopf schließt sich ein extrem breiter Hals an, in dem sich Augen, Mund und Nase befinden. Weiterhin sind am Hals die oberen Extremitäten befestigt. Ober- und Unterkörper gibt es nicht. Die Oberschenkel liegen in einer Linie mit den oberen Extremitäten, an den Kniescheiben sind die Füße befestigt. Die Beziehungen der einzelnen Körperteile zueinander sind ihm nicht klar. Deutlich wird hier eine Störung von Körperbild und Körperschema, wobei eine Diskrepanz zwischen verbalem Ausdruck und gestalterischer Darstellung besteht.

Bei teilleistungsgestörten Kinder kommen solche extremen Ausfälle der Wahrnehmung des eigenen Körpers selten vor. Dieses Beispiel wurde hier ausgewählt, um einen Eindruck für die Schwere einer Störung im Bereich der Körperwahrnehmung zu vermitteln und den Zusammenhang zu Störungen des Erkennens der Lage im Raum und der Raum-Beziehung zu verdeutlichen.

Abb. 44

Die nächste Körperdarstellung stammt von einem 24-jährigen Mann, der die Aufgabe, einen Menschen zu legen, für sich umwandelte und seine ganze Familie, „er zwischen seinen Eltern", darstellte. Seine Menschendarstellung ist stereotyp. Alle Personen sehen gleich aus, sie unterscheiden sich lediglich durch die Größe. Auch er stellt die Menschen nur aus Kopf, Armen und Beinen dar.

Nach intensiver Körperarbeit sowohl im Bereich des Körpererlebens wie auch im kognitiven Umgang mit dem Thema Körperaufbau, zeigt sich in Abbildung 45 die Auswirkung auf die differenzierte Darstellung eines Menschen. Das Bild ist stimmig gegliedert, gut proportioniert und eindeutig als menschliche Gestalt zu erkennen.

Die letzte Körperdarstellung ist von einer jungen Frau, die als Kind eine Frontalhirnverletzung hatte und entsprechend psychisch geschädigt ist.

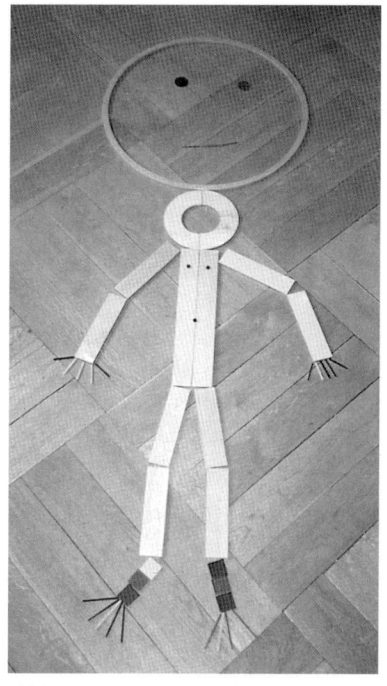 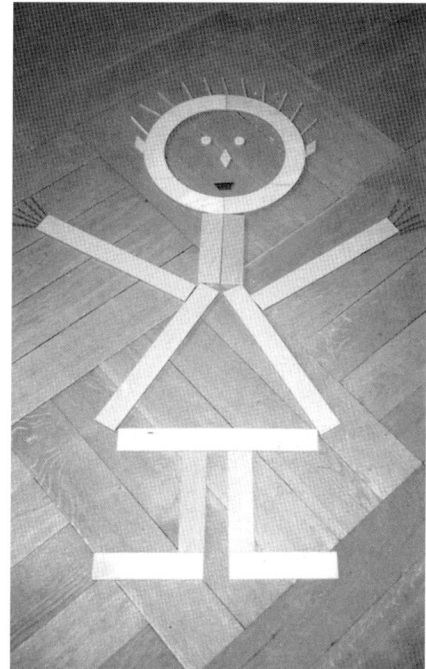

Abb. 45 *Abb. 46*

Die Wahrnehmung des Körpers ist jedoch nicht beeinträchtigt, da dieser Bereich des Gehirns von der Verletzung vermutlich nicht betroffen ist. Die Körperdarstellung ist in fast allen Einzelheiten ausgeführt und die Körperteile stehen in richtiger Relation zueinander.

Die Ausführungen über Beeinträchtigungen der Körperwahrnehmung sollen die Notwendigkeit der Körperarbeit, die als Voraussetzung für das Erkennen der Lage im Raum und der Beziehung im Raum angesehen wird, aufzeigen. Sie ist damit auch eine wichtige Grundlage des mathematischen Denkens, wie bereits an anderer Stelle ausführlich beschrieben wurde.

Am Ende unserer Ausführungen sei noch einmal betont, dass die Auswahl des Therapieangebotes den grundlegenden Bedürfnissen des Kindes, wie spielen und sich bewegen, gerecht werden soll, um Freude und Spaß in den Therapiestunden zu haben und damit die nötige Motivation zu sichern. Dies ist u.E. eine der wichtigsten Grundlagen allen Lernens.

Die Planung sollte sich am Entwicklungsstand des Kindes orientieren und die individuelle Entwicklungsgeschwindigkeit mit berücksichtigen.

Zudem ist es notwendig, Vorstellungen und Ideen des Kindes in das Spiel zu integrieren, da das Einbeziehen kindlicher Phantasie und Kreativität eine unabdingbare Voraussetzung für eine erfolgreiche Therapie ist.

Die hier aufgeführten praktischen Anregungen sollen auf keinen Fall als isolierte Übungen angewandt werden, sondern im Sinne Marianne Frostigs in eine kindgerechte Phantasie eingebettet sein. Sie schreibt der Phantasie und dem Spiel eine außerordentlich große Bedeutung in der Entwicklung zu und betont besonders die Wichtigkeit der Phantasie für das seelische Gleichgewicht des Kindes.

Themen aus der Lebens- oder Entwicklungssituation der einzelnen Kinder oder Gruppen, können Rahmenbedingungen für ein kreatives Arbeiten sein. Allerdings haben aktuelle Probleme, die ein Kind einbringt, Vorrang in der Behandlung, wodurch große Anforderungen an die Flexibilität der Therapeuten gestellt werden.

Wir schließen uns der Meinung M. Frostigs an, dass Kinder am besten dann lernen, wenn sie sich dessen gar nicht bewusst sind.

In diesem Sinne gilt also, dass „das Spiel die natürlichste und beste Art des Lernens (ist). Vorstellungsgabe, Kreativität, logisches Denken, Problembewusstsein werden im Spiel geübt, und emotionale Störungen werden abgebaut" (Frostig/Müller 1981).

III. Arbeit mit dem MONTESSORI-Material

Die Vorschläge, die beispielhaft als heilpädagogische und unterrichtliche Hilfen für die einzelnen Stufen in den Tabellen (Teil II, Kap. VI) aufgeführt sind und deren es sicher noch mehr gibt, sind nur als Anregungen gedacht. Vieles wird den Pädagogen bekannt sein. Sie werden, wenn sie um die Zusammenhänge wissen, aus ihrem eigenen reichen Repertoire an didaktischem Material und methodischem Vorgehen einsetzen, was für das jeweilige Kind in der jeweiligen Situation erforderlich ist, und nicht zu vergessen, was ihnen selbst am besten liegt.

Es werden aber in der Tabelle auch Konzepte erwähnt, die bei Sonder- und Heilpädagogen nicht unbedingt bekannt sind. Vielleicht sind sie es dem Namen nach, vermutlich aber nicht in Verbindung mit Rechenstörungen. Aus diesem Grunde werden sie hier vorgestellt.

1. Das Sinnesmaterial

Maria MONTESSORI stellt in besonderer Weise die Erziehung der Sinne in den Mittelpunkt ihrer Pädagogik und sie begründet wie folgt:

> Der naheliegende Wert einer Erziehung der Sinne gibt durch die Erweiterung des Feldes der Wahrnehmung eine immer zuverlässigere und nachhaltigere Grundlage für die Entwicklung der Intelligenz. Durch den Kontakt mit der Umgebung und ihre Erforschung baut der Verstand diesen Schatz wirkender Gedanken auf, ohne die seinem abstrakten Funktionieren Grundlagen und Präzision, Genauigkeit und Inspiration entzogen wären. Dieser Kontakt wird durch die Sinne und die Bewegung hergestellt (MONTESSORI 1969, S. 112).

MONTESSORI sah vor allem die Erziehung der Sinne als Voraussetzung an, die Entwicklung des „mathematischen Geistes" zu fördern. Sie entwickelte dafür eine spezielle Didaktik und besonderes Material, mit dem bereits im Kinderhaus mathematische Begriffe wie Klassifikation, Seriation, Konstanz – Invarianz und allgemein geometrisch-räumliche Erfahrungen vorbereitet werden, ohne dass es einen entsprechenden Unterricht dafür gibt. Über die „Schulung der Sinne" wachsen die Kinder in das Verständnis von Formen, Körpern, Größen und Mengen hinein und bekommen so im praktischen Tun Vorerfahrung für mathematisches Denken.

Bereits die Bezeichnung „Sinnesmaterial" weist auf die Bedeutung hin, die MONTESSORI der Schulung der Sinne gegeben hat. Wenngleich der Ausdruck „Schulung der Sinne" physiologisch fragwürdig ist, soll er hier so verstanden werden, wie Montessori ihn gemeint hat: Übung im differenzierten Empfinden, mit Hilfe der Sprache im Wahrnehmen und damit auch im Bedeutunggeben, ein Weg zur Entwicklung und Förderung der Kognition. Sie betrachtete die Arbeit mit dem Sinnesmaterial als „Schlüssel" zur Umwelt.

Bei dem Sinnesmaterial handelt es sich um Gruppen von Gegenständen, die nach bestimmten Kriterien gestaltet sind und die jeweils eine besondere physikalische Eigenschaft wie Farbe, Form, Größe, Gewicht, Zustand, z.B. von Rauhheit, Wärme und Geruch u.a.m. erfahrbar machen. Die jeweilige Eigenschaft ist abgestuft, und zwar so, dass sich der Unterschied von einem Gegenstand zum anderen gleichmäßig verändert und, „wenn möglich mathematisch festgelegt ist" (MONTESSORI 1969, S. 114). Dazu ist es notwendig, dass die Gegenstände einer Serie bzw. einer Gruppe untereinander völlig gleich sind, bis auf die Eigenschaft, die herausgestellt werden soll. Das Erfassen dieser „isolierten Schwierigkeit" ist das „direkte Ziel", welches im Umgang mit dem Material vermittelt werden soll. Daneben gibt es eine Reihe „indirekter Ziele", die Basisfähigkeiten wie Taktilität, Propriozeption und damit Kinästhesie, Sehen und Hören und die Fähigkeiten, die darauf aufbauen, mit beeinflussen.

Im Folgenden werden für das jeweils vorgestellte Material die Ziele zur Verwendung im Kinderhaus und das empfohlene Alter zum Einsatz des Materials angegeben (nach den Skripten für die MONTESSORI-Ausbildung und nach dem Handbuch der MONTESSORI-Vereinigung e.V. Aachen). Das geschieht, um zu zeigen, wie Kindern, die von ihrer Wahrnehmungsverarbeitung her nicht altersgemäß entwickelt sind, didaktisches Material an die Hand gegeben werden kann als gezieltes Angebot zum Nachreifen oder Nachentwickeln. In einigen Fällen wird der Einsatz zur Förderung des mathematischen Denkens zusätzlich dargestellt, in anderen Fällen wird nur aufgelistet, welche Fähigkeiten mit Hilfe des Materials entwickelt werden können. Um die Fülle der Einsatzmöglichkeiten abschätzen zu können, ist es empfehlenswert, sich mit der Montessoriarbeit genauer als hier dargestellt zu beschäftigen.

Rosa Turm

Zum Material gehören:

10 Würfel (massiv Holz, rosa), die sich dreidimensional verändern. Der kleinste Würfel hat eine Kantenlänge von 1 cm, der größte von 10 cm.

Zur Verwendung im Kinderhaus werden angegeben

als *direktes* Ziel: Begriffsbildung groß – klein

als *indirektes* Ziel: Entwicklung der Motorik, Koordination der Bewegung, Bildung von Ordnungsstrukturen;
Einsatz des Materials: Ab drei Jahren.

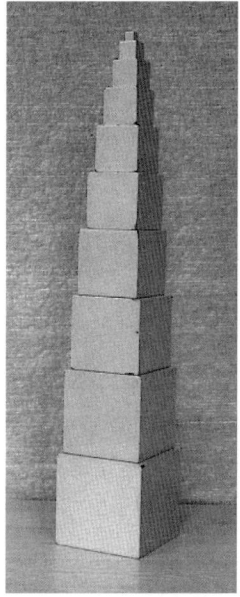

Abb. 47: Rosa Turm

Abb. 48: Verwendung zuammen mit der „Braunen Treppe"

Verwendung des Materials zur Entwicklung und Förderung des mathematischen Denkens

1. Aufbau eines Turmes in serialer Abstufung von groß nach klein

Beim Aufbau des Turmes wird die unterschiedliche Größe der einzelnen Würfel taktil-kinästhetisch empfunden. Die einzelnen Würfel müssen umgriffen werden, die großen mit beiden Händen, dabei wird gleichzeitig der Gewichtsunterschied wahrgenommen; Auge und Hand müssen zusammenarbeiten.

Beim Zusammensetzen der Würfel soll zunächst einer zentriert auf den anderen gesetzt werden. Das erfordert genaues Hinsehen und feinmotorisches Abstimmen der Handbewegungen. Zum Zweck der Überprüfung der richtigen Reihenfolge werden die Würfel in einem zweiten Schritt so aufeinandergesetzt, dass sie an zwei Seiten abschließen. An die nicht abschließenden Seiten wird nun zur Kontrolle der kleinste Würfel angesetzt. Dazu müssen die Finger über die betreffenden Seiten streichen, um feststellen zu können, ob der Ansatz von einem Würfel zum anderen nahtlos ist. Er wird den überstehenden Kanten angepasst und schließt ab, wenn die Würfel in der richtigen Reihenfolge aufeinandergesetzt wurden. Hierbei wird die Taktilität beansprucht, die Feinmotorik, die Auge-Hand-Koordination.

Welche Fähigkeiten werden gefördert?

Allgemein die Differenzierung, insbesondere das Differenzieren einer Figur aus ihrem Grund (Figur-Grund-Differenzierung) und das Differenzieren von Größen. Die Eigenschaften werden erfahren und mit Hilfe der Sprache „begriffen".

2. An welcher Stelle des Turmes ist das Gleichmaß unterbrochen?

Ein Würfel wird aus der geordneten Reihe herausgenommen. Die Stelle, an der er fehlt, soll gefunden werden.

Welche Fähigkeiten werden gefördert?

Durch das Abtasten mit den Händen und durch das Abtasten mit den Augen wird die Unterbrechung einer Serie wahrgenommen. Beziehungen der Elemente einer Serie zueinander werden erfahren, Nachbarschaften im Sinne PIAGETS erkannt und durch Vergleichen der Elemente untereinander eine Vorstellung erworben, die als Vorstellungsbild gespeichert werden kann.

3. Vervollständigen des Turmes

Der Bau des Turmes ist begonnen (mit den Würfeln Nr. 1 und Nr. 2). Die übrigen Würfel liegen an verschiedenen Stellen im Zimmer, und zwar so, dass das Kind den begonnenen Turm nicht sehen kann. Es soll den jeweils entsprechenden Würfel holen und damit den Turm weiterbauen, bzw. vervollständigen.

Welche Fähigkeiten werden gefördert?

Der Erwerb von Vorstellungsbild und Vorstellung; das Speichern einer Größenordnung als Vorstellungsbild; das Vergleichen des visuellen Vorstellungsbildes mit den konkreten Gegenstände der gleichen Gruppe; Schulung des Gedächtnisses.

Braune Treppe

Die Möglichkeiten, neuropsychologische Funktionen zu entwickeln oder zu fördern, ähneln denen des Rosa Turmes. Wie dort kann horizontal und vertikal gebaut, gearbeitet werden und es lassen sich viele Variationen und Erweiterungen in der Verwendung finden. Z.B. kann die akustische Wahr-

Abb. 49

Abb. 50

nehmung mit einbezogen werden, indem man kleine Bälle aus verschiedenem Material die Treppe hinunterrollen und die verschiedenen Geräusche, die entstehen, erfahren lässt.

Zum Material gehören 10 hölzerne Quader (Prismen). Alle sind 20 cm lang. Die Seitenflächen sind Quadrate, deren Kantenlänge von 10 cm bis zu 1 cm abnimmt.

Zur Verwendung im Kinderhaus werden angegeben

als *direktes* Ziel: Begriffsbildung dick – dünn;

als *indirektes* Ziel: Entwicklung der Motorik, Koordinierung der Bewegung, Bildung von Ordnungsstrukturen;
Einsatz des Materials: Ab 3 Jahren.

Verwendung des Materials zur Entwicklung und Förderung des mathematischen Denkens

1. Aufbau einer Treppe

    Beim Bauen einer Treppe wird die Dicke der Stufen durch das Umgreifen der einzelnen Quader mit den Händen taktil-kinästhetisch wahrgenommen und es werden damit die unterschiedlichen Größen „begriffen". Als Kontrolle dient die kleinste und damit unterste Stufe. Der dünnste Quader passt jeweils in den Absatz der nächst höheren Stufe.

2. Die weitere Verwendung der Quader ist derjenigen der Würfel des Rosa Turmes zu vergleichen.

Kombination von Rosa Turm und Brauner Treppe

Da beide Materialien an den Seiten die gleichen Maße haben, können sie zusammen verwendet werden. So lassen sich beispielsweise je einem Quader der Braunen Treppe je ein Würfel gleicher Größe des Rosa Turmes zuordnen. Und es lässt sich aus beiden Materialien in geordneter sukzessiver Reihenfolge ein Turm bauen, wobei es unterschiedliche Möglichkeiten der Zusammensetzung gibt (Abb. 48, S. 239).

Welche Fähigkeiten werden gefördert?

Im Umgang mit dem Rosa Turm und der Braunen Treppe werden das Vergleichen und Vorstellen beansprucht, das Erkennen gleicher Größen und damit die Größenkonstanz, ebenso die Fähigkeiten, die Piaget unter dem Thema „Die Entwicklung des räumlichen Denkens beim Kinde" als Voraussetzung für das operationale Denken ausführlich beschreibt. So schließt er aus seinen Versuchen, dass der Übergang von der Wahrnehmung zur anschaulichen Vorstellung bzw. zu einem Vorstellungsbild einhergeht mit einer Übersetzung taktiler Erfahrungen ins Visuelle. Und eben das wird im Umgang mit den Materialien von Montessori in gezielter Weise gefördert.

Rote Stangen

Zum Material gehören 10 rote Stangen mit einem Querschnitt von 2,5 cm x 2,5 cm. Die kürzeste Stange ist 10 cm lang, jede weitere 10 cm länger, die längste 100 cm lang.

Zur Verwendung im Kinderhaus werden angegeben

als *direktes* Ziel: Begriffsbildung lang – kurz;
als *indirektes* Ziel: Entwicklung der Motorik, Koordinierung der Bewegung, Bildung von Ordnungsstrukturen, Vorbereitung auf die Arbeit mit den Numerischen Stangen;
Einsatz des Materials: Ab drei Jahren.

Verwendung des Materials zur Entwicklung und Förderung des mathematischen Denkens

1. Ordnen der Stangen nach ihrer Länge

   Die Stangen werden ihrer Länge entsprechend geordnet, wobei die längste zuerst hingelegt wird und die nächstkürzeren jeweils davor. Die Stangenenden sollen links abschließen. Es entsteht so eine treppenförmige Abstufung, die überprüft werden kann:

   a) durch die nur-visuelle Kontrolle,

   b) durch Anlegen der kürzesten Stange an die jeweils folgende, so dass dadurch ein Abschluss zu der nächsten entsteht.

2. Umkehrung der Reihenfolge von kurz nach lang.

3. Vertikales Anordnen der Stangen, indem sie aufeinandergelegt werden.

4. Erkennen von Unregelmäßigkeiten, an welcher Stelle fehlt eine Stange?

5. Kreativer Umgang mit den Stangen, verschiedene Möglichkeiten, die Stangen aneinander zu legen.

6. Die Reihenfolge harmonisch verändern (wie bei Turm und Treppe), 10-1; 9-2; 8-3 u.s.w.

7. Die Länge einer Stange schätzen lassen, indem das Kind seine Hände in den entsprechenden Abstand bringt.

8. Stangen auf gleiche Länge zusammenlegen.

9. Längenvergleiche durchführen lassen; welcher Gegenstand ist genauso lang wie eine bestimmte Stange?

10. Größe des Kindes messen lassen. Wie viele Stangen werden benötigt, wenn das Kind auf dem Boden liegt und von Kopf bis Fuß gemessen wird?

11. Begriffe wie *halb so lang, doppelt so lang* werden im Aneinander- und Auseinanderlegen und Vergleichen erfahren.

Welche Fähigkeiten werden gefördert?

Im Umgang mit den Roten Stangen, der als Vorstufe für den Umgang mit den Numerischen Stangen gedacht ist, werden gezielt Bereiche der visuellen Wahrnehmungsverarbeitung angesprochen, die unter dem Aspekt der neuropsychologischen Voraussetzungen zur Entwicklung des mathematischen Denkens aufgeführt sind: Feinmotorik, Auge-Hand-Koordination, Figur-Grund-Differenzierung, Längenkonstanz, Raumlage und Raumbeziehung, das Erkennen von Abstufungen, Gleichmäßigkeiten und Nachbarschaften. Gleichzeitig werden die sprachliche Verarbeitung und damit das begriffliche Verständnis gefördert. Begriffe wie: vor – hinter; über – unter; davor – danach; zwischen; lang – länger – am längsten; kurz – kürzer – am kürzesten, helfen, räumliche Erfahrungen zu präzisieren. Tun und Sprechen und Sehen ermöglichen Wahrgenommenes mehrkanalig zu verarbeiten. Was mehrkanalig aufgenommen worden ist, kann besser gespeichert und damit vorgestellt werden. Die Wahrnehmungsvorstellung (nach PIAGET) ist aber letztlich die Voraussetzung zum Aufbau und Verinnerlichen mathematischer Operationen.

Einsatzzylinder

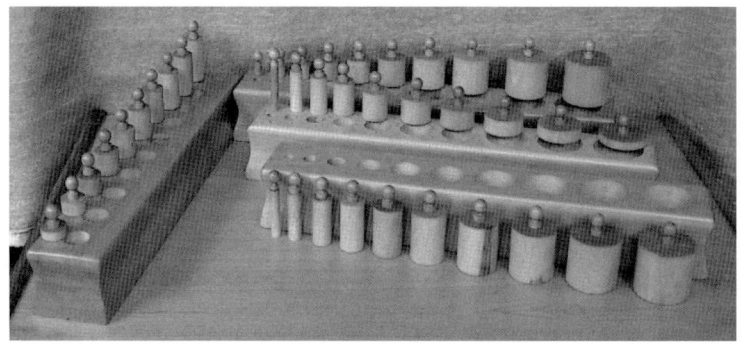

Abb. 51

Abb. 52

Zum Material gehören 4 naturfarbene hölzerne Blöcke. Sie haben 10 Aussparungen, in die jeweils ein Holzzylinder mit einem Knopf zum Anfassen hineinpasst. Die Zylinder der 4 Blöcke unterscheiden sich in ihren Dimensionen.

Bei Block A haben die Zylinder alle den gleichen Durchmesser, verändern sich aber gleichmäßig in der Höhe.

Bei Block B haben die Zylinder ebenfalls alle die gleiche Höhe, verändern sich aber in ihrem Durchmesser.

Bei Block C verändern sich die Zylinder gleichmäßig in ihrer Höhe und ihrem Durchmesser.

Bei Block D nimmt die Höhe und der Durchmesser gleichmäßig ab in gegenläufiger Richtung zu Block C.

Zur Verwendung im Kinderhaus werden angegeben

als *direkte* Ziele: Erkennen von Dimensionsunterschieden bei gleichbleibender Form;
Erkennen wie Hohlraum und Körper einander entsprechen;

als *indirekte* Ziele: Ausbildung der Feinmotorik der Schreibhand, Vorbereitung auf die Stifthaltung beim Schreiben;
Bildung von Ordnungsstrukturen im Bereich der Dimensionen;

Einsatz des Materials: Ab 3 Jahren.

Welche Fähigkeiten werden gefördert?

Der Umgang mit den verschieden dimensionierten Zylindern fördert das visuelle und taktil-kinästhetische Unterscheiden bzw. das differenzierte Erkennen von Eigenschaften, von abgestuften Reihenfolgen, von Relationen wie: Zusammengehörigkeiten (Öffnung – Zylinder), von Gleichheiten (gleiche Körper), von Gegensätzen (groß – klein, hoch – niedrig, dick – dünn); die Koordination von Auge und Hand, die Figur-Grund-Differenzierung; das Erkennen von räumlichen Beziehungen; den sprachlichen Ausdruck im Sinne des Gebrauches von treffenden Adjektiven und des Gebrauchs von Komparativ und Superlativ; durch die Erweiterung des Wortschatzes generell eine Rückwirkung auf das Erkennen von Unterschieden.

Farbige Zylinder

Zum Material gehören 4 farbige Holzkästchen mit jeweils 10 einfarbigen Zylindern. Die Farbe der Zylinder und der Kastendeckel stimmen überein.

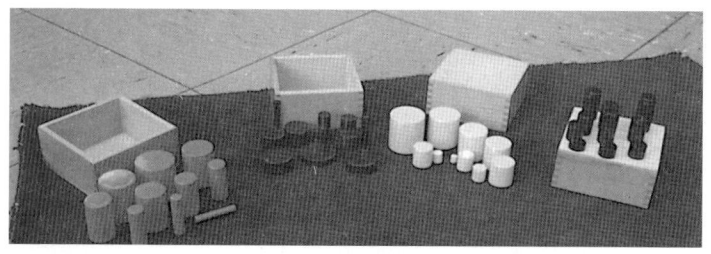

Abb. 53

Die Dimensionen der Zylinder entsprechen denen der Einsatzzylinder.

Zur Verwendung im Kinderhaus werden angegeben

als *direktes* Ziel: Erkennen und Vergleichen nach Seriengesetzen;
als *indirektes* Ziel: Bilden von Reihen nach selbstgefundenen oder vorgegebenen Ordnungskriterien, Erkennen der Gesetze der Statik;
Einsatz des Materials: Ab drei Jahren.

Verwendung des Materials zur Entwicklung und Förderung des mathematischen Denkens

1. Die farbigen Zylinder unterscheiden sich in ihrer Handhabung von derjenigen der Einsatzzylinder insofern, als das Kind keine direkte Rückmeldung über die Richtigkeit seiner Ausführung erhält. Die Zylinder werden nach „Augenmaß" in abgestufter Reihenfolge geordnet. Damit stellt diese Arbeit eine höhere Anforderung an die Wahrnehmungsverarbeitung des Kindes. Als Kontrolle kann nur der direkte Vergleich mit einem Vorgänger und einem Nachfolger dienen, was eine genauere Differenzierung fördert, gleichzeitig auch Begriffe wie davor und danach entwickeln hilft.

2. Die farbigen Zylinder können übereinander angeordnet werden, so wird die Serialität nicht nur in der horizontalen sondern auch in der vertikalen Richtung geübt. Damit kommt es zu zusätzlichen Begriffen wie über – unter, darüber und darunter.

3. Schließlich können bis auf eine Serie, alle Serien miteinander kombiniert werden. Da sich jede Serie farblich unterscheidet, werden die schrägen Abstufungen deutlich. Kinder mit Teilleistungsschwächen haben häufig im Erkennen von Schrägen Schwierigkeiten.

4. Das Erkennen von gleichen Dimensionen – Zylinder mit gleicher Größe, Dicke, mit gleichem Durchmesser – als Konstanzwahrnehmung ist hier durch die verschiedenen Farben erschwert und wird dadurch in besonderer Weise beansprucht.

Geometrische Kommode

Abb. 54

Zum Material gehören eine hölzerne Kommode mit sechs Schubladen. Jede Schublade enthält 6 gelbe, hölzerne Quadrate. In der obersten Schublade enthalten drei der 6 Vierecke eine blaue ausgeschnittene Figur. Es sind die Grundformen: Quadrat, Dreieck, Kreis. Jede Figur passt jeweils in einen Ausschnitt. Die restlichen 3 Vierecke sind nicht ausgeschnitten.

In den übrigen 5 Schubladen befinden sich ebenfalls jeweils 6 gelbe, hölzerne Quadrate mit Ausschnitten für
verschiedene Rechtecke,
unterschiedlich große Kreise,
verschiedene Typen von Dreiecken,
verschiedene Vielecke,
unterschiedliche Figuren wie Kurvendreieck, Oval, Ellipse, Trapez, Vierblatt und unregelmäßiges Viereck.

Zum Material gehören ebenfalls 3 Sätze von Karten für alle Figuren. Die Karten bilden die Figuren ab. Sie sind einmal ganz blau ausgefüllt, einmal haben sie einen dicken, einmal einen dünnen blauen Rand.

Zur Verwendung im Kinderhaus werden angegeben

als *direktes* Ziel: Entwicklung des „Gesichts- und Formensinnes", Kennenlernen geometrischer Flächen;
als *indirektes* Ziel: Entwicklung der Motorik der Hand;
Entwicklung der visuellen und taktilen Wahrnehmung

und des visuellen und taktilen Gedächtnisses;
Hinführung zur Abstraktion von Flächen;
Einsatz des Materials: Ab drei Jahren.

Verwendung des Materials zur Entwicklung und Förderung des mathematischen Denkens

Hier muss auf die vielfältigen Übungsangebote in den Skripten und Handbüchern für Lehrgangsteilnehmer der Montessori-Ausbildung hingewiesen werden sowie auf die Literatur von und über MONTESSORI. Die Arbeits- bzw. Spielvorschläge im Umgang mit diesem Material sind so gezielt auf die Förderung des „mathematischen Geistes" angelegt, dass sich eine zusätzliche Beschreibung erübrigt.

Welche Fähigkeiten werden gefördert?

In besonderer Weise werden beim Umgang mit diesem Material sensomotorische Fähigkeiten geschult, die, wie beschrieben, die Voraussetzung bilden von Wahrnehmung, Wahrnehmungsverarbeitung, hier den Raum betreffend, die Lage im Raum und die Beziehungen im Raum. Die Einsätze müssen im Dreifingergriff an einem Knopf angefasst und in die Öffnung des Rahmens eingesetzt werden. Dazu ist eine angepasste, gezielte Bewegung, die Koordination von Auge und Hand erforderlich. Die Form der Öffnung des Rahmens muss sehr genau mit der Form des Einsatzes verglichen werden, um im Einpassen des Einsatzes erfolgreich zu sein. Gefördert werden

– die Schulung des Erkennens von Raumlage und Raumbeziehungen;

– das Erkennen und Benennen unterschiedlicher Formen;

– das Differenzieren innerhalb einer Formenkategorie nach bestimmten Kriterien wie: Größe, Verhältnis der Seiten zueinander, Verhältnis der Winkel zueinander;

– das Erkennen konstanter Formen und Größen;

– die Übertragung der visuellen und taktil-kinästhetischen Erfahrungen vom dreidimensionalen Raum, (die hölzernen Einsätze sind im eigentlichen Sinne flache Körper), auf den zweidimensionalen Raum, die Karten;

– die Entwicklung des taktil-kinästhetischen und visuellen Gedächtnisses und damit die Schulung der Vorstellung von Formen und Größen.

Geometrische Körper

Zum Material gehören 10 blaue geometrische Körper aus Holz: Kugel, Ei, Ellipsoid, Kubus (Quader), Würfel, dreiseitiges Prisma, dreieckige Pyramide, viereckige Pyramide, Kegel und Zylinder; ein Kasten mit einem Satz

Abb. 55

Täfelchen, die dieselben Grundflächen haben wie die Körper mit ebenen Flächen, drei Ständer für die Körper mit gekrümmten Flächen.

Zur Verwendung im Kinderhaus werden angegeben

als *direktes* Ziel: Aufmerksammachen auf geometrische Körper und deren Merkmale;
als *indirektes* Ziel: Vorbereitung auf die Geometrie;
Einsatz des Materials: Ab drei Jahren.

Verwendung des Materials zur Entwicklung und Förderung des mathematischen Denkens

Auch dieses Material wurde von MONTESSORI eigens zur Förderung des „mathematischen Geistes" entwickelt. Auf der Ebene des Fühlens, des Tastens, der Kinästhesie werden Eigenschaften wie eben und gekrümmt, eckig und rund als Merkmale von Flächen im Umgang mit den Gegenständen zu Begriffen, die helfen, nicht nur diese geometrischen Körper zu differenzieren. In Verbindung mit der visuellen Wahrnehmungsverarbeitung und der Sprache helfen sie generell, Körper zu identifizieren und werden damit, wie MONTESSORI es nennt, für das Kind zu einem Schlüssel, der ihm die Umwelt aufschließt.

Welche Fähigkeiten werden gefördert?

Eigenschaften wie eben, gekrümmt, eckig, rund werden taktil-kinästhetisch und visuell erfasst, benannt und so zum Kennzeichen eines bestimmten Körpers; der kausale Zusammenhang zwischen den Eigenschaften eines Körpers und den Möglichkeiten, ihn zu handhaben, wird erfahren; z.B. Körper, die gekippt, gerollt, gedreht werden können; Gemeinsamkeiten und Unterschiede können gefunden und die Körper danach geordnet werden; das Erkennen von konstanten Formen wird entwickelt durch das Zuordnen der Körper zu den jeweiligen Grundflächen.

Konstruktive Dreiecke

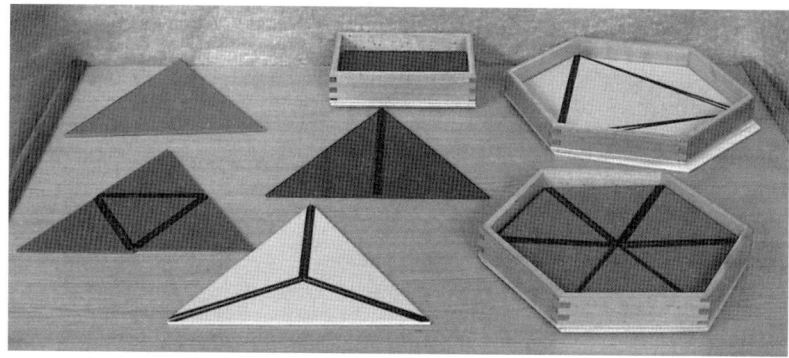

Abb. 56

Zum Material gehören:

Fünf Kästen mit verschiedenen Dreiecken. Zwei Kästen sind rechteckig, ein großer und ein kleiner ist sechseckig und ein Kasten ist dreieckig. Außer denen in dem einen rechteckigen Kasten sind alle Dreiecke mit ein oder zwei oder drei schwarzen Linien versehen.

An der schwarzen Linie sollen die Dreiecke aneinander geschoben werden, so dass sie eine neue Figur oder insgesamt neue Figuren ergeben, z.B. ein neues aber größeres Dreieck, ein Viereck, ein Sechseck. Je nach Kombination bilden die schwarzen Striche in der neuen Figur die Winkelhalbierende, die Diagonale, die Grundlinie, die Höhe oder führen zum Mittelpunkt.

Zur Verwendung im Kinderhaus werden je nach Kasten unterschiedliche Ziele angegeben, die in kindgemäßer Weise auf eine intensive Schulung des geometrischen Verständnisses ausgerichtet sind.

Einsatz des Materials: Je nach Kasten ab 3 bzw. 4 Jahren.

Dreieckspiel

Zum Material gehören insgesamt 63 Dreiecke aus Plastik in einem Holzkasten. Es gibt 7 verschiedene Dreiecksarten in drei Größen und drei Farben.

In der MONTESSORI-Arbeit ist dieses Material zur Sprachförderung vorgesehen, und zwar soll das Kind durch das Spielen mit den Dreiecken die Funktion des Adjektivs erfahren. Für die Förderung des mathematischen Denkens eignet sich das Material vor allen zum Erkennen gleicher Formen, also der Formkonstanz.

Gewichtsbrettchen

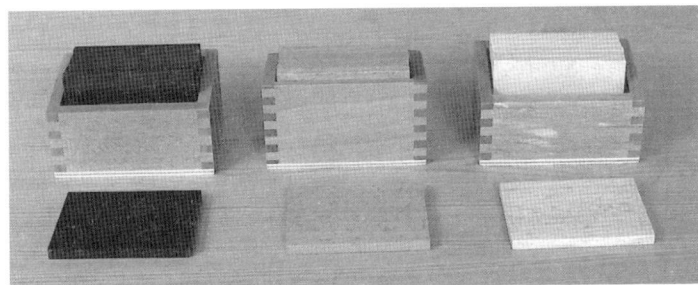

Abb. 57

Zum Material gehören ein Kasten mit drei Fächern, in denen jeweils Brettchen aus einer anderen Holzart sind. Sie haben unterschiedliches Gewicht und unterschiedliche Farbe.

Zur Verwendung im Kinderhaus werden angegeben:

als *direktes* Ziel: Schulung des barischen Sinnes;
als *indirektes* Ziel: Entwicklung der Feinmotorik;
Einsatz des Materials: Etwa 3 Jahre.

Verwendung des Materials zu Entwicklung und Förderung des mathematischen Denkens

Der Unterschied des Gewichtes der Brettchen soll mit geschlossenen Augen festgestellt werden, indem die Brettchen auf den Fingerspitzen „gewogen" werden.

Zusammenfassung

Mit dieser Auswahl aus dem Montessori-Sinnesmaterial sollte gezeigt werden, wie sich Montessori eine Sinn-volle Vorbereitung für mathematisches Verständnis dachte. Dabei wurden einige Materialien ausführlich, andere weniger ausführlich dargestellt, immer aber im Bezug zur Entwicklung des mathematischen Denkens.

Die Kinder besitzen völlig instinktive Kenntnis, die als Vorbereitung für klare Vorstellungen beim Zählen erforderlich ist. Der Begriff der Menge wohnte all dem Material für die Erziehung der Sinne inne: länger, kürzer, dunkler, heller. (Hiermit sind die Farbtäfelchen gemeint, die bei der Auswahl des Materials nicht dargestellt wurden). Die Vorstellungen von der Gleichheit und Verschiedenheit bildeten einen Teil der Hilfsmittel zur Erziehung der Sinne, die mit dem Erkennen gleicher Gegenstände anfing und dann zur stufenweisen Ordnung ähnlicher Gegenstände überging.

Der kindliche Geist wird für Zahlen nicht durch gewisse „einleitende Vorstellungen", die der Lehrer in aller Eile vorbringt, vorbereitet, sondern durch einen Bildungsvorgang, durch ein langsames selbständiges Aufbauen (MONTESSORI 1922).

2. Das Mathematik-Material

Die Darstellung des Materials kann, wie auch bei dem Sinnesmaterial, nur exemplarisch erfolgen. Auch muss auf die Darbietung und Anwendung, wie sie im eigentlichen Sinne MONTESSORIS in den MONTESSORI-Kinderhäusern und -Schulen vorgeschrieben ist, verzichtet werden. Informationen erhält man in entsprechenden Kursen der MONTESSORI-Gesellschaften und durch die Fachliteratur (siehe Literaturangabe). Das pädagogisches Konzept, das nach (heutigen) neuropsychologischen Gesichtspunkten zur Entwicklung und Förderung mathematischen Denkens entworfen wurde, soll aber deutlich werden. Es ist in dem jeweiligen didaktischen Material enthalten, das in Auswahl hier vorgestellt wird. Die Auswahl betrifft allerdings nur die Bereiche, die als neuropsychologische Voraussetzung mathematischen Denkens angesehen werden und im Grundschullehrplan öffentlicher Schulen vorgeschrieben sind.

A. Material für den Erwerb des Zahlbereiches bis 10
Numerische Stangen
Sandpapierziffern
Spindeln
Ziffern und Chips
Farbige Perlentreppe

B. Material zur Erweiterung des Zahlenraumes
Goldenes Perlenmaterial
großer und kleiner Kartensatz
Farbige Perlentreppe und Seguintafeln I und II
Hunderterkette und Pfeile
Tausenderkette und Pfeile

C. Material zur Einführung und Anwendung mathematischer Operationen
Goldenes Perlenmaterial mit großem und kleinem Kartensatz
Markenspiel
Punktspiel
Streifenbrett der Addition
Streifenbrett der Subtraktion
Kleiner Rechenrahmen
Großer Rechenrahmen
Multiplikationsbrett mit Kontrolltafel, Pythagorasbrett

Divisionsbrett, Divisionstabellen
Liegender Rechenrahmen
Aufgabenkärtchen zu den 4 Grundrechenarten

Der Übergang vom Sinnesmaterial zum Umgang mit dem Mathematikmaterial ist im Kinderhaus fließend und wird je nach der Reife des Kindes von ihm selbst vollzogen. MONTESSORI sagt: „Zur unmittelbaren Einführung in den Rechenunterricht halten wir uns an dieselben Lehrmittel, die wir zur Erziehung der Sinne benutzt haben" (MONTESSORI 1922). Damit verweist Montessori auf das Material zur Veranschaulichung von *Länge* (rote Stangen), *Umfang* (rosa Würfel) und *Dicke* (braune Treppe) und sie weist auf das mathematische Prinzip, das in diesen Gegenständen enthalten ist.

Bei den roten Stangen ist das kürzeste Stück die Maßeinheit für alle übrigen. Die Länge nimmt bei jedem Stück um 10 cm zu, während der Querschnitt der Stangen gleichbleibt. Die einzelnen Stücke stehen in dem gleichen Verhältnis zueinander wie die Reihe der natürlichen Zahlen.

Bei der braunen Treppe wechselt der Querschnitt der Prismen. Damit wechseln die Seiten der Querschnitte in der Reihenfolge der natürlichen Zahlen, beim ersten Prisma sind die Seiten des Querschnittes 1 cm lang, beim zweiten 2 cm, bei dritten 3 cm u.s.w. Die Prismen verhalten sich dementsprechend wie die *Reihe der Quadratzahlen*: 1, 4, 9, 16 usw.

Bei den rosa Würfeln wächst die Kante im Verhältnis der natürlichen Zahlen von 1 cm bis 10 cm. Das Volumenverhältnis entspricht dem der *Zahlen in der dritten Potenz:* 1, 8, 27, 64 usw.

Mit den rosa Würfeln umzugehen, ist für die kleinen Kinder am leichtesten, der Umgang mit den roten Stangen am schwierigsten. Stangen sind es auch, die ein Material für den Erwerb des Zahlbegriffes darstellen sollen, allerdings sind sie nun für diesen Zweck etwas abgeändert. Sie sind in je 10 cm lange Abschnitte eingeteilt und im Wechsel blau und rot angestrichen.

A. Material für den Erwerb des Zahlbegriffes im Zahlenraum bis 10

1. Numerische Stangen (blau-rote Stangen)

Zum Material gehören 10 Stangen mit den gleichen Maßen wie die roten Stangen. Sie sind in jeweils 10 cm lange rote und blaue Abschnitte eingeteilt. Die kürzeste Stange ist rot. Jede Stange entspricht einer Zahl. Die einzelnen Stangen werden nach der Anzahl ihrer Abschnitte benannt (drei Abschnitte = 3 „das ist drei").

Abb. 58: Numerische Stangen

Lernziele
Erwerb der Begriffe für die Mächtigkeit der Stangen von 1 bis 10;
zählen von 1 bis 10;
Vorerfahrungen mit dem metrischen System;
Einsatz des Materials: 4 Jahre.

Lerninhalte
Ordinales Zählen von 1 bis 10 wird auf unterschiedliche Weise mit Hilfe verschiedener Sinnesmodalitäten und auf unterschiedlichen Verarbeitungsebenen erworben, taktil-kinästhetisch, visuell und sprachlich. Dabei kann jede Sinnesmodalität für sich angesprochen werden, z.B. beim Ertasten mit geschlossenen Augen die taktil-kinästhetische Wahrnehmung. Es kann aber auch gesehen, getastet und dabei laut gezählt werden und damit eine Integration mehrerer Sinnesempfindungen stattfinden.

Zahlennamen und die Reihenfolge der Zahlen werden erfasst: eine Zahl ist immer um eine Einheit größer als ihr Vorgänger. Der Unterschied der Einheiten wird zusätzlich über die Gewichtsveränderung (propriozeptiv) empfunden.

Ergänzungsübungen: Neuner- und Einerstange ergibt eine Zehnerstange, Achter- und Zweierstange ergibt eine Zehnerstange usw.

Nachbarschaften (Vorgänger, Nachfolger) und Reihenfolgen (Seriation) erkennen.

2. Sandpapierziffern
Zum Material gehört ein Kästchen mit farbigen Holztafelchen, auf denen Sandpapierziffern von 0 bis 9 stehen.

Lernziele
Kennenlernen von Ziffern als Zahlzeichen;
Kennenlernen ihrer Gestalt, ihrer Lage im Raum;
Vorbereitung des Ziffernschreibens;
Einsatz des Materials: 4 Jahre.

Lerninhalte
Zuordnen von Zifferngestalt und Ziffernname über unterschiedliche Wahrnehmungssysteme und auf unterschiedlichen Verarbeitungsebenen: taktil, taktil-kinästhetisch, visuell, auditiv, sprachlich. Die Aufnahme geschieht intra- und intermodal;
Unterscheiden der Ziffern in ihrer Gestalt und Raumlage;
Speichern der Ziffern in ihrer Gestalt und Raumlage;
Vorstellen von Gestalt sowie Raumlage der einzelnen Ziffern.

3. Numerische Stangen und Ziffernbrettchen in Kombination

Zum Material gehören die Numerischen Stangen und 10 Brettchen mit den Ziffern von 1 bis 10.

Lernziel
Zuordnung von Mächtigkeit und Ziffer
Einsatz des Materials: 4 Jahre

Lerninhalte
Das Kind hat gelernt:

1. Jede der blau-roten Stangen hat einen Namen. (Der Namen ist ein Zahlwort.)
2. Jedes Zifferntäfelchen hat einen Namen. Der Name ist ein Zahlwort. Vorerfahrungen dazu wurden gemacht durch die Übungen mit den Sandpapierziffern.
   Es lernt nun dazu:
3. Zu jeder Stange gehört ein Zifferntäfelchen, Zifferntäfelchen und Stange haben den gleichen Namen, der Name ist der Begriff für die Zahl.

4. Spindeln

Zum Material gehören zwei Kästen mit je 5 Fächern. An der inneren Rückwand der Kästen stehen den Fächern entsprechend die Ziffern 1 bis 9. In einem weiteren Kasten liegen 45 Spindeln und 8 Gummiringe.

Lernziele
Erfahren der Zahlenmenge von 1 bis 9 als einzelne Elemente;
Zählen als Bestimmen von Anzahlen;

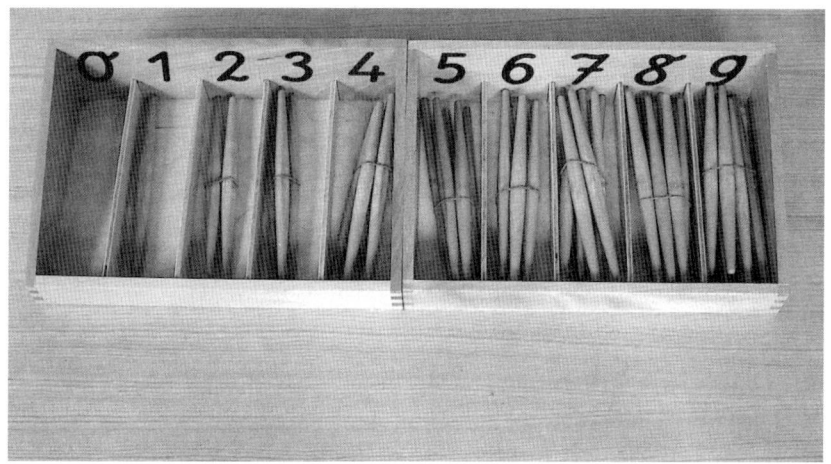

Abb. 59

Erfahren des Zahlbegriffes der Null;
Einsatz des Materials: 4 Jahre.

Lerninhalte
Das Kind hat gelernt, die Ziffern mit einem Zahlwort zu benennen. Im Umgang mit den blau-roten Stangen hat es außerdem gelernt, dass die Mächtigkeit von Mengen bzw. Größen ebenfalls mit einem Zahlwort benannt wird. Es hat weiter gelernt, dass Ziffer und Stange unter dem Begriff einer Zahl einander zugeordnet werden können. Es lernt nun die Bedeutung der Ziffer 0 hier als mathematische Eigenschaft „leer" kennen.

Im Umgang mit den Spindeln erfährt das Kind, dass zählen auch für Mengen gilt, die aus einzelnen Gegenständen (Elementen) bestehen. Es erfährt damit die Abzählbarkeit einer Menge. Die Menge mit einer bestimmten Zahleigenschaft wird in ein Fach mit einer bestimmten Ziffer gelegt. Es lernt, dass eine Zahl sich als Einheit darstellt, die aus einzelnen Elementen besteht. Damit wird die Ziffer zur Zahl als Begriff der Eigenschaft einer Klasse.

5. Ziffern und Chips

Zum Material gehören ein Kasten mit roten Holzziffern von 1 bis 10 und 55 rote Chips.

Lernziele
Beherrschen der Zahlenreihe 1 bis 10;

Abb. 60

Begriffsbildung: gerade und ungerade Zahlen;
Einsatz des Materials: 5 Jahre.

Lerninhalte
Die Arbeit mit den Ziffern und Chips stellt eine Vertiefung der bisherigen Erfahrungen im Zuordnen von Menge und Zahl dar. Wurde im Umgang mit den Spindeln noch jede Menge in ein gesondertes Fach gelegt, werden nun, nachdem die Ziffern in die numerische Reihenfolge gebracht wurden, die Chips zugeordnet und zwar in vorgeschriebener Anordnung (siehe Abbildung). Während das Kind die Chips in Zweiergruppen den Ziffern zuordnet, soll es dabei laut zählen. Bei ungeraden Zahlen wird der übriggebliebene Chip in die Mitte unter die letzte Zweiergruppe gelegt. Um dem Kind gerade und ungerade Zahlen erfahrbar zu machen, wird mit einem Bleistift durch die Mitte der paarweise angeordneten Chips gefahren. Das Kind lernt: Bei den geraden Zahlen kann der Bleistift gerade durchfahren, bei den ungeraden nicht. Die Begriffe gerade und ungerade Zahl werden auf diesem Wege verbildlicht. Die indirekte Vorbereitung auf die Teilbarkeit der Zahlen ist mit diesem Material ebenfalls zu veranschaulichen. Das Kind wird aufgefordert, Chips zwischen dem Pädagogen und sich aufzuteilen so dass jeder gleich viel hat. Wenn bei einer ungeraden Zahl ein Chip übrig bleibt, haben beide ungleich viel.

Die hier vorgestellten Materialien bieten gezielte Möglichkeiten, die Grundlagen für die Einführung der Zahl und für das lineare Zählen bis 10 zu legen. Es baut systematisch aufeinander auf und hilft dem Kind, handelnd Strukturen in seiner Vorstellung zu entwickeln, die für weiteres Verständnis im Sinne des mathematischen Denkens erforderlich sind. Die jeweilige

Anwendung und Generalisierung muss im Anschluss daran erfolgen und ist dem Phantasiereichtum des Pädagogen überlassen.

6. Farbige Perlentreppe

Abb. 61

Zum Material gehört ein Kästchen mit 5 farbigen Perlentreppen und einem „Reiterchen" aus Plastik. Jede Treppe besteht aus 9 Perlenstäben mit jeweils unterschiedlicher Farbe;
Einsatz des Materials: 5 Jahre.

Lernziele [29]
Zuordnen Perlenstäbchen und Zahlwort;
Einüben des Zählens;
Üben und Einprägen der Zahlenfolge.

Lerninhalte
Der Umgang mit Längen wird auf verschiedene Weise angeboten. Es lassen sich unterschiedliche Muster mit den Stäbchen legen, allerdings immer unter Berücksichtigung der Reihenfolge bzw. der Nachbarschaften. Die Muster lassen sich ihrerseits wieder zu neuen und größeren Mustereinheiten kombinieren. Perlenteppiche können gelegt werden. Vorformen geometrischer Kenntnisse werden dabei erfahren.

Das im Folgenden vorzustellende Material führt in das Dezimalsystem ein.

---

[29] Hier sind nur Lernziele aufgeführt, die im Zusammenhang mit dem Erwerb des Zahlbereiches bis 10 zu verstehen sind. Mit diesem Material können aber auch Lernziele auf höherer Stufe zur Einführung und Anwendung mathematischer Operationen erarbeitet werden.

B. Material zur Erweiterung des Zahlenraumes

1. Goldenes Perlenmaterial

Zum Material gehören ein Tablett mit goldfarbenen Perlen: lose Perlen für die Einer, Stangen aus zehn Perlen für die Zehner, Quadrate aus 10 Zehnerstäbchen als Hunderter; Kuben aus 10 Hunderterquadraten als Tausender und zusätzlich mehrere Tabletts;
Einsatz des Materials: 4 Jahre.

Lernziele
Einführung in das Dezimalsystem;
Erweiterung des Zahlenraumes bis 1000;
Erfahren der Mächtigkeit und der Darstellungsform von Einern, Zehnern, Hundertern und Tausendern;
Kennenlernen der Struktur des Dezimalsystems.

Lerninhalte
Das Kind erfasst taktil-kinästhetisch visuell und auditiv/sprachlich jede einzelne „Kategorie" des Dezimalsystems, beginnend mit dem Zehner. Die einzelnen Perlen der Zehnerstange werden gezählt und das Zahlwort zehn als Name für diese Stange dazu genannt. Das gleiche geschieht mit dem Hunderterquadrat. Die Zehnerstangen des Quadrates werden gezählt. Wenn das Kind erfasst hat, dass es 10 Zehnerstangen enthält, wird ihm der Name für das Quadrat genannt. Ebenso wird der Tausenderkubus eingeführt.

Innerhalb der einzelnen Kategorien Einer, Zehner, Hunderter, Tausender wird zählend mit dem Material vertraut gemacht. Das Kind wird aufgefordert, jeweils eine bestimmte Anzahl von Einern usw. zu holen und sie laut zu zählen. Das geschieht zunächst nur innerhalb einer Kategorie. Erst wenn sich durch das häufige Hantieren und Benennen die Begriffe gefestigt haben, wird das Kind aufgefordert, Mengen verschiedener Kategorien zu bilden.

Das Kind erfährt, dass die Zehn im Dezimalsystem eine besondere Rolle spielt. Es lernt das Umtauschen von Einern in Zehner, Zehnern in Hunderter u.s.w. und es begreift, dass zehn Einheiten einer Kategorie einer Einheit der nächst höheren Kategorie entsprechen. Damit beherrscht ein Kind, wenn es bis 10 zählen kann, den Zahlenraum bis 1000.

2. Kartensatz

Zum Material gehören ein großer Kartensatz und mehrere kleine Kartensätze. Jeder Satz besteht aus unterschiedlich langen Karten mit grünen

Ziffern von 1 bis 9, mit blauen Ziffern von 10 bis 90, mit roten Ziffern von 100 bis 900, mit grünen Ziffern von 1000 bis 9000; Einsatz des Materials: 4 bis 5 Jahre.

Lernziel
Kennenlernen der Zahlsymbole von 10 bis 1000

Lerninhalte
Das Kind soll an der Anzahl der Nullen erkennen, zu welcher Kategorie die Zahlenkarte gehört. Durch das Zählen der Nullen wird das Kind auf den Stellenwert der jeweiligen Zahl aufmerksam. Die Farben für Einer, Zehner, Hunderter wiederholen sich in der gleichen Weise auch bei anderem MONTESSORI-Mathematikmaterial, dadurch wird das Speichern der Kategorien unterstützt.

Die Position der Einer, Zehner, Hunderter, Tausender im Stellenwertsystem wird durch die Anordnung der Karten und deren Farben eingeprägt. Die Zahlenkarten werden nach ihrem Stellenwert geordnet untereinandergelegt, rechts die Einer, links daneben die Zehner usw.

Das Kind lernt Karten verschiedener Kategorien richtig übereinander zu legen. Beim Lesen der Zahlen wird einmal die Form gebraucht: 3 Hunderter, 2 Zehner, 6 Einer, oder das Kind liest bereits dreihundertsechsundzwanzig.

3. Goldenes Perlenmaterial und Kartensatz

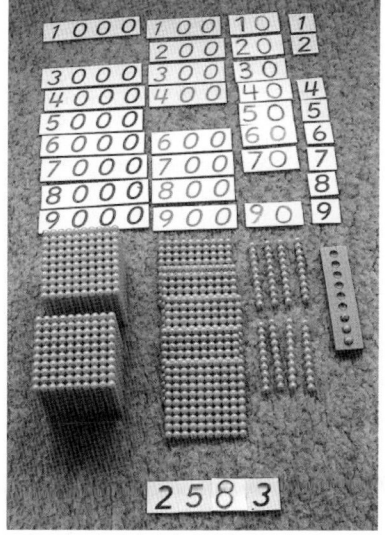

Abb. 62

Lernziele
Zuordnen von Perlenmengen und Zahlzeichen;
vertraut werden mit den verschiedenen Kategorien des Dezimalsystems.

Lerninhalte
Das Kind hat zunächst das goldene Perlenmaterial und die Namen der einzelnen Kategorien: Einer, Zehner, Hunderter, Tausender kennengelernt. Es hat ebenfalls die Zahlenkarten und ihre Zahlennamen erfahren. Nun soll es die beiden „Gegenstände" Perlenmaterial und Zahlenkarten einanderzuordnen unter dem beides verbindenden Begriff, dem Zahlwort, als der Bezeichnung der Mächtigkeit der Menge.

Im Umgang mit dem Perlenmaterial und den Zahlenkarten lernt das Kind handelnd den Zahlbereich bis tausend kennen. Dabei wird es mit der Bedeutung der Null im Stellenwertsystem bekannt. Es lernt Zahlen lesen und ihre Bedeutung als Symbol für Mächtigkeit von Mengen mit den Händen zu begreifen. Da die Zahlenkarten in immer der gleichen Ordnung ausgelegt werden, prägt sich die Reihenfolge der Zahlen ein sowie die der jeweiligen Nachbarzahlen als Vorgänger und Nachfolger.

4. Farbige Perlentreppe und Seguintafeln I und II

Abb. 63

Farbige Perlentreppe
Zum Material gehören ein Kästchen mit fünf farbigen Perlentreppen und ein Reiter (Plastikkärtchen mit Kerbe zum Abzählen der Perlen und zum

Abb. 64

Markieren). Jede Treppe besteht aus verschiedenfarbigen Perlenstäbchen unterschiedlicher Länge.

1 rot	4 gelb	7 weiß
2 grün	5 hellblau	8 braun
3 rosa	6 lila	9 dunkelblau

Einsatz des Materials: etwa 5 Jahre

Lernziele
Darstellung der Zahlen 11 bis 19 durch Perlenmengen;
Differenziertes Erfassen des Zahlenraumes innerhalb eines Zehners.

Lerninhalte
Das Kind kennt die Zahlen von 1 bis 9 als Eigenschaft einer Menge, die aus einzelnen Elementen besteht. Es erfährt nun, dass die jeweiligen Mengen von Elementen Einheiten bzw. Ganzheiten bilden, hier in Form eines farbigen Stäbchens. Das Erfassen der Ganzheiten ist durch die Farbgebung erleichtert. Außerdem sind die einzelnen Elemente immer noch zu erkennen und abzuzählen. Das Zählen und das Einprägen der Reihenfolge der Zahlen wird durch den Umgang mit den farbigen Stäbchen geübt. Der Zahlenraum 11 bis 19 wird erarbeitet. Das geschieht in Verbindung von Zehnerstab und bunten Perlenstäben.

Seguintafel I

Zum Material gehören 2 Bretter, die in fünf Abteilungen aufgeteilt sind. Auf dem ersten Brett steht fünfmal, auf dem zweiten viermal die Zahl 10. Es gehören weiter 9 kleine Brettchen mit den Ziffern 1 bis 9 dazu. Diese Ziffernbrettchen können in die Felder eingeschoben werden.

Lernziel
Kennenlernen der Zahlzeichen von 11 bis 19;
Einprägen der Zahlenfolge;
Einführung der Zahlen durch Zahlzeichen.

Seguintafeln I und Farbige Perlentreppe

Zum Material gehören 2 Seguintafeln I (siehe Abb. 63 Seite 262) mit den dazugehörigen Ziffernbrettchen, eine Dose mit 9 Zehnerstangen, Perlentreppe 1 bis 9.

Lernziel
Zuordnen von Perlenmenge und Zahlzeichen für den Zahlenraum 1 bis 19.
Einsatz des Materials: etwa 5 Jahre

Seguintafeln II

(siehe Abb. 64 S. 263)

Zum Material gehören 2 Bretter wie bei Tafel I, aber statt der 10 in den Feldern sind hier die Zahlen 10 bis 90 geschrieben, Täfelchen mit den Zahlen 1 bis 9 zum Einschieben, 9 Zehnerstangen und 10 lose goldene Perlen.

Lernziele
Zählen von 10 bis 90;
Kenntnis der Zahlen bis 99.
Einsatz des Materials: 5 Jahre

C. Material zur Einführung mathematischer Operationen

Nachdem einige Materialien zum Aufbau des Zahlbegriffes vorgestellt worden sind, soll nun gezeigt werden, in welch konkreter Weise die Einführung mathematischer Operationen wie Addition, Subtraktion, Multiplikation und Division vor sich geht. Das geschieht im Vorschulbereich spielerisch mit dem Goldenen Perlenmaterial. Die Einführungslektionen für die einzelnen Rechenoperationen werden zunächst nur mit dem Perlenmaterial ohne Kartensätze durchgeführt, damit die Funktion der jeweiligen Operation deutlich wird. Als Beispiel sei hier die Einführung der Addition beschrieben.

Der Lehrer fordert einige Kinder auf, beliebige Mengen Perlen der einzelnen Kategorien auf die dazugehörigen Tabletts zu legen. Dann werden alle Mengen in einen Korb oder auf einen Teppich zusammengeschüttet. Die Handlung wird etwa mit den Worten kommentiert: „Wir haben jetzt alles zusammengetan. Es ist eine große Menge geworden. Wir wollen sehen, wie viel es ist. Dazu legen wir die Perlen der gleichen Sorte zusammen." Die einzelnen Kategorien werden zusammengezählt. Das Umtauschen kann hierbei eingeführt werden: 10 Einerperlen ergeben eine Zehnerstange, 10 Zehnerstangen ein Hunderterquadrat usw. Die Kinder stellen das Ergebnis fest.

In einem zweiten Schritt wird das Perlenmaterial zusammen mit den Kartensätzen benutzt. Bei einem Spiel mit drei Kindern werden ein großer und drei kleine Kartensätze und das Perlenmaterial benötigt. Der Lehrer oder die Lehrerin gibt eine Additionsaufgabe mit vierstelligen Summanden, die keine Stellenwertübergänge enthält, z.B. 1234 + 2141 + 3412.

Zu diesen Zahlen werden die Karten der kleineren Kartensätze an die drei Kinder verteilt. Sie legen die entsprechenden Perlenmengen dazu und bringen alles dem Lehrer, der Lehrerin. Gemeinsam wird kontrolliert, ob die Perlenmengen und die Karten übereinstimmen. Dann werden die drei Mengen auf einem größeren Tablett zusammengelegt, wieder mit einem Kommentar: „Alles ist zusammengetan worden. Es ist eine große Menge. Wir wollen sehen, wie viel es ist. Wir legen alle Mengen der gleichen Art zusammen." Die Kinder bekommen den Auftrag, die einzelnen Kategorien zu zählen. Wenn alles gezählt ist, werden die Karten des großen Kartensatzes auf die jeweilige Menge gelegt und die Menge benannt. Z.B. 6 Tausender, 7 Hunderter, 8 Zehner, 7 Einer. Schließlich werden die Karten übereinandergeschoben und gelesen. Das ganze wird ausgiebig besprochen. Die kleinen Karten werden untereinander gelegt. Jedes Kind nennt die Menge, die es gebracht hat. Der Lehrer, die Lehrerin führt das Pluszeichen dabei ein und den Begriff „addieren". Alles zusammen ist nun eine große Menge, die auf den großen Zahlenkarten dargestellt ist.

In einem nächsten Schritt geht es um Aufgaben, bei denen die Kinder die Summanden selbst wählen. Es ist wahrscheinlich, dass es beim Zusammenfügen zu Stellenwertüberschreitungen kommt. Dabei wird das „Umtauschen" geübt.

Die Kinder werden in analoger Weise im Spiel mit den anderen Grundrechenarten vertraut gemacht, und das, bevor sie in die Schule kommen. Das Hinzufügen und Wegnehmen, das Malnehmen und Teilen wird im Handeln verinnerlicht, und es kann schließlich vorgestellt werden, was bei den Operationen geschieht. Durch den Umgang mit dem Material erhalten die Kinder Einsicht in das Wesen der Grundrechenarten.

Die weiterführenden Materialien „streifen mehr und mehr ab", abstrahieren von dem konkret Abzählbaren. So ist bei dem Markenspiel keine einzelne Perle oder Perlenstange, kein Perlenquadrat oder Perlenwürfel mehr Vertreter der jeweiligen Kategorie. Nun sind es gleichgroße quadratische Plättchen: grün für die Einer mit einer 1, blau für die Zehner mit einer 10, rot für die Hunderter mit einer 100 und grün für die Tausender mit einer 1000 aufgedruckt. Mit diesem „Markenspiel" werden die gleichen Grundoperationen durchgeführt wie mit dem Goldenen Perlenmaterial, aber eben eine Stufe abstrakter.

Abb. 65: Markenspiel

Die nächste Abstraktionsstufe der Addition stellt das Punktspiel dar, bei dem in vorgegebene Spalten und Kästchen Punkte für die einzelnen Stellenwerte eingetragen werden. Mit Hilfe dieser Punktetabelle wird die Übertragung von einem Stellenwert zum anderen eingeführt.

Für vertiefenden Übungen und die notwendige Generalisierung im Anwenden der Rechenoperationen unter veränderten Bedingungen stehen eine Reihe weiterer Materialien zur Verfügung, von denen einige hier abgebildet werden. Da es nicht darum geht, das gesamte MONTESSORI-Mathematikmaterial darzustellen, muss auf eine weitere Besprechung verzichtet werden.

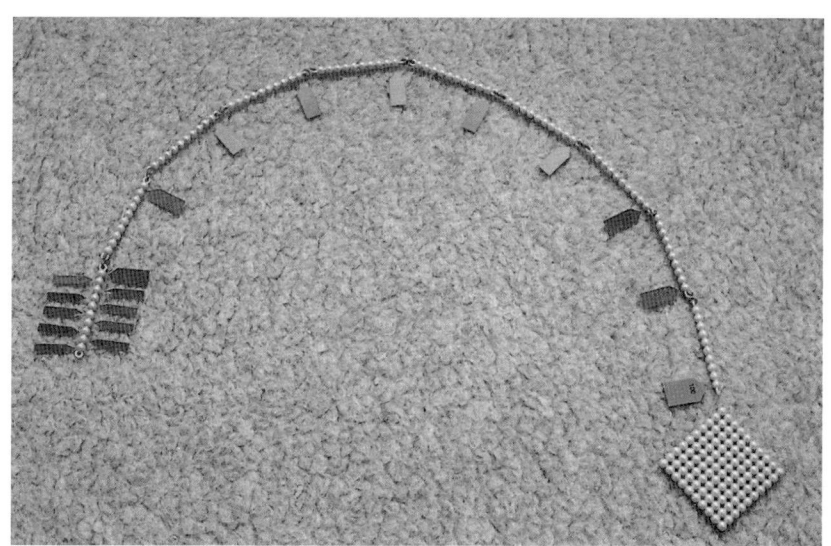

Abb. 66: Hunderterkette mit Pfeilen

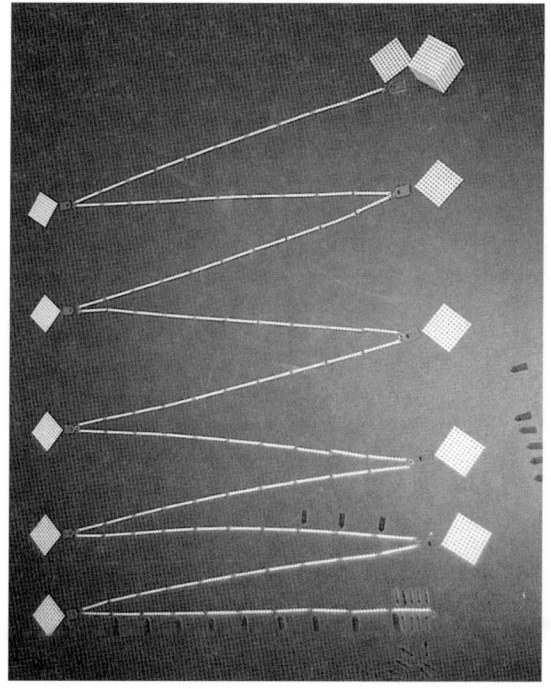

*Abb. 67:
Tausenderkette mit Pfeilen*

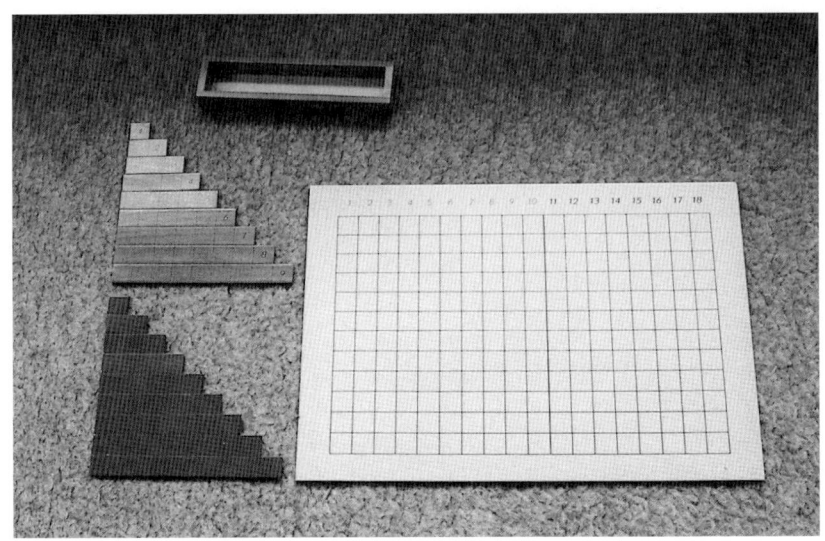

Abb. 68: Streifenbrett der Addition

Abb. 69: Streifenbrett der Subtraktion

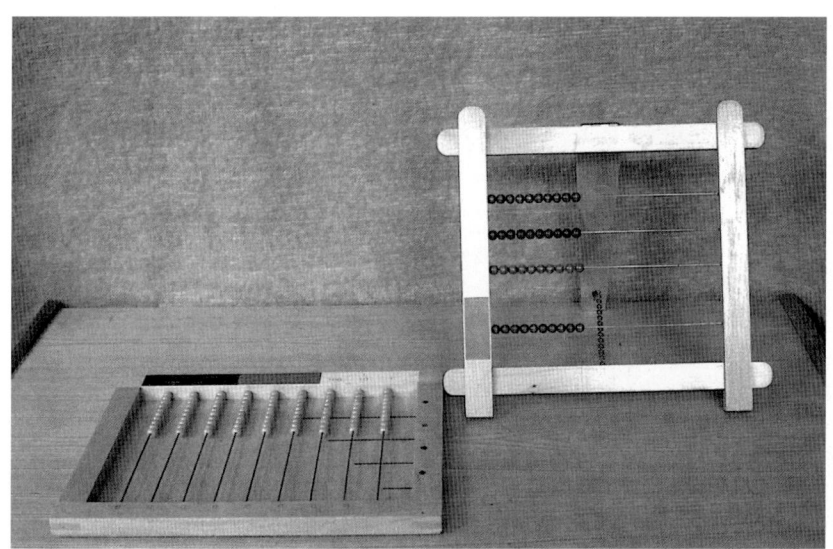

Abb. 70: Rechenrahmen

Abb. 71: Multiplikationsbrett mit Kontrolltafel

Abb. 72: Pythagorasbrett

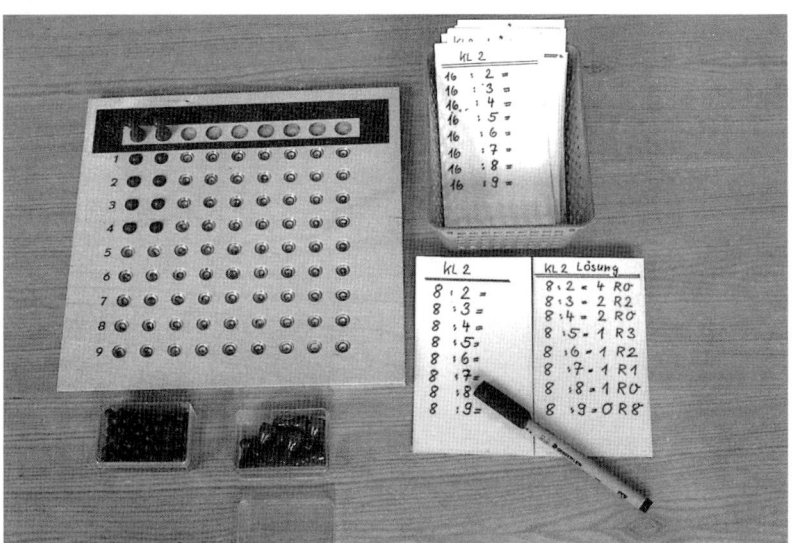

Abb. 73: Divisionsbrett

Zusammenfassung

Mit der Darstellung einiger Materialien des MONTESSORI-Mathematikmaterials sollte ein Einblick gegeben werden, wie die Stufen im Aufbau und Verinnerlichungsprozess des mathematischen Denkens vom konkreten Umgang mit Gegenständen, (hier didaktischem Material), zur Abstraktion vollzogen werden können, wobei der pädagogische Weg nicht nur vertikal von einer Stufe zur nächsten führt. Das gesamte Material, von dem hier nur ein kleiner Teil besprochen werden konnte, führt ebenfalls in einer breiten waagerechten Ebene zur Vertiefung und Verallgemeinerung.

Was allerdings zum Prinzip dieser Pädagogik gehört, ist, dass jedes Kind, vom Kinderhaus (Kindergarten) an, sich seinem individuellen Entwicklungsstand entsprechend mit dem jeweiligen Material beschäftigt. Und da kann es geschehen, dass Kinder in einem 3. Schuljahr oder früher am Wurzelbrett arbeiten, obwohl das Wurzelziehen nun gewiss kein Thema der Grundschule ist.

Der Wert der Methode liegt einmal in dem didaktischen Prinzip des Materials, dem Grundprinzip MONTESSORIS, der Isolierung der Schwierigkeiten. Er liegt weiter in dem systematischen Aufbau neuropsychologischer Funktionen zur Entwicklung des mathematischen Denkens. Es führt von Sinnesempfindungen zur Wahrnehmung, von der Wahrnehmung zur Vorstellung, von der Vorstellung über die Handlung zur Mechanisierung und schließlich zur Abstraktion. Es wird Schritt für Schritt vorgegangen, immer unter dem Gesichtspunkt der Isolierung der Schwierigkeiten. Am Beispiel der Numerischen Stangen soll der Vorgang verdeutlicht werden (siehe S. 255).

Erster Schritt: *Zuordnung von Länge einer numerischen Stange und Wort (Zahlwort)*

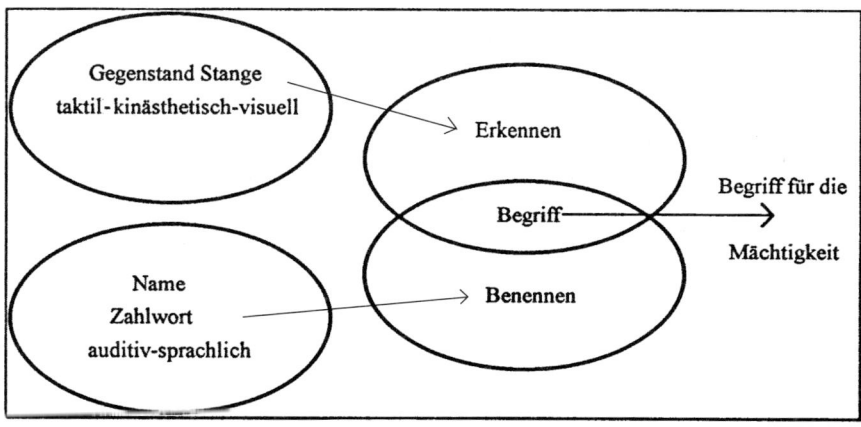

Abb. 74

Die blau-roten Stangen werden abgegriffen, jeder Greifvorgang wird mit einem Zahlwort benannt, die Länge der Stange und das Zahlwort werden einander zugeordnet. Das Zahlwort wird zum Begriff für die Länge der Stange.

Zweiter Schritt: *Zuordnung von Ziffer und Name*

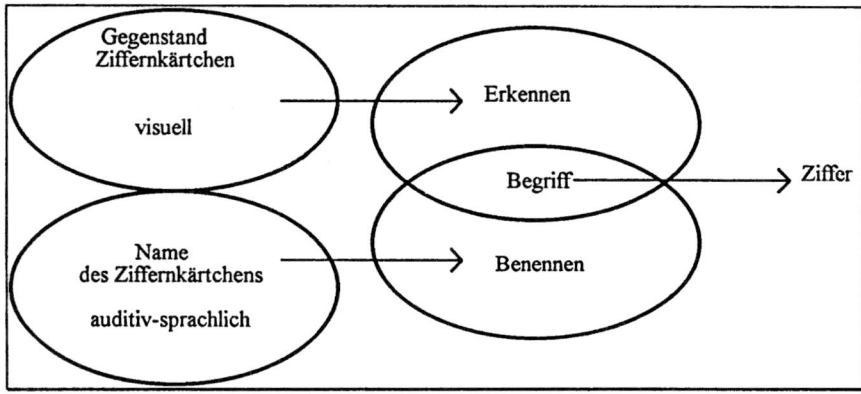

Abb. 75

Ein Kärtchen, auf dem eine Sandpapierziffer aufgeklebt ist, wird abgetastet und der Name der Ziffer dazu genannt. Über das visuelle und taktil-kinästhetische Erkennen und das auditiv-sprachliche Benennen wird die Bedeutung der Ziffer „erfasst".

Dritter Schritt: *Zuordnung von Stange und Ziffer und gesprochenem Wort*

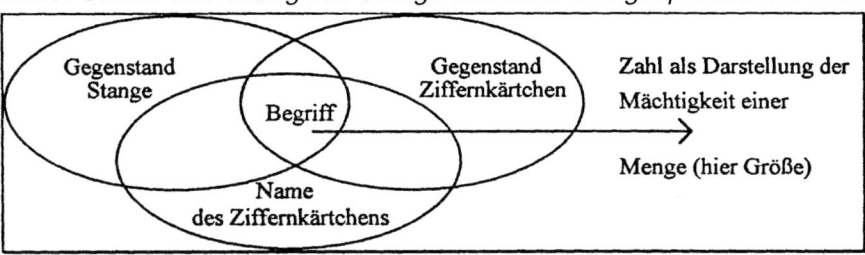

Abb. 76

Einer Stange von bestimmter Länge wird das entsprechende Ziffernkärtchen zugeordnet und mit seinem Namen benannt. Das visuelle Erfassen der Länge der Stange, das visuelle Erfassen der Ziffer des Ziffernkärtchens und das Benennen der Ziffer führt zum Begriff der Zahl, hier als Darstellung der Länge der Stange.

Die „Isolierung der Schwierigkeiten" und deren schrittweise Integration zu einer nächsthöheren Verarbeitungsstufe bis hin zur Abstraktion lässt sich an verschiedenen Materialien zeigen. Sie ist aber auch das Prinzip im fortschreitenden Aufbau der Materialien aufeinander.

Nachdem, was in vorigen Kapiteln über die Entwicklungsstufen mathematischen Denkens gesagt wurde, ist leicht zu erkennen, wie hilfreich, weil **Sinn-voll**, ein so strukturiertes Material insbesondere für Kinder mit Teilleistungsstörungen sein kann.

IV. Mit den Kühnel'schen Zahlenbildern Rechnen lernen
– Eine alte Methode neu entdeckt –

(H. FELSER-HOOS)

1. Einführung

Viele Schüler mit Rechenproblemen lösen Aufgaben im Zahlenraum bis 20 zählend. GERSTER (1996, S. 175) sieht die Ursachen hierfür „vor allem in Defiziten bei der gliedernden Mengenauffassung und bei fehlenden Strategien zur Vernetzung der Basisfakten". Auf der Suche nach geeigneten Fördermaterialien für diese Kinder lernte ich während einer Fortbildungsveranstaltung bei Frau Dr. MILZ die Kühnel'schen Zahlenbilder kennen. Ihr systematischer Aufbau, ihre Formkonstanz und ihre klare Struktur beeindruckten mich, so dass ich sie fortan in meine Förderarbeit integrierte.

Im Laufe der Jahre stellte ich unter Verwendung der Kühnel'schen Zahlenbilder eine Vielzahl von Materialien zur Entwicklung von Mengenvorstellungen und zur Visualisierung von Beziehungen zwischen Zahlen und Rechenoperationen her. Wertvolle Anregungen hierfür fand ich bei Maria MONTESSORI und Marianne FROSTIG, in der Fachliteratur zum Thema Rechenschwäche/Dyskalkulie und bei Autoren (Dr. SCHRÖTER, DOUBEK, KISTLER/SCHNEIDER), die die Kühnel'schen Zahlenbilder bereits vor mir entdeckt hatten. Alle Materialien, ebenso die in den Förderbeispielen (Kap. 8) angeführten Übungen und Spiele, habe ich in der Praxis erprobt.

2. Problemlage

Internationalen Studien zufolge gelten ca. 6% aller Grundschüler als extrem rechenschwach; über den normalen Unterricht hinaus förderungsbedürftig sind nach LORENZ (2003 b, S. 144) mindestens 15%. Obwohl Rechenstörungen prozentual ebenso häufig auftreten wie Lese-Rechtschreibstörungen, liegen vergleichsweise wenige Forschungsergebnisse über deren Ursachen, Entstehung, Früherkennung, usw. vor. Auch an geeigneten Testverfahren[30] und evaluierten Therapiekonzepten[31] mangelt es bisher, ebenso an Erfahrungsberichten aus der Praxis über bewährte Methoden und Veranschaulichungsmaterialien.

Die Menge der in der Fachliteratur beschriebenen und in Lehr- und Lernmittelkatalogen angebotenen Materialien wächst beständig. Ihre Eignung für die Förderarbeit kann kaum noch von dem einzelnen Lehrer/Therapeuten beurteilt werden; hilfreiche Kriterien hierzu findet man bei LORENZ (1992; 1993; 1998; 2003) und GANSER (1995). Die nach meiner Ansicht wichtigsten Auswahlkriterien sind: Die Lernbedürfnisse des zu fördernden Kindes, der zu vermittelnde Stoff und die Stärken und Schwächen des Materials.

Aus der Vielzahl der möglichen Veranschaulichungsmaterialien habe ich für meinen Praxisbericht nur einen kleinen Teilbereich ausgewählt, die **Kühnel'schen Zahlenbilder**.

---

[30] 2001 erschien der erste Dyskalkulietest, der „ZAREKI" (von Aster). Auch geeignete Schulleistungstests, mit denen sich die Probleme auf der curricularen Ebene abtesten lassen, gibt es bisher kaum (vergl. hierzu den Beitrag über den „DEMAT 1+").

[31] In einer Vielzahl von Veröffentlichungen findet man zwar eine Fülle von bewährten Förderhinweisen und Beschreibungen von Fördermaterialien (s. Ganser, 1995; Lorenz/Radatz, 1993; Schulz, 1995; usw.), aber es gibt bisher kein standardisiertes und auf seine Wirksamkeit hin evaluiertes Förderprogramm.

3. Zahlenbilder

Anfang der 90er Jahre wurden Zahlenbilder für die Förderarbeit mit rechenschwachen Kindern neu entdeckt. Im Mathematikunterricht der Grundschule spielen sie bisher kaum eine Rolle.

3.1 Was sind Zahlenbilder[32]?

Jede Zahl repräsentiert eine bestimmte Menge; diese kann durch unterschiedliche Bilder graphisch dargestellt werden.

Beispiel: Mengenbilder der Zahl 6

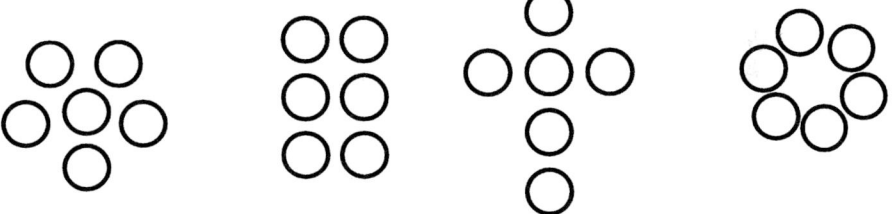

Verknüpft man mit der Zahl „6" nur ein bestimmtes Mengenbild (z.B. das bekannte Würfelbild), dann bezeichnet man dieses als Zahlenbild. Zahlenbilder sind: Graphische Darstellungen von Mengen mit einer festgelegten Anordnung der Elemente.

---

[32] Ende des 19. Jahrhunderts entstand infolge des Methodenstreits zwischen „Zählern" und „Anschauern" eine Vielzahl von Zahlenbildern. Während die „Zähler" davon ausgingen, dass sich Mengen nur zählend erfassen lassen, waren die „Anschauer" der Ansicht, dass Mengen mit 4-5 Elementen simultan erfasst werden können. Zur Simultanerfassung größerer Mengen entwickelten sie flächig angeordnete Zahlenbilder.

3.2 Förderkonzepte mit Zahlenbildern

In der Fachliteratur findet man verschiedene Förderkonzepte, die auf unterschiedlichen Zahlenbildern basieren:
- Würfelbilder[33]
- Kieler Zahlenbilder[34]
- Kühnel'sche Zahlenbilder[35]

Dem interessierten Leser empfehle ich das Studium der angegebenen Literatur (SCHULZ, ROSENKRANZ, KÜHNEL), ebenso die kritischen Anmerkungen zu Zahlenbildern von LORENZ (1992, S. 144ff. und 2003, S. 28/29).

---

[33] Das PAETEC Institut für Therapie/Berlin arbeitet mit Würfelbildern von 1-5, die Mengen 6-10 werden mit zwei Würfeln aus 5+1, 5+2, usw. zusammengesetzt (Schulz, 1998, S. 18).

[34] Die Kieler Zahlenbilder wurden von Ch. Rosenkranz (1992) entwickelt. Sie sind bis zur „6" identisch mit den Würfelbildern.

[35] Die Formzahlbilder von Dr. G. Schröter (1989) und die Methode von A. Doubek (1996) basieren auf den Kühnel'schen Zahlenbildern. In ihren Büchern „Rechnen ohne Stolperstein" verwenden A.Kistler/St.Schneider die Formzahlbilder von Schröter. Der Rechenzug von R. Kutzer zeigt ebenfalls die Struktur der Kühnel'schen Zahlenbilder. (Bezugsquelle: Kutzer, Milseburgerstr. 10, 36088 Hünfeld).

4. Die Kühnel'schen Zahlenbilder

Die Reformpädagogik des beginnenden 20. Jahrhunderts erfasste auch den Mathematikunterricht der Grundschule. Viele Reformvorschläge stützten sich auf Forschungsergebnisse der Psychologie (RADATZ/SCHIPPER, 1983, S. 39-43). Johannes Kühnel wurde vor allem von der experimentellen Psychologie beeinflusst, insbesondere von vergleichenden Untersuchungen über Zahlenbilder (KÜHNEL, 1959, S. 93). Die Born'schen Zahlenbilder, die die besten Untersuchungsergebnisse erzielten, stellte er in den Mittelpunkt seiner Reformvorschläge. Da diese jedoch nur Mengen bis zwanzig abbildeten, entwickelte er nach gleichem Aufbauschema Zahlbildtafeln zur Zahlauffassung und Zahldarstellung bis zehntausend.

5. Entscheidungskriterien für die Kühnel'schen Zahlenbilder

Für die Arbeit mit rechenschwachen Kindern eignen sich die Kühnel'schen Zahlenbilder in besonderem Maße aufgrund folgender Merkmale:

5.1 Systematischer Aufbau

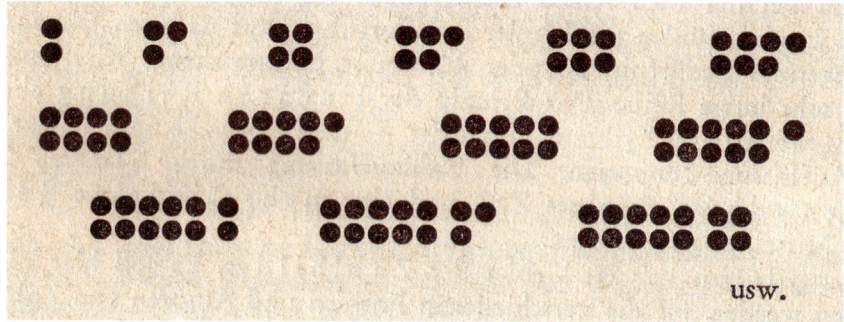

(Kühnel, 1959, S. 92)

Ihr Aufbau erfolgt von links nach rechts in einer horizontalen Doppelreihe. Neu hinzukommende Elemente werden abwechselnd der oberen bzw. unteren Reihe zugeordnet. Benachbarte Zahlenbilder entstehen auseinander, unterscheiden sich aber deutlich voneinander. Durch Hinzufügen bzw. Wegnehmen eines Elementes entsteht z.B. aus der „5" die „6", aus der „8" die „7". Die Anordnung der Elemente lässt bereits erkennen, ob es sich um eine gerade oder eine ungerade Anzahl handelt.

5.2 Konstante Form

Jedes Zahlenbild ist ohne Gestaltveränderung in allen größeren enthalten. Beispiel: Die „9" schließt die „8,7,6"... in bekannter Form ein. Die Konstanz der Bilder erleichtert den Schülern das Zerlegen und Zusammensetzen von Mengen. Hierzu ein Beispiel: Die Menge „7" kann in die Teilmengenpaare „2" und „5", „4" und „3" oder „6" und „1" zerlegt werden. Die Gestalt der einzelnen Teilmengen verändert sich dabei nicht. Auch bei der Umkehrung, beim Zusammensetzen, bleiben die einzelnen Mengengestalten erhalten.

Zu beachten ist jedoch, dass sich auch die Kühnel'schen Zahlenbilder nur dann in formkonstante Teilgestalten zerlegen lassen, wenn die erste Teilmenge aus einer geraden Anzahl besteht. Bei Zerlegungen mit einer ungeraden ersten Teilmenge wird das Bild der zweiten leicht verzerrt. Das kann Schüler mit Speicher- und Formkonstanzproblemen irritieren. Sie sollten das Zerlegen in formkonstante Teilmengen zuerst sicher beherrschen, bevor sie mit veränderten Gestalten konfrontiert werden (Beispiele: s. DOUBEK, 1996).

5.3 Klare Struktur

Die Kühnel'schen Zahlenbilder zeigen eine klare Gliederung in Zweier- und Fünfermengen. Dies erleichtert die simultane und quasi-simultane Mengenerfassung so wie die Einführung in das Dezimalsystem. Die Struktur der Zahlenbilder lässt sich problemlos auf Materialien abbilden, mit denen die Schüler Mengen über verschiedene Sinneskanäle wahrnehmen können; das unterstützt das Speichern und Abrufen der Bilder. Darüber hinaus eignen sich die gut strukturierten Zahlenbilder hervorragend zur Darstellung von Zahl- und Operationsbeziehungen (s. Förderbeispiele).

6. Leitgedanken meiner Förderarbeit

6.1 Handelndes Lernen

Im Mathematikunterricht der Schule spielt Handelndes Lernen oft nur eine untergeordnete Rolle. Häufig werden Rechensätze viel zu früh auswendig gelernt. Das Auswendiglernen ohne Verständnis für Zusammenhänge ist, wie sich täglich im Unterricht zeigt, störanfällig und ohne bleibenden Erfolg. Mit abstrakten Zahlen können die Schüler erst dann rechnen, wenn sie Vorstellungsbilder von Mengen, Zahlbeziehungen und Rechenoperationen entwickelt haben. Das setzt Handelndes Lernen voraus. „Nicht Gehandeltes kann nicht gedacht werden" (SCHAEFGEN, S. 25). Dieser langwierige und oft schwierige Entwicklungsprozess kann durch meine Materialien zu den Kühnel'schen Zahlenbildern unterstützt werden, denn mit ihnen können die Kinder mathematische Zusammenhänge handelnd erfahren. (s. Förderbeispiele).

6.2 Entdeckendes Lernen

Entdeckendes Lernen gehört zu den Leitvorstellungen neuerer Lehrpläne und Mathematikbücher für die Grundschule. Das Erkennen von Zusammenhängen zwischen Zahlen und Zahlensätzen setzt kognitive Fähigkeiten (Vorstellung, Abstraktion, usw.) voraus, die Schüler mit Teilleistungsschwächen und/oder Entwicklungsverzögerungen oft nicht ausreichend aufgebaut haben. Sie müssen zum „Entdecken" angeleitet werden. Dazu brauchen sie klar strukturierte Veranschaulichungsmaterialien, an denen Beziehungen zwischen Zahlen und Operationen sichtbar gemacht, gezielt betrachtet und reflektiert werden können.

Bei meiner Förderarbeit hat sich hierfür die Verwendung des Zehner-Zahlenbildes als „Rechenraster" (s. Kap. 7.3.) besonders bewährt.

6.3 Mehrkanaliges Lernen

Die in der Schule dominierenden Wahrnehmungssysteme „Sehen" und „Hören" sind bei einem Teil der Kinder wenig leistungsfähig. Damit auch sie erfolgreich lernen können, brauchen sie ergänzende Informationen. Bei meiner Förderarbeit mit den Kühnel'schen Zahlenbildern gehe ich von Bewegungs- und körpernahen Wahrnehmungserfahrungen aus. Zuerst erfassen die Kinder die Zahlenbilder durch Tasten, Drucken, Auslegen, usw. Erst später, bei der Darstellung von Beziehungen und Rechenoperationen, stehen visuelle Wahrnehmungsleistungen im Vordergrund. Bei der Erarbeitung von mathematischen Zusammenhängen bekommt Sprache einen besonderen Stellenwert. Das Sprechen und Nachdenken über gesehene und erkannte Zusammenhänge fördert das Verständnis.

6.4 Spielerisches Lernen

Es ist unbestreitbar, dass Aufbau und Sicherung mathematischer Grundkenntnisse bei rechenschwachen Schülern systematisch und strukturiert erfolgen müssen. Manche – vor allem ältere – Kinder zeigen aufgrund negativer Lernerlebnisse wenig Bereitschaft, sich mit mathematischen Inhalten zu beschäftigen. Bei ihnen müssen die Voraussetzungen für gezieltes Arbeiten häufig erst durch spielerisches Lernen geschaffen werden.

Bei der Förderarbeit kann spielerisches Lernen mit sehr unterschiedlichen Zielsetzungen verknüpft werden, z.B.: Förderung der Wahrnehmung und der Merkfähigkeit; Entwicklung des Zahlbegriffs und des Zahlverständnisses; Automatisierung von Rechenaufgaben; usw.

Die Materialien zu den Kühnel'schen Zahlenbildern eignen sich für verschiedene Spielformen (s. Förderbeispiele), von denen ich nur die Bewegungsspiele besonders erwähnen möchte. Viele rechenschwache Schüler machen Fehler, die auf Orientierungsstörungen hinweisen (Klappungsfehler, inversives Zahlenschreiben). Durch Bewegungsspiele können fehlende Basiserfahrungen (Körper-, Raum-, Rechts-Links-Orientierung) vermittelt werden. Ihre besondere Bedeutung für die Zahlbegriffsentwicklung belegt ein Zitat von Marianne Frostig (1984, S. 117): „Methoden, die Bewegungsfertigkeiten anwenden, lehren Zahlbegriffe weit besser als irgendeine einzige andere Methode, weil visuelle Reize, akustische Reize und Bewegung sich gegenseitig verstärken und die Begriffe von Entfernung, Vergleiche und Mengen gestalterisch veranschaulicht werden."

7. Beschreibung meiner Förderarbeit

7.1 Mengenvorstellungen zu Zahlen und Zahlwörtern bis 10

Zählende Rechner haben keine Mengenvorstellung entwickelt. Sehr unterschiedliche Teilleistungsstörungen können die Ursache sein. Hierzu zwei Beispiele: Schüler mit feinmotorischen Störungen haben Schwierigkeiten, kleine Gegenstände (Rechenplättchen, Perlen) abzuzählen. Da jeder Zählvorgang zu einem anderen Ergebnis führen kann, findet keine Verknüpfung zwischen Zahlwort und einer bestimmten Anzahl von Objekten statt. Schüler mit Konstanzproblemen verwirrt die Gestaltvielfalt von Mengenbildern. Ihnen fällt es schwer, gleiche Anzahlen bei unterschiedlicher Anordnung der Elemente zu erkennen.

Bei meiner Förderarbeit hat sich folgendes methodisches Vorgehen beim Aufbau von Mengenvorstellungen bewährt: Ich führe die Kühnel'schen Zahlenbilder in drei Stufen ein. Jede Stufe spricht andere Wahrnehmungsbereiche an und stellt unterschiedliche Anforderungen an die Abstraktions- und Speicherfähigkeit der Kinder.

1. Stufe: Einführung der Kühnel'schen Zahlenbilder als Ganzheit
Wie bereits oben erwähnt, sind Zählhandlungen sehr störanfällig, deshalb gehe ich bei der Entwicklung von Mengenvorstellungen nicht von einzelnen Objekten aus, sondern von Ganzheiten. Als Material verwende ich **„Tastkarten"** mit erhabenen Zahlenbildern. Die Schüler können die Bilder taktil und visuell sowohl als Ganzheit als auch als Anzahl von Einzelobjekten wahrnehmen.

Die Zahl der gleichzeitig eingeführten Zahlenbilder ist variabel; sie richtet sich nach dem Entwicklungsstand und/oder Lernvermögen des jeweiligen Schülers.

2. Stufe: Aufbau der Zahlenbilder mit Strukturierungshilfen
Sobald die Schüler die Zahlenbilder als Ganzheit sicher erkennen, üben sie deren Aufbauschema. Da räumliche Anordnungen vielen Kindern Schwierigkeiten bereiten, werden sie dabei durch **„Strukturkarten"** unterstützt. Auf jeder Karte ist ein Zahlenbild zweidimensional vorgegeben; die Schüler legen es mit Chips aus. Das fertige Bild entspricht dem der „Tastkarten", nur die Einzelelemente sind lose. Das Aufbauschema der Zahlenbilder wird sorgfältig geübt; es ist Voraussetzung für das simultane Erfassen von Mengen und Rechenergebnissen.
Die „Strukturkarten" sind das wichtigste Veranschaulichungsmaterial der weiteren Förderarbeit. Auf ihnen werden (zu einem späteren Zeitpunkt)

Mengengliederungen, Zahlbeziehungen und Rechenoperationen veranschaulicht.

3. Stufe: Aufbau der Zahlenbilder ohne Strukturierungshilfen
Wenn die Schüler das Schema sicher beherrschen, bauen sie die Zahlenbilder auch ohne Strukturierungshilfen auf. Dazu verwenden sie gerne Spiel- und Umweltmaterialien. Aus den Spielhandlungen entwickeln sich häufig Gesprächssituationen, von denen sich Rechengeschichten ableiten lassen.
In die Spielsituationen integriere ich, sobald ein Kind die Zahlenbilder sicher erfasst, anders angeordnete Mengen. Das Erfassen unterschiedlicher Mengenanordnungen ist ein wichtiger Entwicklungsschritt.

Auf allen drei Stufen werden Handlungen, Bilder, Sprache und schriftliche Symbole eng miteinander verknüpft, dadurch lernen die Kinder die „Übersetzung von der einen Ebene in die andere" (RADATZ u.a.1996, S. 62ff.). Als schriftliche Symbole verwende ich sowohl Zahlen als auch Zahlwörter; beide aktivieren unterschiedliche Lernkanäle.
Die Ziffernformen übe ich nur bei Bedarf. Sichere Formvorstellungen lassen sich am besten mit Ziffern zum Nachfahren vermitteln. Hierzu eignen sich besonders die Sandpapierzahlen von MONTESSORI; für taktil überempfindliche Kinder sind Ziffern aus Filz oder Plusterfarbe eine geeignete Alternative.

7.2 Mengen- und Zahlbeziehungen

Einsichten in Zahlbeziehungen sind ein wichtiger Bereich der Zahlbegriffsentwicklung. Die Vielfalt von Zahlbeziehungen zeigt sich beim Vergleichen, Zerlegen, Verdoppeln, Halbieren, usw. Schüler, die Beziehungen zwischen Zahlen erkennen und beim Lösen von Aufgaben nutzen, sind schnelle und erfolgreiche Rechner.
Einsichten in Zahlbeziehungen können Kinder nicht an abstrakten Zahlen gewinnen, sondern nur über Mengenbeziehungen. Indem sie konkrete Mengen miteinander vergleichen, stellen sie Unterschiede (mehr, weniger) zwischen ihnen fest. Bei der Förderarbeit verwende ich für Mengenvergleiche die „Tastkarten". Auf ihnen können die Kinder Unterschiede zwischen Mengen sowohl visuell als auch taktil wahrnehmen. Wenn sie diese sicher erkennen und beschreiben können, werden die Relationszeichen (>,=,<) eingeführt. Der nächste Schritt, das Übertragen der zwischen Mengen erkannten Beziehungen auf Zahlen, fällt vielen Schülern schwer.

Systematische Mengenzerlegungen führen die Kinder als Reihenübungen[36] auf „Strukturkarten" durch; das jeweilige Zahlenbild stellt die Gesamtmenge dar. Zum Zerlegen der Menge „8" brauchen sie neun Achter-Karten. Diese „zerlegen" sie mit grünen und gelben Chips in jeweils zwei Teilmengen. (Die Farbenfolge entspricht der Verkehrsampel.) Die Farben erleichtern das Erkennen von Beziehungen. Erkannte Zusammenhänge (z.B. gegensinnige Veränderung der Teilmengen) formulieren die Kinder und überprüfen sie an anderen Zerlegungsreihen. Den Zusammenhang zwischen Mengen- und Zahlenzerlegungen stellen sie genau wie bei den Mengenvergleichen durch Zahlenkarten her. Das Zerlegen und Zusammensetzen von Zahlen muss immer wieder veranschaulicht, geübt und wiederholt werden. Es ist Voraussetzung für andere Lernschritte (z.B. Zehnerüberschreitung).

Beziehungen zwischen Zahlen erschöpfen sich nicht in Mengenbeziehungen. Nach Lorenz sind Längenbeziehungen viel wichtiger, „da wir Zahlen als Längen und **Längenbeziehungen** in unserem Kopf verankert haben" (2003, S. 39). Zur Erarbeitung von Längenbeziehungen eignet sich am besten ein leerer Zahlenstrahl[37] (s. Förderbeispiel). Ich ziehe den vertikalen dem horizontalen Zahlenstrahl vor. Er hat folgende Vorteile: Die Orientierung von unten nach oben ist für alle Kinder einfacher als von rechts nach links. Die Anordnung der großen Zahlen oberhalb der kleinen hat gedächtnisstützende Wirkung.
Bei meiner Arbeit hat sich ein leerer Zahlenstrahl bewährt, auf dem rechts und links von einer Skala sowohl Zahlen als auch die entsprechenden Zahlenbilder (oder Zahlwörter) angeordnet werden können. Die Verknüpfung von Zahl und Bild, bzw. Wort erleichtert das Behalten.

7.3 Rechnen im Zahlenraum bis 10

Zur Vorbereitung der Rechenoperationen üben die Schüler Mengenveränderungen durch Hinzufügen und Wegnehmen. Addition und Subtraktion führe ich gleichzeitig ein; dadurch wird der reversible Zusammenhang (ELLROTT, u.a., 1998, S. 1-15) zwischen beiden Rechenoperationen (Umkehraufgaben) hervorgehoben und kann eher vernetzt werden. Alle Rechenhandlungen führen die Schüler mit grünen und gelben Chips (s. Men-

---

[36] Bei Kindern mit Formkonstanzproblemen ist es zweckmäßig, zuerst nur Aufgaben mit gerader erster Teilmenge zu üben.

[37] Auf die besondere Bedeutung des leeren Zahlenstrahls weisen von Aster (2001, 21) und Lorenz (2003, S. 37 – 39) hin.

gengliederung) auf einer Zehner-„Strukturkarte"[38] durch. Nicht benötigte Felder decken sie mit einer Schablone ab. Aufgrund des vertrauten Zahlenbildes müssen sie Rechenergebnisse nicht mühsam und eventuell fehlerhaft auszählen, sondern lediglich ablesen.

Die Zehner-„Strukturkarte" verwende ich als „Rechenraster". Das Rechnen auf einem „Raster" ist für rechenschwache Kinder von Vorteil.

- Alle Rechenhandlungen verlaufen nach dem gleichen Muster. Die einzelnen Schritte prägen sich den Schülern besser ein; das gibt ihnen Sicherheit.
- Die Abfolge der einzelnen Schritte ist räumlich und zeitlich klar geordnet. Verdeckte[39] oder verkürzte Handlungen (spezielle Übungen bei Rechenschwäche) können die Schüler leichter durchdringen und beschreiben.
- Die gesamte Rechenhandlung kann „rückblickend" (SCHRÖTER, 1989, S. 17) noch einmal betrachtet werden. Das Sprechen und Nachdenken über die Rechenhandlung fördert die mathematische Begriffsbildung (LORENZ, 2003, S. 30) der Schüler.
- Die Rechenhandlung kann in ein Bild übertragen werden. Der enge Zusammenhang zwischen konkreter Handlung und Bild erleichtert das Verstehen und Behalten.
- Nach Abschluss der Rechenhandlung sind alle beteiligten Mengen noch erhalten, das Ergebnis kann abgelesen werden; das erleichtert die Selbst- bzw. Fremdkontrolle und die Notation mit Zahlen.

Für das Rechen im ersten Zehner habe ich Rechenkärtchen von allen Additions- und Subtraktionsaufgaben hergestellt. Für die Förderarbeit sind sie geeigneter als Arbeitsblätter oder Buchseiten.

- Die Schüler arbeiten stressfreier, da sie sich auf eine Aufgabe konzentrieren können.
- Beziehungen zwischen verwandten Aufgaben (Tausch-, Umkehr-, Nachbaraufgaben) können gezielt erarbeitet werden.
- Mit den Karten kann sowohl systematisch (Karteikasten) als auch spielerisch geübt werden.

---

[38] Als Alternative verwende ich gelegentlich ein Rechenbrett und Spielfiguren. Das Zahlenbild auf dem Brett besteht aus kleinen Metallringen, in diese setzen die Kinder die Figuren mit Pinzettengriff ein. Beim Rechnen von Subtraktionsaufgaben können sie den Minuenden sehen und fühlen.

[39] Anregungen hierzu s. Lorenz, 1996 so wie Radatz u.a. S. 142

7.4 Der Zahlenraum bis 20

Die Zahlenbilder von 11 bis 20 führe ich mit Hilfe der „Tastkarten" als kombinierte Mengen aus Zehnern und Einern ein. Die „15" setzt sich aus der „10" und der „5" zusammen, das erleichtert die Vorstellung von Zehner-Einer-Zahlen. Die Kinder erfahren die „10" von Anfang an als feste Einheit, als Bündelung von zehn Einzelelementen. Die Zahl- und Zahlwortzuordnung und die Einordnung in den Zahlenraum erfolgen in Anlehnung an den ersten Zehner. Als „Rechenraster" verwenden die Schüler den „Doppelzehner", zwei miteinander verbundene Zehnerkarten.

Im Zahlenraum bis 20 gibt es zwei wichtige Themenbereiche, die sorgfältig erarbeitet und intensiv geübt werden müssen: **Analogieaufgaben** und **Zehnerüberschreitung**.

Analogieaufgaben:
Rechenschwache Schüler rechnen jede Aufgabe im ersten und zweiten Zehner gesondert aus; die Stofffülle wird dadurch immer größer. Von selbst erkennen sie keine Analogien zwischen den Aufgaben. Die „Rechenraster" für den Zehner- und Zwanzigerraum eignen sich hervorragend zum Darstellen dieser Aufgaben.
Beispiel: Die Schüler legen die Aufgaben 4 + 3 = und 14 + 3 = auf den entsprechenden „Rechenrastern", dann ordnen sie diese rechtsbündig genau untereinander an. Beide Aufgaben haben die gleiche Struktur. Auch hier ist es wichtig, dass die Kinder das, was sie erkennen beschreiben und auf andere Aufgaben anwenden.
Durch Analogiebildung werden Aufgaben miteinander vernetzt; sie werden besser behalten und wieder abgerufen.

Zehnerüberschreitung:
Das Addieren und Subtrahieren über den ersten Zehner bereitet allen Schülern Schwierigkeiten. Die Zehnerüberschreitung nach der Zerlegungsmethode[40], die viele Rechenbücher favorisieren, ist für Kinder mit einer Rechenschwäche mit besonderen Problemen verbunden. Nach dieser Methode setzt sich die Zehnerüberschreitung aus drei Teilschritten zusammen, diese lassen sich auf dem Doppelzehner wie folgt verdeutlichen:

---

[40] Andere Methoden beschreiben Gerster (1995, S. 186/187) und Radatz (1983, S. 69/70; 1996, S. 103). Manche Schüler ziehen spontan eine dieser Methoden der Zerlegungsstrategie vor. Die Förderung sollte dann nach dieser Methode erfolgen.

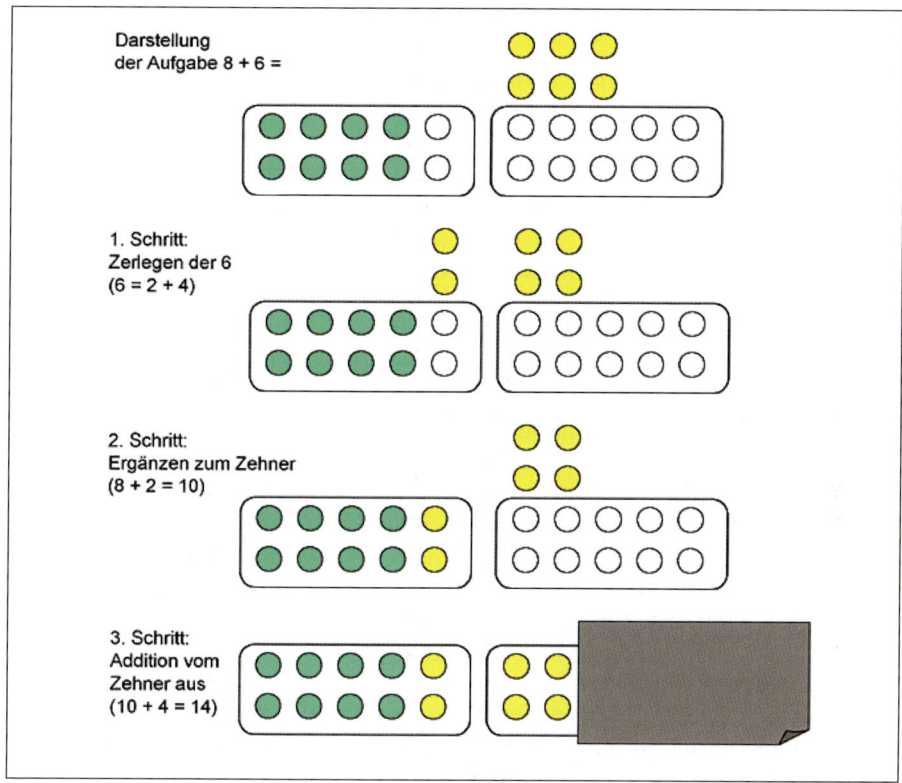

Die Zehnerüberschreitung nach der Zerlegungsmethode setzt Kenntnisse und Fähigkeiten voraus, über die rechenschwache Schüler nicht verfügen. Vor allem der erste Schritt, bei dem eine Zahl zerlegt und gleichzeitig die Zehnerergänzung einer anderen berücksichtigt werden muss, überfordert sie. Die einzelnen Schritte der Zerlegungsstrategie können auf dem „Doppelzehner" strukturiert, visualisiert und getrennt geübt werden.

Bei meiner Arbeit habe ich die Erfahrung gesammelt, dass sich viele Kinder Additionsaufgaben, deren erster Summand eine „9" ist, so wie deren Umkehr- und Tauschaufgaben am schnellsten merken können; deshalb gehe ich bei Zehnerüberschreitungen von diesen Aufgaben aus.

Beim Überschreiten des ersten Zehners werden die Grundlagen und das Verständnis für alle weiteren im gesamten Zahlenraum gelegt. Zum systematischen Üben von Zehnerüberschreitungen verwende ich ebenfalls Aufgabenkarten der einzelnen Additions- und Subtraktionsaufgaben. Beziehungen zwischen diesen (reversiblen) Aufgaben können so besser bewusst gemacht werden.

7.5 Der Zahlenraum bis 100

Die Zahlenbilder der Zehnerzahlen baue ich in der gleichen Struktur auf wie die Einerzahlen[41] (s. auch DOUBEK S, 155ff.). Der analoge Aufbau von Einern und Zehnern erleichtert die Arbeit im Hunderterraum. Die Kinder müssen keine neuen Mengenbilder speichern, sondern bereits bekannte in die Zehnerkategorie übertragen. Beziehungen zwischen Zehnerzahlen erkennen sie aufgrund ihres Vorwissens mit Einerzahlen leichter. Rechenaufgaben mit Einern und Zehnern werden von Anfang an miteinander vernetzt.

Auch im Hunderterraum arbeiten die Kinder mit einer Strukturierungshilfe. Es ist ein fünfteiliger Leporello, das **„Hunderterbuch"**. Sie verwenden es zur Zahlendarstellung und als „Rechenraster".

Viele Schüler (auch Erwachsene) haben Schwierigkeiten mit Zehner-Einer-Zahlen. Die Diskrepanz zwischen Schreib- und Sprechrichtung begünstigt die Verwechslung von Zehner- und Einerziffern. Bei rechenschwachen Kindern beobachte ich häufig eine andere Ursache. Sie können sich die Zehner- und Einermengen, die diesen Zahlen zugrunde liegen, nicht vorstellen. Zur Darstellung von Z-E-Mengen verwende ich Zehner-„Tastkarten" und Einer-Chips. Die „Tastkarten" bündeln zehn einzelne Chips zu einer Einheit. Die Zehner-Einer-Struktur zeigt sich auch in den Zahlsymbolen. Jede Zahl setzt sich aus einer Zehner- und einer Einerzahl zusammen (s. MONTESSORI), diese unterscheiden sich in ihrer Größe[42].

Beim Zahlenschreiben lege ich großen Wert auf die richtige Schreibweise von links nach rechts. Die Anpassung der Schreibweise an die Sprechweise ist nach RADATZ „ein großer didaktischer Fehler" (1998, S. 28). Dies erschwert das Schreiben größerer Zahlen und den (späteren) Gebrauch eines Taschenrechners.

Vielen Kindern fällt es schwer, die Zahlen in einen Zahlenraum einzuordnen. Der Zahlenstrahl stellt für sie keine Hilfe dar; deshalb gehe ich bei meiner Förderarbeit von der „Hunderterstraße", einer Zahlenreihe von 0 bis 100, aus. Hier können die Schüler grundlegende „Zahlenraumerfahrungen" sammeln. Sie können sich auf ihr in Einer-, Zweier- oder Zehnerschritten vorwärts und rückwärts bewegen, von unterschiedlichen Punkten starten, Entfernungen bis zu einem bestimmten Ziel abschätzen, usw. Dabei erfahren sie Zahlen als Längen, Zahlbeziehungen als Längenbezie-

---

[41] Kühnel verwendet zum Aufbau von Zehnerzahlen ein anderes Schema, eine vertikale Doppelreihe, die von oben nach unten aufgebaut wird.

[42] Um die Schüler nicht zu verwirren, verwende ich keine Kategorienfarben, sondern nur die Farbenfolge grün-gelb bei der Mengenzerlegung und beim Rechnen.

hungen und Rechenoperationen als Vorwärts- bzw. Rückwärtsbewegungen. Die im dreidimensionalen Zahlenraum gewonnenen Erfahrungen unterstützen den Aufbau eines inneren Zahlenstrahls und einer Zahlenraumvorstellung.

Im Tausenderraum behalte ich das Aufbauschema der Kühnel'schen Zahlenbilder bei, jedoch verwende ich anstelle eines zwei- ein dreidimensionales Material, die Mehr-System-Blöcke von Dienes. Falls erforderlich, lässt sich für dieses Material leicht eine Strukturierungs- und Rechenhilfe herstellen.

8. Beispiele aus der Förderarbeit

8.1 Einführung der Zahlenbilder, Zahlen und Zahlwörter

Die Zahlenbilder als Ganzheit

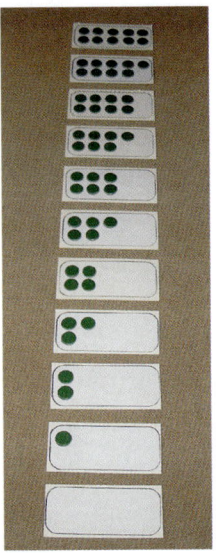

Material:
- zwei Sätze zu je 11 Tastkarten (mit Orientierungshilfe aus Klettenband am linken Rand der Rückseite)
- Zusatzmaterialien: Tastsäckchen, Tuch, Würfel mit Zahlenbildern
- Auftrags- und Kontrollkarten

Lern-/Therapieziele:
- Gestalt der Zahlenbilder visuell und taktil wahrnehmen und speichern
- charakteristische Merkmale erkennen
- Mengenvorstellungen von 0 bis 10 aufbauen
- rhythmisches Zählen vorgegebener Mengen
- Zahlbegriffsbildung

Übungen:
mit einem Kartensatz:
- Zahlenbilder benennen und wiedererkennen
- charakteristische Merkmale benennen
- Einzelelemente der Zahlenbilder abzählen: mit/ohne Antippen der Chips; durch Tasten
- „Blitzblick"
- Zahlenbildkarten ordnen
- Zahlenbilder ertasten (Tastsäckchen; unter Tuch)
- (gesehene/ertastete) Zahlenbilder aus der Erinnerung nachlegen
- Gedächtnisspiele: Welche Karte wurde verdeckt/weggenommen, kam hinzu?
- Reihenfolgememory (verdeckte Reihe ordnen)
- Gruppenspiel: Kinder stellen sich als Zahlenbild auf, usw.

mit zwei Kartensätzen:
- Zahlenbilder vergleichen (gleich/nicht gleich)
- Paare bilden

- mit visueller **Kontrolle:** Zuordnungsspiele (Variationen hinsichtlich Entfernung/Zeit und Bewegungsform)
- ohne visuelle **Kontrolle:** mit den Händen „sehen"
- Paare mit Zauberschnüren/Kreide verbinden; entlang der Verbindungsstrecke hüpfen/balancieren/fahren
- verschiedene Wahrnehmungen verknüpfen (gesehenes Bild ertasten)
- als Gruppenspiel (Kinder bewegen sich im Raum, auf ein Signal finden sich die Partner)
- Memory
- Tastmemory
- Spiel: „Paare stechen" (Mengenvergleich), usw.

Kontrolle:
Karte mit Zahlenbilderreihe

Die Zahlenbilder aus Einzelelementen

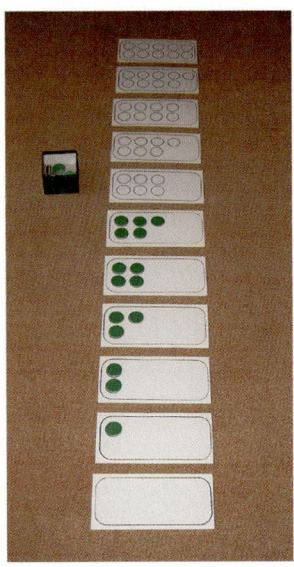

Material:
- ein Satz Strukturkarten
- 55 grüne Chips
- Zusatzmaterial: Fingerzimbel, Bewegungsgeräte, Auftrags- und Kontrollkarten

Lern-/Therapieziele:
- Zahlenbilder mit Strukturierungshilfe aus Einzelelementen aufbauen
- Eins-zu-Eins-Zuordnungen
- Schulung der Feinmotorik
- Auge-Hand-Koordination

Übungen:
- Auslegen der Zahlenbilder mit Chips
- Paare aus Tastkarten und Strukturkarten
- Spiele zur Integration verschiedener Sinneswahrnehmungen: auditiv – visuell: „Klingende Zahlenbilder" (Anzahl der Chips mit Fingerzimbel vorgeben, passende Strukturkarte finden); visuell – taktil: zu vorgegebenem Zahlenbild passende Anzahl von Chips ertasten (auch umgekehrt), usw.
- Bewegungsspiele (mit Rollbrett, Pedalo): Karten und Chips liegen an verschiedenen Orten, usw.

Kontrolle:
Kontrollkarte: Paare
fehlende bzw. übriggebliebene Chips

Die Zahlenbilder in Umweltsituationen

Material:
- Karten mit strukturierten Umweltsituationen (Beispiele: Parkplatz mit Autos; Pferde in ihren Boxen; Boote am Anleger, usw.)
- Spielmaterialien

Lern-/Therapieziele:
- Entdecken strukturierter Mengen in der Umwelt
- Förderung der expressiven Sprache und des Sprachverständnisses
- Versprachlichung einfacher Rechenhandlungen
- Vorbereitung auf Sachaufgaben
- Motivationssteigerung
- Figur-Grund-Wahrnehmung

Übungen:
- Zahlenbilder in Umweltsituationen wiedererkennen
- Sachsituationen darstellen und beschreiben
- Veränderungen in Sachsituationen erkennen/herstellen/verbalisieren

Kontrolle:
Zahlenbildkarten

Verknüpfung von Bild – Zahl – Wort

Material:
- je ein Satz
    Zahlenkarten in Schreibschrift/Druckschrift
    Zahlwortkarten
- Zusatzmaterial: Tast-/Strukturkarten; Symbolkarten =; >; < Dodekaeder

Lern-/Therapieziele:
- Verknüpfung von Menge, Zahl und Zahlwort
- Zahlen und Zahlwörter als neue Klassen erfassen
- Kardinalzahlaspekt verdeutlichen
- gerade/ungerade Zahlen

Übungen:
- Zahlen/Zahlwörter lesen
- Zuordnungsspiele (Bild – Zahl; Bild – Zahlwort; Zahl – Zahlwort)
- Dreiergruppen bilden: Karten zuordnen; verbinden
- als Einheit zusammenfassen (z.B. in Gymnastikreifen)
- vertikale Reihen bilden
    abfallende/aufsteigende Größe
    falsche Reihenfolgen erkennen
    lückenhafte Reihen ergänzen
- horizontale Reihen bilden
    „Schlangen" aus Zahlenbildern, Zahlen und Zahlwörtern
- Reihen vorwärts/rückwärts abschreiten, dabei zählen
- Reihen ordnen: gerade – ungerade (unterschiedlicher Zählrhythmus)
- Hüpfparcours: gerade und ungerade Zahlenbilder/Zahlen
- Würfelspiele: Reihen würfeln; Karten abgeben
- Memory mit 3 Kartensätzen

Gruppenspiele:
- Familienzusammenführung: Dreiergruppen aus Zahlenbildern, Zahlen und Zahlwörtern
- Spiel: „Mein rechter Platz ist frei, ich wünsche mir meine Zahl/mein Bild/mein Zahlwort herbei"

Kontrolle:
Karte: Zahlenbild – Zahl – Zahlwort
Karte: horizontale bzw. vertikale Reihe
Karte: gerade – ungerade Zahlen

Fühlzahlen

Material:
- Karten mit Zahlen aus Filz mit je zwei Feldern zum Zuordnen von Kartensätzen
- je ein kleiner Kartensatz: Zahlenbilder, Zahlen, Zahlwörter
- Zusatzmaterial: Bleiband, Pfeifenreiniger, Sand, Klicker...

Lern-/Therapieziele:
- taktile Gestalterfassung der Zahlen von 0 bis 10
- Speicherung ihrer Raumlage
- Zahlen schreiben
- Schulung der Auge-Hand-Koordination und der Feinmotorik

Übungen:
- Zahlen benennen
- Zahlen mit geöffneten/geschlossenen Augen nachfahren
- Zahlen nachlegen (Bleiband/Seil/Pfeifenreiniger)
- Zahlen in der Umwelt wiedererkennen
- Zahlen schreiben in Sand/mit Klicker in Salzteig
- Zuordnung: Zahl – Zahlenbild/Zahlwort

Kontrolle:
Karte: Ziffernreihe
fehlende bzw. übriggebliebene Karten

8.2 Mengen- und Längenbeziehungen

Kleine Mengen in größeren entdecken

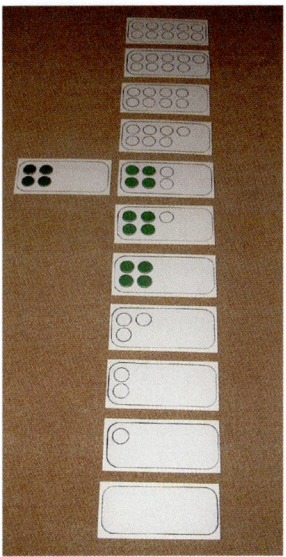

Material:
- Tastkarten
- Strukturkarten und Chips

Lern-/Therapieziele:
- Erweiterung des Zahlbegriffs
- Kleinere Zahlenbilder/Zahlen als Teilmenge von größeren erkennen
- Beziehungen verbalisieren und verallgemeinern

Übungen:
- Reihenbildungen
  Beispiel: Strukturkarten von 0 bis 10 in aufsteigender Größe auslegen. Tastkarte der „4" zuordnen; Zahlenbild „4" auf allen Strukturkarten mit Chips legen. In welchen Bildern steckt die „4"? (In welchen nicht, in welchen zweimal?)
- andere Reihenbildungen

Kontrolle:
Zahlenbilder auf den Tastkarten

Viele Mengen verstecken sich in der „10"

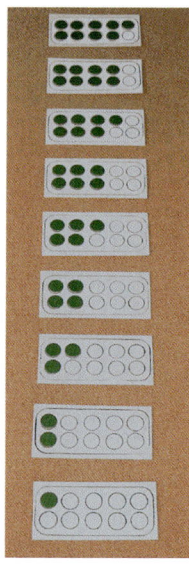

Materialien:
- 9 Strukturkarten der „10"
- Chips
- Abdeckblatt

Lern-/Therapieziele:
- Erweiterung des Zahlbegriffs
- Visualisierung der Mengenverschachtelung
- Handhabung des Abdeckblattes
- Schulung der Feinmotorik
- Materialreduzierung

Übungen:
- Reihenbildungen
  Beispiel: Strukturkarten in einer Reihe auslegen; auf jeder Karte ein anderes Zahlenbild mit Chips legen; Bilder, die in der „10" stecken benennen
- Übungen mit dem Abdeckblatt: Zeige die „3"; „5", usw.

Kontrolle:
Zahlenbilder auf den Tastkarten

Zahlen im Zahlenraum

Vertikaler Zahlenstrahl

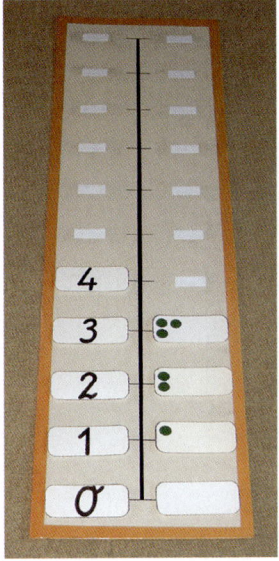

Material:
- leerer Zahlenstrahl mit Markierungen im Abstand von 10 cm
- Klettenbandstreifen zum Befestigen von Zahlen- bzw. Zahlenbild-/Zahlwortkarten
- je ein Kartensatz: Zahl – Bild – Wort (Klettenbandstreifen auf der Rückseite)
- Zusatzmaterial: Auftrags- und Kontrollkarten

Lern-/Therapieziele:
- Längenbeziehungen von Zahlen erkennen
- Zahlenstrahl selbstständig aufbauen
- Entwicklung eines analogen Zahlenverständnisses
- Aufbau eines inneren Zahlenstrahls

Übungen:
- Aufbau des Zahlenstrahls: Zahlenkarten in aufsteigender Folge anheften
- Zahlenbild/Zahlwort zuordnen
- falsche Zahlen-/Zahlbildfolgen erkennen und korrigieren
- lückenhafte Reihen ergänzen
- Zahlenreihe (mit den Händen/Augen) vorwärts und rückwärts „abschreiten" und zählen
- Orientierungsübungen am Zahlenstrahl:
  Welche Zahl ist größer/kleiner als —?
  Welche Zahl steht zwischen — und —?
  Welche Zahlen sind größer als —, aber kleiner als —?

Kontrolle:
Kontrollkarte: Zahlenstrahl
Lösungen auf der Rückseite der Auftragskarten

Variation:
„Zahlenstrahl" zum Abschreiten

Material:
Seil mit 10 Knoten in gleichmäßigen Abständen

Lern-/Therapieziele:
Zahlenabstände durch Abschreiten wahrnehmen
Entwicklung eines inneren Zahlenstrahls

Zahlenbilder und Zahlen zerlegen

Angelspiel

Material:
- 22 „Goldfisch-Teile" (je zwei lassen sich zu einem Zahlenbild der „10" zusammensetzen)
- Angel
- Aquarium
- Tuch; Dodekaeder (Würfel mit 12 Flächen)

Lern-/Therapieziele:
- Zahlenbilder zerlegen und zusammenfügen
- Spielherstellung: Gesamtmengen in Teilmengen zerlegen
- Spieldurchführung: Teilmengen zu Gesamtmengen zusammensetzen
- „Partnermengen" erkennen (Vorbereitung der Partnerzahlen)
- Auge-Hand-Koordination
- Zahlzerlegungen

Übungen:
- Zahlenbilder in zwei Teilmengen zerschneiden (alle Lösungen finden)
- Fische puzzeln (Mengenebene)
- Fische erwürfeln (Mengen- und Zahlenebene)
- Fische angeln
- Teilmengen abgeben
- verdeckte Teilmengen erraten

Kontrolle:
Form der Fische und des Zahlenbildes

Zerlegungsreihe mit konstanter Gesamtmenge

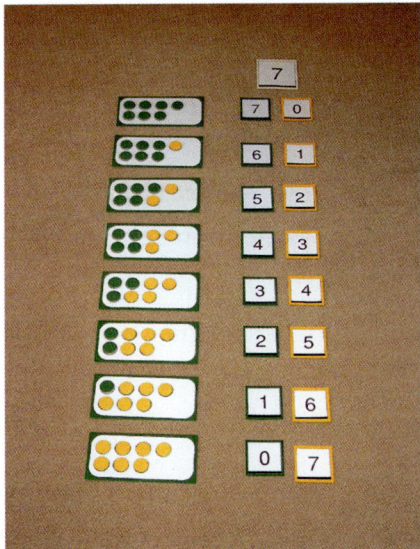

Material:
- 8 Strukturkarten mit dem Zahlenbild der „7"
- je 28 grüne und gelbe Chips
- eine große Zahlenkarte mit der „7"
- kleine Zahlenkarten von 0 bis 7 mit gelbem bzw. grünem Rand
- Auftragskarten

Lern-/Therapieziele:
- Aufbau eines sicheren Zahlbegriffs
- Mengen-/Zahlbeziehungen erkennen
- Ordnungskriterien finden
- Partnermengen/-zahlen erkennen
- erkannte Zusammenhänge verbalisieren

Übungen:
- Zahlenbild der „7" mit grünen und gelben Chips in je zwei Teilmengen zerlegen
- Zerlegungsreihen ordnen: Anzahl der grünen Chips abnehmend, gelbe zunehmend
- Zerlegungen mit vertauschten Farben erkennen
- passende Zahlzerlegungen zuordnen
- Zahlzerlegungen notieren (7 = 7 + 0; 7 = 6 + 1; usw.)

Kontrolle:
fehlende bzw. übriggebliebene Chips oder Zahlenkarten
Zerlegungsreihen: Zahlenbilder bzw. Zahlen

Zerlegungsreihe mit konstanter erster Teilmenge

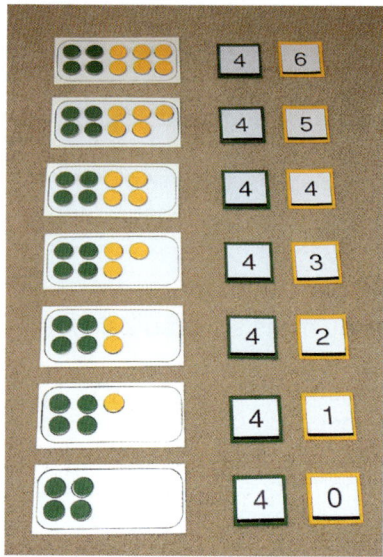

Material:
- Strukturkarten („4" bis „10")
- 28 grüne und 21 gelbe Chips
- 7 Zahlenkarten mit der „4" (grüner Rand); Zahlenkarten von 0 bis 6 (gelber Rand)

Lern-/Therapieziele:
- Aufbau eines sicheren Zahlbegriffs
- Beziehungen bei Nachbarzahlen erkennen
- erkannte Zusammenhänge verbalisieren

Übungen:
- Reihenbildung: Strukturkarten in aufsteigender Folge legen; auf allen Karten konstante erste Teilmenge („4") mit grünen, die jeweils zweite Teilmenge mit gelben Chips auslegen (10 zerlegt in 4 u. 6; 9 zerlegt in 4 u. 5; usw.)
- Zahlzerlegungen zuordnen
- Zahlzerlegungen notieren (10 = 4 + 6; 9 = 4 + 5; usw.)

Kontrolle:
fehlende bzw. übriggebliebene Chips oder Zahlenkarten

8.3 Die Zahlenbilder als Rechenraster

Tauschaufgaben

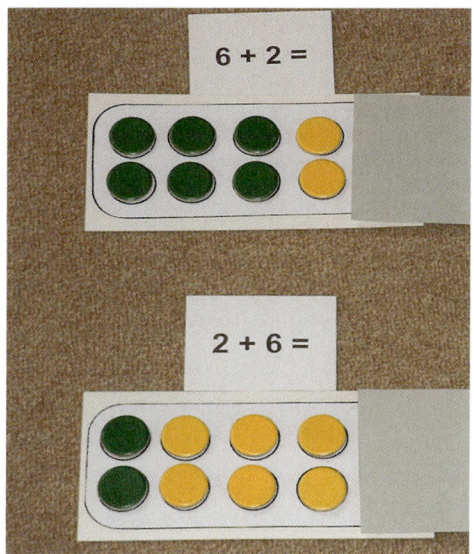

Material:
- 2 Strukturkarten (Zahlenbild der „10")
- je 10 grüne und gelbe Chips
- Aufgabenkarten: Addition
- 2 Abdeckblätter

Lern-/Therapieziele:
- Automatisierung der Additionsaufgaben
- Steigerung der Rechenfertigkeit
- mathematische Zusammenhänge erkennen: Tauschaufgaben
- verschiedene Darstellungsebenen verknüpfen

Übungen:
- Tauschaufgaben auf Rechenraster darstellen (1. Summand grün, zweiter gelb)
- bildhaften Darstellungen Aufgabenkarten zuordnen
- Rechenhandlungen in Gleichungen umsetzen
- verdeckte Rechenhandlungen interpretieren

Kontrolle:
Lösungskarten

Umkehraufgaben[43]

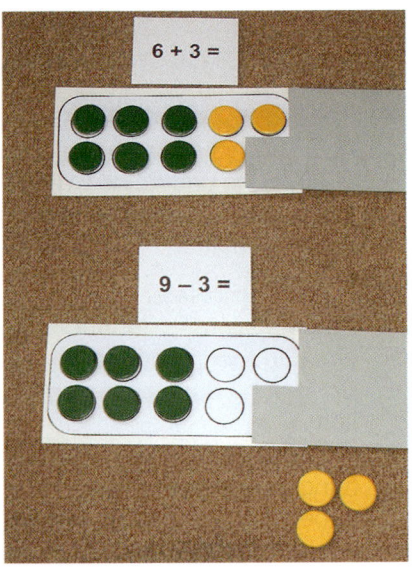

Material:
- Strukturkarte
- je 10 grüne und gelbe Chips
- Aufgabenkarten: Addition bzw. Subtraktion
- Abdeckblatt

Lern-/Therapieziele:
- Additions- und Subtraktionsaufgaben üben
- Steigerung der Rechenfertigkeit
- mathematische Zusammenhänge erkennen: Umkehraufgaben

Übungen:
- Additionsaufgabe auf Rechenraster darstellen; Rechenhandlung umkehren (2. Summanden wieder wegnehmen) → Subtraktionsaufgabe
- Aufgabenpaare finden
- verdeckte Handlungen interpretieren

Kontrolle:
Lösungskarten

---

[43] Zum besseren Verständnis wurden auf dem Foto Addition und Subtraktion getrennt dargestellt. In der Förderarbeit werden beide Operationen als umgekehrte Rechenhandlungen auf einem „Raster" durchgeführt.

Platzhalteraufgaben

Material:
- Strukturkarte
- 10 grüne Chips
- Platzhalteraufgaben der Addition und der Subtraktion
- Abdeckblatt

Lern-/Therapieziele:
- Steigerung der Rechenfertigkeit
- Darstellungen unterschiedlich interpretieren

Übungen:
- Platzhalteraufgaben darstellen (gleiche Darstellungsform von Addition und Subtraktion)
- Platzhalteraufgaben lösen

Kontrolle:
Rückseite der Aufgabenkarten

Rechnen auf dem Rechenbrett

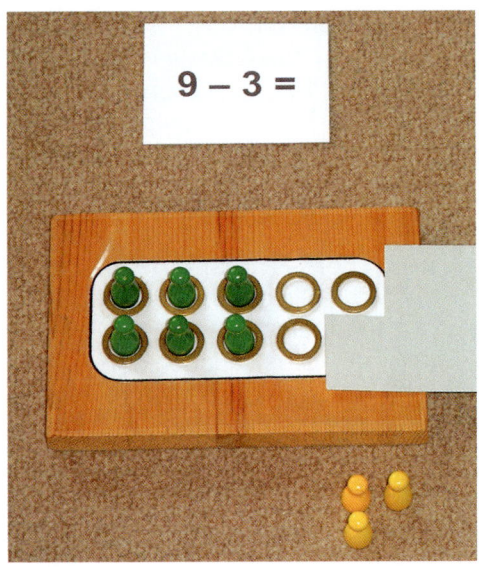

Material:
- Rechenbrett
- je 10 grüne und gelbe Spielfiguren
- Abdeckblatt
- Aufgabenkarten: Addition; Subtraktion

Lern-/Therapieziele:
- s. Rechnen mit Strukturkarten
- Schulung der Auge-Hand-Koordination
- Förderung der Hand-/Fingermotorik (Pinzettengriff)

Übungen:
Additions- und Subtraktionsaufgaben darstellen und lösen

Kontrolle:
Lösungskarten

8.4 Beziehungen zwischen Additionsaufgaben

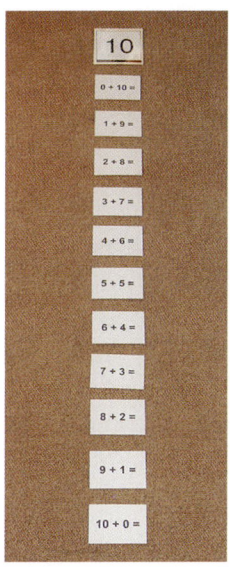

Material:
- Zahlenkarte „10" (Ergebniskarte)
- Aufgabenkarten: Addition

Lern-/Therapieziele:
- Steigerung der Rechenfertigkeit
- Additionsaufgaben vernetzen
- Beziehungen erkennen

Übungen:
- der Ergebniszahl passende Aufgabenkarten zuordnen
  (Beispiel: 8 + 2 =; 6 + 4 = usw.)
- Aufgabenkarten in einer Reihe ordnen (erster Summand wird um 1 größer)
- Wo stehen Verdopplungs-, Tausch-, Nachbaraufgaben?
- Aufgabenreihen mit verschiedenen Ergebniszahlen vergleichen.
- Sonnenspiel: alle Aufgaben miteinander vergleichen (s. Felser-Hoos, 2001, S. 86)

Kontrolle:
Kontrollbuch

8.5 Aufgaben des Zwanzigerraums

Analogieaufgaben im ersten und zweiten Zehner

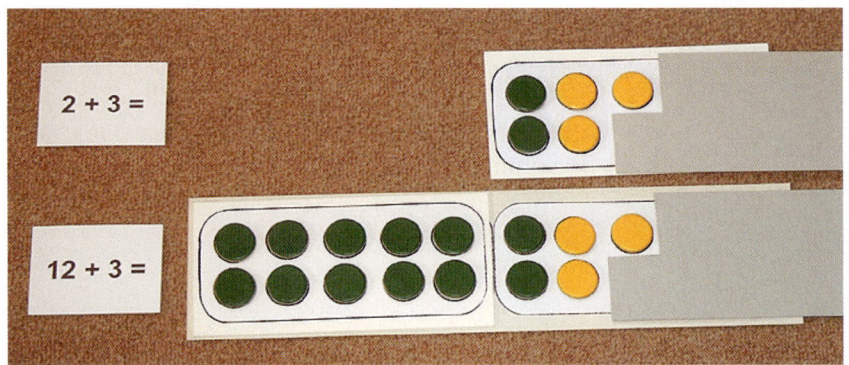

Material:
- Doppelzehner
- Strukturkarte der „10"
- Tastkarte der „10"
- je 20 grüne und gelbe Chips
- Aufgabenkarten des 1. und 2. Zehners
- 2 Abdeckblätter

Lern-/Therapieziele:
- Steigerung der Rechenfertigkeit
- mathematische Zusammenhänge erkennen: Analogieaufgaben
- verwandte Aufgaben vernetzen

Übungen:
- Analogieaufgaben darstellen, erkannte Zusammenhänge verbalisieren
- Aufgaben lösen
- Lösungen notieren

Kontrolle:
Kontrollkarten

Zehnerüberschreitung

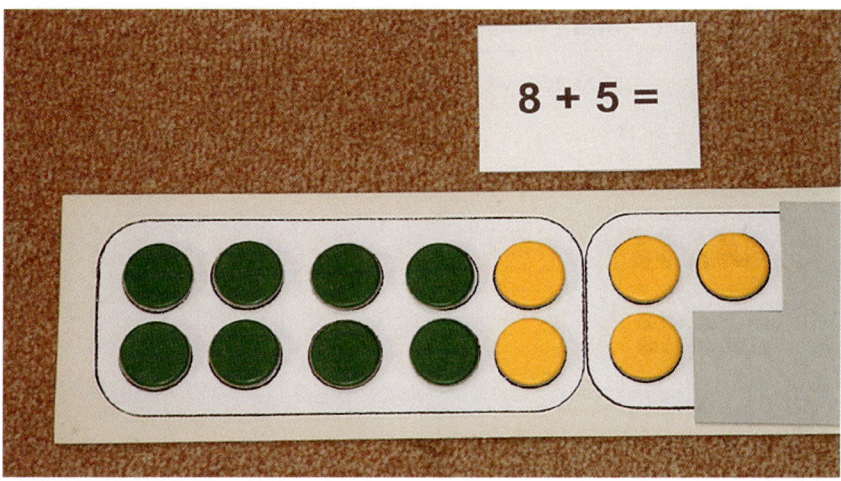

Material:
- Doppelzehner
- je 10 grüne und gelbe Chips
- Aufgabenkarten: Zehnerüberschreitung

Lern-/Therapieziele:
- Rechenschritte der Zehnerüberschreitung erkennen und darstellen
- Aufgaben in Rechenhandlungen umsetzen (auch umgekehrt)
- verdeckte Handlungen interpretieren
- unterbrochene Handlungen fortsetzen

Übungen:
- Aufgaben schrittweise auf dem Doppelzehner darstellen; Rechenschritte beschreiben
- Aufgaben lösen
- Lösungen schrittweise notieren

Kontrolle:
durch Förderlehrer

8.6 Aufgaben des Hunderterraums

Zerlegung von Einer- und Zehnermengen

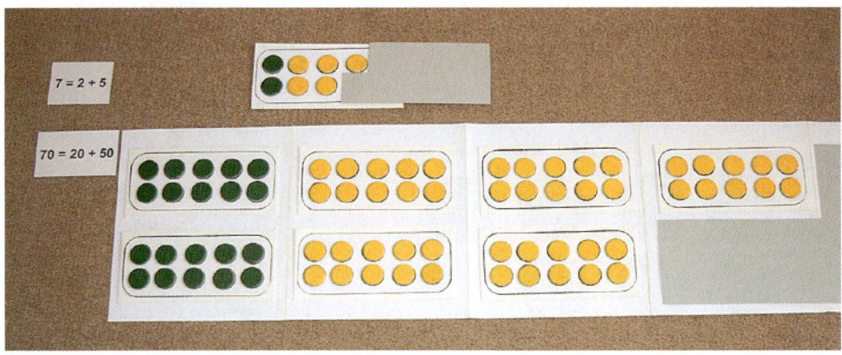

Material:
- Strukturkarte
- je 10 grüne und gelbe Chips
- Hunderterbuch
- je 10 grüne und gelbe Tastkarten
- Abdeckblätter

Lern-/Therapieziele:
- Analogien im Aufbau und in der Zerlegung von Einer- und Zehnerzahlen erkennen
- analoge Aufgaben verknüpfen

Übungen:
- Einer- und Zehnerzahlen darstellen und zerlegen
- Zerlegungsaufgaben notieren

Kontrolle:
durch Förderlehrer

Analogieaufgaben im Hunderterraum

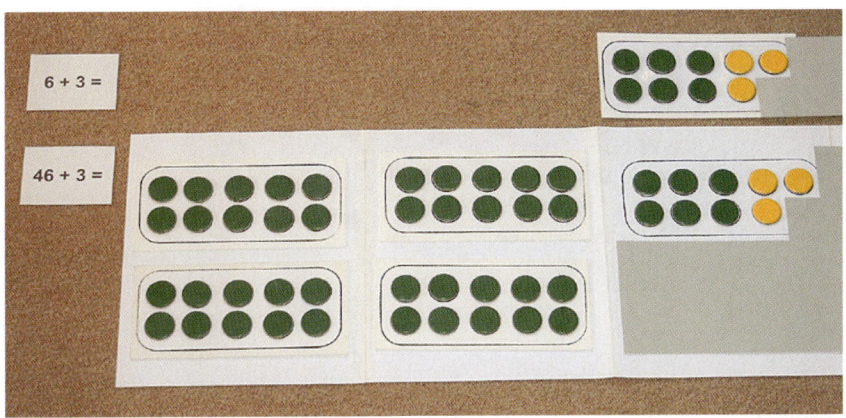

Material:
- Strukturkarte
- je 20 grüne und gelbe Chips
- Hunderterbuch
- 10 grüne Tastkarten
- Abdeckblätter
- Aufgabenkarten

Lern-/Therapieziele:
- mathematische Zusammenhänge erkennen: Analogieaufgaben
- Aufgaben vernetzen
- Steigerung der Rechenfertigkeit

Übungen:
- Additionen (Subtraktionen) im ersten Zehner und in anderen Zehnern gegenüberstellen und vergleichen
- Reihenaufgaben (4 + 3 =; 14 + 3 =; 24 + 3 =, usw.)
- Ergebnisse notieren

Kontrolle:
durch Förderlehrer

8.7 Spielerisches Üben

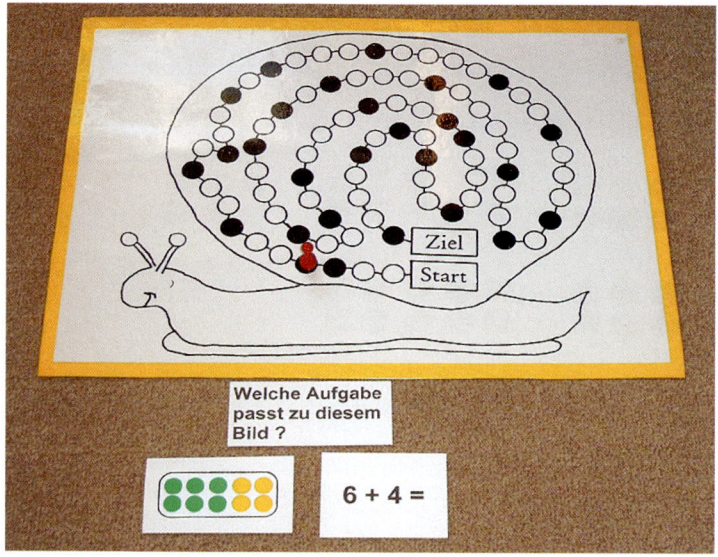

(Spielplan aus: Radatz/Schipper, 1983, S. 183)

Material:
- Spielplan: Schnecke
- Spielsteine, Zahlenwürfel
- Aktionskarten
- bildhafte Darstellungen von Additionsaufgaben
- Aufgabenkarten: Addition

Lern-/Therapieziele:
- Wiederholung
- Verknüpfung der ikonischen und symbolischen Darstellungsebene

Übungen:
- verschiedene Darstellungen einander zuordnen
- Aufgaben lösen
- Lösungen notieren

Kontrolle:
Aufgaben auf der Rückseite der bildhaften Darstellungen

Variation:
Mit dem Spielplan können alle Aufgabenarten geübt werden. Die Aktionskarten geben das Thema vor: Mengenzerlegung, verwandte Aufgaben, Subtraktion, usw.

9. Schlussgedanken

Im Mittelpunkt der Förderarbeit steht das Kind; seine individuellen Bedürfnisse bestimmen die Methode und das Veranschaulichungsmaterial. Es gibt kein Material, das für jedes Kind und für jedes Lernproblem gleichermaßen geeignet ist; dies gilt auch für die Kühnel'schen Zahlenbilder.

Aufgrund ihrer klaren Struktur und ihrer weitgehenden Formkonstanz eignen sie sich in besonderem Maße zur Erarbeitung von Mengen- und Operationsvorstellungen und zur Visualisierung von Beziehungen zwischen Zahlen und Zahlensätzen im Zwanziger- bzw. Hunderterraum. Diesem Zahlenraum kommt bei der Förderarbeit eine besondere Bedeutung zu, denn in ihm zeigen die meisten rechenschwachen Schüler, auch ältere, große Schwierigkeiten.

Literatur

Akademie für Lehrerfortbildung Dillingen: Rechenstörungen. Diagnose – Förderung – Materialien, Auer, Donauwörth, 1995

Akademie für Lehrerfortbildung Dillingen: Rechenstörungen. Unterrichtspraktische Förderung, Auer, Donauwörth, 2000

Aster, M. von: Neuropsychologische Testbatterie für Zahlenverarbeitung und Rechnen bei Kindern. ZAREKI, Swets & Zeitlinger, Lisse, 2001

Doubek, A.: Elementarunterricht anders, borgmann, Dortmund, 1996

Ellrott, D./Aps-Ellrott, B.: Förderdidaktik, Mildenberg, Offenburg, 1998

Homann, G.: Mathematik – Lernspiele, Praxis Grundschule, Westermann, Braunschweig, 1995

Felser-Hoos, H.: Förderung von Kindern mit Dyskalkulie, in: Internationale Frostig-Gesellschaft, Kongressbericht, 2001

Frostig, M.: Bewegungserziehung – Neue Wege der Heilpädagogik, München 1984[4]

Gerster, H.D.: Vom zählenden Rechnen zur Abrufbarkeit der Basisfakten – ein zentrales Ziel der Prävention und der Förderung. In: Akademie für Lehrerfortbildung Dillingen: Rechenstörungen. Diagnose – Förderung – Materialien, Auer, Donauwörth, 1995, S. 173-191

Grissemann H./Weber A.: Grundlagen und Praxis der Dyskalkulietherapie, Huber, Bern, 1993[2]

Kühnel, J.: Neubau des Rechenunterrichts, Klinkhardt, Bad Heilbrunn, 1959[10]

Lorenz, J.H.: Anschauung und Veranschaulichungsmittel im Mathematikunterricht, Hogrefe, Göttingen, 1992

Lorenz J.H./Radatz, H.: Handbuch des Förderns im Mathematikunterricht, Schroedel, Hannover, 1993

Lorenz, J.H.: Der gescheiterte Rechenunterricht: Rechenversagen – Ursachen und „Therapie". In: Grundbildung für alle in Schule und Erwachsenenbildung, Fachtagung der Ev. Akademie Bad Boll, 1996, S. 90-97

Lorenz, J.H.: Lernschwache Rechner fördern, Cornelsen Scriptor, Berlin, 2003a

Lorenz, J.H.: Überblick über Theorien zur Entstehung und Entwicklung von Rechenschwächen. In: Fritz, A., u.a.: Rechenschwäche. Lernwege, Schwierigkeiten und Hilfen bei Dyskalkulie, Beltz, Weinheim, 2003 b, S. 144-162

Milz, I.: Rechenschwächen erkennen und behandeln, borgmann, Dortmund, 1993[2]

Radatz, H., u.a.: Handbuch für den Mathematikunterricht, 1. Schuljahr, Schroedel, Hannover, 1996

Radatz, H., u.a.: Handbuch für den Mathematikunterricht, 2. Schuljahr, Schroedel, Hannover, 1998

Radatz H./Schipper, W.: Handbuch für den Mathematikunterricht in der Grundschule, Schroedel, Hannover, 1983

Rosenkranz, Ch.: Kieler Zahlenbilder, Zahlenraum 1-20, Veris, Kiel, 1992

Rosenkranz, Ch.: Kieler Zahlenbilder, Zahlenraum 20 bis 100, Veris, Kiel, 1994

Schaefgen, R.: Sensorische Integration, Elterninformation, Phänomen, 1998[3]

Schröter, G.: Mathematik in der Grundschule – Die Methode der Formzahlbilder, Wolf, Regensburg, 1989

Schulz, A.: Lernschwierigkeiten im Mathematikunterricht der Grundschule, paetec, Berlin, 1995

Schulz, A.: Rechnen lernen heißt sehen lernen, Praxis Grundschule 2/98, S. 18-23

V. Konsequenzen für den Anfangsunterricht in der Grundschule

(I. ZOLLER)

1. Lernen in der Schule

1.1 Die Heterogenität der Lerngruppe

Schulalltag in der Grundschule macht von Jahr zu Jahr immer deutlicher, dass die Lernausgangslage der Schüler und Schülerinnen zunehmend unterschiedlicher wird, die Schule Aufgaben erfüllen muss, die die familiäre Erziehung nicht mehr leisten kann oder will. So hat man im Anfangsunterricht Schüler, die bereits über Kenntnisse des Lesens, Schreibens und Rechnens verfügen, in der Lage sind, ihren Lernprozess zu organisieren und sich in die Lerngruppe einzubringen. Andererseits gibt es aber auch Kinder, die kaum Vorerfahrungen im Umgang mit Stift und Schere haben, Schwierigkeiten haben, sprachliche Anweisungen zu verstehen und umzusetzen und denen es sehr schwer fällt, sich in die soziale Gruppe einzugliedern. In manchen Jahrgängen entsteht der Eindruck, dass, obwohl es sich um eine Jahrgangsklasse handelt, entwicklungsmäßig zwischen den Kindern 2 bis 4 Jahre zu überbrücken sind.

Diese neuen Anforderungen an die Institution Schule und an die Lehrer und Lehrerinnen ergeben sich aus den tiefgreifenden Veränderungen, die die soziale Struktur unserer Gesellschaft durchlaufen hat. Die veränderten Lebensbedingungen wirken sich auch auf das Heranwachsen der Kinder aus.

Veränderte Kindheit wird deutlich vor allem
- in den familiären Strukturen,
- dem Umgang mit Medien und Konsum,
- der Orientierung an unterschiedlichen Wertvorstellungen.

Veränderungen in den familiären Strukturen

Nach GRUNDMANN/HUININK (1991) wachsen heute ca. 30% der Kinder als Einzelkinder auf. Viele von ihnen leben nicht mehr in ihrer Ursprungsfamilie sondern allein mit einem Elternteil (ca. 12 %), meist der Mutter, oder in einer Stieffamilie. Zwischen 40 bis 60 % der Eltern bzw. der Alleinerziehenden sind berufstätig.

Das Alltagsleben der Kinder findet nach der Schule häufig in Orten des organisierten Lebens statt, im Hort, in Kinder- und Jugendklubs, in Jugendmusik- und Jugendkunstschulen, im Sportverein, etc. Spielen, Umherstreifen, Entdecken und Erkunden der näheren Umgebung des eigenen Wohnortes wird sowohl aufgrund des weitgehend verplanten Alltagslebens als auch wegen der Gefahren des Straßenverkehrs und der immer weniger vorhandenen freien Räume zunehmend erschwert.

Mediatisierung der Erfahrungen

Kinder heute verbringen einen großen Teil ihrer Freizeit vor Fernseher und Videorekorder. Eine Untersuchung der Universität Bielefeld zur Auswirkung der Programmerweiterung durch Kabelfernsehen ergab, dass bei Haushalten mit Kabelfernsehen 6- bis 13-Jährige ca. zweieinhalb Stunden täglich vor dem Bildschirm saßen. Gab es einen Videorekorder, kam im Durchschnitt noch einmal eine halbe Stunde hinzu. Dabei eignet sich das Kind seine Umwelt, Menschen, Sachen, Ideen nicht durch eigenes Handeln an und sammelt dabei Erfahrungen, lernt aktives Gestalten und Anpassung, sondern begegnet der Wirklichkeit in bearbeiteter Form als einer Wirklichkeit „aus zweiter Hand". Eng verbunden mit der Situation des Aufnehmenden ist das Konsumverhalten. Beides geht einher mit einem erheblichen Verlust der Eigentätigkeit.

Orientierung an unterschiedlichen Wertvorstellungen

Die Lebensbedingungen, unter denen Kinder heute aufwachsen, sind geprägt von unterschiedlichen finanziellen Situationen der Familien, Arbeitslosigkeit und Armut einerseits, steigender Wohlstand andererseits. Viele Familien kommen aus unterschiedlichen Herkunftsländern und erziehen ihre Kinder gemäß ihren kulturellen und sozialen Vorstellungen. Auch der Erziehungsstil und der Umgang miteinander hat sich in den Familien verändert. Gibt es einerseits Familien, in denen Kinder mit ihren Bedürfnissen und Rechten ernst genommen werden und man sich mit ihnen auseinandersetzt, so gibt es auch Kinder, die in Familien mit traditionell autoritär – strengen Strukturen aufwachsen. Hinzu kommen solche Kinder, denen wenig Einschränkungen und Regeln vorgegeben werden und die in einer Haltung des Gewähren-Lassens aufwachsen. Es gibt sowohl die Tendenzen zur zunehmenden Pädagogisierung der Erziehung, als auch die zur Anregungsarmut und Vernachlässigung. Diese unterschiedlichen Aspekte, unter denen Kinder heute in Familie und Gesellschaft heranwachsen, wirken sich auf die Entwicklung des einzelnen Kindes aus und beeinflussen die Möglichkeiten, ob und wie es seine angelegten Fähigkeiten entfalten kann.

In den vorausgegangenen Kapiteln wurde ausführlich dargestellt, welche basalen Fähigkeiten das Kind entwickeln muss, um erfolgreich lernen zu können. Manche Kinder sind teilweise oder ganz, bedingt durch ihre Lebensumstände, im Prozess der sensomotorischen Integration und der Entwicklung der sozialen Reife noch nicht weit genug fortgeschritten, wenn sie schulpflichtig werden.

Früher sprach man von „Schulreife", bei der allein das Schulkind und sein Entwicklungsstand ausschlaggebend war. Heute geht man, unter Berücksichtigung der zunehmenden Heterogenität der Lerngruppen, vom Begriff der „Schulfähigkeit" aus. Dabei werden Lern- und Leistungsanforderungen der Schule und Lern- und Leistungsvoraussetzungen des Schülers aufeinander bezogen. Im Vordergrund stehen Erfassen und Beurteilen des individuellen Lern- und Leistungsverhalten, steht also der Prozess, nicht das Ergebnis. Ein solches Vorgehen lässt das Erkennen der jeweiligen Lernausgangslage des Schülers zu, die Voraussetzung dafür, dass Förderung und Unterricht auf der Ebene ansetzt, auf der das Kind in seiner Entwicklung steht.

1.2 Konsequenzen für den Unterricht

Kinder im Alter von 5 bis 9 Jahren sind in ihrer Entwicklung in einer Übergangsphase. Es ist der Übergang von der sensomotorischen Phase zur Phase des abstrakten Denkens. Ist zunächst das konkrete Handeln – Bewegung und Wahrnehmung – Grundlage jeden Lernprozesses, der Aneignung der Umwelt und der Anpassung an diese, übernimmt nun allmählich die sprachliche Vermittlung und das abstrakte Denken zunehmend diese Aufgabe.

PIAGET spricht vom Übergang vom „anschaulichen Denken" über „konkrete Denkoperationen" zum „formalen Denken".

MONTESSORI spricht vom Übergang von der „formativen Periode", geprägt von großem Bewegungsdrang und dem Wunsch, die Umwelt mit allen Sinnen zu erfahren, zur Entwicklung des „abstrakten, moralischen Denkens".

Wie weit Kinder in diesem Entwicklungsprozess fortgeschritten sind, ist individuell sehr verschieden, unter anderem beeinflusst von den Faktoren, die in Kapitel 1.1 aufgezeigt wurden.

Will man nun dem individuellen Entwicklungsprozess des Kindes Rechnung tragen, sollte sich der Unterricht in der Grundschule, besonders aber der Anfangsunterricht im 1. Schuljahr, an folgenden Prinzipien orientieren:

- handelndes Lernen unter Einbeziehung möglichst vieler Sinne;
- Lernen an persönlich bedeutsamen Aufgaben;
- Lernen im eigenen Arbeitstempo;
- selbständiges Lernen;
- Lernen mit- und voneinander in der Klassengemeinschaft.

Für die Entwicklung und Förderung von Intelligenz und Bewusstsein, für den Lernprozess insgesamt, ist der handelnde Umgang mit Dingen von grundlegender Bedeutung. Erst wenn das Kind ausreichend konkrete handelnde Erfahrungen gesammelt hat, ist es in der Lage, zunächst von Dingen, dann auch von Handlungen und komplexen Strukturen zu abstrahieren, ein gedachtes Bild, ein Symbol, einen Begriff zu entwickeln.

Motorik und Sensorik sind die „Werkzeuge", mit denen das Kind Eindrücke und Erfahrungen sammelt, gleichzeitig deren Handhabung schult, weiterentwickelt und koordiniert. Dadurch ist wiederum ein differenzierteres Wahrnehmen der Umwelt möglich. Sensomotorik ist somit die Grundlage der Interaktion zwischen dem lernenden Kind und der Umwelt. Aufgrund der veränderten Bedingungen, unter denen Kinder heute aufwachsen, kann man nicht voraussetzen, dass alle Kinder genügend Möglichkeiten haben, diese „Werkzeuge" in ausreichendem Maße zu entwickeln und zu erproben. Dieser Aspekt verstärkt nochmals die Notwendigkeit, das Schwergewicht des schulischen Lernens zunächst auf das konkrete Tun und der Schulung der Wahrnehmung und Bewegung zu legen.

Die oben angeführten Prinzipien für den Unterricht in der Grundschule sind keine „Erfindungen" unserer Tage, sondern haben eine lange pädagogische Tradition aufgegriffen, z.B. durch die reformpädagogische Bewegung von 1890 bis 1933.

Eine herausragende Vertreterin dieses pädagogischen Ansatzes ist Maria MONTESSORI. Ihr methodisches Vorgehen und ihr didaktisches Material als zwei Teilaspekte ihres Konzeptes bieten Anregungen und Beispiele, die auch auf den „normalen" Unterricht übertragbar sind.

Die „vorbereitete Umgebung", die nach MONTESSORI das Kind zum Lernen und Arbeiten anregen soll, umfasst insgesamt 5 Bereiche.

Übungen des täglichen Lebens

Sie umfassen Tätigkeiten aus dem Alltag, gezielte Bewegungsübungen, Hausarbeit, Arbeiten in und für die Gemeinschaft. Ziel ist vor allem die frühzeitige Unabhängigkeit vom Erwachsenen.

Wie nötig solche Übungen heute auch noch für Schulkinder sind, zeigen Beobachtungen beim Essen, Händewaschen, Tische wischen, etc.

Sinnesmaterial

Es umfasst Materialien zur Unterscheidung von

– Dimensionen (groß – klein, dick – dünn, etc.),
– Farben,

- Formen,
- Oberflächen und Materialstrukturen,
- Tönen und Geräuschen,
- Gerüchen,
- Geschmacksqualitäten,
- Wärmequalitäten.

Aufgabenstellungen sind: Paare bilden (Gleiches finden), Kontraste feststellen (Extreme suchen), Graduierungen erkennen (Feinabstufungen finden).

Ziel dieser Übungen ist Schulung der Sinneswahrnehmung und der Motorik, Selbständigkeit und Konzentration, sowie das kategoriale Erfassen der Umwelt und die Schulung der eigenen Urteilskraft.

Mathematikmaterial

Es beruht auf der Grundoperation des Zählens und dient zur Bildung des mathematischen Denkens.

Sprachmaterial

Das Kind soll die Sprache als Instrument erlernen, um immer mehr unabhängig und selbständig zu werden. Es lernt hauptsächlich die genauen Begriffe der Gegenstände seiner Umgebung, lernt lesen und schreiben.

Kosmische Erziehung

Die allgemeinen Prinzipien des didaktischen Materials werden auf andere Schulfächer übertragen, z.B. auf Erdkunde, Biologie, etc.

Das didaktische Material, das in den verschiedenen Bereichen benutzt wird, soll nach MONTESSORI folgende Ansprüche erfüllen:

- Es soll ansprechend und der Erziehung der Sinne förderlich sein.
- Es soll eine Analyse und Verfeinerung der Bewegungen ermöglichen.
- Es soll die Konzentration der Aufmerksamkeit fördern durch

    Isolierung eines Sinnes (bei jedem Material soll nur ein Sinn angesprochen werden);

    Isolierung einer Eigenschaft (nur eine Eigenschaft soll untersucht werden);

    Isolierung einer Schwierigkeit (nur eine Schwierigkeit soll beim Umgang mit dem Material enthalten sein).

- Es soll durch äußerlich klare Strukturen zur inneren Ordnung führen.
- Es soll eine eigene Fehlerkontrolle ermöglichen.
- Es soll frei wählbar und zugängig sein.
- Es soll das Arbeiten im eigenen Rhythmus und Tempo ermöglichen.

Didaktisches Material und Methode stehen in einem engen Verhältnis. Damit Kinder selbständig mit den Materialien arbeiten können, wird ihnen der Umgang damit im Rahmen einer Lektion vermittelt. Dabei wird ihnen der gesamte Ablauf der Handlung klar und eindeutig durch langsames Vormachen demonstriert. Das Kind lernt dabei nicht nur den richtigen Umgang mit den Materialien, sondern auch die Strukturierung des Arbeitsplatzes. Die Materialien werden immer in der gleichen Anordnung auf dem Arbeitsteppich als abgegrenztem Arbeitsbereich angeboten. Später wird diese Arbeitsweise auf den Tisch übertragen. Zur Arbeit gehören auch Holen und Wegräumen des Materials. Dadurch und durch das Strukturieren des Arbeitsplatzes werden dem Kind Orientierung und Handhabung erleichtert und es wird der zeitliche Ablauf der Handlung im Sinne einer serialen Leistung eingeübt. Bei der Demonstration im Rahmen der Lektion wird das Tun nicht verbal erklärt. Das Kind wiederholt die Handlung, Fehler werden nicht korrigiert, um das Kind nicht zu entmutigen. Gegebenenfalls wird die Lektion beendet und zu einem späteren Zeitpunkt wiederholt.

Dieses modellhafte Erfahren des Ablaufs der Handlung ermöglicht dem Kind

- eine zunehmend genauere Analyse des Bewegungsablaufes einer Tätigkeit,
- die korrekte Speicherung dieser Tätigkeit,
- die immer differenzierter werdende Integration von Wahrnehmungsqualität und Tätigkeit.

Erst wenn das Kind den Umgang mit dem Material beherrscht, werden die gewonnenen Erfahrungen mit Begriffen belegt. Die Namenslektion erfolgt in drei Stufen

- „Dies ist ... " (Demonstration)
- „Gib mir, hole, lege ... " (Reproduktion)
- „Was ist das?" (Abstraktion)

Eindeutiges Material, das Erlernen des genauen Umgangs mit ihm und die genaue Begriffszuordnung bilden die Grundlage dafür, dass eine eindeutige Speicherung und Symbolbildung möglich und damit Sprache zu einer Denkhilfe wird.

Auch nach AFFOLTER soll die Handlung zunächst ohne sprachliche Begleitung erlernt werden. Meine eigenen Unterrichtserfahrungen sind allerdings unterschiedlich. So kann bei Schulkindern der Sprachgebrauch unterstützend und hilfreich für den richtigen Vollzug der Handlung sein, vor allem dann, wenn er ritualisiert und/oder rhythmisiert ist.

Deutlich gegliederter Raum mit Arbeitsecken zu verschiedenen Themenbereichen, geordnete Materialien an festen Plätzen, Klarheit des Materials, ritualisierte Einführung in Handhabung und Sprachgebrauch sind Kriterien, die besonders für Kinder mit Schwierigkeiten in der Orientierung in Raum und Zeit Gliederungs- und Orientierungshilfen bieten. Gewonnene Sicherheit hilft, störendes auffälliges Verhalten abzubauen und Lernerfahrungen zu ermöglichen.

Da die bereitgestellten Materialien den Zugang auf verschiedenen Abstraktionsstufen und Lernausgangslagen ermöglichen, können Schüler sich auf der Stufe mit einem Lerninhalt auseinandersetzen, die sie sich im Moment zutrauen. Durch das Prinzip der selbstgewählten Arbeit und der Möglichkeit der Selbstkontrolle werden Entmutigungen weitgehend vermieden und die Freude am Lernen gefördert.

Sicherlich lassen sich didaktisches Material, Arbeitsformen und Unterrichtsorganisation der MONTESSORI-Pädagogik nicht ohne weiteres auf die Regelschule übertragen. Die oben dargestellten Prinzipien allerdings, dargestellt an Methode und Material Montessoris, können Richtlinie sein, eigenes methodisches Vorgehen und Materialverwendung kritisch zu reflektieren und den Möglichkeiten entsprechend zu verändern. Auf die Frage der konkreten Umsetzbarkeit im Unterricht wird im Kapitel 3 eingegangen.

2. Anfangsunterricht Mathematik

2.1 Verschiedene Aspekte des Zahlbegriffs

Natürliche Zahlen werden in unterschiedlichen Verwendungsarten benutzt. Die verschiedenen Zahlbedeutungen erwirbt das Kind zunächst einzeln, entsprechend seiner individuellen Erfahrungen.

Der Zahlbegriff beinhaltet folgende Aspekte (nach: RADATZ/SCHIPPER 1983):

Kardinalzahl

Zahlen beschreiben die Anzahl der Elemente (z.B. 4 Stifte);

Ordinalzahl

a) Zählzahl;
Folge der natürlichen Zahlen, Zahlwortreihe („Eins, zwei, drei, ...");

b) Ordnungszahl;
Rangplatz eines Elementes in einer Reihe (z.B. 3. Platz);

Maßzahl

Zahlen als Maßzahlen von Größen, bezogen auf eine gewählte Einheit (z.B. 5 km, 6 Stunden);

Operator

Zahlen geben die Vielfachheit einer Handlung an (z.B. 3 mal klatschen);

Rechenzahl

a) algebraischer Aspekt (d.h. die Beziehungen und Verknüpfungen beachtend)

b) algorithmischer Aspekt (d.h. einem methodischen Rechenverfahren folgend)

Codierung

Zahlen als Bezeichnung von Objekten (z.B. 6000 Frankfurt).

Die Wechselbeziehungen zwischen den verschiedenen Aspekten werden erst im Laufe der Schulzeit erlernt. Die Grundschule hat dabei die Aufgabe, verschiedene Anwendungsmöglichkeiten durch konkretes Handeln erfahrbar zu machen, anknüpfend an den Erfahrungsbereich der Kinder.

2.2 Vorerfahrungen der Kinder

Etwa im Alter von 2 bis 3 Jahren beginnen Kinder bereits die Zahlwortreihe zu lernen. Dabei werden zunächst die Worte „Eins. zwei, drei..." auswendig gelernt, dann allmählich ihre Regelhaftigkeit erkannt. Erste Versuche diese Erkenntnis umzusetzen sind Wortschöpfungen wie „neunundzwanzig, zehnundzwanzig, elfundzwanzig ... ". Schulanfänger kennen in der Regel die Zahlwortreihe bis 10 (96,8% Untersuchung Schmidt 1982, nach Radatz/Schipper 1983) bzw. bis 20 (70,0%), können eine Menge im Zahlenraum bis 10 bestimmen und zu einer gegebenen Zahl die Menge bilden.

Sollen zwei Mengen miteinander verglichen werden, gibt es verschiedene Möglichkeiten dies zu tun:

– indem man prüft, ob und inwieweit sie in ihrem Erscheinungsbild übereinstimmen (Abb. 77).
– indem man die einzelnen Elemente der beiden Mengen paarweise zuordnet (Abb. 78)
– indem man die Elemente beider Mengen zählt.

Schulanfänger wählen überwiegend das Zählen als Lösungsstrategie. Aufgrund der meist vorhandenen Vorerfahrungen und bereits geübten Fähigkeiten und Fertigkeiten kommt dem Zählen im Anfangsunterricht besondere Bedeutung zu. Darüber hinaus ist es Grundlage dafür, z.B. mit Hilfe von Muggelsteinen, Mengen zu legen, Zerlegungen darzustellen und Additions- bzw. Subtraktionsaufgaben zu lösen. Dies macht es aber gleichzeitig notwendig zu beobachten, ob die Kinder tatsächlich das Zählen beherrschen und welche Lösungswege sie dabei gehen.

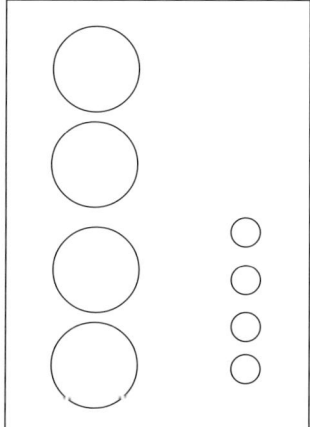
Abb. 77

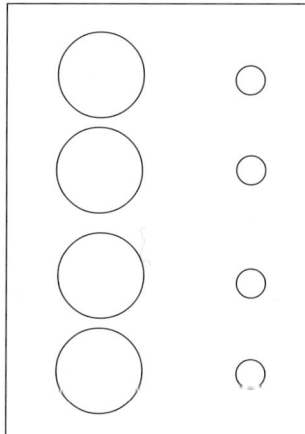
Abb. 78

Welche Prinzipien liegen nun dem Zählen zugrunde?

1. Die Zahlwortreihe muss immer in der richtigen Reihenfolge reproduziert werden.
2. Jedem Gegenstand darf nur ein Zahlwort zugeordnet werden und umgekehrt.
3. Die Zahl, die zuletzt genannt wird, bestimmt die Mächtigkeit der Menge.
4. Es können beliebige Elemente zu einer Menge zusammengefasst werden.
5. Eine Menge bleibt gleich, unabhängig in welcher Reihenfolge und in welcher Anordnung sie gezählt wird.

Dies alles muss das Kind lernen, wenn es richtig zählen soll. Das richtige Zählen ist die Voraussetzung für die Zahlbegriffsentwicklung und den Aufbau mathematischer Operationen.

In der Regel gestalten Schulanfänger das zählende Rechnen so, dass sie die zu zählenden Elemente antippen und ihnen jeweils ein Zahlwort zuordnen. Wichtigste Grundlage des korrekten Zählens ist also die „Eins-zu-Eins-Zuordnung zwischen einem Zahlwort (der Zählzahl), einem Element und dem Zeigen" (Radatz/Schipper 1983).

Zum Zählen muss das Kind in der Lage sein, das Hinzeigen auf Gegenstände räumlich in Übereinstimmung zu bringen und dabei kein Element auszulassen oder doppelt zu zählen. Diese Orientierung im Raum und ihre Bedeutung für das mathematische Denken wurde bereits in den vorausgegangenen Kapiteln ausführlich dargestellt.

Das Zählen geschieht aber nicht nur in einer räumlichen, sondern auch in einer zeitlichen Struktur. Manches geschieht gleichzeitig (Antippen, Nennen des Zahlwortes), manches nacheinander (das Zählen der Elemente). Kindern, die Schwierigkeiten haben eine Operation in der richtigen Reihenfolge durchzuführen, sind

- eindeutige Materialien,
- die Festlegung der Handhabung des Materials,
- das Strukturieren des Arbeitsplatzes (was wo liegen soll),
- der Dreischritt „Zuerst ... dann ... zuletzt ..."

eine große Hilfe.

Überträgt man so die Prinzipien Montessoris in die schulische Alltagssituation, gelingt es den Kindern leichter, die raum-zeitliche Verknüpfung aufzugliedern und sich in der Aufgabenstellung zu orientieren.

Wenn das Kind Gegenstände zählt, muss der Finger immer genau den Gegenstand berühren, der gerade mit dem Zahlwort benannt wird. Die dazu notwendige Auge-Hand-Koordination als ein Aspekt der visuellen Wahrnehmung wurde bereits in Kapitel 2.1.1 dargestellt. Schon bei geringen Störungen in diesem Bereich, z.B. wenn die Augenmuskulatur nicht in der Lage ist der Hand zu folgen, oder die Motorik der Hand gestört ist, können die Wahrnehmung des Gefühlten und die Wahrnehmung des Gesehenen keine eindeutige Verbindung eingehen. Eine ungenaue Integration von Motorik und Perzeption können zu einem ungenauen „Be"greifen, einer ungenauen Zahlbegriffsentwicklung führen. Auch aus diesem Grunde ist ein genaues Beobachten der Zähltechniken bei Kindern so wichtig.

Beim Zählen wird die Zahlwortreihe aufgesagt. Sprache als Kommunikationsmittel, als Denkhilfe und Ordnungsinstrument sowie als Mittel zur Selbststeuerung der willkürlichen Aufmerksamkeit ist eine weitere wichtige Voraussetzung für das Zählen, für die Entwicklung des mathematischen Denkens generell.

Aber nicht alle Kinder nehmen die unterscheidungsstiftenden Phoneme wahr, z.B. eins, zwei, drei . . .Vorhandene Vorstellungen von Ziffer und Menge werden unsicher oder falsch mit dem Zahlwort verbunden. Dadurch kann die Zahlbegriffsentwicklung behindert oder sogar verhindert werden. Das Gleiche gilt für den Sprachgebrauch zur Definition mathematischer Operationen. So steht z.B. der Begriff „Plus" für eine Menge von Tätigkeiten, wie: dazutun, aneinanderbinden, zusammenschütten usw. Die Kinder müssen diesen mathematischen Sprachgebrauch wie eine Fremdsprache erst erlernen, die Begriffe anhand vielfältig gesammelter konkreter Erfahrung mit Inhalt füllen.

Da, wie aufgezeigt, dem Zählen als problemlösende Strategie im Anfangsunterricht eine große Bedeutung zukommt, sollte dem Rechnen mit den Fingern besondere Aufmerksamkeit geschenkt werden. Zum einen arbeiten die meisten Kinder mit ihren Fingern als Hilfsmittel, zum anderen ist es ein „Arbeitsmaterial", das immer vorhanden ist. Das Wahrnehmen der einzelnen Finger und ihr Zusammentun zu einer Menge, die Verknüpfung von Sensomotorik und Zahlwort am „eigenen Leib" ist sicher eine zusätzliche Hilfe auf dem Weg zur Entwicklung des Zahlbegriffs.

Auch hier sind die Prinzipien MONTESSORIS übertragbar:
- Es sollte mit den Kindern festgelegt und eingeübt werden, wie die einzelnen Mengen dargestellt werden. Zeichnungen der vereinbarten Handzeichen helfen beim Einprägen.

- Beim Durchführen von Additions- bzw. Subtraktionsaufgaben sollte die Vorgehensweise festgelegt und eingeübt werden.

  Z.B. 4 + 3 : Entweder erst 4 Finger hochstellen, dann 3 dazu, zuletzt alle Finger zählen.

  Oder der erste Summand 4 wird gemerkt, dann wird solange von 4 weitergezählt und immer ein Finger hochgestellt bis 3 Finger (2. Summand) gezeigt werden.

Die zweite Weise setzt eine Reihe von Fähigkeiten und Fertigkeiten voraus und bahnt bereits abstraktere Formen des Rechnens an.

2.3 Vom Handeln zur Abstraktion

Mathematische Operationen sind verinnerlichte Handlungen, d.h. Zahlen und Operationen werden als bildhaft vorgestellte räumliche Beziehungen gedacht. Dies setzt eine gut entwickelte und integrierte visuelle und taktil-kinästhetische Wahrnehmung sowie eine räumliche und zeitliche Orientierung voraus.

Die Schülertätigkeit ist Grundlage mathematischen Lernens, das sich allmählich von konkreten Operationen zu abstrakteren Rechenformen entwickelt. Kindern, die dabei Schwierigkeiten haben, müssen Zwischenschritte angeboten werden, um sie durch allmähliche Reduktion der Handlungen zum Operieren mit inneren Bildern zu führen.

Ausgangspunkt für den Lernprozess sind nach LORENZ (1990) Handlungen, ausgeführt mit konkretem Material. Allmählich werden die konkreten Handlungsschritte stückweise nur noch in der Vorstellung ausgeführt, dabei sprachlich begleitet. Das Material ist aber, z.B. bei Schwierigkeiten, verfügbar, kann angefasst und gesehen werden. Bei der Additionsaufgabe 4 + 3 wird die 4 nicht mehr mit den Fingern dargestellt, sondern gemerkt, es wird zählend um 3 Finger weitergerechnet. Der erste Teilschritt der Aufgabe wird also nur in der Vorstellung getan. Zwischenschritte, um sich das Material vorzustellen und damit in der Vorstellung zu operieren und diese Operation zu erinnern, sind das Malen von Bildern, d.h. die durchzuführende Operation wird nach dem Tun gemalt, später vielleicht nur gemalt und nicht mehr getan. Erst auf der letzten Stufe wird die gesamte Handlung am vorgestellten Material ausgeführt, d.h. nur gedacht. Das Kind muss dafür den gesamten räumlichen und zeitlichen Ablauf der Operation und das Handhaben des Materials richtig gespeichert haben, damit es die Aufgabe lösen kann. Ist dies erfolgreich gelernt, wird die Ausführung verinnerlicht und verkürzt, das Gedächtnis durch Automatismen entlastet.

„Wahrnehmungstätigkeiten auszuführen heißt, sich diese Tätigkeiten vorzustellen, während man das Material vor Augen hat. Die Augen übernehmen das, was die Hände vorher gemacht haben.
Der nächste Schritt ist, das Material selbst sich vorzustellen (da es selbst nicht zum Ansehen da ist) und sich die Tätigkeiten mit diesem imaginierten Material vorzustellen" (ERP/HESHUSIUS 1986, nach J.H. LORENZ 1990; übersetzt von I. ZOLLER).

Der Entwicklungsprozess, ausgehend vom konkreten Tun bis zum Operieren mit inneren Bildern, macht deutlich, wie bedeutsam die korrekte handelnde Durchführung einer Aufgabe ist. Nur dann kann sie richtig gespeichert werden, gelingt die Symbol- und Zahlbegriffsentwicklung. Aus didaktischer und methodischer Sicht bieten hier die Prinzipien der Montessori-Pädagogik wertvolle Hilfen an. Die wiederholte Verwendung eindeutiger Anschauungsmittel, die Festlegung konkreter Handlungsschritte in ihrer räumlichen und zeitlichen Abfolge, die begriffliche Zuordnung begünstigen die Entwicklung mentaler Bilder, das visuelle mentale Operieren, die Speicherung von Zahlen und Begriffen und die sprachliche Kompetenz. Dies ist von besonderer Bedeutung für Kinder mit Teilleistungsschwächen in einem oder mehreren Wahrnehmungsbereichen, und/oder bei deren Verknüpfung und/oder der Serialität.

3. Praktische Umsetzung

Die Frage, inwieweit theoretische Erkenntnis praktisch umgesetzt werden kann, enthält verschiedene Aspekte, nicht nur die des Materials und der Methode. Ebenfalls berücksichtigt werden müssen innere und äußere Bedingungen der konkreten Arbeitssituation, wie z.B. Sozial- und Arbeitsverhalten der Kinder, räumliche und materielle Ausstattung, Haltung der Eltern und der Institution zu veränderten Arbeitsformen und nicht zuletzt die eigene Befindlichkeit und Einstellung, eigene Vorlieben und Abneigungen. Auf diesen Punkt wird in Kapitel 4 eingegangen.

Im Folgenden soll vor allem das „Was" und „Wie", welche Materialien und wie einsetzbar, im Mittelpunkt stehen. Zunächst möchte ich nochmals auf die Kriterien eingehen, mit deren Hilfe Arbeitsmaterialien gekauft oder selbst hergestellt, betrachtet werden sollten. Den allgemeinen Hintergrund bildet die Überzeugung, dass erfolgreiches Lernen eindeutiges Erfassen, Speichern und Wiedergeben, eindeutige Symbol- und Begriffsbildung voraussetzt.

Anschließend wird die Bedeutsamkeit der Unterscheidung von Einführung und Übung beim Lernen dargestellt sowie Möglichkeiten zur schrittweisen Veränderung im Unterricht.

Zuletzt stelle ich verschiedene Materialien für den Anfangsunterricht im 1. Schuljahr und deren Verwendungsmöglichkeiten vor.

3.1 Kriterien zur Materialauswahl

Betrachtet man den heutigen Lehr- und Lernmittelmarkt, steht man vor einem riesigen Materialangebot. Rechenaufgaben, spielerisch verpackt in Äpfel und Bäume, in Hündchen die zusammen- und weglaufen, sollen den Kindern das Lernen „versüßen" und sie nicht merken lassen, dass sie rechnen. Zu fragen ist, ob Kinder, die kein Verständnis für die in den Materialien innewohnenden Aufgabenstellungen haben, sie sich durch scheinbar kindgemäße Aufmachung erschließen können. Zu fragen ist auch, welches Menschen- und damit auch Kinderbild hinter der Auffassung steckt, dass man Kindern alles hübsch verpacken muss, um sie zum Arbeiten und Lernen zu bekommen.

Ich bin der Meinung, dass Kinder von sich aus lernen und wachsen wollen und, bietet man ihnen Aufgaben ihrem Lern- und Arbeitsniveau entsprechend an, klar strukturiertes Material mit geregelter Handhabung ihr Lernen besser unterstützt.

Vor allem aber bei Kindern mit Teilleistungsschwächen im mathematischen

Bereich sollte darauf geachtet werden, dass nichts Nebensächliches von der Hauptsache – dem zu lernenden Inhalt – ablenkt. Die Materialien sollten reduziert sein auf das mathematische Problem, das bearbeitet werden soll. Wie in den vorangegangenen Kapiteln ausgeführt, brauchen Kinder, z.B. mit Schwierigkeiten in der Figur-Grund-Wahrnehmung, wie in der räumlichen und zeitlichen Orientierung möglichst klare und eindeutige Strukturen, Materialien und Handlungsabläufe. Vor allem bei der Einführung von neuen Lerninhalten oder Arbeitsformen ist dies von größter Bedeutung (siehe Kapitel 3.2).

Im Folgenden sind einige Kriterien aufgeführt, die helfen sollen, aus Materialien, unter dem Gesichtspunkt der Eignung für Kinder mit Teilleistungsschwächen im mathematischen Bereich, eine Auswahl zu treffen.

1. Die Materialien sollten ansprechend, robust und leicht zu pflegen sein, damit sie auch nach längerem Gebrauch noch einen Aufforderungscharakter haben.

2. Der gleiche Lerninhalt sollte durch verschiedene Materialien, die jeweils unterschiedliche Sinneskanäle berücksichtigen, dargeboten werden. Besonders wichtig ist dabei der Zugang über die Bewegung und das Tasten.

   Ein Beispiel zum Erarbeiten und Üben der Ziffernkenntnis: Ziffern groß legen/aufkleben und nachgehen, Holzziffern im Grabbelsack ertasten, Ziffern drucken/stempeln.

3. In jedem Material sollte bevorzugt nur ein Sinn angesprochen werden und es sollte nur bestimmten Lernzielen dienen.

4. Die Materialien sollten den ritualisierten Umgang begünstigen. Wie in Kapitel 3.2 ausführlich erläutert wird, müssen Kinder nicht nur die neuen Inhalte, sondern auch die entsprechenden Arbeitsformen erlernen. Wenige, aber gut eingeübte Arbeitsformen helfen Kindern mit Teilleistungsstörungen, sich mehr dem Inhalt als der Form der Aufgabe widmen zu können.

5. Die Kinder sollten beim Arbeiten mit einem Material Feinmotorik und Koordination üben können.

6. Die Materialien sollten die eigene Fehlerkontrolle ermöglichen, entweder durch das Material selbst, z.B. die zu ordnende Anzahl von Elementen muss aufgehen, durch gleiche Symbole oder durch Vergleichen eigener Ergebnisse mit einer Kontrolltafel.

7. Die Materialien sollten verschiedene Abstraktionsebenen ansprechen,
z.B.
- Stecken einer Aufgabe mit zweifarbigen Steckzylindern,
- Malen der gesteckten Aufgabe auf ein dem Steckbrett entsprechenden Rasterblatt,
- Schreiben der Operation mit Ziffern und Zeichen auf ein Rechenblatt.

Dies ermöglicht auch dem Kind, auf der Ebene einzusteigen, die seinem gegenwärtigen Lernniveau entspricht.

Die gleichen Kriterien sind auch anzuwenden, wenn man Arbeitsmaterialien selbst herstellt. Hinzu käme dann, dass sie einfach und kostengünstig herzustellen sein sollten sowie, dass der notwendige Arbeitsaufwand und der mögliche Verwendungszweck in einem ökonomischen Verhältnis zueinander stehen. Dies ist dann aus eigener Erfahrung nicht gewährleistet, wenn ich viele Stunden mit der Herstellung beschäftigt bin, das Kind aber nur kurze Zeit mit dem Material arbeiten kann.

3.2 Einführung und Übung

Die im vorherigen Kapitel gemachten Aussagen zu den Materialien gelten in besonderer Weise für die Einführung eines Lerninhaltes.

Einführung bedeutet dabei, dass das Kind zum ersten Mal bewusst mit einem Handlungsablauf, seinen Inhalten, seinen Symbolen und/oder seiner Versprachlichung vertraut gemacht wird. So ist, z.B. bei der Subtraktion, der Ausgangspunkt die Handlung, die demonstriert und von den Kindern nachvollzogen wird. Die Versprachlichung betreffend gibt es, wie bereits erwähnt, unterschiedliche Vorgehensweisen. Während AFFOLTER (1987) die Handlungen ohne Sprache vollziehen lässt, begleitet LORENZ (1990) die Tätigkeit bereits sprachlich. In beiden Fällen gibt es unterschiedliche Erfahrungen, je nachdem ob ein Kind die Sprache als Unterstützung der Handlung erlebt oder eher als verwirrende zusätzliche Information.

Grundlage aber aller korrekten Symbol- und Begriffsbildung ist die eindeutige Handlung mit strukturiertem Material. Durch die Handlung, deren Verinnerlichung und der zunehmenden Fähigkeit, sie richtig zu wiederholen und sie „im Kopf" anzuwenden, erwirbt das Kind Lösungsstrategien. Je klarer diese erworben werden, desto besser ist das Kind in der Lage, das Gelernte auf andere Aufgaben zu übertragen.

Das bedeutet, dass bei der Einführung eines neuen Inhaltes die Handlung im Vordergrund stehen muss. Sie muss verdeutlichen, was später nur noch in symbolischer (z.B. durch Zeichen) oder in sprachlicher Form zu tun ist. Das Material darf von diesem Handeln nicht ablenken, im Gegenteil, es sollte sie unterstützen und verdeutlichen. Hier wird sichtbar, welche Probleme sich ergeben können, wenn zur Einführung Spielfiguren, Puppen, o.ä. verwendet werden. Der Aufforderungscharakter dieser Materialien ist so hoch, dass er Kinder zu anderen Tätigkeiten motivieren oder zumindest Aufmerksamkeit vom eigentlich zu Lernenden abziehen kann.

Bei der Versprachlichung ist es für viele Kinder eine Hilfe, wenn man auf gleiche Sprachmuster zurückgreift, z.B. auf Formulierungen wie „Zuerst ... dann ... zuletzt". Auch den durchzuführenden Operationen zugeordnete Handzeichen oder Bewegungen, z.B. der Operation „Minus" das Wegstrecken des linken Armes, können hilfreich sein. Nach meiner Erfahrung bieten sich solche Zeichen besonders an, die aus gemeinsamen Spielen/ Aktivitäten entstanden sind.

Es sei hier nochmals daran erinnert, dass Mathematik die erste „Fremdsprache" der Kinder ist, d.h. die verwendeten Begriffe können bei ihnen nicht als selbstverständlich vorausgesetzt werden. Bei der Einführung eines Inhaltes muss deutlich werden, welche Operation und/oder welcher Handlungsablauf mit diesem Begriff gemeint ist.

Beim Üben eines Lerninhaltes soll nun das Kind das Gelernte auf vielfältige Weise anwenden, üben und automatisieren. Das Automatisieren von Rechenoperationen, besonders im Zahlenraum bis 10 bzw. bis 20 ist eine wichtige Voraussetzung dafür, dass in größeren Zahlenräumen sicher gerechnet werden kann. Von daher kommt dem Üben in diesem Bereich eine besondere Bedeutung zu und es sollte ihm im Unterricht genügend Raum gegeben werden. Besonders Kinder mit Teilleistungsschwächen brauchen mehr Zeit, bis sich die Operationen eingeschliffen und automatisiert haben.

Hier ist nun Raum für Spiele und spielerische Übungen, vielfältiges Material und unterschiedliche Arbeitsformen. Minus-Aufgaben können z.B. als Weglauf-Aufgaben gespielt, als Rosinen im Unterricht gegessen, am Zahlenstrahl rückwärts gegangen, mit Spielfiguren abgezählt werden. Dafür ist sicher das Angebot des Lehr- und Lernmittelmarktes Anregung und Hilfe. Wichtig ist aber, nicht beim Handeln stehenzubleiben, sondern über Malen, Sprechen und Schreiben der Aufgabe die fortschreitende Abstraktionsfähigkeit des Kindes zu fördern. Die Versprachlichung und die Schreibweise mit Ziffern und Zeichen ist die Ebene, auf der die Einheitlichkeit der Aufgaben wieder deutlich wird, seien sie gespielt oder gegessen worden.

Zum Schluss eine einschränkende Bemerkung bezüglich der Materialien: Der Umgang mit vielfältigen Materialien und ihren unterschiedlichen Arbeitsformen muss ebenso eingeführt werden wie neue Lerninhalte. Auch dies sollte ein Gesichtspunkt sein, unter dem man Übungsmaterialien herstellt oder anschafft: Ob die Regeln leicht verständlich sind und sich aus dem Material ergeben; inwieweit sie sich an andere, bereits bekannte Arbeitsformen angleichen lassen. Ausschlaggebend für Art und Umfang möglicher Übungsmaterialien sollte die Entwicklung einer inneren Ordnungsstruktur des Kindes oder der Lerngruppe sein. Kinder mit Schwierigkeiten in der raum-zeitlichen Orientierung, in der Figur-Grund-Wahrnehmung o.ä. können sich durch ein reichhaltiges und unterschiedliches Übungsangebot eher überfordert fühlen und mit vermehrter Unruhe und auffälligem Verhalten reagieren.

Setzt man zum Üben auch das Rechenbuch ein, so können dabei ähnliche Probleme auftreten. Bei den meisten Mathematikbüchern der 1. Klassen wechseln auf einer Seite die Arbeits- und Darstellungsformen mehrfach. Auch hier können Kinder mit Verunsicherung und erhöhter Fehlerquote reagieren. Sinnvoll ist es dann, jeweils nur einen Aufgabentypus, gegebenenfalls über mehrere Seiten hinweg, bearbeiten zu lassen.

Allgemein ist zu empfehlen, neue Inhalte mit bekannten Arbeitsformen oder neue Arbeitsformen an bekannten Inhalten zu üben. Sind sowohl Inhalt als auch Arbeitsform neu, können Kinder und Lehrerin überfordert sein.

Das Üben bietet auch Gelegenheit, soziales Lernen in gemeinsamen Aktivitäten zu ermöglichen. Auch Umwelterfahrungen des Kindes sollten miteinbezogen und aufgesucht werden (z.B. Sachrechenaufgaben beim Einkaufen).

Ein weiterer wichtiger Aspekt ist, die emotionale Seite von Rechenoperationen aufzugreifen, z.B. wie man es empfindet, etwas dazuzubekommen oder etwas abzugeben.

Treten beim Üben Schwierigkeiten auf, so kann dem zweierlei zugrunde liegen

1. Das Kind hat die Rechenoperation noch nicht ausreichend verstanden und braucht eine wiederholte Einführung in den Inhalt.
2. Das Kind kommt mit der vorliegenden Aufgabenstruktur nicht zurecht und braucht eine wiederholte Einführung in die Arbeitsform.

Um sicherzustellen, dass das Kind nichts Falsches lernt, sollte die Lehrerin die Lernausgangslage und den Lernzuwachs beobachten. Sinnvoll erscheint mir dabei die Arbeit mit einem Kind oder mit einer kleinen Gruppe, damit der Weg, auf dem das Kind zu dem Ergebnis kommt, verfolgt werden kann, z.B. durch lautes Sprechen beim Tun. Bedeutsam ist vor allem der Prozess, wie der Rechenvorgang zustande kommt. Das Handeln, oder auf einer höheren Abstraktionsebene, das vorgestellte Handeln, „sichtbar" gemacht durch die begleitende Sprache, muss richtig erlernt sein.

Treten Fehler auf, so gilt, dass das Üben mindestens eine Stufe tiefer ansetzen muss als die Stufe, auf der der Fehler aufgetreten ist, d.h,. treten Fehler beim Kopfrechnen auf, müssen die Rechenschritte noch einmal bildlich oder sogar gegenständlich vollzogen werden. Tritt der Fehler beim Durchführen der Operation auf, müssen die Fertigkeiten des Zählens und der raum-zeitliche Ablauf nochmals geübt werden.

Die Frage, die bei Schwierigkeiten zu untersuchen ist, ist, welche Fähigkeiten und Fertigkeiten die konkret verlangte Operation voraussetzt und welche davon tatsächlich schon erlernt wurden. Nehmen wir als Beispiel die Abschrift der Aufgabe „8 − 6" von der Tafel ins Heft und Lösen der Aufgabe. Dies zu leisten setzt voraus,

− dass das Kind sich an der Tafel orientieren kann (links − rechts, oben − unten);
− dass es das visuell Erfasste von der Tafel, einer Senkrechten, auf das Heft, einer Waagrechten, übertragen kann;
− dass es die Ziffern lesen kann;
− dass es die Zeichen − (Minus) und = (ist gleich) erkennen und verstehen kann;
− dass es das Schreiben der Ziffern beherrscht;
− dass es Ziffer und Menge einander zuordnen kann;
− dass es die Rechenoperation in richtiger Folge durchführen kann.

Diese Teilleistungen setzen im einzelnen basale Fähigkeiten voraus, auf die in den vorausgegangenen Kapiteln ausführlich eingegangen wurde. Hinzu kommen außerdem das Arbeits- und Sozialverhalten des Kindes als wichtige Voraussetzung dafür, dass es überhaupt zum Arbeiten kommen kann.

Hat nun das Kind beim Ausrechnen dieser Aufgabe „8 − 6" ein fehlerhaftes Ergebnis, wird deutlich, dass nur die Erkenntnis über den vom Kind gewählten Lösungsweg Hinweise dafür liefert, in welchem Bereich zusätzliche Förderung notwendig ist.

3.3 Organisationsformen des Unterrichts

Eine der schwierigsten Situationen einer Lehrerin ist, die Notwendigkeit differenzierender Fördermaßnahmen zu erkennen und keine Möglichkeiten zu sehen, dies im Schulalltag umzusetzen. Machbar sind aber in fast allen Fällen kleine Schritte in diese Richtung in Form von einer oder zwei Übungsstunden im Verlauf einer Woche, wie sie in den Stundentafeln für die Grundschule in den meisten Bundesländern ausgewiesen sind.

Innere Differenzierung setzt voraus, dass Kinder in der Lage sind, innerhalb einer sozialen Gruppe selbständig und/oder in Kooperation mit anderen einen Arbeitsauftrag zu erledigen. Nur in den seltensten Fällen ist es möglich, mit diesen Arbeitsformen gleich im ersten Schuljahr zu beginnen, besonders dann nicht, wenn man Kinder mit Teilleistungsschwächen in seiner Klasse hat. So müssen die Kinder zunächst einmal die Fähigkeiten und Fertigkeiten erlernen, auf denen selbständiges Arbeiten basiert. Das setzt voraus, dass das Kind in der Lage ist,

- sich eine Aufgabe zu holen und nach der Bearbeitung wieder wegzuräumen;
- seinen Arbeitsplatz zu strukturieren, sich die benötigten Arbeitsmaterialien zurechtzulegen, alles andere wegzuräumen;
- die Bearbeitungsform der Aufgabe zu erkennen, zu kennen und sie umzusetzen;
- sich Hilfe zu holen bei Schwierigkeiten (Anleitung nochmals lesen, Nachbarn fragen, die Lehrerin fragen);

Diese Fähigkeiten und Fertigkeiten können voneinander unabhängig im Unterricht geübt werden. Ist dies in ausreichendem Maße geschehen und sollen Kinder nun individuell unterschiedliche Aufgaben lösen, so ist dabei das Arbeiten an selbstgewählten Aufgaben hilfreich. Zum einen wählt das Kind in der Regel eine solche Aufgabe, deren erfolgreiche Bewältigung es sich zutraut und deren Bearbeitung ihm Freude macht. Zum anderen hilft die positive emotionale Gestimmtheit dem Kind, sich innerhalb der Lerngruppe auf seine spezielle Aufgabe zu konzentrieren. Dabei kann es vorkommen, dass Kinder die gleiche Aufgabe immer wieder bearbeiten. Es ist möglich, dass das Kind diese häufigen Wiederholungen braucht, um sich die Aufgabe wirklich anzueignen oder dass es das wiederholte Erfolgserlebnis als emotionale Bestätigung sucht.

Darauf aufbauend setzt das selbständige Üben in Partner- und Gruppenarbeit voraus, dass die Kinder

- die gemeinsamen Regeln des sozialen Umgangs miteinander kennen und einhalten;
- Absprachen treffen können,
- Aufgaben kooperativ bearbeiten, d.h. dass alle Beteiligten für das Ergebnis verantwortlich sind.

Auch diese Fähigkeiten und Fertigkeiten können unabhängig voneinander im Unterricht eingeübt werden.

Sollen die Kinder nun kooperativ an verschiedenen Aufgabenstellungen arbeiten, ist auch hier die freie Wahl der Aufgabe (Partner oder Gruppe finden sich über gemeinsam gewählte Aufgabe) oder die freie Wahl der Partner oder Gruppe (die Aufgabe wird von der Gruppe gemeinsam gesucht) hilfreich.

Führt man diese Arbeitsform in „Freier Arbeit" ein, d.h. die Kinder arbeiten an selbstgewählten Themenstellungen (spielen, betrachten Bücher, malen, etc.), so kann man, ist dieses Vorgehen bekannt, es allmählich auf andere Fächer, also auch auf Mathematik übertragen. In diesem Fall stehen den Kindern dann nur noch bestimmte Rechenmaterialien bzw. -aufgaben zur Auswahl. Bei deren Zusammenstellung ist zu beachten, dass verschiedenartige Übungsformen, Lernen über verschiedene Sinneskanäle und auf unterschiedlichen Abstraktionsebenen angeboten werden. Wichtig ist dabei auch, dass die Kinder innerhalb einer Aufgabenstellung (z.B. Plusaufgaben) die Wahlmöglichkeit zwischen verschieden schweren Aufgaben (z.B. Aufgaben mit und ohne Zehnerüberschreitung) haben.

Eine weitere Form des differenzierenden Übens ist das Zirkeltraining, meist bekannt aus dem Sportunterricht. Dabei werden 4 bis 6 Aufgabenstationen gegeben, je nach Anzahl und Stärke der Gruppen. Im Mathematikunterricht kann das bedeuten: Aufgaben rechnen mit Klammerkarten, Würfelspiel mit Addition und Subtraktion, Abzählmuster fortsetzen, Zerlegungsaufgaben mit Steckzylindern bilden, abmalen und aufschreiben. Die Kinder sitzen an Gruppentischen, jeder Gruppentisch erhält eine Aufgabenstellung mit den dazugehörigen Materialien. Nach einer vereinbarten Zeitspanne wechseln entweder die Kinder zu einem anderen Gruppentisch oder die Aufgabenkiste wird weitergegeben. Für Gruppen, die Schwierigkeiten haben, sich in wechselnden Strukturen zurechtzufinden, ist zunächst die zweite Variante empfehlenswert.

Sowohl Freie Arbeit als auch das Zirkeltraining, sind sie als Arbeitsformen eingeführt und eingeübt, bieten der Lehrerin die Möglichkeit, sich an einen Extratisch zu setzen und mit einzelnen Kindern zu arbeiten. So bietet sich Gelegenheit, Schwierigkeiten im Rechnen genauer zu beobachten, gezielt zu fördern und evtl. mit kleinen Gruppen neue Inhalte, neues Material, neue Arbeitsformen einzuführen.

Grundsätzlich gilt auch hier, ebenso wie für Materialien und Arbeitsformen, dass Ritualisierung, festgelegte Regeln und Strukturen sowie Beschränkung auf das Notwendige es vielen Kindern erleichtert, sich zu orientieren und hilft, störendes Verhalten zu vermeiden.

Wenn die Kinder an unterschiedlichen Aufgaben arbeiten, ist die Möglichkeit der Selbst- oder Partnerkontrolle von großer Bedeutung, da es eine Überforderung der Lehrerin darstellen würde, jede gelöste Aufgabe tatsächlich kontrollieren zu wollen.

Arbeit nach Tages- bzw. Wochenplan, wie sie in der Grundschuldiskussion schon seit einiger Zeit besprochen und von vielen Kolleginnen umgesetzt wird, könnte die Fortführung dieses differenzierenden Arbeitens sein. Anstehende Übungs- und Bearbeitungsphasen können die Kinder im eigenen Tempo und in selbstgewählter Reihenfolge in dafür zur Verfügung gestellten Stunden ausführen. Dies setzt allerdings voraus, dass die Kinder eigene, innere Ordnungsstrukturen erworben haben und in der Lage sind, sich selbst äußere Arbeitsstrukturen zu schaffen und zu nutzen. Nicht alle Kinder mit Teilleistungsschwächen können das leisten und reagieren mit motorischer Unruhe, Unkonzentriertheit und auffälligem Verhalten.

Zusammenfassend ist festzustellen, dass innere Differenzierung voraussetzt, dass das Kind zunächst all die Fähigkeiten und Fertigkeiten erlernt, die für ein selbständiges Arbeiten notwendig sind. Erst wenn das Kind einzeln für sich arbeiten gelernt hat, ist es in der Lage, dies auch in Partner- und Gruppenarbeit zu tun. Bei jeder Planung einer Veränderung in der Unterrichtsmethode ist zu überprüfen, ob die Kinder die entsprechenden Voraussetzungen beherrschen, bzw. welche Alternativen den Kindern angeboten werden können, die diese noch nicht haben. Zu den Voraussetzungen gehören auch, dass das Kind mit Inhalt und Arbeitsform der möglichen Aufgaben vertraut ist. Wahl der eigenen Aufgabe, Arbeit im eigenen Tempo und Rhythmus helfen dem Kind, sich zu konzentrieren und einen Lernzuwachs zu haben.

Für die Lehrerin bedeutet dies eine veränderte Position in der Lerngruppe. Beziehen sich sonst die Kinder im Unterricht häufig auf sie, nimmt sie nun eine mehr beobachtende, beratende Funktion ein. Dies bietet zum einen die Möglichkeit, sich einzelnen Kindern besonders zu widmen. Andererseits kann man, da man in den gesamten Arbeitsprozess nicht unmittelbar eingebunden ist, die Unruhe in der Gruppe viel störender erleben als sonst im Unterricht. Unterscheidet man aber Unruhe, die aus einem Arbeitsprozess entspringt, und solche, deren Ursachen Ausweichverhalten, Unlust, etc. sein können, wird man in den meisten Fällen feststellen, dass die Kinder eifrig am Arbeiten sind. Dazu gehört auch miteinander reden.

3.4 Vorstellung verschiedener Materialien und deren Verwendungsmöglichkeiten zur Förderung der Zahlbegriffsentwicklung

Der Schwerpunkt „Zahlbegriffsentwicklung" wurde ausgewählt, da er die Grundlage aller mathematischen Operationen bildet und Schulanfänger sehr unterschiedliche Vorkenntnisse und Erfahrungen mit den verschiedenen Aspekten des Zahlbegriffs haben. Die im Folgenden vorgestellten Materialien dienen als Beispiele und sind sicherlich durch vielerlei Materialien und Arbeitsformen zu ergänzen. In erster Linie sind sie als Anregung gedacht. Ihre Umsetzbarkeit ist abhängig von der jeweiligen Lernausgangslage des Kindes, den eingeübten Arbeitsformen in der Klasse und dem persönlichen Zugang zu Material und Form.

Diese Beispiele sind von mir nicht „erfunden", sondern in mehreren Jahren zusammengetragen und erprobt. Viele Anregungen gehen auf Lehrgänge zurück, gemeinsam gehalten mit Gisela Schobbe und Elma Weyerhäuser im Hessischen Institut für Lehrerfortbildung (Reinhardswaldschule, Kassel), denen ich viele Anregungen und Ideen verdanke. Die Quellen der Materialen sind, soweit erforderlich, angegeben.

Zur Förderung der Zahlbegriffsentwicklung im Anfangsunterricht des 1. Schuljahres werden Übungsmaterialien zu folgenden Schwerpunkten vorgestellt:

1. *Zuordnung gleicher Mengen*
   Gelernt werden soll
   – die Mengenkonstanz, unabhängig von Größe, Farbe, Abstraktionsebene, usw;
   Es sollen Erfahrungen gesammelt werden
   – zu den Begriffen „gleich", „größer als", „kleiner als".

2. *Zuordnung Menge – Begriff*
   Gelernt werden soll
   – die Zahlwortreihe;
   – die Eins-zu-Eins-Zuordnung von Element und Zahlwort;
   – die Mächtigkeit einer bestimmten Menge und deren Invarianz;
   – die simultane Mengenerfassung im Zahlenraum bis 6.

3. *Zuordnung Ziffer – Begriff*
   Gelernt werden soll
   – das Wiedererkennen gleicher Ziffern;
   – das richtige Schreiben von Ziffern;
   – das Lesen von Ziffern.

4. *Zuordnung von Menge – Ziffer – Begriff*
   Gelernt werden soll
   – die Verknüpfung der Mächtigkeit einer Menge mit entsprechender Zahl und Zahlwort:
   – das Bilden von Mengen aus Teilmengen.

Die Arbeit mit den Materialien sollte ergänzt werden durch Arbeitsformen, die es den Kindern erlauben, sich zu bewegen, zu singen, rhythmisch zu sprechen und miteinander zu kooperieren.

Zu 2.: Materialien zur Zuordnung von Menge und Begriff

Mengenkarten

Abb. 79

Zu jeder Zahl von 1 bis 10 werden jeweils 4 Karten mit unterschiedlichen Mengendarstellungen erstellt: eine Karte mit einer geordneten, gegenständlichen Menge, (z.B. 4 aufgeklebten Büroklammern), eine Karte mit einer ungeordneten, gegenständlichen Menge (z.B. 4 aufgeklebten Knöpfen), einer konkreten Abbildung der Menge (z.B. das Bild von 4 Schmetterlingen) und einem geordneten Punktemuster.

Mögliche Arbeitsformen:
– Alle Karten mit der gleichen Menge suchen.
– Die Karten der nächstgrößeren/nächstkleineren Menge suchen.
– Die Karten als Reihe legen, von der kleinsten zur größten Menge.
– Die verschiedenen Mengendarstellungen malen.
– Eigene Karten/Mengendarstellungen erfinden.
– Distanzspiel
   Es werden nur zwei Sätze der Mengendarstellungen von 1 bis 10 verwandt. Ein Satz davon kommt aufgedeckt auf einen entfernt stehenden

Tisch, o.ä. Eine Karte wird ausgewählt, die entsprechende Mengenkarte soll geholt werden.
- Bewegungsspiel
Die Karten werden an die Kinder verteilt. Die Kinder bewegen sich im Raum. Auf ein Zeichen hin suchen sie einen/mehrere Partner mit der gleichen Menge; mit kleinerer/größerer Menge; bilden eine „Schlange" mit jeweils unterschiedlichen Mengenkarten, die größte Mengenkarte ist der „Kopf".

Zählbilder

Abbildungen (z.B. Kalenderbilder) werden auf eine feste Unterlage aufgeklebt. Außerdem benötigt man verschiedenfarbige Chips, Muggelsteine o.ä.

Mögliche Arbeitsformen:
- Alle Kühe (Autos, Bäume, etc.) suchen und jeweils einen Chip darauflegen (Eins-zu-Eins-Zuordnung Abbildung/Chip).
- Eine Kuh (Auto, Baum, etc.) und die Anzahl der Chips malen.
- Feststellen, welche Gegenstände am meisten, am wenigsten, gleichviel vorhanden sind.

QUELLE: E. WEYERHÄUSER

Becherspiel

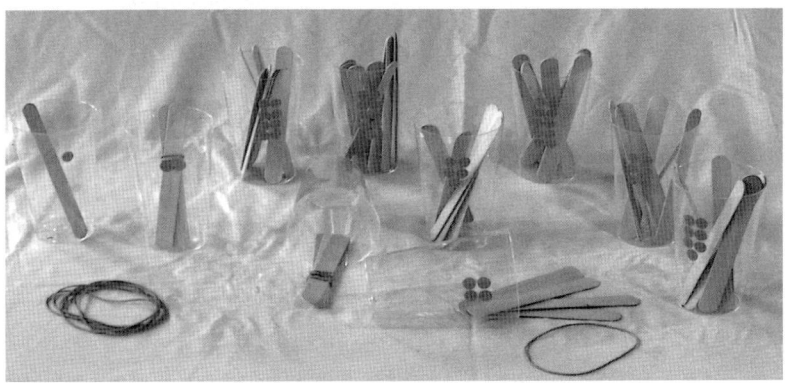

Abb. 80

10 Becher mit den aufgeklebten Punktmengen von 1 bis 10, 55 Holzspatel (o.ä.).

Mögliche Arbeitsformen:
- So viele Spatel in die Becher stecken, wie Punkte aufgeklebt sind.
- Die Becher nach der Mächtigkeit der Punktmengen sortieren.
- Übung der Begriffe „mehr als ..." und „weniger als ..."

- Die Punktmenge und die entsprechende Anzahl der Spatel malen.

Quelle: Elke Calliess u.a., „Spiel- und Lernladen für Vorschulkinder", Stuttgart 1977

Schnappspiel

Abb. 81

Etwa 40 Karten mit unterschiedlichen Mengendarstellungen von 1 bis 6, dargestellt mit konkreten Bildern (z.B. Abziehbildern), mit Punktemustern geordnet und ungeordnet, evtl. auch mit Ziffern; ein Würfel.

Mögliche Arbeitsformen:
- Alle Karten der gleichen Menge suchen.
- Spiel für 3 bis 4 Kinder: Karten mischen und verdeckt stapeln. 5 bis 6 Karten aufgedeckt auf den Tisch legen. Es wird reihum gewürfelt. Es dürfen alle die Karten „geschnappt" werden, auf denen die gleiche Menge dargestellt ist wie die gewürfelte Punktzahl. Die Karten werden dann wieder auf 6 ergänzt. Gewonnen hat das Kind mit den meisten „geschnappten" Karten.

Quelle: G. Schobbe, E. Weyerhäuser

Schmetterlingsspiel

Abb. 82

Ein Papierstreifen mit 20 Blumen (pro Blume ein Blatt DIN A 4 Längsformat), 4 bis 6 Schmetterlinge, Würfel.

Blumen und Schmetterlinge können von den Kindern selbst gemalt werden.

Mögliche Arbeitsformen:
Jedes Kind hat einen Schmetterling. Es darf so viele Blumen „weiterfliegen", wie es Punkte gewürfelt hat. Ziel ist es, möglichst schnell zur letzten Blume zu kommen.

QUELLE: ROSEMARY BREWER, MARION CRAMMER, „BRIGHT IDEAS: MATH-GAMES", SCHOLASTIC PUBLICATIONS LTD 1988.

Weitere Zählübungen:
a) Zählen von Dingen in der Klasse (z. B. Blumentöpfe, Fenster, Tische, etc);
b) Zählen von Kindern nach bestimmten Eigenschaften (z. B. alle Jungen/ alle Mädchen, alle Kinder mit dunklen Haaren, alle Kinder die Hosen tragen, etc);
c) Zählen in Situationen mit Bewegung;
d) Zählen zeitlich aufeinander folgender Ereignisse (z.B. Schritte, Klatschen, Klopfen, Zählverse, Prellspiele mit dem Ball, etc);
e) Zählen nur in Gedanken (z.B. Personen zuhause, Zimmer auf dem Flur, etc).

QUELLE: G. SCHOBBE

Zu 3.: Materialien zur Zuordnung von Ziffer und Begriff

Holzziffern

Abb. 83

Holzziffern von 0 bis 9 (wichtig: das Erkennenkönnen von oben und unten), Grabbelsack, Ziffernkarten.

Mögliche Arbeitsformen:
- Ziffer im Grabbelsack ertasten, benennen, schreiben.
- Die entsprechende Ziffernkarte zuordnen und benennen.
- Eine Ziffer auf den Rücken, in die Hand schreiben, die entsprechende Ziffer im Grabbelsack ertasten.

Schwammziffern

Abb. 84

Schaumgummiziffern von 0 bis 9.
Möglichkeit zum Stempeln mit Wasserfarben.

Sandziffern

Abb. 85

Ziffern von 0 bis 9, hergestellt aus Flüssigkleber und Vogelsand auf Karton.

Mögliche Arbeitsformen:
− Ziffer in Schreibrichtung abfahren, benennen, schreiben (von der Ziffer zum Wort).
− Eine benannte Ziffer unter einem Tuch verdeckt ertasten (vom Wort zur Ziffer).

Rubbelziffern

Abb. 86

Ziffern von 0 bis 9, ausgeschnitten aus Karton und aufgeklebt.

Mögliche Arbeitsformen:
− Ziffern mit Papier bedecken und mit Wachsmalstiften „durchrubbeln", evtl. ausschneiden und aufkleben.

Ziffernpuzzle

Abb. 87

Ziffernkarten von 0 bis 9, zerschnitten.
Die Ziffern richtig zusammenlegen.

Weitere Übungsformen:

a) Ziffern mit einem Seil auf dem Boden nachlegen oder mit Kreide schreiben, nachgehen lassen.
Partnerübung: Ein Kind schließt die Augen. ein anderes Kind führt es der vorgegebenen Form der Ziffer entlang (Schreibrichtung beachten !). Welche Ziffer war es?

b) Ziffern als „Straße" (zweispurig gemalt) aufzeichnen; Kinder fahren die Strecke mit einem Auto ab (Schreibrichtung beachten!);
Partnerübung: Ein Kind schließt die Augen. Ein anderes Kind führt die Hand und fährt die Ziffer ab. Visualisieren: Stelle Dir die Ziffer im Kopf vor. Wie heißt sie?

c) Großflächige Schwungübungen mit verschiedenen Materialien, die unterschiedliche taktilkinästhetische Wahrnehmungen ermöglichen, z.B. mit Wachsblöcken, gefärbtem Leim, Schaum, Schwamm mit Wasserfarben).

Zu 4.: Materialien zur Zuordnung von Menge, Ziffer und Begriff

Die oben vorgestellten Materialien können dazu ebenfalls verwendet werden, ergänzt durch entsprechendes Zusatzmaterial (z.B. Zifferkarten bzw. Mengenbildern)

Zähldosen

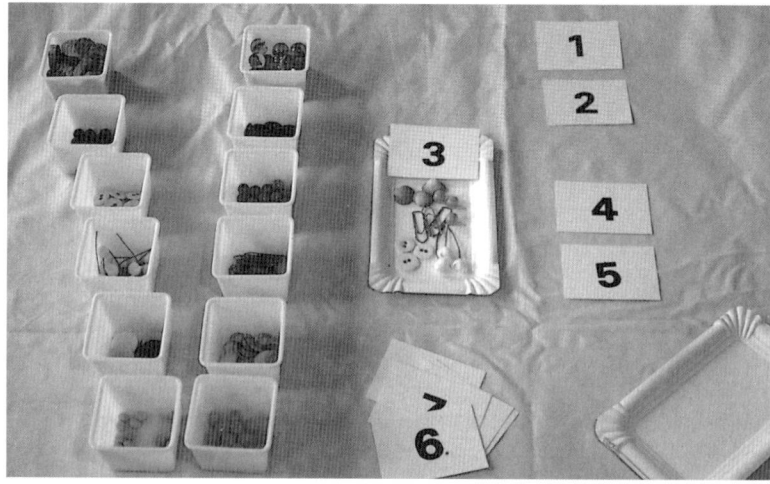

Abb. 88

Etwa 20 kleine Dosen, gefüllt mit unterschiedlichen Gegenständen, z.B. Korkscheiben, Knöpfen, Perlen, Murmeln, Muscheln, etc.; Teller, Ziffernkarten.

Mögliche Arbeitsformen:
- Ziffern der Größe nach ordnen, jeweils einen Teller dazustellen. Auf jeden Teller werden jeweils so viele Gegenstände einer Sorte gezählt, wie die Ziffer angibt (z.B. zur Ziffer 4: 4 Korkscheiben, 4 Perlen, 4 Knöpfe, etc).
- Die Zahl und die dazugehörigen Gegenstände werden aufgemalt.

Büroklammer – Spiel

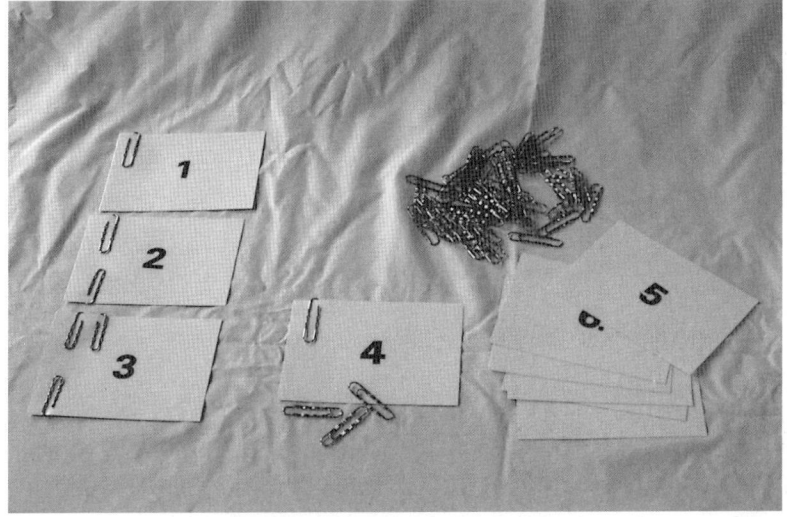

Abb. 89

10 Karten mit den Ziffern 1 bis 10, 55 Büroklammern (oder kleine Wäscheklammern).

Mögliche Arbeitsformen:
- Soviel Klammern an die Karte stecken wie die Zahl angibt.
- Die Klammern an den Längskanten der Karte gleichmäßig verteilen (Übung von geraden und ungeraden Zahlen).
- Karten ordnen von 1 bis 10.
- Menge und dazugehörige Ziffer abmalen.

Knopfkarten

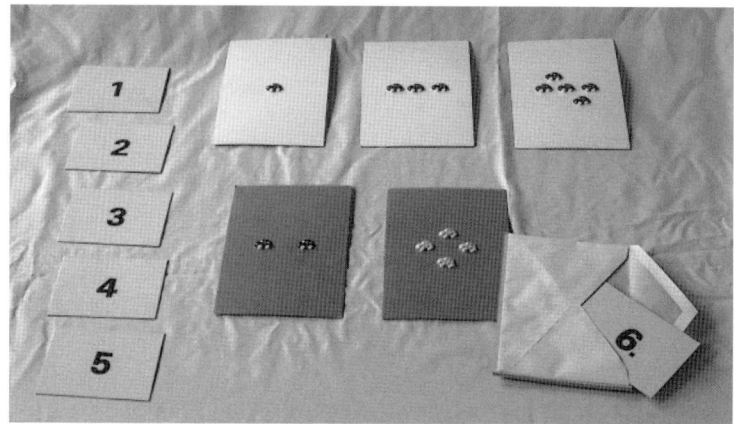

Abb. 90

Pappkarten mit 1 bis 10 Knöpfen beklebt, auf der Rückseite der Karte ist ein Umschlag.

Mögliche Arbeitsformen:

– Menge der Knöpfe ertasten, Ziffern- und/oder Mengenkarte in den Umschlag stecken.

Steckzylinder

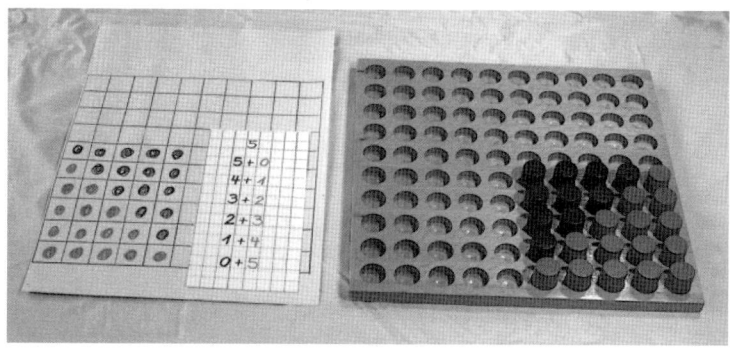

Abb. 91

Steckbrett 5 x 5 oder 10 x 10, verschiedenfarbige Steckzylinder, dem Steckbrett entsprechende Rasterkarten.

Mögliche Arbeitsformen:

– Darstellung aller Zerlegungsaufgaben zu einer Zahl, z.B. 4+0, 3+1, 2+2, 1+3, 0+4 mit Steckzylindern in zwei Farben.

– Abmalen in ein Raster, Schreiben der entsprechenden Aufgaben.

MATERIAL: DUSYMA LEHRMITTEL VERLAG, 7060 SCHORNDORF-MIEDELSBACH

Zerlegungskarten

Abb. 92

Karten mit zweifarbigen Punktmengen zur Darstellung aller möglichen Zerlegungsaufgaben der Zahlen 1 bis 10, Ziffernkarten.

Mögliche Arbeitsformen:
– Alle Karten einer Menge suchen.
– Karten sortieren nach der Mächtigkeit der Mengen.
– Gesamtmenge und Teilmengen einer Karte zählen und die entsprechenden Ziffernkarten zuordnen.
– Die Zerlegungsaufgabe malen.

QUELLE: LEHRERHANDBUCH „WELT DER MATHEMATIK" KLASSE 1, SCHROEDEL VERLAG, HANNOVER

Verdeckter Talerstreifen (Zerlegungen der Zehn)

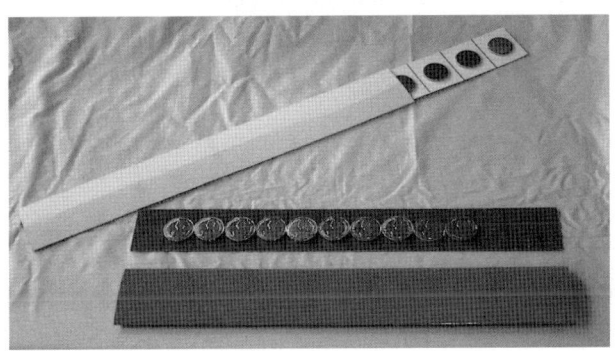

Abb. 93

Ein Pappstreifen, beklebt mit 10 Spielmünzen, eine Hülle.

Mögliche Arbeitsformen:
- Münzen zählen lassen.
- Eine Teilmenge in der Hülle lassen, sichtbare Münzen zählen, „Wie viele sind noch in der Hülle?"
- Aufgaben notieren.

QUELLE, RADATZ/SCHIPPER „HANDBUCH FÜR DEN MATHEMATIKUNTERRICHT AN GRUNDSCHULEN", HANNOVER 1983.

Zehnerkette (Zerlegungen der Zehn)

Abb. 94

10 Perlen, je 5 in einer Farbe, Pappreiter.

Mögliche Arbeitsformen:
- Ergänzungen zur 10 (1 + ... , 2 + ... , 3 + ... , etc.) stecken, malen, schreiben.
- Mit dem Reiter die Menge beliebig aufteilen, die Teilmengen zählen, malen, Aufgabe schreiben.

QUELLE: G. SCHOBBE, E. WEYERHÄUSER

Eierkarton (Zerlegungen der 10)

Abb. 95

10er Eierkarton, Gummieier, Tischtennisbälle o.ä.

Mögliche Arbeitsformen:

- Ergänzungen zur 10 (1 + ... , 2 + ... , 3 + ... , etc.) stecken, Ziffern dazulegen, malen, Aufgabe schreiben.

Zahlenstrahl

Papierstreifen mit den Ziffernkarten 0 – 10 (-20).

Mögliche Arbeitsformen:

- Karten ergänzen.
- Vorgänger – Nachfolger bestimmen.

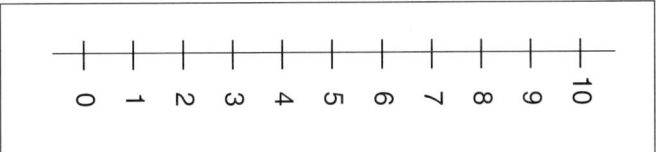

Abb. 96:
Zahlenstrahl
(Fußboden)

Sinnvoll ist es, Übungen am Zahlenstrahl vorzubereiten durch Hüpfübungen an einem aufgeklebten Zahlenstrahl am Fußboden und zu ergänzen durch einen verkleinerten Zahlenstrahl, aufgeklebt am Arbeitsplatz, evtl. kombiniert mit Setzsteinen.

Kalender

Kalenderblatter der aktuellen Woche, Schnur, kleine Wäscheklammern, Schilder mit der Beschriftung „vorgestern", „gestern", „heute", „morgen", "übermorgen", Vergangenheit, Gegenwart, Zukunft farblich unterschieden.

Mögliche Arbeitsformen:

- Tag, Monat, Jahr bestimmen.
- Bestimmen des vergangenen/ des folgenden Tages.
- Unterscheidung von Arbeitstag/ Schultag, Wochenende, Feiertag.
- Zählübungen „Wie viele Schultage bis ..."

QUELLE: E. WEYERHÄUSER

Ziffernhüte (oder Ziffernkarten zum Umhängen)

Abb. 97

10 Papierhüte oder -karten beschriftet mit den Ziffern 1 bis 10, je nach Bedarf 2 bis 3 Serien in unterschiedlichen Farben.

Mögliche Arbeitsformen:

- Partner mit gleicher Ziffer suchen.
- Partner mit größerer/kleinerer Ziffer suchen.
- Schlangen bilden, die 1 ist der Kopf.
- Mengen auf der Trommel klopfen (auditives Zählen). Die Kinder mit der entsprechenden Ziffer sind „versteinert".

Zahlenplakate

Zu jeder Zahl ein Plakat erstellen, auf dem passende Gegenstände aus der Umwelt aufgeklebt und/oder aufgemalt werden, z.B. zur Zahl 6: ein 6er

Eierkarton; Wörter mit sechs Buchstaben (SCHULE); die Ziffer 6 ausgeschnitten aus Zeitschriften; 6 gleiche Bilder, aufgeklebt und eingekreist.
Quelle: G. Schobbe, E. Weyerhäuser

4. Grenzen

Während ich im vorausgegangenen Kapitel verschiedene Materialien und Möglichkeiten der praktischen Umsetzung vorgestellt habe, möchte ich mich im Folgenden mit der Frage beschäftigen, welchen äußeren und inneren Grenzen unsere Arbeit unterliegt.

Sinnvolles Arbeiten setzt voraus, dass ich die materiellen Voraussetzungen dazu habe. Dazu gehören genügend Arbeitsplätze, eine sinnvolle Bestuhlung – angemessen der unterschiedlichen Größe der Kinder, ausreichende Beleuchtung und notwendige Arbeitsmaterialien. Diese Liste ließe sich sicher weiter fortsetzen, je nach Schule und Schüler.

Sinnvolles Arbeiten setzt aber auch voraus, dass ich die Kriterien, die ich für den erfolgreichen Lernprozess des Kindes für wichtig halte, auch an mich selbst anlege. So wie wir die individuelle Lernausgangslage, die vorhandenen Fähigkeiten und Fertigkeiten, die emotionale Gestimmtheit als grundlegend für das Lernen des Kindes betrachten, gelten diese Punkte auch für das Lehren. So wie wir das Kind in seiner individuellen Persönlichkeit wahr- und ernstnehmen wollen, sollten wir dies auch mit uns tun.

Veränderungen im Unterricht verlangen von der Lehrerin nicht nur, unterschiedliche Arbeits- und Sozialformen zu kennen und vermitteln zu können, sondern auch die häufig damit verbundene Unruhe, die erhöhte psychische und physische Belastung sowie evtl. Misserfolge auszuhalten. Wichtige Kernpunkte im Prozess der Veränderung sind das Gewahrwerden der eigenen Befindlichkeit und die kritische Reflexion des Stunden- und Lernprozesses. Meine eigenen Erfahrungen im Unterricht zeigen, dass Über- und auch Unterforderung der Kinder fast immer dazu führen, dass auch ich mich überfordert fühle. Überprüft man die Voraussetzungen, auf denen der Unterricht aufbaute,

- welche Arbeits- und Sozialformen bekannt sein müssten,
- auf welchen Inhalten und Begriffen aufgebaut wurde,
- ob Arbeitsanweisungen und/oder -aufträge verständlich waren,
- ob Arbeitsplätze und Materialien klar gegliedert waren,
- in welcher emotionalen Gestimmtheit die Gruppe und/oder einzelne Kinder waren,

zeigt sich häufig, dass eines oder mehrere dieser Kriterien vernachlässigt oder falsch eingeschätzt worden sind.

Das „Sich-Überfordert-Fühlen", das „Ausgelaugt-Sein" kann somit einmal durch die Unterrichtsplanung angelegt sein. Zum anderen neigen viele von uns dazu, haben sie ein anderes pädagogisches Vorgehen als richtig erkannt, die bisherigen Unterrichtsstrukturen von Grund auf ändern zu wollen, ohne gründlich zu überprüfen, inwieweit die äußeren Bedingungen, die Situation in der Lerngruppe und die eigene Belastbarkeit zu diesem konkreten Zeitpunkt eine Veränderung sinnvoll erscheinen lassen oder nicht.

Sicherer und weniger kräftezehrend ist es, geplante Veränderungen schrittweise, z.B. stundenweise, vielleicht zwei Stunden wöchentlich, einzuführen. So haben die Kinder Gelegenheit, sich mit neuen Arbeitsformen und Materialien vertraut zu machen, während der Großteil des Unterrichts noch im gewohnten Rahmen stattfindet. Auch für die Lehrerin selbst, will man den Lernprozess kritisch reflektieren und selbst daraus lernen, sind zwei Wochenstunden häufig der zeitliche Rahmen, in dem eine genaue Planung und Reflexion – neben den sonstigen Unterrichtsvorbereitungen – realistisch ist.

So wie wir dem Kind ein individuelles Lerntempo zugestehen wollen, sollten wir uns selbst auch die Zeit zugestehen, die wir brauchen, Anregungen und neue Arbeitsformen in unseren Schulalltag zu integrieren.

Ein weiterer wichtiger Schritt, um auch als Lehrerin gut für uns zu sorgen, ist, nach Möglichkeiten der Entlastung zu suchen.

So wie wir den Kindern neue Arbeits- und Sozialformen nahebringen wollen, kann dies auch für uns hilfreich sein. Eine große Hilfe innerhalb der Schule bietet die Kooperation mit KollegInnen. Stundenplanungen und Materialvorbereitung lassen sich oft arbeitsteilig bewältigen. Ein gemeinsames Gespräch über den Stundenverlauf und dabei aufgetretene Schwierigkeiten helfen, Schwachstellen in der Planung leichter zu erkennen und zu vermeiden.

Eine weitere Möglichkeit, sich Hilfe zu holen, ist, Eltern über geplante Veränderungen und die damit verbundenen Zielsetzungen zu informieren. Dies kann im Rahmen eines Elternabends geschehen, bei dem die Eltern selbst verschiedene Lernspiele ausprobieren. Häufig erklären sich Eltern bereit, entsprechende Materialien an einem Bastelnachmittag oder -abend herzustellen bzw. dafür Geld und/oder Material zu spenden. Auch die stundenweise Mitarbeit von Eltern im Unterricht könnte eine Entlastung sein.

Voraussetzung dafür aber, dass ich diese oder andere Möglichkeiten finde und in Anspruch nehme, ist, dass ich mir meiner Belastung bewusst werde und sie ernst nehme. In dem Maße wie es mir gelingt, die Kriterien, die ich für ein erfolgreiches Lernen und Wachsen für notwendig halte, auch bei mir selbst anzuwenden, bin ich auch in der Lage, sie im Unterricht umzusetzen.

Neuerungen bringen meist Schwierigkeiten mit sich, seien sie in uns, in der Lerngruppe, in der Institution Schule oder in den Eltern begründet. Sicherlich gibt es Situationen, die eine Veränderung unmöglich erscheinen lassen. Es gibt von außen gesetzte Grenzen, die scheinbar nicht zu überbrücken sind. Verändern wir aber uns, unsere Einstellung zu den notwendigen menschlichen Bedürfnissen zum Lernen und Wachsen, verändert sich auch die Art unseres Unterrichtens.

Ich möchte alle Menschen, die mit Kindern arbeiten, ermutigen, Neues im Unterricht zu erproben, neue Wege zu gehen. Aber dies sollte man im individuellen Tempo und in der der persönlichen Art angemessenen Form tun und dabei vor allem auf die Grenzen achten, auf die man im Moment bei sich selbst stößt und diese ernstzunehmen.

„Jede lange Reise beginnt mit dem ersten Schritt."

VI. Erkennen und Behandeln mathematischer Beeinträchtigungen unter neuropädagogischer Sichtweise
Eine Synopse (I. Milz, I. Zoller)

Auf die neuropädagogische Sichtweise, wie sie am Beginn von Teil II vorgestellt worden ist, soll nun zum Abschluss eine tabellarische Übersicht, bezogen auf den Aufbau sowie Beeinträchtigungen des mathematischen Denkens, folgen. Es geht (mit den Worten von Marianne Frostig) um Kinder mit „besonderen Bedürfnissen", denen im Mathematikunterricht geholfen werden soll und es geht um Pädagogen, die Hilfe zum Verständnis im Umgang mit diesen Kindern benötigen.

Die Zuwendung zum Kind umfasst hier

Was kann ich beobachten?	Symptome, die in der Klasse beobachtet werden können
Was lässt sich vermuten?	Mögliche zugrundeliegende Beeinträchtigungen
Was lässt sich erkennen?	Gezielte Beobachtungs- und Diagnosemöglichkeiten
Was kann getan werden?	Heilpädagogische Fördermöglichkeiten
Wie kann im Unterricht darauf eingegangen werden?	Unterrichtshilfen

Da es hier um mathematisches Denken geht, ist diese Tabelle entsprechend dem in Teil I dargestellten stufenweisen Aufbau angelegt. Sie erhebt aber in keiner Weise Anspruch auf Vollständigkeit. In der Praxis lassen sich dazu sicher besonders im Bereich der Förderung vielfältige Ergänzungen finden.

Insgesamt geht es vor allem darum, zu zeigen, dass Rechenstörungen bestimmten Entwicklungsstufen des mathematischen Denkens zugeordnet werden können, auch wenn sie so isoliert, wie beschrieben, sicher nicht vorkommen. Hier ist es vor allem der *neuropsychologische* Aspekt, der im Vordergrund steht. Rechenstörungen, die eine *emotionale* Ursache haben, zeigen vielleicht ähnliche Erscheinungsformen, müssen aber im Allgemeinen vom Wesen der Störung her anders „behandelt" werden. Dennoch besteht oft ein enger Zusammenhang zwischen diesen beiden Formen der Beeinträchtigung des mathematischen Denkens, da häufig nicht genau abzugrenzen sein wird, wo geht es primär um Teilleistungsschwächen, wo um emotionale Störungen. Das eine kann das andere bedingen und umgekehrt. Es geht weiter darum, verständlich zu machen, dass nicht ein permanentes Üben das Mittel der Wahl ist, wenngleich auch das von Fall zu Fall notwendig sein wird, dass vielmehr zunächst die „*Grund*-legenden" Voraussetzungen geschaffen werden müssen, auf denen sich das mathematische Denken aufbaut. Die Gefahr bei einem permanenten Üben bestimmter Rechenleistungen ist, dass damit häufig etwas mechanisiert wird, wozu der Unterbau fehlt. Es kommt zu Fertigkeiten, die nicht generalisierbar sind und letztlich dem Kind für die Anwendung mathematischer Operationen wenig nützen.

Stufe I: Beeinträchtigungen des konkreten Handelns mit Gegenständen

Symptome, die in der Klasse beobachtet werden können	Mögliche zugrundliegende Beeinträchtigungen	Beobachtungs- u. Diagnosemöglichkeiten	Heilpädagogische Förderung	Unterrichtshilfen
1. Feinmotorische Ungeschicklichkeit im Umgang mit Gegenständen; auffällige Stifthaltung; graphomotorische Schwierigkeiten.	1. Verarbeitungsstörungen im Bereich der visuellen und/oder taktilkinästhetischen Wahrnehmung; Beeinträchtigung der sensorischen Integration; Sehstörungen; Entwicklungsdyspraxie; Ungeübtheit – (Deprivation); unausgeprägte Handdominanz.	1. **Tests:** Untertests aus FEW, FTM, DTVP-2; evt. neurol. Untersuchung; Augenarzt; **Beobachtungen:** Kind verletzt sich leicht, rennt gegen Gegenstände; beim freien Spiel: Gegenstände kippen um, fallen vom Tisch; beim Schneiden, Basteln, Ausmalen: Begrenzungen werden nicht berücksichtigt; beim Bauen mit Lego oder Fischertechnik; genannte Tätigkeiten werden lieber vermieden; beim Schreiben, Puzzlen oder malen: Welche Hand wird benutzt, wie stark drückt das Kind auf, der Körper- u. Kopfhaltung; trägt das Kind eine Brille? Bevorzugtes Auge?	1. Psychomotorik; Beschäftigungstherapie; Förderung der sensorischen Integration; Gleichgewichtsübungen; MONTESSORI: Übungen des täglichen Lebens; Arbeit mit formbarem Material (Ton, Knete, Sand, Wasser) Materialien aus dem Pertra-Spielsatz; schneiden, basteln, ausmalen; arbeiten mit Schablonen spielen mit Luftballons und Bällen. In ausgeprägten Fällen Übungen (Führen der Hand) nach Affolter.	1. Großräumige Schwungübungen; Übungen mit dem MONTESSORI-Sinnesmaterial, Sandpapierbuchstaben und Ziffern; Heilpädagogische Fördermaßnahmen gehören in diesen Fällen ebenfalls in die Regelschule. Unterstützung durch Schreibhilfe auf dem Stift, Arbeiten mit Schablonen (zum Spüren des Widerstandes); Resopalbrettchen unter die Heftseite legen (zum Spüren des Widerstandes und damit der Abstimmung des Schreibdruckes); Nachfahren von Formen, Ziffern, Buchstaben, von vergrößerten Texten auf transparentem Entwurfpapier.

Symptome, die in der Klasse beobachtet werden können	Mögliche zugrundliegende Beeinträchtigungen	Beobachtungs- u. Diagnosemöglichkeiten	Heilpädagogische Förderung	Unterrichtshilfen
2. Auffälligkeiten in der Orientierung in der näheren Umgebung, in vertrauten Gebäuden, im Raum, im Strukturieren des Arbeitsplatzes, im Aufteilen des Blattes.	2. Entwicklungsrückstand; Beeinträchtigung der räumlichen Wahrnehmungsverarbeitung, (visuell, akustisch, takti-kinästhetisch); des Körperschemas; der Lateralität.	2. Siehe Punkt 1. Wie verhält sich das Kind bei Aufgaben, die Raumorientierung erfordern: Ordnung im Ranzen; Anordnung der Schulsachen auf dem Tisch; werden Begriffe, die Raum-Lagebeziehungen ausdrücken, wie oben/unten vorne/hinten, zwischen verstanden?	2. Siehe Punkt 1 Fördermaßnahmen nach FROSTIG, NAVILLE, KIPHARD, KEPHART	2. Siehe Punkt 1. Fördermaßnahmen nach FROSTIG, NAVILLE, KIPHARD, KEPHART, JOHNSON u. MYKLEBUST. U.U. Organisationshilfen für den Arbeitsplatz (evtl. mit Markierungen), unterstützen durch Anleitung zu gezieltem sprachlichen Begleiten, Vermeiden von häufigem Wechsel des Platzes, der Nachbarkinder, Ansagen und Vorbereitung von Veränderungen.
3. Kind kann seriale Abläufe nicht erfassen und/oder darstellen.	3. Rhythmusstörung; Beeinträchtigung der Integration der einzelnen Sinnesmodalitäten; hier von Bewegung und Wahrnehmung; Beeinträchtigung der räumlich/zeitlichen Übersetzung.	3. **Tests:** Untertests aus PET, HAWIK-III, Zareki, OTZ, K-ABC. **Beobachtungen:** Kann das Kind einen Rhythmus nachklatschen? Bleibt das rhythmische Muster erhalten oder zerfällt es nach einigen Wiederholungen? Kann es beim Hüpfen gleichzeitig mit beiden Füßen aufkommen? Kann es "Hampelmann springen"? Kann es Gleichmäßigkeiten erkennen, z.B. etwas in gleichen Abständen hinstellen? Stimmen die Abstände? Kann es rhythmisch sprechen und singen; Kennt es die Wochentage/ Monatsnamen? Kann es Bildgeschichten in die richtige Reihenfolge bringen?	3. Rhythmusübungen zur Integration von *Hören u. Bewegen:* rhythmisches Sprechen zur ganzkörperlichen Bewegung; Sing- u.Sprechspiele ; Trampolinspringen mit Sprechbegleitung; rhythmisches Sprechen mit teilkörperlicher Bewegung, Klatsch- u. Schwungübungen *Sehen u. Bewegen:* Kästchenhüpfen (Hinkeln); auf aufgeklebten Teppichfliesen von Fliese zu Fliese hüpfen und dabei das entsprechende Zahlwort nennen; Ballspiele an der Hauswand u. dabei zählen (Ballschule); *Hören,Sehen u. Bewegen:* Abzählreime an Kindern, o. Gegenständen, Fingerspiele.	3. Übungen nach Steinitz: Kognitive Bewegungstherapie; MONTESSORI: Übungen des täglichen Lebens, austeilen, verteilen, zuordnen, Tisch decken u.s.w.; Arbeiten mit den Einsatzzylindern, blau-roten Stangen, Spindeln; Fingerspiele; Muster legen an Steckbrettern; altersbezogene Übungen nach der Struktur: zuerst, dann, zuletzt.

Symptome, die in der Klasse beobachtet werden können	Mögliche zugrundliegende Beeinträchtigungen	Beobachtungs- u. Diagnosemöglichkeiten	Heilpädagogische Förderung	Unterrichtshilfen
4. Kind kann nicht abzählen; die Bewegungen des Hinzeigens u. das Nennen des entsprechenden Zahlwortes stimmen nicht überein, Zählen erfolgt mechanisch.	4. Siehe Punkt 3. Verfügt nicht über die Fähigkeit der Eins-zu-Eins-Zuordnung	4. **Tests:** Zareki, OTZ **Beobachtungen:** fühlt das Kind seine einzelnen Finger; zählt es u.U. ab durch Berühren der Nase oder Lippen?	4. Siehe Punkt 3.	4. Siehe Punkt 3; Arbeit mit dem Pertra-Spielsatz; Distanzspiele nach MONTESSORI.
5. Kind verfügt noch nicht über eine simultane Mengenerfassung (von 5-7 Elementen); Kind kann eine Anzahl von Elementen nicht zu einer Einheit zusammenfassen; kann die Eigenschaft (Anzahl als Eigenschaft) dieser Einheit nicht im Gedächtnis behalten; kann eine Anzahl von Elementen nicht als Gesamtmenge erfassen, sondern muß sie abzählen; kann beim Addieren den ersten Summanden nicht als Ganzheit erkennen, muss bei Hinzufügen des zweiten Summanden von Anfang an beginnen abzuzählen, um zur Summe zu gelangen.	5. Beeinträchtigung der Figur-Grund-Differenzierung; der Raumbeziehungen; Gliederungsschwäche, es kann nicht gruppiert werden; Beeinträchtigung der Wahrnehmungsvorstellung u. damit der Mengenvorstellung; Mengen-Konstanzbegriff fehlt.	5. **Tests:** Untertests aus PET, FEW, DTVP-2, Demat 1+, OTZ, Zareki, HAWIK III; **Beobachtungen:** Wie geht das Kind mit dem Auftrag, die Elemente einer Menge zu zählen, um? Kann es planen, antizipieren, hat es Strategien, Welche? Erkennt es Würfelbilder?	5. Übungen zur visuellen Vorstellung mit Hilfe der taktil-kinästhetischen Wahrnehmung über das Ansehen und Anfassen zum nur noch Anfassen mit geschlossenen Augen und schließlich Vorstellen; Ertasten von unterschiedlichen Gegenständen mit geschlossenen Augen (MONTESSORI-Sinnesmaterial); Gruppieren von Gegenständen nach vorgegebenen Mustern; Arbeiten mit Steckbrettern, Perlenmosaik.	5. MONTESSORI-Material: Blau-rote Stangen, Bunte Perlenstäbe, Streifenbretter; Cuisinair – Rechenstäbe; Kühnelsche Zehner-Zwanziger-Hundertertafeln (Blätter zum Ab- bzw. Aufdecken); Übungen zur simultanen Mengenerfassung; Üben des Visualisierens; Lösungsstrategien bewusst trainieren; Mengen strukturieren, um sie bildhaft einzuprägen; Benutzen von Dominosteinen, Würfeln u.Ä.
6. Kind kann aus einer Menge keine Teilmengen bilden, bzw. keine Zahlen zerlegen.	6. Beeinträchtigung der Mengenvorstellung, Mengenkonstanz, Klasseninklusion (siehe Piaget).	6. Siehe Punkt 5; Ist das Kind fähig Oberbegriffe/Teilbegriffe innerhalb eines Sprachganzen zu differenzieren?	6. Siehe Punkt 5; Gruppieren von Gegenständen nach vorgegeb.Muster; Arbeiten mit Steckbrettern, Perlenmosaik.	6. Siehe Punkt 5; Mengen srukturieren, um sie bildhaft einzuprägen; Benutzen von Dominosteinen, Würfeln u.Ä.

Symptome, die in der Klasse beobachtet werden können	Mögliche zugrundeliegende Beeinträchtigungen	Beobachtungs- u. Diagnosemöglichkeiten	Heilpädagogische Förderung	Unterrichtshilfen
7. Kind kann sich bestimmte Zahlwörter oder Zahlwörter generell schlecht merken und/oder nicht abrufen.	7. Zentrale Sprachverarbeitungsstörung; Speicherschwäche für Zahlwörter; Wortfindungsstörungen; evt. emotionale Verursachung.	7. **Tests**: Untertests aus dem HAWIK-III, PET, HSET; **Beobachtungen**: Kind meldet sich, weiß aber nicht mehr, was es sagen wollte, wenn es dran ist, ruft in die Klasse hinein, weil sonst die Gefahr besteht, dass es die Antwort vergisst; benutzt Füllwörter.	7. Ball (Ballprobe) und andere Spiele mit Zählregeln; rhythmische Sprechspiele mit Zahlwörtern (10 kleine Pudelhunde).	7. Erinnerungshilfen, Eselsbrücken; Wandbilder, Kontrolltafeln.
8. Kind hat bei Mengen, Formen und Größen Schwierigkeiten im Erkennen von mehr u. weniger, gleich u. ungleich; Probleme im Unterscheiden von Formen.	8. Beeinträchtigung der Mengenkonstanz; möglicherweise des Konstanzbegriffes generell; der Figur-Grund-Differenzierung; des Verarbeitens von Beziehungen im Raum. Beeinträchtigung des differenzierten Zuordnens.	8. **Tests**: DTVP-2 FEW (Formkonstanz, Figur-Grund- Differenzierung) Untersucheng durch den Augenarzt; Probleme der visuellen Verarbeitung; **Beobachtungen**: Können Eigenschaften verglichen u. in Beziehung gesetzt werden; rauh-glatt, dick-dünn u.s.w.? Gelingen Vergleiche von Mengen, Größen, Formen?	8. Gleich u. ungleich erfahren lassen ganzkörperlich u. mit allen Sinnen: visuell, akustisch, olfaktorisch, taktil-kinästhetisch; zuordnen lassen: Flaschen u. Verschlüsse, Schrauben u. Muttern; Arbeit mit Steckbrettern; Übungen zum Ordnen; Frostigübungen; Arbeit mit MONTESSORI-Sinnesmaterial; allgemein: anknüpfen an Umweltwissen.	8. Mengen vergleichen mit verschiedenen Materialien: MONTESSORI-Material, Lego, Cuisinairstäben, Pertramaterial; Übungen im Zuordnen von Gegenständen zueinander; Übungen mit Abstufungen von Eigenschaften (von dick nach dünn u.Ä.); Übungen im Erkennen der Zahl als Eigenschaft einer Menge (Klasse).

Stufe II: Beeinträchtigungen der bildlichen Darstellung mit graphischen Zeichen und Markierungshilfen

Symptome, die in der Klasse beobachtet werden können	Mögliche zugrundliegende Beeinträchtigungen	Beobachtungs- u. Diagnosemöglichkeiten	Heilpädagogische Förderung	Unterrichtshilfen
1. Schwierigkeiten, eine Menge oder eine konkret vollzogene Handlung bildlich darzustellen; Schwierigkeiten eine bildliche Darstellung in Handlung umzusetzen.	Sehstörung 1. Schwäche der bildhaften Vorstellung des Ablaufes einer Handlung, dadurch wird die bildliche Darstellung einer Operation nicht verstanden; Beeinträchtigung der Übertragung dreidimensionaler Erfahrung in zweidimensionaler Assoziieren; allgemeine Schwäche im Gedächtnisschwäche; Leistungsverweigerung aufgrund einer graphomotorischen Schwäche; mangelndes Aufgabenverständnis; mangelnde Übung.	1. **Tests**: HAWIK-III (Bilder ordnen), PET, HSET, K-ABC. Untersuchung durch den Augenarzt. **Beobachtungen**: Kann sich das Kind einen Vorgang ins Gedächtnis rufen? Kann das Kind eine konkret durchgeführte Mengenoperation in bildlicher Darstellung wiedererkennen? Kann es eine bildlich vorgegebene Operation konkret in Handlung umsetzen?	1. Handlungen symbolisch darstellen lassen; Pantomime; STEINITZ – Kognitive Bewegungstherapie; Sing u. Sprechspiele mit begleitender Körpersprache; Bilderbücher betrachten, die dargestellten Handlungen nachspielen lassen; Rollenspiele; graphisch dargestellte Körperhaltungen nachstellen lassen; mit Piktogrammen aus dem täglichen Leben arbeiten; Piktogramme erstellen, sie für die eigene Situation benutzen. Versprachlichung von Handlungen: Was hast du, haben wir jetzt gemacht?	1. Das Kind muss Handlungen (mathematische Operationen) so lange mit konkretem Material durchführen dürfen, bis es den Umgang damit verinnerlicht hat und zur Vorstellung des Handlungsvollzuges fähig ist. Dabei sind die Finger als Material, das „immer zu Hand" ist, erlaubt; Piktogramme herstellen, welche auf die Klassensituation bzw. den Arbeitsablauf bezogen sind; bei visuell/räumlicher Vorstellungsschwäche ist es hilfreich, den Ablauf einer Handlung verbal zu unterstützen.

Stufe III: Beeinträchtigungen der Darstellung und Umsetzung mathematischer Operationen mit Hilfe von Ziffern und Zeichen

Symptome, die in der Klasse beobachtet werden können	Mögliche zugrundliegende Beeinträchtigungen	Beobachtungs- u. Diagnosemöglichkeiten	Heilpädagogische Förderung	Unterrichtshilfen
1. Schwierigkeiten im Umgang mit Ziffern u. mathematischen Zeichen; a) die mathematischen Zeichen für plus, minus, mal, geteilt können mit der Handlung bzw. der Darstellung nicht assoziiert werden; b) die Ziffer als Zeichen für die Zahleigenschaft einer Menge wird nicht begriffen; c) die Ziffern, ihre Lage und Richtung im Raum werden nicht erkannt (Verdrehungen, Vertauschungen, Wendungen); d) die Gestalt von ähnlichen Ziffern und Zeichen wird unzureichend gespeichert.	1. Schwächen im Bereich der Assoziation (Siehe Stufe II), u. U. auch in anderen Lernbereichen; Schwäche der bildhaften Vorstellung (Eindrücke werden eher sprachlich verarbeitet, Bevorzugung der linken Hemisphäre); Schwächen in der Entwicklung des Körperschemas, der Lateralität, der visuellen Wahrnehmungsverarbeitung (Auge- Hand- Koordination, Formkonstanz, Lage im Raum, Beziehungen im Raum); Schwäche des visuellen Gedächtnisses; Entwicklungsverzögerung, Entwicklungsbeeinträchtigung im Sinne einer sensorisch – integrativen Dysfunktion); mangelnde Einsicht in das dekadische Positionssystem.	1. **Tests**: Untertests aus PET HAWIK-III (Zahlensymboltest), HSET, DTVP-2, Zareki, FEW, DELACATO, HDT; Untersuchung des Sehens durch den Augenarzt; evt. neurologische Untersuchung; **Beobachtungen**: Trägt das Kind eine Brille? Benutzt es die Brille (entspricht sie der Sehstörung des Kindes)? Wie hält das Kind den Kopf beim Schreiben? Verändert es häufig die Haltung? Wie groß ist die Entfernung zwischen Kopf und Papier? Wie stark drückt das Kind beim Schreiben auf?	1. Siehe Stufe II; Therapie nach FROSTIG, KEPHART, KIPHARD; Arbeit mit dem Pertra-Material; Unterstützung des visuellen Gedächtnisses durch taktil-kinästhetische Stimulation und/oder die Sprache.	1. Das Kind muss solange mit konkretem Material arbeiten dürfen, bis es dasselbe von alleine aufgibt; Zwischenschritte anbieten: vom Material zur Abbildung zum Symbol; MONTESSORI-Material: Spindeln, Zahlen und Chips, blau-rote Stangen, Goldenes u. buntes Perlenmaterial, Seguintafeln, Streifenbretter. Da Kinder mit visuell-räumlicher Beeinträchtigung häufig besser verbal auffassen, muss hier gezielt sprachlich unterstützt werden, z.B. bei der Addition: **zuerst** sind es drei Kugeln, **dann** lege ich zwei dazu, **zuletzt** sind es 5 Kugeln.

Stufe IV: Beeinträchtigungen bei der Automatisierung im Zeichenbereich und der Anwendung mathematischer Operationen

Symptome, die in der Klasse beobachtet werden können	Mögliche zugrundliegende Beeinträchtigungen	Beobachtungs- u. Diagnosemöglichkeiten	Heilpädagogische Förderung	Unterrichtshilfen
1. Das Kind beherrscht rein rechnerisch schriftliche Aufgaben gut, hat aber Schwierigkeiten beim Kopfrechnen.	1. Verbale Auffassung beeinträchtigt; auditiv-rezeptive Sprachschwäche. Splitterfertigkeit?	1. **Tests**: Untertests aus HAWIK-III, PET, HSET; **Beobachtungen**: Scheint das Kind manchmal etwas „schwer von Begriff"? Kann das Kind verbal logisch folgern? Werden räumlich-zeitliche Begriffe wie davor, danach zwischen u.a.m. richtig verstanden und angewendet?	1. Siehe Stufen I-III psycholinguistische Sprachförderung; Psychomotorik, Körperarbeit.	1. Versprachlichung von mathematischen Handlungen und deren Umkehrung; Versprachlichung von mathematischen Alltagssituationen (einkaufen, messen, wiegen).
2. Das Kind kann sich nicht schnell genug an bestimmte Zahlen erinnern; wenn es eine Zahl nennen hört, kann es sie zwar erkennen, aber nicht immer die nennen, die es sagen möchte.	2. Beeinträchtigung des auditiven Gedächtnisses; auditive Reproduktion beeinträchtigt; Wortfindungsstörungen.	2. Kann das Kind zählen? Kann es an einer bestimmten Stelle die Zahlenreihe fortsetzen, oder muss es von vorne beginnen? Fällt ihm manchmal ein Wort nicht ein? Sagt es häufig „hm" oder „dingsda"? Wiederholt es manchmal die Frage, um Zeit zu gewinnen u. nachzudenken?	2. Siehe Punkt 1.	2. Visuelle Hilfsmittel z.B. Zahlenplakate; assoziative Hilfen wie: Handzeichen, Verse, farbliche Kennzeichnungen.

Symptome, die in der Klasse beobachtet werden können	Mögliche zugrundliegende Beeinträchtigungen	Beobachtungs- u. Diagnosemöglichkeiten	Heilpädagogische Förderung	Unterrichtshilfen
3. Das Kind versagt bei Aufgaben, bei denen die Ergebnisse von Teilschritten behalten werden müssen; (beim Multiplizieren zweistelliger Zahlen oder Addieren mit Zehnerüberschreitung u.Ä.).	3. Auditives Kurzzeitgedächtnis beeinträchtigt; Beeinträchtigung serialer Handlungsabläufe und damit serialer Vorstellungen; mangelnde Kenntnisse und Beherrschung der Teiloperationen.	3. **Tests**: Untertests aus HAWIK-III, PET; MOTTIER-TEST; K-ABC; **Beobachtungen**: wie unter 1 und 2.	3. Siehe Punkt 1 und 2. Übungen im Visualisieren.	3. Strukturieren von Aufgaben durch farbliche Aufgliederung; visuelle Hilfsmittel: Kontrolltafeln, Plakate; sprachliche Begleitung; Visualisieren der Rechenschritte.
4. Schwierigkeiten, Ziffern u. Zeichen in ihrer Lage und Richtung im Raum zu erkennen und richtig darzustellen, entsprechend zu speichern und abzurufen; Beispiel: 1. 6 und 9 werden verwechselt, Beispiel:2. 12 und 21 werden verwechselt, Abschreibfehler im Sinne von Auslassungen, Verdrehungen, Vertauschungen, Kippungen; das Automatisieren einer Operation ist dadurch erschwert.	4. Beeinträchtigungen der räumlichen Wahrnehmungsverarbeitung im Sinne von Richtungsstörungen; Unsicherheit im dekadischen Positionssystem; mangelnde Orientierung am Zahlenstrahl bzw. im Zahlenraum.	4. **Tests**: HAWIK-III, DTVP-2, (Mosaiktest, Figurenlegen); FEW (Raumlage u. Beziehungen im Raum) HDT; DELACATO; Fehleranalyse, z.B. nach GERSTER oder RADATZ **Beobachtungen**: Überkreuzen der Mittellinie. Gibt es ähnliche Erscheinungen in anderen Fächern, z.B. im Deutschunterricht? Mit welcher Hand schreibt das Kind, hat es Schwierigkeiten rechts und links zu unterscheiden? (Siehe auch Stufe I Punkt 2.)	4. Siehe Stufe I Punkt 2; vielfältige Übungen zur Unterscheidung von Richtung und Lage am eigenen Körper und im äußeren Raum.	4. Benutzen von dreidimensionalen gegenständlichen Materialien, z.B. Goldenes Perlenmaterial von MONTESSORI, Farbige Perlentreppe von MONTESSORI, Benutzen des Montessori-Kartensatzes, der jeder Stelle im dekadischen System eine bestimmte Farbe zuordnet, (Einer grün, Zehner blau, Hunderter rot, Tausender wieder grün u.s.w.); Benutzen gleicher Farben durchgängig durch alle Klassenstufen zum Kennzeichnen der Stellenwerte wie auch u.U. der Operationen plus, minus, mal u. geteilt.

Symptome, die in der Klasse beobachtet werden können	Mögliche zugrundliegende Beeinträchtigungen	Beobachtungs- u. Diagnosemöglichkeiten	Heilpädagogische Förderung	Unterrichtshilfen
5. Schwierigkeiten, die richtige Reihenfolge beim Durchführen einer mathematischen Operation einzuhalten, vor allem bei Textaufgaben.	5. Siehe Punkt 4; Beeinträchtigung der Sprachbenutzung, da auch nichtsprachliche Vorgänge mit der inneren Sprache begleitet werden; mangelndes Aufgabenverständnis. Mangelnde Grundlagen im Aufbau der Stufen I, II u. III.	5. Siehe Punkt 4	5. Siehe Punkt 4 Üben serialer Prozesse mit besonderer Berücksichtigung der raum/zeitlichen Orientierung, z.B. Ordnen von Bildgeschichten auch mit sprachlicher Unterstützung.	5. Siehe Punkt 4 Durchführen von Operationen mit sprachlicher Begleitung: z. B: **zuerst, dann, zuletzt**; u. U. zurückgehen auf die Stufe des konkreten Handelns.
6. Schwierigkeiten, erlernte Aufgabenformen auf andere Operationsformen zu übertragen; mangelnde Fähigkeit zur Generalisation; Haften an einmal vorgenommener Rechenhandlung ohne Berücksichtigung der eigentlichen Aufgabenstruktur.	6. Allgemeine Umstellschwierigkeiten, wie sie im Zusammenhang mit Hirndysfunktionen auftreten; Aufbau der Operation wurde nicht verstanden und verinnerlicht, nur mechanisch gedrillt (Splitterfertigkeiten).	6. Fehleranalyse nach GERSTER, RADATZ, GRISSEMANN; Überprüfung der Lernausgangslage.	6. Psychomotorische Angebote zur Übung von Flexibilität; Bewegungsförderung nach FROSTIG, KIPHARD, KEPHART.	6. Nach Überprüfung der Lernausgangslage u.U. zurückgehen auf frühere Stufe; Wiederholung der jeweiligen Lerninhalte und Festigung derselben.
7. Schwierigkeiten im Umsetzen einer Operation in Ziffern und math. Zeichen (kodieren) und umgekehrt im Umsetzen von Ziffern und math Zeichen in Operationen (dekodieren).	7. Neuropsychologische Entwicklungsverzögerungen im Sinne von noch nicht ausgereifter Zusammenarbeit zwischen rechter u. linker Hirnhälfte; Verarbeitung eher bildhaft-synthetisch als analytisch – abstrakt.	7. **Beobachtungen** zu Seitigkeit, Linkshändigkeit, Lernstil, Verarbeitungsformen in anderen Lernbereichen z. B. beim Leselernprozess (synthetisch/analytisch).	7. Siehe Unterrichtshilfen	7. Berücksichtigung des Lernstils; Angebote im Sinne von Hinführen vom Ganzheitlich – Bildhaften zur Abstraktion.
8. Schwierigkeiten beim Löser von Textaufgaben	8. Sprachverstehensprobleme u. Textverständnisprobleme, mangelhafter Aufbau der Stufen I, II III im Umgang mit konkreten Materialien.	8. **Tests**: HAWIK-III; PET, K-ABC.	8. Siehe Unterrichtshilfen	8. Hinführen vom konkreten Handeln zum Beschreiben und Aufschreiben; Verbalisieren der einzelnen Lernschritte als Hilfe zur Abstraktion.

Nachwort
Noch einmal
„Kehrwert! Malnehmen!"
Ein Kommentar von Martin Schieder

1. Im Unterricht einer fünften Klasse.

Die Schülerinnen und Schüler wurden gefragt: „Was ist ein Halbes geteilt durch ein Drittel?"
Erwartet wurde die *richtige* Antwort, besser gesagt das *richtige* Ergebnis und zwar so schnell wie möglich! Nach wenigen Augenblicken flogen die Arme der Kinder in die Luft.

Ein Schüler wurde aufgerufen. Er antwortete: „drei Halbe!" Die Lehrerin nickte und gab den Kindern die nächste Aufgabe. Ich beobachtete Kinder, die mit Aufmerksamkeit und Freude bei der Sache waren, aber durchaus auch andere, die sich kein einziges Mal zu Wort meldeten.

Einige dieser Kinder erzählten mir beim Hinausgehen, dass sie in Mathe schon lange nichts mehr verstanden hätten...

2. Erklären und verstehen
In der Pause fragte ich diese Kinder dann: „Wie wurden euch die Aufgaben erklärt?"

„Wir sollten den Kehrwert malnehmen, dann sei die Division der Brüche eben

Die gesprochene Sprache muss in visuelle Vorstellungen umgesetzt werden. Es entstehen bei den Kindern ganz unterschiedliche Bilder, so z.B von Kreissegmenten. Zur Bewältigung dieser Aufgabe werden sichere Vorstellungen für links/rechts und für oben/unten benötigt.

Es stellt sich die Frage, was Kinder in diesem Unterricht tun können, um herauszufinden, warum ihr Ergebnis richtig oder falsch gewesen ist. Wo ist der Übungseffekt, wenn nur die Kinder eine Bestätigung bekommen, die eh schon können, was von ihnen verlangt wird?

Für die sogenannten schwachen Kinder beginnt hier ein gefährlicher Teufelskreis!

Das Problem der ausschließlich sprachlichen Vermittlung mathematischer Problemstellungen macht viele Kinder im tatsächlichen Sinn des Wortes handlungsunfähig.

genau so einfach wie die Multiplikation!"

„Siehste! Du konntest es doch!", mischte sich ein Junge ein.

Prompt kam die Antwort: „Du hattest das gleich kapiert, weil du sowieso alles ganz schnell kapierst, aber ich wusste doch gar nicht, was ich machen soll, wenn solche Aufgaben kommen!"

3. Im Förderunterricht
In einer dritten Klasse fragte die Lehrerin:

„Was ist fünfzehn geteilt durch drei?"

„Das weiß ich wirklich nicht!"

„Hast du gar keine Idee, wie du die Aufgabe lösen könntest?"

„Doch, jetzt fällt es mir wieder ein! Ich kann ja fragen, wie oft die Drei in die Fünfzehn reingeht!"

4. Mathematik im Kindergarten
„Thomas, deck bitte den Tisch!"

„Wieviele Kinder sind wir heute?"

„Zwölf!"

„Jeder braucht einen Löffel und eine Gabel, einen Teller und eine Serviette!"

Wenn ein Kind den funktionellen Unterschied zwischen dem Dividenden und dem Divisor nicht verstanden hat, stellt sich die Frage, was das mechanische Abarbeiten dieses Algorithmus bringen soll. Dieses Vorgehen verdeckt das Problem des Verstehens und verhindert, dass die erforderlichen Hilfen zur rechten Zeit angeboten werden.

Ein sprachliches Muster soll in ein bildliches Muster umgesetzt werden. Dabei entsteht das Problem, dass der Auftrag „geteilt durch" einen Bedeutungsgehalt signalisiert, der tatsächlich nicht vorhanden ist. Der klassische Tipp: „Hör genau zu, dann verstehst du, was gemeint ist, führt hier und nicht nur hier in die Irre. Innere Vorstellung können auf der Grundlage dieses Aufgabentyps nicht gebildet werden. Der Wechsel der Aufgabenstellung eröffnet keinen Zugang zum Verständnis der Division.

Eine konkrete, klar formulierte Aufgabe! Das Kind setzt sich in Beziehung zu seiner Gemeinschaft, übernimmt Verantwortung im Tun. Es zählt, es ordnet auf den Tischen das Besteck. Es setzt sich nicht zuletzt der Kritik der anderen Kinder aus. Die Handlung ist beendet, wenn der Tisch so gedeckt ist, dass die Gruppe damit einverstanden ist.

5. Mathematik in der Vorschulgruppe

Dominik hatte Geburtstag.

Seine Mutter gab ihm zwanzig leckere Sahnebonbons mit. In seiner Gruppe waren acht Kinder.

Nach und nach verteilte Dominik die Süßigkeiten. Jedes Kind hatte nach einiger Zeit zwei Sahnestückchen bekommen. Das Geburtstagskind hatte dann noch vier Bonbons in seinen Händen und überlegte, was es mit ihnen anfangen sollte:

„Darf ich die Bonbons selber essen oder sollen sie in unserer Schatzkiste?"

Ausgangspunkt der Handlung ist ein Ritual. Das Aufteilen einer nicht gerade leicht zu überschauenden Menge ist hier das Problem.

Es geht hier aber nicht nur um das Verteilen, sondern auch um die Frage der Gerechtigkeit. Jeder Handlungsschritt wird deshalb von den Kindern aufmerksam kontrolliert.

Dominik erkennt ein Problem, das seine aktuellen Kompetenzen übersteigt. Es tauchen verschiedene Möglichkeiten auf. Er muss sich entscheiden und seine Entscheidung gegenüber der Gruppe vertreten.

6. Im Hort

Drei Kinder hatten beim Mau-Mau-Spielen zwanzig Cent-Stücke gewonnen. Patrick wollte den Gewinn verteilen.

„Steven kriegt sieben, ich bekomme sieben und Friederike sechs!"

Darauf Friederike: „Damit bin ich aber überhaupt nicht einverstanden!"

„Wieso nicht? Hätten wir einundzwanzig Cent gewonnen, hättest du auch sieben gekriegt! Pech!"

„Das ist aber ungerecht! Ich habe genau so viel gewonnen wie ihr!"

Spiele mit Geld sind für viele Kinder ein beliebter Zugang zum abstrakten Rechnen.
Die Menge der Geldstücke kann auf dem Tisch verteilt werden. Der Vorgang kann aber auch gedanklich vollzogen werden. Es gibt zwischen diesen beiden Möglichkeiten eine Fülle von Zwischenstufen.

Beim Abschätzen des Resultats treten Probleme auf, die nicht nur das Rechnen betreffen. Beim Verteilen geht es immer auf um die Frage der Gerechtigkeit. Dies ist u.a. die Ursache dafür, dass einige Kinder die Divisionsaufgaben lieben, während andere diese gar nicht schätzen...

„Na gut, dann verzichte ich auf den einen Cent! Aber nur, wenn Patrick auch verzichtet!"

Und was machen wir mit dem Rest?"

7. In der Freiarbeit (2. Klasse)
Zwei achtjährige Kinder holen sich den Aufgabenkasten mit den Bruchrechenaufgaben.

„Heute will ich ganz schwierige Aufgaben rechnen", sagt Sarah zu ihrer Freundin Kristine.

„Wenn du meinst, ich mache mit!"

„Oh, da steht ein Halb geteilt durch zwei!"

„Das ist doch einfach: wir nehmen zwei Leute (kleine Holzfiguren) und einen halben Kreis!"

„Und dann?"

„Wir müssen jedem genau gleich viel geben. Dann tauschen wir den halben Kreis in zwei gleiche Teile! Siehste! Schon sind wir fertig! Jeder von den beiden bekommt ein Viertel!"

„O.k.! O.k.! Aber auf der nächsten Karte steht ein halb geteilt durch ein halb?"

„Da fragen wir mal lieber die Lehrerin!"

Es geht hier ja nicht nur um Mathematik, sondern um einen Ausgleich der Interessen, um einen Brückenschlag zwischen der Mathematik und dem Leben in der Gemeinschaft.

Ich bin immer wieder erstaunt darüber, dass sich einige (!) Kinder schon recht früh mit schwierigen mathematischen Fragestellungen beschäftigen. Voraussetzung dafür ist eine gut vorbereitete Lernumgebung mit Montessori-Materialien und anderen „intelligenten" Materialien u n d die Freiheit der Wahl der Tätigkeit durch das Kind.

Die spontane Kooperation der Kinder führt zu einer „Fachsprache, die im traditionellen Unterricht so nicht oft beobachtet werden kann. Der Weg der Aufgabenstellung geht hier von der Schriftsprache zur gesprochenen Sprache. Dieser Weg ist für die meisten Kinder der leichtere. In jedem Arbeitsschritt ist die Sprache mit der Handlung verbunden.

Die Kinder haben auf dieser Stufe ihrer Entwicklung erfasst, dass sie das „Geteilt durch" ersetzen müssen durch ein „Verteilen an".

Das Verteilen an die Figuren, die „Stellvertreter" für „Personen" sind, ist bei Kinder diesen Alters sehr beliebt.

Hier zeigen die Kinder, dass sie ihre aktuellen Möglichkeiten und Grenzen sehr gut einschätzen können.

Die Lehrerin ließ sich zeigen, was die Kinder vorher gerechnet hatten, stellte dabei fest, dass die beiden das Prinzip der Division verstanden hatten.

„Holt doch bitte die braunen Holzfiguren von dem Tablett mit dem Material zum Bruchrechnen!

Hier habt ihr eine durchgesägte Figur, die ihr in zwei Teile teilen könnt. Ihr bekommt auf diese Weise eine halbe Figur! Probiert mal, ob ihr klar kommt! Wenn ihr Hilfe braucht, ruft mich bitte!"

„Wie war noch mal die Aufgabe?"

„Ein halb geteilt durch ein halb!"

„Gut! Ich nehme den halben Kreis und gebe diesen Halbkreis dem halbe Figürchen! Das müsste doch jetzt so richtig sein!?"

Die Freundin drehte die Aufgabenkarte um: „Oh, da steht als Ergebnis aber eine Eins!?"

„Ich glaube, wir sollten doch besser mal fragen!"

Die Lehrerin: „Erinnert ihr euch noch an das Verteilen der Perlen auf dem Rechenbrett? Da hattet ihr doch immer gefragt: Und was bekommt *ein* Kind!? Und bei diesen Aufgaben geht es genau so!"

Die Sprache der Lehrerin bezieht sich in jedem Teil der Tätigkeit auf die entsprechenden Handlungsschritte. Auf diese Weise gibt sie den Kindern eine umfassende Orientierungsgrundlage für ihre weiteren Arbeiten.

Die Kinder zeigen sich gegenseitig die Bereitschaft zur weiteren Auseinandersetzung mit dem Thema.

Sie bleiben auf der konkret-gegenständlichen Ebene.

Eine produktive Irritation, die zu neuen Fragen und zu neuem Handeln anregt.

Die Lehrerin geht mit den Kindern zurück bis zu dem Punkt, von dem aus sie das aktuelle Problem gemeinsam bearbeiten können. Auf diese Weise gibt sie ihnen Sicherheit und eine Fülle neuer Handlungsmöglichkeiten.

„Wir haben aber doch nur ein halbes Figürchen und dem haben wir den halben Kreis doch schon gegeben!"

„Die Frage war aber doch: Was bekommt ein *Einer*?"

Die Lehrerin: „Richtig! Ihr habt aber keinen Einer! Nun fügt ihr das andere halbe Figürchen dazu und gebt diesem ebenfalls einen halben Kreis!"

„Das dürfen wir aber nicht! Wir hatten doch nur einen einzigen Halbkreis und nicht zwei!"

Die Lehrerin: „Das stimmt! Beim Rechnen mit Brüchen taucht plötzlich das Problem auf, dass wir klären müssen, was ein Figürchen bekommen müsste, denn es geht ja immer um die Frage: Was bekommt ein Einer!"

„Aha! Ein Einer *hätte* also einen ganzen Kreis bekommen!? Und das soll dann tatsächlich das Ergebnis unserer Aufgabe sein???"

Die Lehrerin: „Wenn ihr wollt, nehmt euch einen Stapel Aufgaben und probiert, ob diese Art zu rechnen für euch brauchbar ist!"

Wie soll etwas verteilt werden, was gar nicht vorhanden ist?

Das Konzept der „materialisierten Abstraktion" (Montessori) wird hier über die traditionellen Grenzen der Veranschaulichung mathematischer Sachverhalte hinausgeführt.

Ein Gedanke, der, wie wir gleich sehen werden, nicht nur über die traditionellen Grenzen der Veranschaulichung, sondern auch über die sprachlichen Grenzen der traditionellen Mathematik-Didaktik hinausweist.

Achten Sie hier bitte auf die Bedeutung des Konjunktivs für das weitere Vorgehen der Kinder, bei dem sich die gegenständlichen und die sprachlichen Handlung dann trennen werden...

Die Lehrerin versucht, die Kinder zu weiteren Versuchen anzuregen. Es geht ihr dabei (es handelt sich um Kinder einer 2. Klasse!) nicht um das „Einschleifen" von Fertigkeiten, sondern um die Erweiterung ihres Erfahrungsbereichs.

Literatur

AFFOLTER, F.: Wahrnehmungsprozesse, deren Störungen und Auswirkungen auf die Schulleistungen; Z. Kinder- u. Jugendpsychiatrie 2/1975.

AFFOLTER, F.: Wahrnehmung, Wirklichkeit und Sprache, Neckar-Verlag, Villingen-Schwenningen 1987.

ANDERSON, M.: Intelligence and Development, A Cognitive Theory, Blackwell, Oxford 1992

V. ASTER, M.: Testverfahren zur Dyskalkulie Zareki-Manual, Swets & Zeitlinger, Lisse 2001

AYRES, J.: Bausteine der kindlichen Entwicklung, Springer, Berlin 1984.

AYRES, J.: Lernstörungen, Springer, Heidelberg 1979.

BÖHM, W. (Hrsg): Maria MONTESSORI-Texte und Gegenwartsdiskussion, Verlag Julius Klinkhardt, Bad Heilbrunn 1985.

BRAND, I.; BREITENBACH, E.; MAISEL, V.: Integrationsstörungen, Diagnose und Therapie im Erstunterricht, Verlag: Maria-Stern-Schule des Marienvereins mit Marienvereine e.V.. Würzburg 1986.

BRÜGGEBORS, G.: Körperspiele für die Seele, rororo, Reinbek Hamburg 1989.

CALLIESS, E.: Spiel- und Lernladen für Vorschulkinder, Klett Verlag, Stuttgart 1977.

CIOMPI, LUC: Die emotionale Grundlage des Denkens, Vandenhoek & Ruprecht Göttingen 1999

CLOER, E.: Veränderte Kindheitsbedingungen – Wandel in der Kinderkultur, Die Deutsche Schule 84, Jg. 1992, Heft 1.

DEHAENE, S.: Varities of numerical abilities, Cognition 44, 1-42, 1992

DEHAENE, S.: Der Zahlensinn, Birhäuser Berlin 1999

DELACATO, C. H.: Ein neuer Start für Kinder mit Lesestörungen, Hyperion, Freiburg 1973.

DORSCH: Psychologisches Wörterbuch, Huber, Bern 1976.

DRÖGE, R.: Arbeiten am Zehnerübergang, Die Grundschulzeitschrift 24/1989.

EGGERT, D.: Psychomotorisches Training, Beltz, Weinheim 1979.

EGGERT, D: Psychomotorisches Training, Beltz, Weinheim 1979.

FLOER, J. (HRSG): Arithmetik für Kinder, Arbeitskreis Grundschule, Frankfurt 1985.

FREISLEBEN, H. (HRSG): Mathematik und Bewegung, Vortrieb: H. Freisleben a.a.O., Würzburg 1988.

Fritze, Ch.: Die Förderung der auditiven Wahrnehmung, Bosse, Regensburg 1979.

Frostig, M.; Maslow, P.: Lernprobleme in der Schule, Hippokrates, Stuttgart 1978.

Frostig, M.; Müller, H. (Hrsg): Teilleistungsstörungen, ihre Erkennung und Behandlung bei Kindern, Urban und Schwarzenberg, München 1981.

Frostig, M.: Bewegungserziehung, Ernst Reinhardt Verlag, München 1980.

Frostig, M.: Bewegen, Wachsen, Lernen, Ernst Reinhardt Verlag, München, 1980.

Gaddes, W. H.: Lernstörungen und Hirnfunktion, Springer, Heidelberg 1991.

Gerster, H.-D.: Schülerfehler bei schriftlichen Rechenverfahren, Diagnose und Therapie? Herder, Freiburg 1982.

Gibson, J. A.: Die Sinne und der Prozeß der Wahrnehmung, Huber, Bern 1982.

Göppel, R.: Maria Montessori und Jean Piaget, Zeitschrift „Das Kind", Heft 8/1990.

Grissemann, H.; Weber, A.: Spezielle Rechenstörungen – Ursachen und Therapie, Huber, Bern 1982.

Grissemann, H.; Weber, A.: Grundlagen und Praxis der Dyskalkulietherapie, Huber Bern, 1990.

Grundmann, M.; Huinink, J.: Der Wandel der Familienentwicklung und der Sozialisationsbedingungen von Kindern, Zeitschrift für Pädagogik, 37. Jg. 1991, Nr. 4.

Guder, R.: Mathematikunterricht in der Anfangsphase des 1. Schuljahres. nli-Bericht 34, Niederländisches Landesinstitut für Lehrerfortbildung, Lehrerweiterbildung und Unterrichtsforschung, Hildesheim 1988.

Heubrock, D. Petermann, F.: Lehrbuch der klinischen Kinderneuropsychologie, Göttingen 2000

Holle, B.: Die motorische und perzeptuelle Entwicklung des Kindes, Psychologie Verlagsunion, Weinheim 1988.

Johnson, D. J.; Myklebust, H.R.: Lernschwächen, Hippokrates, Stuttgart 1976.

Kephart, N. C.: Das lernbehinderte Kind im Unterricht, Ernst Reinhardt Verlag, München 1977.

Kiphard, E. J.; Laban, R.: Der moderne Ausdruckstanz in der Erziehung, Heinrichshofens Verlag, Wilhelmshaven 1981.

Kiphard, E. J.: Motopädagogik, verlag modernes lernen – Dortmund 1984.

Kiphard, E. J.: Mototherapie Teil I und II, verlag modernes lernen – Dortmund 1983.

Kiphard, E. J.: Psychomotorik in Praxis und Theorie, Flöttmann, Gütersloh 1989.

Koppitz, E. M.: Die Menschendarstellung in Kinderzeichnungen, Hippokrates, Stuttgart 1972.

KUTZER, R. / PROBST, H.: Strukturbezogene Aufgaben zur Prüfung mathematischer Einsichten, Teil 1. Institut für Heil- und Sonderpädagogik, Philipps-Universität Marburg, o. Jg.

LEMPP, R.: Lernerfolg und Schulversagen, Kösel, München 1971.

LEMPP, R.: Frühkindlich-hirnorganischbedingte Lernstörungen und ihre Behandlung, Springer Heidelberg 1977

LOCKOWANDT, O.: Frostig Integrative Therapie, Borgmann 1994

LOCKOWANDT, O.: Frostig Integrative Therapie Teil 2, Borgmann 1994

LORENZ, J. H.: Rechenschwache Schüler in der Grundschule – Erklärungsversuche und Förderstrategien, Teil 1. Journal der Mathematik-Didaktik, Heft 1/1990, S. 3-34.

LORENZ, J. H.: Warum manche Kinder so schwer rechnen lernen. Forschung an der Universität Bielefeld Nr. 3/1991

LORENZ, J. H.: Anschauung und Veranschaulichungsmittel im Mathematikunterricht im arithmetischen Anfangsunterricht, Hogrefe Verlag, Göttingen 1991.

LURIA, A. R.: Die höheren kortikalen Funktionen des Menschen und ihre Störungen bei örtlichen Hirnschädigungen, VEB Berlin 1970.

MILZ, I.: Emotionale Störungen in ihren Beziehungen zu Teilleistungsschwächen, Marhold, Berlin 1980.

MILZ, I.: Teilleistungsschwächen bei Kindern und Jugendlichen, Haag und Herchen, Frankfurt 1982.

MILZ, I.: Sprechen, Lesen, Schreiben, Edition Schindele, Heidelberg ²1991.

MILZ, I.: Montessori-Pädagogik, Borgmann Dortmund 1999

MILZ, I.: Neuropsychologie für Pädagogen Neuropädagogik für die Schule, Borgmann Dortmund 2002

MONTESSORI, MARIA: Kinder sind anders, DTV, München 1987.

MONTESSORI, MARIA: Die Entdeckung des Kindes, Herder, Freiburg 1969.

MONTESSORI, MARIA: Mein Handbuch, Hoffmann, Stuttgart 1922.

MONTESSORI, MARIO: Erziehung zum Menschen – Montessoripädagogik heute, Fischer Verlag, Frankfurt 1984.

MONTESSORI-VEREINIGUNG E.V. AACHEN: MONTESSORI-Materialien Teil 1, 2, 3, Handbuch für Lehrgangsteilnehmer, Verlag Nienhuis Montessori International, Zelhem/NL 1986.

MÜLLER, K.: Die präparierte Zeit, Radius Verlag, Stuttgart 1972.

Naville, S.; Marbacher, P.: Vom Strich zur Schrift, verlag modernes lernen – Dortmund, ³1991.

Neumärker, KJ. V. Aster: Dissorders of Number Processing and Calculation Abilities. A multidimensional Approach. European Child and Adolescent Psyciatry, 9, Suppl. 2, 2000

Oswald, P.; Schulz-Benesch, G.: Grundgedanken der Montessori-Pädagogik, Herder Verlag, Freiburg 1967.

Piaget, J, Szeminska, A.: Die Entwicklung des Zahlbegriffes beim Kinde, Klett, Stuttgart 1965.

Piaget, J.; Inhelder, B.: Die Entwicklung des räumlichen Denkens beim Kinde, Klett, Stuttgart 1975.

Radatz, H. / Schipper, W.: Handbuch für den Mathematikunterricht an Grundschulen, Schroedel Verlag, Hannover 1983.

Radatz, H.: Fehleranalysen im Mathematikunterricht, Schroedel Verlag, Hannover 1989.

Radatz, H.: Handbuch für den Geometrieunterricht an Grundschulen, Schroedel Verlag, Hannover 1991.

Rourke, BP.: Arithmetic disabilities, specific and otherwise: A neuropsycological perspective. Journal of learning disabilities, 26, 214-226, 1993

Rohen, J. W.: Funktionelle Anatomie des Nervensystems, Schattauer, Stuttgart 1975.

Schilling, F.: Spielen, Malen, Schreiben – Marburger Graphomotorische Übungen, verlag modernes lernen – Dortmund 1983.

Schmidt, R.: Zahlenkenntnisse von Schulanfängern. Ergebnisse einer Untersuchung 1981/82. Hessisches Institut für Bildungsplanung und Schulentwicklung, Wiesbaden 1982.

Staatsinstitut für Erziehungs- und Bildungsforschung München: Erstrechnen Teil 1, Handreichungen für sonderpädagogische Diagnose- und Förderklassen, Würzburg ³1989.

Staatsinstitut für Erziehungs- und Bildungsforschung München: Erstrechnen Teil 2, Erstrechnen Teil 3, Diagnostik Vertrieb Herbert Freisleben, Günterlebener Str. 29, 8709 Rimpar.

Thalmann, H. C.: Verhaltensstörungen bei Kindern im Grundschulalter, Klett, Stuttgart 1976.

Wais, M.: Neuropsychologie für Ergotherapeuten, verlag modernes lernen – Dortmund 1990.

WAIS, M.: Neuropsychologische Diagnostik für Ergotherapeuten, verlag modernes lernen – Dortmund 1990.

WAIS, M.: Neuropsychologie der rechten Hemisphäre, Haag und Herchen, Frankfurt 1982.

WELT DER MATHEMATIK, Klasse 1, Lehrerhandbuch, Schroedel Verlag, Hannover.

WINNICOTT, D. W.: Reifungsprozesse und fördernde Umwelt, Fischer Taschenbuch-Verlag, Frankfurt 1984.

WIRTH, G.: Sprachstörungen, Sprechstörungen, kindliche Hörstörungen. Köln 2000

WULFF, H.: Diagnose von Sprach- und Stimmstörungen, Ernst Reinhardt Verlag, München 1983.

ZIMMER, R.; CIRCUS, H.: Psychomotorik – Neue Ansätze im Sportförderunterricht, Hofmann, Schorndorf 1990.

Tests

Breuer-Weuffen, Differenzierungsprobe, VEB Deutscher Verlag der Wissenschaften, Berlin 1990.

CFT 1 Grundintelligenztest Scala 1 v. Cattel, Weiß und Osterland, Testzenrale Göttingen

CFT 2 Grundintelligenztest Scala 2 (CFT 20 mit Wortschatztest (WS) und Zahlenfolgetest (ZF) von R.H. Weiß, Testzentrale Göttingen

CMV, Checkliste motorischer Verhaltensweisen(Schilling), Georg Westermann Verlag, Braunschweig 1976.

Delacato, Überprüfung der Augenfolgebewegungen in Delacato, Hyperion, Freiburg 1973.

DEMAT 1+ Deutscher Mathematiktest für erste Klassen, Testzentrale Göttingen

DTVP-2 Developmental Test of visual Perception second Edition by Hammill, Pearson and Voress, Testzentrale Göttingen

FEW Frostig Entwicklungstest der visuellen Wahrnehmung (Frostig, M.), deutsche Bearbeitung Lockowandt, O., Beltz Test, Weinheim 1979 (Neuauflage erschienen 1993).

FTM Frostig Test der motorischen Entwicklung (Frostig, M.), Deutsche Ausgabe von Doz. Dr. O. Bratfisch, Testzentrale Stuttgart, 1985.

G-F-T Der Göttinger Formreproduktionstest (Schlange, H. u. a.), Verlag für Psychologie Hogrefe, Göttingen 1972.

H-D-T Hand-Dominanz-Test (Steingrüber, H. J./Lienert, G. A.), Verlag für Psychologie Hogrefe, Göttingen 1976.

Hawik-R Hamburg-Wechsler-Intelligenztest für Kinder (revidiert), Hans Huber Verlag, Stuttgart/Bern/Wien 1983.

Hawik III Hamburg Wechsler Intelligenztest für Kinder (Altersbereich 6-16.11) hrsg. von Tewes, Rossmann u. Schallberger, Testzentrale Göttingen

H-S-E-T Heidelberger Sprachentwicklungstest (Grimm/Schöller), Georg Westermann Verlag, Braunschweig 1978 und Verlag für Psychologie Hogrefe, Göttingen 1978.

K-ABC Kaufmann Assessment Battery, Swets & Zeitlinger B.V., Amsterdam/Lisse/Frankfurt am Main 1991.

KTK Körperkoordinationstest für Kinder (Kiphard/Schilling), Beltz-Test GmbH, Weinheim 1974.

LOS Lincoln-Oseretzky-Skala bearbeitet von Eggert, Verlag für Psychologie Hogrefe, Göttingen.

MT 2 Mathematiktest für 2. Klassen (Ingenkamp, K. Hrsg.), Verlag Beltz, Weinheim 1992.

Mottier-Test Testverfahren zur Erfassung leseschwacher Kinder (in Züricher Lesetest, Grissemann/Lindner) Verlag Hans Huber, Bern/Stuttgart/Wien 1980.

OTZ Osnabrücker Test zur Zahlbegriffsentwicklung, Testzentrale Göttingen

PET Psycholinguistischer Entwicklungstest (Angermeier,M.), Beltz Verlag GmbH, Weinheim 1977.

Son-R Snijders-Oomen Nonverbaler Intelligenztest (Altersbereich 5.6-17) Testzenrale Göttingern

Wulff, H.,Diagnose der Sprach- und Stimmstörungen, Ernst Reinhardt Verlag, München 1983.

Zareki Testverfahren zur Dyskalkulie, Swets & Zeitlinger B.V. Amsterdam 2001

Bildnachweis

Folgende Abbildungen wurden mit freundlicher Genehmigung der u.a. Verlage übernommen:

Abb. 4, 8, 9, 10 und 11 aus: FEW – FROSTIGS Entwicklungstest der visuellen Wahrnehmung, O. LOCKOWANDT, 5. überarb. Auflage 1987, Beltz Test Gesellschaft, Weinheim.

Abb. 25 aus: Jean PIAGET/Bärbel INHELDER, Die Entwicklung des räumlichen Denkens beim Kinde. Einl. von Hans AEBLI. Aus d. Franz. von Rosemarie LEIPCKE. Klett Cotta, Stuttgart 1971.

Index

A

Abstraktion 328
Abzählen 57
Akkommodationsfähigkeit 38
Akkommodationsstörung 109
Aktivität 28
Alltagsleben der Kinder 317
Anamnese 133, 154
Ängste 74
Arbeits- und Sozialformen 354, 355
Arbeitsanweisungen 354, 195
Arbeitsmaterial 195
Arbeitsplätze 354
Arbeitstempo 63
Aspekte des Zahlbegriffs 324
asymmetrische Relationen 90
Aufgaben 195
Aufgabenstellung 120
Aufmerksamkeitsdauer 28
Aufnahme sukzessiver Tätigkeitsfolgen 194
Aufpassen 197
Auge-Hand-Koordination 225, 34, 109
Augenkontrolle 217
Ausdifferenzierung von Bewegungsmustern 36
Ausdrucksformen neuropsychologischer Beeinträchtigung 85
Außenraum 214
Automatisierung 107

B

Balken 70
Basisfunktionen 76
Begabungsniveau 133
Begreifen 57
Behalten 57
Berührungssinn 217
Bevorzugung einer Hand 86
Bewegungsgeschwindigkeit 217
Bewegungsmuster 58
Bewegungsplanung 28
Bewegungsraum 207
Bewegungsumfang 217
Beziehung zum eigenen Körper 231
Bilateralintegration 212
Bildung des Zahlbegriffes 90
Braune Treppe 240

C

Corpus Callosum 71f.

D

Dauer 64
Dauer der Bewegung 217
Depressionen 74
Diagnostik 185
Dominanz 205
Dominanz einer Hirnhälfte 30
Drehungen 46
Dreidimensionalität 27
Dreieckspiel 250
Dyskalkulie 21, 72, 185
Dysmetrie 55

E

egozentrischer Raum 205f.
eigenen Leistungsgrenze 194
Einordnung von Rechenstörungen 73
Eins-zu-Eins-Zuordnung 142
Einsatzzylinder 244
Einschätzung des Körpers 208

einstimmen 201
Endanalysator 67
Endverarbeitung 71
Entschlüsselungsprozess 106
Entwicklung 67
Entwicklung des Körperschemas 208
Entwicklung kognitiver Funktionen 76
Entwicklungsdyskalkulie 72
Entwicklungsprozess 329
Epilepsie 72
Erfassen 57
Erfassen räumlicher Beziehungen 230, 46
Erkennen der Lage im Raum 228, 44
Erkennen von Eigenschaften von Elementen 142
Erkennen von Rechenproblemen 108
Erziehung der Sinne 237

F

Farbige Perlentreppe 259, 262
Farbige Zylinder 245
Fehlerkontrolle 331
Feinmotorik 331
Figur-Grund-Differenzierung 35, 40, 63
Figur-Grund-Unterscheidung 226, 34, 57, 95
Fixationsübungen 222
Folgen 72
Formatio reticularis 217
Formkonstanz 43
Formkonstanzbeachtung 38, 40
Formwahrnehmung 39
Frageformulierung 120
Freie Arbeit 337
Frustration 198
Funktionsstörungen 147

G

Ganzheit 96
Gehör 62
Genauigkeit 237
Generalisierung 120
Geometrische Kommode 247
Geometrische Körper 248
Gerstmann-Syndrom 21, 185
gesprochene Sprache 67
Gewohnheiten innerhalb der Körpersphäre 148
Glasglocke 207
Gleichgewicht 27
Gleichgewichtsmechanismus 44, 58
Gleichzeitigkeit 60, 61
Gleichzeitigkeit im Raum 66
Gliederungsschwäche 105
Goldenes Perlenmaterial 260
graphische Gestaltung 105
Greifreflex 32
Grenzen 354
Größeneinschätzungen 210
Größenkonstanz 43
Grundlage des Kategorisierens 88
Grundstimmung 193
Grundstörung 73
Grundtonus 57
Gruppierungen von Elementen 38

H

Haltung 193, 27
Hampelmannspringen 61
Hautsinne 217
Hinzufügen 57
Hyper- und Hypokinese 36

I

Ich-Gefühle und Grundstimmungen 148
Informationsverarbeitung 77

innere Differenzierung   201
Innerfamiliäre Belastungen   151
Inspiration   237
Integration von räumlicher und zeitlicher Wahrnehmung   60
Intelligenztest   133
Interaktion mit der Umwelt   84
Invarianz   40, 100, 142
Invarianz des Zahlbegriffes   100

K

Kartensatz   260
Kausalzusammenhang   75
Kinästhesie   27
kinästhetische Figur-Grund-Beziehung   36
kindzentriert   193
Kippbilder   35
Klassenarbeit   196
Klassenbildung   90
Klassifikation   90, 143
Klassifikationssystem   73
Kleingruppenförderung   201
kognitive Ausstattung   133
Komplexität einer Situation   194
konkretes Handeln   105
konkretes Tun   95
Konsequenzen für den Unterricht   319
Konstanz   40
Konstanzphänomene   43
konstruktive Wahrnehmung   43
Kontaktprobleme   74
Konzentration   198
Koordination beider Körperseiten   28
Körperarbeit   204
Körperdarstellung   234
Körperinnenraum   206
Körperpositionen   219
Körperumriss   207
Körperwahrnehmung   28, 57

Kosmische Erziehung   321
Kulturtechniken   28
Kurzzeitgedächtnis   105, 108

L

Lage der Finger zueinander   218
Langeweile   197
Langsamkeit   202
Lateralisation   71
Lateralität   205, 44
Lebensgeschichte des Kindes   133
Leerstelle   106
Lehr- und Lernmittelmarkt   330
Lernausgangslage   133
Lernkontrollen   196, 120
Lernprogramme   203
Lernstil des Kindes   86
Lernstruktur   74, 75
linke Hemisphäre   71
linkshirnig einzelheitlich   72

M

Mächtigkeit der Menge   326
Materialangebot   330
Materialempfinden   218
Materialien   354
Mathematik-Material   253, 321
Mediatisierung der Erfahrungen   318
Mengengestalt   96
Mengenkonstanz   43
Methodik und Didaktik   201
motivieren   201
Motorischer Rhythmus   61
Muskeltonus   27, 57
Mutter-Kindbeziehung   30

N

Nacheinanderausführung von Aufträgen   197
Neuropädagogik   22

neuropsychologische Beeinträchtigungen 85
neuropsychologische Prozesse 105
Numerische Stangen 254

O

Objektkonstanz 100
Okulomotorik 222
Operationen 145
Operieren mit inneren Bildern 329
optische Erfassungsschwäche 198
Organisationsformen des Unterrichts 335
Orientierung am eigenen Körper 208
Orientierung am Zahlenstrahl 145
Orientierung an unterschiedlichen Wertvorstellungen 318
Orientierungen im Raum 44
Orientierungssystem 27

P

Permanenz 100
Positionssystem 105
Positionssystem der Zahldarstellung 107
Präzision 237
Profil der Untertests 133
Profilanalyse 152
Psychomotorik 74

Q

Quadrat 39
qualitative Fehleranalyse 73

R

Raum und Zeit 60
Raum- und Zeitwahrnehmung 205
Raum-Lage-Wahrnehmung 45
Raumerfahrung 214, 20, 56
Raumerfassung 56

Räumlich-zeitliche Übersetzung 60, 66
Raumlinien 214
Raummaß 217
Raumvorstellung 26, 56
Raumwahrnehmung 28
Rechenarbeiten 120
Rechenschwächen 107
Rechenstörungen 72
rechte Hirnhälfte 71
Rechts-Links-Unterscheidung 208
rechtshirnig-ganzheitlich 72
Reifungsprozess 133
Reifungsverzögerungen 67, 75
Reihenbildung 90
Reihenfolge 60, 63
Rekonstruktion 90
Relationen 47
Rhythmus 34, 60, 61, 64
Richtungskorrektur 34
Rigidität 199
Rosa Turm 238
Rote Stangen 242

S

Sandpapierziffern 255
Saugreflex 32
Schmerzsinn 217
Schreibvorgang 109
Schriftspracherwerb 74
schriftliche Anweisungen 197
Schritt für Schritt 202
Schulerfahrungen 133
Schulsituation 196
Schwerkraft 44
Seguintafel I 264
Seguintafeln II 264
Seitigkeit 44
Selbsthilfe 193
sequenzielle Anordnung von Ereignissen 64

sequenzielle Integration 64
Seriation und Programmsteuerung 154
Seriation 143
Sinnentnahme 105
Sinnesmaterial 320, 237
simultane Mengenerfassung 144
Soziale Störungen 149
Spannung 57
Spindeln 256
Sprachbenutzung 28, 67, 108
Sprachmaterial 321
Sprachverstehensschwierigkeiten 68
Sprachzentrum 67
Steuerung der Feinmotorik 217
Stillsitzen 196
Stimme 193
Störfaktoren im Rechnen 102
Störmöglichkeiten 105
Störungen im Tätigkeits- und Leistungsbereich 149
Strukturen 317
Sukzessiv-sequenzielle Integration 64
Symbol- und Begriffsbildung 332
symbolische Darstellung 106

T

Tafelanschrieb 195, 120
taktil-kinästhetische Wahrnehmung 96, 218
Tasterfahrungen 219
Tätigkeitsfolge 197
Taxonomie 73
Teilleistungsschwächen 64
Teilmengen/Zerlegungen 143
Teilschritte 197
Temperatursinn 217
Tempo 60, 62
Testverfahren 159

Therapiemaßnahmen 75
Tiefenmuskelentspannung 220
Translationsbewegungen 46
Triple-Code-Modell 78
Trost 193

U

Überforderung 197
Überkreuzen der Mittellinie 212
Überschreiten des Zehners 95
Umkehrfiguren 35
Umstellschwierigkeiten 199
Umweltwissen 141
unmittelbare Rückmeldung 202
Unterforderung 197
Ursachen 72

V

Verarbeitung von Sinnesempfindungen 71
Verarbeitung von Sprachlauten 67
Verhaltensauffälligkeiten 34
Verhaltensbeobachtung 133
Verhaltensformen und Bewältigungsstrategien 85
Verknüpfungsschwäche 107
Vermeidungsstrategien 34
Verschiebungen 46
Vertikale 44
Vestibuläre Stimulation 220
Viereck 39
Vorerfahrungen der Kinder 325
Vorne-Hinten-Dimension 207
Vorstellungen 90
Vorwegnahme 90

W

Wahrnehmung des Raumes 58
Wahrnehmungsaktivität 26
Wahrnehmungssysteme 67
Wahrnehmungsverarbeitung 105

Wegnehmen 57
Wendungen 46
Wertvorstellungen 317
Widerstand 198

Z

Zählen 144
zählende Rechner 99
Zählschwäche 97, 99
Zähltechnik 99
Zahlaufbau 43
Zahlbegriff 26, 100
Zahlbegriffsentwicklung 326, 339
Zahlbegriffsschwäche 97, 100, 105
Zahldarstellung 105
Zahleigenschaften als Ganzheiten 99
Zahlen 90
Zahlwort 96, 98
Zahlwortreihe 326, 144
Zeit und Raum 65
Zeitkonstanz 43
zeitliches Nacheinander 66
Zeitspanne 64
Zeitwahrnehmung 60, 61, 63
zerebrale Dysfunktion 67
Zielgerichtetheit 198
Ziffern lesen 145
Ziffern und Chips 257
Ziffernkenntnis 331
Zirkeltraining 337
Zuhören 196
Zusammensetzen der Einzelheiten 66
Zuwendung 192

Über die Ko-Autoren

Amft, Prof. Susanne, Jahrg. 1956, Studium der Fächer Sport und Mathematik an Sek. I, Tätigkeit als Lehrerin an unterschiedlichen Schulstufen, Studium der Motologie in Marburg. Mitarbeit im Institut für Klinische Heilpädagogik Dr. Milz in Offenbach, z. Zt. Leiterin des Departments Pädagogisch-therapeutische Berufe an der Hochschule für Heilpädagogik in Zürich, Mitglied im Vorstand und im Lehrteam der Internationalen Frostig-Gesellschaft, Würzburg, Mitglied im Vorstand des Verbandes der Heilpädagogischen Ausbildungsstätten (VHPA) in der Schweiz. Anschrift: Schaffhauserstr. 239, CH-8057 Zürich.

Felser-Hoos, Hildegard, Jahrgang 1944, Lehrerin für Grund- und Hauptschule, Montessori-Diplom und Frostig-Zertifikat. Tätigkeiten: Lehrerin, Pädagogische Assistentin und Lehrbeauftragte am Seminar für Grundschulpädagogik (Koblenz), Lehreraus- und -fortbildung, Elternseminare, Mitarbeit im Modellversuch „Entwicklung von Trainingsprogrammen für Lese-/Rechtschreibschwäche" (SIL), Mitglied des Lehrteams der Internationalen Frostig-Gesellschaft in Würzburg, seit 1990 eigene Pädagogische Praxis. Anschrift: Im Fronwingert 4, 56073 Koblenz, e-mail: hihoos@rz-online.de.

Musumecí, Mario, Jahrgang 1962, Dipl. Psychologe, Mitarbeiter in ausbildungsbegleitenden Hilfen, Psychologe in der Erziehungsberatung, Pädagogischer Mitarbeiter in der Jugendarbeit, z.Zt. Schulpsychologe der privaten Marianne-Frostig-Schule in Offenbach. Anschrift: Ketterallee 25, 60385 Frankfurt am Main.

Schieder, Martin, Jahrgang 1949, Bankkaufmann, Wirtschaftsstudium, Lehramtsstudium, Lehrer, z.Zt. tätig als Lehrer für Kinder mit emotionalen und sozialen Störungen in einer Klinikschule in Berlin. Anschrift: Eichenallee 20, 14806 Belzig.

Zoller, Ingrid, Studium der Sonder- und Heilpädagogik mit den Fachrichtungen Lernhilfe, Verhaltensauffälligenpädagogik und Sprachheilpädagogik, Montessori-Ausbildung, Sonderschullehrerin und Diplompädagogin, Mitarbeiterin im Hessischen Landesinstitut für Pädagogik, Schwerpunkt Mathematik, Schulleiterin einer Sonderschule. Anschrift: Niedergasse 24, 63075 Offenbach.

Raum für Notizen:

Raum für Notizen:

:::: Wir bringen Lernen in Bewegung® ... ::::

Jürgen Hargens
Systemische Therapie ... und gut
Ein Lehrstück mit Hägar
◆ 2003, 104 S., 46 Hägar-Comics, Format DIN A5, fester Einband
ISBN 3-8080-0537-8,
Bestell-Nr. 4323, € 15,30

Sabine Maur-Lambert / Andrea Landgraf
Keine Angst vor der Angst!
Elternratgeber bei Ängsten im Grundschulalter
◆ 2003, 144 S., Format DIN A5, Ringbindung, ISBN 3-86145-256-1,
Bestell-Nr. 8328, € 15,30

Rolf Balgo / Rolf Werning (Hrsg.)
Lernen und Lernprobleme im systemischen Diskurs
◆ 2003, 312 S., Format 16x23cm, fester Einband
ISBN 3-86145-257-X,
Bestell-Nr. 8329, € 25,50

Michael Passolt / Veronika Pinter-Theiss
„Ich hab eine Idee ..."
Psychomotorische Praxis planen, gestalten, reflektieren
◆ 2003, 248 S., Format 16x23cm, fester Einband
ISBN 3-8080-0509-2,
Bestell-Nr. 1195, € 24,60

Dietrich Eggert / Christina Reichenbach / Sandra Bode
Das Selbstkonzept Inventar (SKI) für Kinder im Vorschul- und Grundschulalter
Theorie und Möglichkeiten der Diagnostik
◆ 2003, 368 S., farbige Gestaltung, Format 16x23cm, fester Einband,
ISBN 3-86145-245-6,
Bestell-Nr. 8566, € 25,50

Nicole Goldstein / Marianne Quast
ABC für die Sinne
Lesen, Schreiben, Rechnen für die Grundschule leicht gemacht
◆ 2003, 164 S., Format DIN A4, im Ordner,
ISBN 3-86145-258-8,
Bestell-Nr. 8330, € 29,80

Kerstin Gebauer
Das bin ich
Gestalten von Körperbildern
(Übungsreihen für Geistigbehinderte, Heft K2)
◆ 2003, 64 S., Format 16x23cm, br,
ISBN 3-8080-0523-8,
Bestell-Nr. 3638, € 10,20

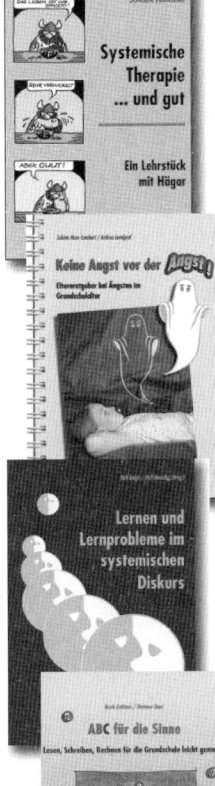

Dieter Krowatschek
Schokolade für die Seele
Tröstliche Geschichten für Lehrkräfte und Eltern von ADHS-Kindern
◆ 2004, 120 S., mit schwarzweißen Fotos, Format 11,5x18,5cm, fester Einband
ISBN 3-86145-260-X, Bestell-Nr. 8331, € 15,30

Helmut Köckenberger / Richard Hammer (Hrsg.)
Psychomotorik – Ansätze und Arbeitsfelder
Ein Lehrbuch
◆ 2004, 584 S., Format 16x23cm, fester Einband
ISBN 3-8080-0501-7, Bestell-Nr. 1194, € 29,80

Stephan Kuntz / Josef Voglsinger (Hrsg.)
Humor, Phantasie und Raum in Pädagogik und Therapie
Zum 80. Geburtstag von Prof. Dr. Ernst J. Kiphard
◆ 2004, 232 S., Format 16x23cm, br
ISBN 3-8080-0540-8, Bestell-Nr. 1156, € 21,50

Anja Günther / Melanie Jäger
„Ich sehe den Wald vor lauter Bäumen nicht!"
Fördermöglichkeiten für den Alltag visuell wahrnehmungsgestörter Kinder
◆ 2004, 76 S., mit Lesezeichen, Format 16x23cm, Ringbindung
ISBN 3-8080-0545-9, Bestell-Nr. 1056 € 15,30

Hans-Ulrich Wilms / Bettina Wittmund / Claudia Mory
Ein bisschen Angst hat schließlich jeder ...
Ein Erfahrungsbericht für Betroffene und Angehörige
◆ 2004, 240 S., Format DIN A5, br
ISBN 3-86145-270-7, Bestell-Nr. 8335 € 19,50

Erich Kasten
Konzentrationsübungen
für die berufliche Wiedereingliederung und als Arbeitsbelastungstraining
◆ 2004, 119 Blatt, Format DIN A4, Block
ISBN 3-86145-263-4, Bestell-Nr. 8568, € 15,30

 verlag modernes lernen *borgmann publishing*
Hohe Straße 39 • D-44139 Dortmund • Tel. (0231) 12 80 08 • FAX (0231) 12 56 40
Unsere Bücher im Internet: www.verlag-modernes-lernen.de

Robby Sacher
Handbuch KISS KIDDs
Entwicklungsauffälligkeiten im Säuglings-/
Kleinkindalter und bei Vorschul-/Schulkindern
– Ein manualmedizinischer Behandlungsansatz
◆ 2004, 176 S., Format 16x23cm, fester
Einband, ISBN 3-8080-0560-2,
Bestell-Nr. 1159, € 19,95

Erhard Fischer
Welt verstehen – Wirklichkeit konstruieren
Unterricht bei Kindern und Jugendlichen mit
geistiger Behinderung
◆ 2004, 272 S., Format 16x23cm, br,
ISBN 3-86145-266-9,
Bestell-Nr. 8406, € 21,50

Kerstin Gebauer
Fördern durch Gestalten
Mehrfach behinderte SchülerInnen arbeiten
mit Ton
◆ 2004, 108 S., Format 16x23cm,
br, ISBN 3-8080-0524-6,
Bestell-Nr. 3639, € 15,30

Wolfgang Hesse / Katharina Prünte
Sensorische Integration für schizophrene Patienten
Theoretische Grundlagen – Therapiekonzept – Erfahrungen
◆ 2004, 256 S., Format 16x23cm,
br, ISBN 3-8080-0551-3,
Bestell-Nr. 1057, € 21,50

Barbara Giel / Monika Tillmanns-Karus
Kölner Diagnostikbogen für Myofunktionelle Störungen
Mit Handanweisung
◆ 2004, 32 S. (inkl. 7 S. Formular-Kopiervorlagen), Format DIN A4, Ringbindung,
ISBN 3-8080-0556-4,
Bestell-Nr. 1924, € 15,30

Regina Leupold
Zentrale Hörwahrnehmungs-Störungen
Auswirkungen und Erfahrungen – Ein Ratgeber für Betroffene, Eltern und Therapeuten
◆ 3., verb. u. erw. Aufl. 2004, 232 S.,
Format DIN A5, br, ISBN 3-8080-0541-6,
Bestell-Nr. 1907, € 15,30

Silvia Maaß
Mit Kindern Bilder zaubern
Betrachtungen und Anregungen zum Bildgestalten mit Kindern
◆ 2., verb. u. erw. Aufl. 2004, 208 S., farbige Abb., Format DIN A5, br,
ISBN 3-8080-0557-2,
Bestell-Nr. 1219, € 15,30

Wir bringen Lernen in Bewegung® ...

Dieter Krowatschek
Schokolade für die Seele
Tröstliche Geschichten für Lehrkräfte und Eltern
von ADHS-Kindern
◆ 2004, 120 S., mit schwarzweißen Fotos, Format
11,5x18,5cm, fester Einband,
ISBN 3-86145-260-X, Bestell-Nr. 8331, € 15,30

Ingeborg Milz
Rechenschwächen erkennen und behandeln
Teilleistungsstörungen im mathematischen Denken
neuropädagogisch betrachtet
◆ 6., völlig neu bearb. Aufl. Juni 2004, 392 S.,
Format 16x23cm, fester Einband,
ISBN 3-86145-272-3, Bestell-Nr. 8005,
€ 21,50 bis 30.9.04, danach € 25,50

Rainer Wassong / Anja Laufer
Von Morgenrot bis Abendbrot
Spielideen für den Alltag mit Kindern von früh bis spät
◆ Nov. 2004, ca. 156 S., Format 16x23cm, Ringbindung, ISBN 3-8080-0558-0,
Bestell-Nr. 1058, € 15,30

Sabiene Fenske-Deml
Manual für die Durchführung des staatlich anerkannten Examens in der Ergotherapieausbildung
◆ Okt. 2004, ca. 80 S., Format DIN A5, Ringbindung, ISBN 3-8080-0544-0,
Bestell-Nr. 1049, € 15,30
◆ In gleicher Ausstattung bereits erschienen:
• Manual Praktika, B 1047, € 15,30
• Manual Prüfungen, B 1048, € 15,30

Philipp Ziegler / Tobey Hiller
Verliebt, verlobt und dann ...?
Paartherapie – lösungsorientiert
◆ Juli 2004, ca. 280 S., Format DIN A5, fester
Einband,
ISBN 3-86145-261-8, Bestell-Nr. 8332, € 22,50

Christine Leutkart / Andreas Leutkart
Schachtelfresser und Sonnenwürmer
Geschichten und Phantasien als Anlass für
kreatives Gestalten in Atelier und Kunstunterricht
◆ Okt. 2004, ca. 160 S., farbige Gestaltung, Format
16x23cm, fester Einband,
ISBN 3-8080-0550-5, Bestell-Nr. 1212, € 21,50

verlag modernes lernen borgmann publishing
Hohe Straße 39 • D-44139 Dortmund • Tel. (0231) 12 80 08 • FAX (0231) 12 56 40
Unsere Bücher im Internet: www.verlag-modernes-lernen.de